SÜDNORWEGEN

Hans-Peter Koch

Text und Recherche: Hans-Peter Koch
Lektorat: Peter Ritter, Sabine Beyer
Redaktion und Layout: Dirk Thomsen
Karten: Susanne Handtmann
Fotos: Hans-Peter Koch, Margrit Zepf
Covergestaltung: Karl Serwotka
Covermotive: *Gaustatoppen* (oben), *Stavanger* (unten)

ISBN 3-89953-134-5

Aktuelle Infos online unter: www.michael-mueller-verlag.de

2. vollständig überarbeitete Auflage 2003

Allgemeines/
Reisepraktisches

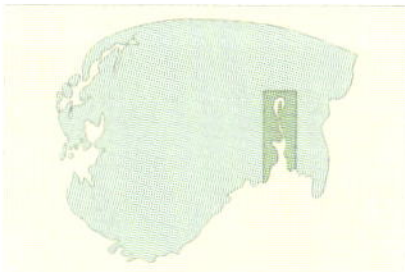

Oslo und Oslofjord

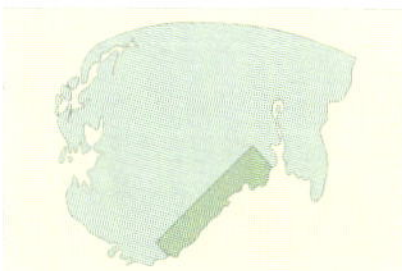

Die Südküste

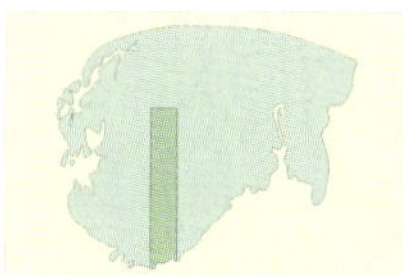

Kristiansand
Setesdal

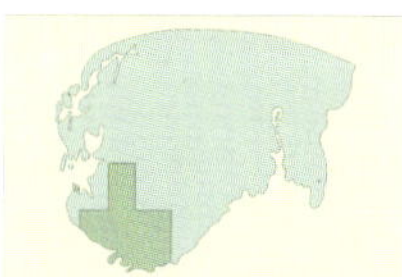

Die Sonnenküste
Kvinesdal
Sirdal
Stavanger

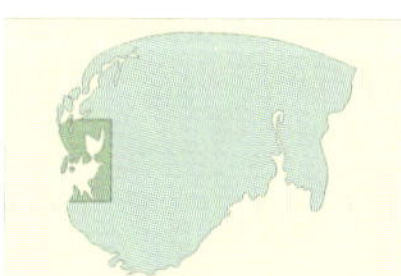

Ryfylke
Karmøy und Haugesund

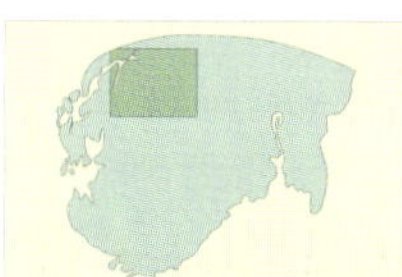

Hardangervidda

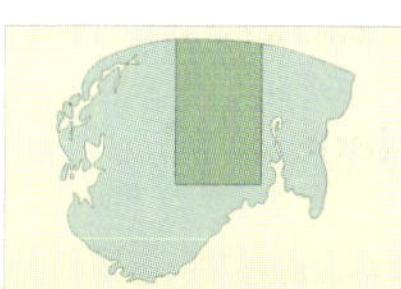

Telemark
Numedal
Hallingdal

INHALT

Südnorwegen erleben 10

Anreise 12

Mit dem eigenen Fahrzeug und der Fähre 13
Mit dem Bus 16
Mit der Bahn 16
Mit dem Flugzeug 16

Unterwegs in Südnorwegen 18

Mit dem eigenen Fahrzeug 18
Mit der Bahn 21
Mit dem Flugzeug 22
Mit dem Bus 23
Mit dem Schiff 23

Übernachten 24

Camping 24
Jugendherbergen/Wanderheime 24
Ferienhäuser (hytter) 25
Hotels 26
Pensionen/Gasthöfe/ Privatunterkünfte 26
Wanderhütten 26

Essen und Trinken 27

Wo isst man? 27
Wann isst man? 28
Was isst man? 28
Was trinkt man? 29

Kunst 30

Literatur 30
Malerei und Bildhauerei 32
Musik 33

Wirtschaft 33

Sport 35

Kleine Chronik 38

Wissenswertes von A bis Z 41

Apotheken 41
Auf einen Blick 41
Ärzte 41
Baden 42
Banken/Geld 42
Diplomatische Vertretungen 43
Drogen 43
Einkaufen 43
Fauna 44
Feiertage 45
Feste/Festivals 45
Fjorde 46
Flora 46
Folklore 47
Frauen 48
Freiluftmuseen 48
Geologie 49
Hytter 49
Information 49
Jedermannsrecht 49
Karten 50
Kinder 50
Kleidung 50
Klima 51
Mückenschutz 52
Öffnungszeiten 52
Post 52
Rauchen 52
Reiseliteratur 52
Rundfunk und Fernsehen 54
Sommerzeit 54
Souvenirs 54
Telefonieren 55
Tourismus 55
Trolle 56
Umwelt 56
Zeitungen 57

Oslo 58
Stadtstruktur 59
Stadtgeschichte 59
Sehenswertes im Zentrum 69
Sehenswertes am Hafen 71
Museumsinsel Bygdøy 73
Sehenswertes im Osten Oslos 74
Sehenswertes im Westen Oslos 75
Sehenswertes in der Umgebung 76

Der Oslofjord 79
Fredrikstad 80
Umgebung von Fredrikstad 83
Sarpsborg 83
Umgebung von Sarpsborg 84
Moss 85
Drøbak 86
Verwaltungsbezirk Akershus 87
Hønefoss 88
Drammen 90

Die Südküste 94
Horten 95
Åsgårdstrand 97
Tønsberg 99
Sandefjord 102
Ula 104
Larvik 104
Umgebung von Larvik 108
Kragerø 108
Risør 111
Tvedestrand 113
Arendal 113
Umgebung von Arendal 116
Grimstad 116
Lillesand 118

Kristiansand 121
Stadtstruktur 122
Stadtgeschichte 122
Sehenswertes in Kristiansand und Umgebung 127

Setesdal 129
Evje-Hornnes 130
Byglandsfjord 132
Bygland 133
Valle 134
Bykle 135
Hovden 136

Die Sonnenküste 139
Mandal 139
Halbinsel Lista 143
Flekkefjord 144
Egersund 146

Kvinesdal 148
Liknes 149
Knaben 150
Feda 152

Sirdal 153
Tonstad 154
Umgebung von Tonstand 154
Sinnes 155
Åndernam und Suleskar 156

Stavanger 159
Stadtstruktur 159
Stadtgeschichte 160
Sehenswertes im Zentrum 167
Sehenswertes außerhalb des Zentrums 169
Umgebung von Stavanger 170
Lysefjord 171

Ryfylke 176
Hjelmeland 176
Sand 178
Umgebung von Sand 180
Sauda 181

Karmøy und Haugesund 184
Skudeneshavn 184
Åkrehamn 186
Kopervik 188
Avaldsnes 188
Haugesund 190

Hardangervidda 193
Haukeligrend 195
Umgebung von Haukeligrend 196
Finse 197
Geilo 199
Umgebung von Geilo 202

Telemark 204
Rauland 205
Sehenswertes in Rauland und Umgebung 207
Rjukan 209
Notodden 214
Kongsberg 216
Skien 220
Porsgrunn 223
Telemark-Kanal 225
Vrådal 227
Dalen 229
Morgedal 231
Seljord 232
Bø 233

Numedal 235

Hallingdal 238
Nesbyen 240
Gol 241

Sprachführer 244

Sach- und Personenregister 253

Geographisches Register 254

Zeichenerklärung für die Karten und Pläne

Landkarten

- Autobahn
- Hauptverkehrsstraße
- Landstraße
- Nebenstraße
- Piste
- Wanderweg

Stadtpläne

- Hauptstraße
- Nebenstraße

- Bebaute Fläche
- Grünanlage
- Gewässerfläche
- Flughafen/-platz
- Kirche
- Schloss/Festung
- Berggipfel
- Wasserfall
- Sehenswürdigkeit

- Bushaltestelle
- Taxistandplatz
- Information
- Post
- Museum
- Parkplatz
- Krankenhaus
- Campingplatz

Mandal-Festival: Norweger feiern ihre Geschichte

Kartenverzeichnis

Oslo ..... vord. Umschlagklappe
Südnorwegen ..... hint. Umschlagklappe

Fährverbindungen Color Line von Dänemark aus 15
Hardangervidda 195
Karmøy und Haugesund 187
Kristiansand 124/125
Numedal/Hallingdal 237
Oslofjord 81
Ryfylke 177
Setesdal 130
Sirdal & Kvinesdal 151
Sonnenküste 140
Stavanger 162/163
Südküste 94/95
Telemark 205

Wanderungen und Touren

Schnuppertour in die Nordmarka ... 78
Spaziergang durch das Grunnane-Naturschutzgebiet ... 92
Wandertour zum Aussichtsturm Seterasen ... 93
Tour auf der "Nordseestraße" ... 144
Wandertour auf den Preikestolen ... 174
Spaziergang rund um den Refsvatnet ... 174
Autotour auf der Røldal-Straße ... 183
Wandertour: Drei Gipfel in zwei Tagen ... 198
Wandertour: Auf den Folarskard-Pass ... 202
Wandertour auf dem Lehrpfad "Naturivisti" ... 212
Wandertour auf den Gaustatoppen ... 213
Wandertour zur verlassenen Silberstadt ... 219

Alles im Kasten

In Norwegen lebt's sich am besten... ... 14
Lachs – wild oder gemästet ... 28
Anglerregeln ... 35
Der Sprachenstreit ... 54
Der Lachstöter heißt "Gyro" ... 57
Swinging Oslo ... 67
Stadt des Friedens ... 70
Die Olavstage ... 84
Das Ende der "Blücher" ... 87
Die Geburt des Linie-Aquavits ... 91
Bergab mit dem Bergbau ... 150
Spektakel im Sirdal ... 154
Lysefjordveien – in 27 Kehren 800 m tief hinab ... 158
Freizeitspaß rund um Stavanger ... 170
Bergensban – ein Eisenbahngenuss ... 197
Kampf um das "schwere Wasser" ... 209
Krossobanen ... 211
Skifahren am Gaustatoppen ... 212
Stabkirchen ... 236

Was haben Sie entdeckt?

Haben Sie eine besonders schöne Unterkunft auf Ihrer Reise durch Südnorwegen gefunden, einen aufregenden Wanderweg durch die unverfälschte Natur oder ein Lokal mit landestypischen Spezialitäten?

Wenn Sie Tipps und Informationen, aber auch Kritikpunkte haben, lassen Sie es uns wissen. Schreiben Sie an:

Hans-Peter Koch
Stichwort "Südnorwegen"
Michael Müller Verlag
Gerberei 19
91054 Erlangen
E-Mail: hpkoch@michael-mueller-verlag.de

Nur für Mutige: Blick vom Preikestolen auf den Lysefjord

Südnorwegen erleben

"Ja, vi elsker dette landet..." ("Ja, wir lieben dieses Land ...") – so beginnt Norwegens Nationalhymne. Diesem ehrlichen Liebesschwur schließen sich viele Touristen an und die Hälfte aller Norwegen-Urlauber besucht das Land sogar mindestens ein zweites Mal. Die meisten (85 %) zieht es nach Südnorwegen, ins Feriengebiet Nummer eins in Skandinavien und zur nördlichsten Südküste Europas.

Es macht Spaß, die Norweger in Norwegen zu besuchen. Das naturliebende, sportbegeisterte, lebenslustige Völkchen – im Land der Fjorde leben gerade so viele Menschen wie im Großraum Berlin – macht aus seiner Heimatliebe keinen Hehl, ohne dabei in Chauvinismus zu verfallen: Olav Nordmann hisst die Nationalflagge vor seinem Campingwagen, bejubelt seine sportlich so erfolgreichen Landsleute im Stadion mit aufgeschminkten Nationalfarben, ist selbstredend Mitglied im Folkloreverein und durchstreift seine Heimat in jeder freien Minute – im Winter auf Skiern und mit Pulka, im Sommer wandernd, kletternd, angelnd und segelnd. Und Olav Nordmann freut sich über Fremde, denen er die Schönheit seines Landes vorstellen kann.

Kleine Großstädte und besenreine Fischerdörfer

Vieles gibt es da zu präsentieren: Die sattgrünen Wälder Telemarks mit schier unendlichen Wandermöglichkeiten, die zerklüftete Schärenküste zwischen Horten und Kristiansand mit unzähligen Badebuchten, die kleinen Großstädte Oslo und Stavanger und die besenreinen Fischerdörfer an der Sonnenküste.

Nur für Müßiggänger: am Nissesee im Telemark

Auch die unentdeckten Strände der Halbinsel Svelvik oder die vergessenen Bergwerke im Kvinesdal, das Schalentier-Festival in Mandal oder der Schafabtrieb im Sirdal sind immer eine Entdeckungsreise wert.

Ein wahrlich schönes Land, dieses Südnorwegen. Wenn da nicht ein paar Handicaps wären: Das Wetter könnte häufig sonniger, die Preise niedriger und der Speisezettel etwas abwechslungsreicher sein. Erfahrene Norwegen-Fahrer haben darum stets Dauerwürste und Pastavorräte im Gepäck – und natürlich Wein, allerdings nur so viel wie vom gestrengen Zoll der EU-"Auslandes" erlaubt. Gegen Wind und Regenwetter helfen Anorak, Halstuch, dicke Socken, die auch im Sommerurlaub nicht fehlen dürfen, und Wanderstiefel.

Ansonsten aber ist Südnorwegen bestens auf Gäste vorbereitet: Eine fast perfekte touristische Infrastruktur mit Unterkünften vom romantischen Fünf-Sterne-Hotel bis zur sauberen Hütte auf dem Campingplatz, mit Informationsbüros in jedem noch so kleinen Ort und mit Transportmöglichkeiten, die vom guten Straßennetz bis zum glänzend organisierten Bus- und Bahnverkehr reichen. Motorradfahrer oder Autotouristen, Radfahrer oder Eisenbahnfans, sogar Vielflieger finden gleichermaßen ideale Bedingungen vor. Selbst im unzugänglichsten Telemark-Tal muss man nicht auf Notrufsäule und Bankautomaten verzichten – Rundreise-Abenteuer mit Rückversicherung.

Land der Gegensätze: Umweltschützer und Walfänger

Neben den unvergleichlichen Landschaftsbildern, dem Farbenspiel an der Küste oder den weiten Aussichten von den Telemark-Bergen bietet Südnorwegen zusätzliche Attraktionen: Stabkirchen zum Beispiel, Norwegens einziger Beitrag zur Weltarchitektur, oder Freilichtmuseen, restauriertes Geschichtsbewusstsein in meist herrlicher Umgebung.

Nicht zu vergessen die rauschenden Wasserfälle an schroffen Felswänden, die nur deshalb so steil und mächtig erscheinen, weil man sie gleichsam vom Meeresniveau erlebt. Dazu die reichen Bauernanwesen in Telemark, die mit zehn und mehr Gebäuden wie Gutshöfe erscheinen, und andererseits die schlichten Katen im lange abgeschiedenen Setesdal. Oder die weltberühmten Museen von Oslo auf der einen und das kleine Privatmuseum in Ryfylke auf der anderen Seite.

So gegensätzlich wie das Land – Fjord und Fjell, Küste und Gebirge –, so gegensätzlich sind die Norweger und ihre Gesellschaft: Ölreichtum und leere Sozialkassen, Dritte-Welt-Solidarität und Einwanderungsstopp, Exportabhängigkeit und EU-Verweigerung, Vorreiter im Umweltschutz und Verfechter des Walfangs. Olav und Ulla Nordmann sind Individualisten, verschroben manchmal, aber immer selbstbewusst und lebenslustig.

Und auch das Reiseland Südnorwegen eignet sich gut für Individualisten, die einsam wandern, angeln oder auf Berge klettern wollen, die vor der Küste nach Wracks tauchen oder selbstvergessen über den Telemark-Kanal paddeln wollen. Man wohnt in Blockhütten und fischt das Mittagessen aus dem Fjord, man trifft tagelang keinen Menschen und findet selbst in der Einöde einen Bankautomaten.

Wetten, Sie werden nach diesem Urlaub Norwegen-Fan. Und werden immer wiederkommen. Genau wie ich.

Anreise

Außer durch die Luft kommen Sie nur über das Wasser nach Norwegen. Sie brauchen also, egal ob Sie per Auto, Rad, Bike oder Bahn anreisen, in der Regel die Fähre als weiteres Verkehrsmittel. Und das will organisiert sein...

Für **Autotouristen** gibt es die prinzipielle Wahlmöglichkeit zwischen kurzer Auto- und längerer Fährfahrt (z. B. von Kiel nach Oslo mit fast 20-stündiger Seefahrt) oder längerer Autofahrt mit nur kurzer Überfahrt (durch Dänemark oder via Vogelfluglinie, Puttgarden – Rødby Havn/Dänemark 1 Std., dann weiter Helsingør – Helsingborg/Schweden 25 Min.). Die Øresund-Brücke zwischen Kopenhagen und Malmö hat seit ihrer Eröffnung im Sommer '99 die Erwartungen nicht erfüllt: Nur die Hälfte der angestrebten 12.000 Touristen passiert jährlich die kürzeste Strecke nach Schweden – was sicher mit der hohen Maut (20 €/Pkw, 42 € für Wohnwagen, 15 € für Bikes) zu tun hat. Für Norwegen-Reisende ist diese Passage ohnehin kaum lohnend, denn die Weiterfahrt über Malmö nach Norwegen verschlingt noch mindestens einen Tag an Zeit und Kosten.

Als **Flugtourist** erreichen Sie nur Oslo-Gardermoen von Mitteleuropa aus im Direktflug; dort müssen Sie umsteigen, um zu einem der anderen 12 Airports in Südnorwegen zu gelangen. Die naturgemäß schnellere Anreise ist kaum teurer als die Fährfahrt, lohnt aber nur, wenn Ihr Urlaubsort in der Nähe des Flughafens liegt oder der Mietwagen am Airport wartet.

Ankunft im Oslofjord

Obwohl die Norweger den EU-Beitritt abgelehnt haben, sind sie dem Schengener Abkommen beigetreten, das den Personen- und Warenverkehr in Westeuropa liberalisiert. Konkret: Ich habe seit drei Jahren keine Kontrollen mehr von norwegischen Zöllnern erlebt. Dennoch sollten Sie beachten:

Reisepapiere: Für die Einreise genügt ein gültiger Personalausweis, für Kinder bis 16 J. ein Kinderpass (mit Foto); für den Krankheitsfall ist der E-111-Schein Ihrer Krankenkasse unerlässlich (s. "A–Z/Ärzte", S. 41).

Zollbestimmungen: Abgabefrei mitbringen dürfen Sie 1 l Wein, 1 l Spirituosen und 2 l Bier (ersatzweise 2 l Wein und 2 l Bier) pro Person. An Tabakwaren 200 Zigaretten, 50 Zigarren oder 250 g Tabak. Einfuhrverbot gilt für Pflanzen, Eier, Kartoffeln und Fleisch (ausgenommen Konserven bis zu 5 kg pro Person und Fertiggerichte), natürlich für Rauschgifte, aber auch für Medikamente (über den persönlichen Verbrauch hinaus). Waffen (mit Munition) dürfen eingeführt werden, wenn sie nachweislich als Jagdwaffen deklariert sind. Das gilt nicht für Angelnetze und Ausrüstung für den Krebsfang, deren Mitnahme verboten ist.

Mit dem eigenen Fahrzeug und der Fähre

Die *Color Line,* seit Übernahme der *Larvik Line* mächtigste Reederei im Ostseetransit, bietet auf allen ihren Linien von Dänemark aus dieselbe Preisstruktur an (s. u. "Via Jütland"). Das gilt auch für die Schnellfähren, die seit 1997 vom dänischen Hirtshals nach Kristiansand in fast der Hälfte der sonst gewohnten Zeit verkehren. Für die Pkw-Passage (größere Fahrzeuge werden auf Schnellfähren nicht transportiert) wird allerdings ein Zuschlag von 25 € pro Route fällig.

- **Fährfahrt ab Kiel**: Die meistgenutzte, weil bequemste Route. Vorteile: Über die Autobahn ist die Fahrt nach Kiel via Hamburg problemlos. Zudem verkehrt die Fähre täglich zu angenehmen Tageszeiten (man verschläft die langweiligen

Abschnitte). Nachteil: Ziel ist Oslo, was für Besucher z. B. der Westküste lange Fahrzeiten in Norwegen bedeutet. Der Nachteil einer langen Weiterfahrt gilt auch für die Nachtfähre Kiel–Göteborg. In Göteborg angekommen, ist man noch längst nicht in Norwegen. Und Kosten für Benzin, Verpflegung und Übernachtung fallen zusätzlich an.

Kiel–Oslo: Abfahrt täglich 14.00 Uhr, Ankunft 9.30 Uhr am nächsten Tag. In der Hauptreisezeit zwischen dem 15.6. und dem 15.8. zahlt man pro Person: Schlafsessel 88 €, 2-Bett-Innenkabine 108 €, 2-Bett-Innenkabine mit Du/WC 166 €, 2-Bett-Außenkabine mit Du/WC 186–194 €, Luxuskabine 278–366 €. Für ein Motorrad sind 44 €, für ein Fahrrad 16 € und für ein Auto bis 2 m Höhe 76 € fällig. Allerdings gibt es happige Aufpreise für größere Fahrzeuge: bis 2,30 m Höhe zahlt man 26 € drauf, bis 2,60 m Höhe 110 € und über 2,60 m Höhe sogar 180 €. Wenn man mit mehreren Personen anreist, ist das Autosparpaket interessant. Dieses Pauschalangebot gilt für ein Fahrzeug (bis 2 m Höhe) mit bis zu 5 Personen; für 5 Schlafsessel zahlt man 172 €, für eine 4-Bett-Kabine zwischen 336 und 474 € (Außenkabine mit Du/WC).

Buchung und Information *Color Line, 24103 Kiel, Oslokai, ✆ 0431/7300300, ✆ 7300400, Internet: www.color-line.de*

▸ **Via Vogelfluglinie**: Auf den ersten Blick die preiswerteste Route. Vorteile: nur geringe Fährkosten bei großer Frequenz. Nachteile: Autofahrer sind ab Hamburg 900 km auf der Straße, was zudem um Kopenhagen selten staufrei abgeht. Anfahrt: Autobahn Hamburg–Lübeck, ab Oldenburg dann Bundesstraße nach und über Fehmarn bis Puttgarden. In Dänemark per Autobahn über die Insel Lolland nach Kopenhagen mit Weiterfahrt entweder auf der Autobahn (52 km) oder auf der schöneren, aber um 30 km längeren Øresund-Straße nach Helsingør.

Puttgarden–Rødby Havn: Abfahrt stündlich, Ankunft stündlich. 74 € pro Person (Fahrzeuge inkl.).

Helsingør/Dänemark–Helsinborg/Schweden: alle 20 Min., Überfahrt 25 Min., im Preis inbegriffen.

Buchung und Information Agentur Norden, 20457 Hamburg, ✆ 040/3600150, reisebuero-norden@t-online.de.

In Norwegen lebt's sich am besten ...

... behauptet zumindest die UN-Studie UNDP. Danach liegt Norwegen seit nunmehr zehn Jahren weltweit und unangefochten auf Platz eins in punkto Lebensqualität. Ermittelt wird alljährlich ein Durchschnittswert aus z. B. Lebenserwartung, Pro-Kopf-Einkommen, Bildungsstand und Gesundheitsvorsorge. Unter den 173 untersuchten Staaten nimmt Deutschland den 17. Rang ein – hinter allen skandinavischen und den meisten westeuropäischen Ländern. Nur ein Richtwert: Die norwegische Regierung wendete in den 90er Jahren durchschnittlich 16,8 % ihres Budgets für die Erziehung auf, Deutschland gerade einmal 9,5 %.

▸ **Über Ostdeutschland**: Nicht nur für Reisende aus den neuen Bundesländern, auch für Bayern und Österreicher eine sinnvolle Alternative, um über Rostock oder Sassnitz nach Skandinavien überzusetzen. Vorteil: Die Fähren fahren täglich und preiswert. Nachteil: Auch von den Zielhäfen Gedser oder **Trelleborg** ist es noch weit bis in die norwegischen Feriengebiete.

Rostock–Gedser/Dänemark: Abfahrt alle zwei Stunden zwischen 7 und 24 Uhr; Fahrzeit 2 Std,10 Min., 60 € pro Person (Fahrzeug inkl.).

Rostock–Trelleborg/Schweden: Abfahrt 8.30 Uhr (an 14.15 Uhr), 15.15 Uhr (an 21.00 Uhr), 105–135 € pro Person (Fahrzeug inkl.).

Sassnitz–Trelleborg/Schweden: Abfahrt 3.15 Uhr (an 7 Uhr), 8 Uhr (an 12.00 Uhr), 13 Uhr (an 16.45 Uhr), 17.45 Uhr (an 21.30 Uhr), 22.30 Uhr (an 2.15 Uhr). 88–104 € pro Person (Fahrzeug inkl.).
Buchung und Information jeweils Agentur Norden, 20457 Hamburg, ✆ 040/3600150.

▸ **Via Jütland**: Die angenehmste Strecke mit dem Vorteil einer akzeptablen Mischung von Fahrtzeit (ab Hamburg jeweils fünf Stunden; die Autobahn in Dänemark – Höchstgeschwindigkeit 110 km/h – führt ab 2003 bis nach Hirtshals) und Fährzeit; insbesondere die Schnellfähren ab Hirtshals, die allerdings keine Wohnmobile und Gespanne transportieren, sind attraktiv, denn sie brauchen für die Überfahrt nur halb so lange wie die älteren Großraumfähren. Weiterer Vorteil: Man hat die Wahl zwischen verschiedenen Zielen in Norwegen. Nachteil: Gerade wegen des regen Fährverkehrs kommt es in den Häfen häufig zu Warteschlangen (im Sommer zwei Monate im Voraus buchen).

• *Mit der Color Line* Ganz gleich, welche Strecke, die Tarife sind jeweils dieselben (zweite Preisangabe gilt am Wochenende): pro Person 48–54 €, Kinder von 4–15 J. 24–27 €, unter 4 J. frei. Motorrad 30–39 € Fahrrad 15 €. Pkw bis 2 m Höhe 58–76 €, Zuschlag für Fahrzeughöhe bis 2,30 m 25 €, für Höhe bis 2,60 m 129–160 €, für Höhe über 2,60 m 199–230 €. Für das Autosparpaket (für bis zu 5 Personen und einen Pkw bis 2 m Höhe) zahlt man 179–210 €, für das Wohnmobilpaket (für bis zu 5 Personen und ein Wohnmobil bis 5 m Länge) sind 262–318 € fällig. Diese Angaben (wie auch die unten angegebenen Abfahrtzeiten) beziehen sich auf die Hauptreisezeit vom 15.6.–15.8.
Buchung und weitere Informationen Color Line, 24103 Kiel, Oslokai, ✆ 0431/974110, ☏ 9741122; www.color-line.de.

Hirtshals/Dänemark–Kristiansand: Abfahrt 1.00 Uhr (an 3.30 Uhr), 8.00 Uhr (an 12.15 Uhr), 11.30 Uhr (an 14. Uhr), 18.30 Uhr (an 21. Uhr), 19.30 Uhr (an 23.45 Uhr). Bei den Schnellfähren muss ein Pkw-Zuschlag von 25 € gezahlt werden.

Hirtshals/Dänemark–Oslo: Abfahrt 10.00 Uhr, Ankunft 18.30 Uhr; 14.00 Uhr, Ankunft 22.00 Uhr.

Frederikshavn/Dänemark–Larvik: Abfahrt 12.15 Uhr, Ankunft 18.30 Uhr .

• *Mit anderen Anbietern* **Hanstholm–Egersund–Bergen**: Abfahrt Di/Do/Sa jeweils 9 und 23.50 Uhr, So 16.45 Uhr; Ankunft in Egersund Di/Do/Sa 15.30, Mi/Fr/So 6.30 Uhr, in Bergen Mi/Fr 15.00 Uhr, Mo 9 Uhr. Nach Egersund 11–128 € pro Person (inkl. Fahrzeug). Nach Bergen 206–220 € pro Person (Pkw inkl.).
Buchung und Information Karl Geuther GmbH, 28195 Bremen, ✆ 0421/1760362, ☏ 18575; E-Mail: fjordline@geuther.com

Frederikshavn/Dänemark–Oslo: Abfahrt täglich10 Uhr (an 18.30 Uhr). 180 € pro Person + Pkw , Motorrad 24 €, Fahrrad umsonst. Die Abfahrtzeiten beziehen sich auf Juni–August, in der übrigen Jahreszeit eingeschränkter Fährbetrieb. Von Frederikshavn vekehrt auch 6 x täglich eine Fähre nach Malmö/Schweden.
Buchung und Information Stena Line, Kiel, ✆ 0431/9099, ☏ 909200. Düsseldorf, ✆ 0211/9055, ☏ 9055180, www.stenaline.dk Norwegische Schifffahrts-Agentur, Hamburg, ✆ 040/37693151, ☏ 364177.

Mit dem Bus

Die Busgesellschaft *Sørlandsruta* unterhält einen Linienverkehr von **Hamburg** nach **Kristiansand/Mandal/Stavanger** und nutzt dabei die Fähre **Hirtshals-Kristiansand** zu einem günstigen Preis: einfache Fahrt (inkl. Fährfahrt, aber ohne Kabine) nach Kristiansand 96 € (hin und zurück 143 €), nach Stavanger 135 € (hin und zurück 203 €). Der Bus verlässt Hamburg täglich um 16 Uhr vom ZOB aus (direkt neben dem Hauptbahnhof) und erreicht Kristiansand am folgenden Morgen um 7.15 Uhr. Von hier fährt der Bus weiter nach **Mandal** (an 9.30 Uhr) oder **Stavanger** (an 11 Uhr). Rückfahrt ab Kristiansand 19.15 Uhr (ab Stavanger 14 Uhr); Ankunft in Hamburg am nächsten Tag um 7.15 Uhr.

Information und Buchung Deutsche Touring, ✆ 040/249818, 📠 249495; www.deutsche-touring.com

Mit der Bahn

Die gemütlichste, doch keineswegs preiswerteste Möglichkeit, nach Norwegen zu kommen. Zwar sind die Fährpreise (via **Puttgarden**) im Fahrpreis inbegriffen, in der Regel aber ist ein IC-Zuschlag fällig. Weiterer Nachteil: Reisende aus der Mitte Deutschlands müssen in **Hamburg** umsteigen, während der Weiterfahrt auch noch in **Kopenhagen**. Folge: Da die Entfernung bis zur dänischen Grenze zu gering ist, werden keine Fahrpreisschnäppchen angeboten (Ausnahme: BahnCard). Das folgende Preisbeispiel bezieht sich auf den Sommerfahrplan '02. Sie kommen also nicht umhin, sich rechtzeitig vor Reiseantritt nochmls zu erkundigen (Auskunft ✆ 01805/996633;. www.bahn.de).

Fahrzeiten/Preise die kürzeste von fünf täglichen Verbindungen:7.28 Uhr ab **Hamburg**, an **Oslo** 21.45 Uhr. Hin- und Rückfahrt 282 €.

Mit dem Flugzeug

▸ **Linienflüge**: Seit der neue **Großraumflughafen Gardermoen** (47 km nordöstlich von Oslo) in Betrieb ist, konzentriert sich der Flugverkehr auf die Hauptstadt – für alle Weiterflüge innerhalb Norwegens müssen Sie in Gardermoen umsteigen. Das macht die Jet-Anreise für Touristen deutlich weniger attraktiv als zu Zeiten des Transits über den nun ausrangierten Hauptstadtflughafen Fornebue, obwohl man Oslo mit dem Linienjet für nur wenig mehr Geld als mit der Bahn erreicht. Und schneller geht's auch: Die Fluganbindung der meisten Flughäfen Deutschlands (keine Direktflüge von **Wien** und **Zürich**) an Oslo-Gardermoen ist hervorragend. Und das innernorwegische Flugnetz gehört zu den besten der Welt, sodass Weiterflüge problemlos sind.

Voraussetzung für den günstigen Preis: Sie nutzen den Sondertarif *Flieg & Spar*, bei dem Sie sieben Tage vorher buchen und wenigstens ein Wochenende in die Reisedauer einschließen müssen. Mit diesem Sondertarif können Sie den Fahrpreis mehr als halbieren. Beispiel: Von **Hamburg** kostete 2002 der normale Einstundenflug nach Oslo 1014 €, der Flieg-&-Spar-Preis betrug 319 € (von **München** 339 €).

NSB-Motto: Es fährt immer ein Zug

Kodak
Freia

Eine besonders für Reisende aus Norddeutschland interessante Alternative ist der Flug mit der größten norwegischen Linie *Braathens SAFE* vom dänischen **Billund** nach **Oslo**; die Boeing verkehrt täglich (Abflug Billund täglich 9.25, 11.30 und 19.05 Uhr, Flugzeit 1 Std.) für NOK (ca. 256 €) hin und zurück (Flieg-&-Spar-Tarif). Problematisch höchstens die Anfahrt nach Billund, denn mit dem Zug kommen Sie bloß bis ins dänische **Velje** (ab Hamburg), und dann geht es 27 km weiter mit dem Überlandbus.

Buchung nur über Norwegen, **Braathens SAFE**, Postboks 55, 1330 Oslo Forneboe, ✆ 0047/81520000.

Direktflüge nach Norwegen

von	nach	Abflug	Ankunft	Preis
Hamburg	Oslo	10.40	12.05	319 €
Berlin	Oslo	7.15	11.35	319 €
Düsseldorf	Oslo	18.30	20.15	319 €
Frankfurt	Oslo	9.55	11.45	319 €
München	Oslo	11.35	13.55	339 €

Buchung und Information jeweils: Lufthansa/SAS Call Center, ✆ 01803/234023, www.lufthansa.de.

- **Charterflüge**: Nach Norwegen fliegen nur kleinere skandinavischen Linien in Verbindung mit konkreten Pauschalangeboten. Restplatzbörsen und Last-Minute-Angebote sind darum nicht ganz aussichtslos, aber selten ergiebig.

Unterwegs in Südnorwegen

Sie fahren in ein ideales Reiseland. Mit einem lückenlosen Netz asphaltierter Straßen, mit einer Eisenbahn, deren Service zu den besten Europas zählt, und mit Überlandbussen, die auch das entlegenste Dorf erreichen.

Dazu kommt ein Angebot an Übernachtungsmöglichkeiten, das vom preiswerten Campingplatz bis zum Fünf-Sterne-Hotel für jeden Geldbeutel das Beste bietet (s. "Übernachten", S. 24). Nicht übertrieben: Südnorwegen, Skandinaviens Urlaubsregion Nummer eins, ist seit jeher auf Feriengäste eingestellt. Seit 100 Jahren besuchen Segler und Skiläufer, Wanderer und Weltenbummler diesen Landstrich. Und die Norweger bieten ihren Gästen eine touristische Infrastruktur, die kaum Wünsche offen lässt.

Mit dem eigenen Fahrzeug

Verkehrsteilnehmer müssen in Norwegen auf einige Besonderheiten achten. Bei Missachtung dieser Regeln sind deftige Strafen fällig.

Die **Geschwindigkeitsbegrenzung** in Ortschaften liegt bei 50 km/h, auf Landstraßen bei 80 km/h und auf den meisten Schnellstraßen (Autobahnen vergleichbar) bei 90 km/h (Gespanne 80 km/h). Skandinavier halten sich an solche Vorschriften und drosseln die Geschwindigkeit an jedem Gebotsschild – Sie können gar nicht anders, als sich dem Verkehrsfluss anzupassen. Und Geschwingkeitsüberschreitungen von nur 20 km/h kosten mindestens 310 €.

Ferien im Norden: mobil und doch gemütlich

Anschnallen auf Vorder- und Rücksitzen ist ebenso vorgeschrieben wie der Gebrauch von Kindersitzen (für Kinder unter vier Jahren). Ungewohnt für Fahrer aus Mitteleuropa: Rund um die Uhr muss das **Abblendlicht** eingeschaltet sein, und dem Fahrer ist das **Rauchen** wie das **Mobiltelefon** verboten. Die Strafgrenze für **Alkohol** liegt bei 0,5 Promille.
Nehmen Sie solche Vorschriften nicht auf die leichte Schulter, denn die norwegische Polizei ist mit hohen Strafen auch für Ausländer schnell bei der Hand. Gefängnisstrafen ab einem Promille Blutalkohol und Führerscheinentzug von bis zu einem Jahr schon bei 0,6 Promille, mindestens aber eineinhalb Monatsgehälter Strafe sind die Norm. Oder 200 €, wenn Sie ohne Licht angetroffen werden oder falsch parken. Und die Zahlungsaufforderung erreicht Sie auch an Ihrer Heimatadresse.

- **Entfernungen**: Planen Sie als Autofahrer nie mehr als höchstens 350 km für eine Tagestour ein. Gebirgsstraßen, streng überwachte Geschwindigkeitsbegrenzungen sowie Unterbrechungen durch Mautstationen (s. u.) oder für Fährfahrten verringern die gewohnte Reisegeschwindigkeit. Für Zweiradfahrer kommen widrige Winde und häufig lang gezogene Steigungen geschwindigkeitshemmend hinzu. Außerdem sind einige Tunnels für Fahrradfahrer gesperrt, müssen also auf alten Trassen um- oder per Bus durchfahren werden.
Die Entfernungen sind zwar auf Straßenschildern in Kilometern angegeben, wenn Sie aber den freundlichen Seebären nach der Entfernung zur nächsten Stadt fragen und der Ihnen antwortet "zwei Meilen“, müssen Sie wissen, dass eine norwegische Meile 10 km entspricht, Sie also noch 20 km zu fahren oder laufen haben.

- **Maut**: *Bompenger* fällt nicht nur in den Innenstädten aller größeren Städte an (ca. 15 NOK), sondern auch an aufwendigen Straßen, Tunnels und Brücken.

Manchmal genügt es, den vorab auf Straßenschildern angekündigten Betrag abgezählt in einen Plastikkorb zu werfen, häufig aber ist ein Halt am Kassenhäuschen vor der Schranke unumgänglich. Selbst auf abgelegenen Wegen ist manches Mal eine Maut fällig: Man wirft das Geld in einen Kasten und stellt die Quittung selbst aus.

Die wichtigsten Maut-Strecken in Südnorwegen

Straße	*Route*	*Preis/Pkw*
E 18	Umkreis von Kristiansand	10 NOK
E 18	Oslo – Drammen	20 NOK
E 16	Oslo – Hønefoss	13 NOK
RV 36	Skien – Porsgrunn	15 NOK
E 18	Larvik – Porsgrunn	20 NOK

- **Pannenhilfe**: Die Straßenwacht des **Automobilklubs NAF** patrouilliert von Juni bis August auf allen wichtigen Überlandstraßen. Zudem finden sich an Gebirgsstraßen **NAF-Notruftelefone**. Wenn aber alles nicht hilft: **NAF-Alarmzentrale,** ✆ 22341600 (24 Stunden besetzt).
- **Parken**: Ein teueres, häufig schwieriges Unternehmen. Städtische Parkplätze werden knapp gehalten, um die Innenstädte vom Individualverkehr zu befreien. Tatsächlich können Besucher in den meisten Städten auf das Auto auch verzichten – alles Sehenswerte ist in der Regel zu Fuß zu erreichen. Ansonsten nutzen Sie lieber Parkhäuser (oder Parktunnels wie in Mandal), die sind bei längerer Parkdauer preiswerter als Parkplätze am Straßenrand. Dort nämlich kostet die Parkstunde bis zu fünf Euro – zu zahlen im Parkautomaten.

Benzin- und Dieselpreise

Verbleit (98 Oktan)	9,28 NOK	=	ca. 1,32 €
Super bleifrei (95 Oktan)	8,56 NOK	=	ca. 1,22 €
Diesel	7,99 NOK	=	ca. 1,14 €

Stand: Herbst '02

- **Mietwagen und -wohnmobile**: Sie brauchen nicht allein auf die internationalen Vermieter auf Flughäfen und Innenstädten zu vertrauen – ein Blick ins örtliche Telefonbuch unter *Bilutleie* hilft auch weiter. Für einen Pkw müssen Sie pro Tag mit einem Mietpreis zwischen 70 und 180 € rechnen, für ein Wohnmobil (4- bzw. 6-Bett-Touringcar) sind es zwischen 180 und 350 € (plus 0,50 bzw. 1 € pro gefahrenem Kilometer). Gerade während der Sommermonate wird allerdings ein Preisnachlass von bis zu 25 % gewährt. Gültiger Führerschein und 21 als Mindestalter sind Voraussetzungen zur Wagenmiete.
- **Radfahrer** sollten neben wasserdichten Schuhen und Regenumhang möglichst zwei Gepäckträger, wasserdichte Taschen (oder wenigstens Plastiksäcke zum Auslegen der Taschen) und eine Mindestausrüstung an Ersatzteilen (Schläuche, Flickzeug, Reifen) dabei haben. Im Radfahrerland Norwegen kann man in fast jeder Stadt Räder leihen und auf bestens präparierten Rad- oder Wanderwegen strampeln. Allerdings macht der häufig heftige Gegenwind einige Kondition erforderlich.

Maut auf der E 18: Münzen für schnelle Durchfahrt

- **Taxis**: *Drosjer*-Fahrer sind uniformiert, die Fahrten teuer und ein Taxi schwer zu bekommen. Nicht nur in Großstädten müssen Droschken eine Stunde vorab bestellt werden; an städtischen Taxiständen gibt es Direkttelefone, die mit den Zentralen verbinden.
- **Wohnwagen**: Die zulässige Höchstbreite für Campingwagen beträgt 2,30 m, die Gesamtlänge der Gespanne darf 18,50 m nicht überschreiten. In Südnorwegen gibt es mit Ausnahme einiger Telemark-Straßen keine Probleme mit Wohnwagen.

Gasflaschen (Typen 904 und 907) sind nur bei wenigen ausgesuchten Händlern in größeren Orten zu bekommen. Die wichtigsten:

Arendal: E. Johnsen (Thomasonsgt. 8); **Bergen**: Progas (Engen 17); **Dalen**: Vistad Landhandel; **Egersund**: Seglem A/S (Strandgt); **Frederikstad**: Fossum & Ingerø; **Oslo**: Ekeberg-Camping, Progas A/S (Ryensvingen 1) und Bogstad-Camping; **Stavanger**: Progas A/S (Kons. Sigv. Bergersensveien 60).

Mit der Bahn

"Es geht immer ein Zug ...", so der Werbeslogan von Norges Staatsbaner (NSB). Nicht nur das stimmt: Geräumige Wagen, guter Service und viele Sonderangebote machen Eisenbahnfahren in Südnorwegen zum Genuss. Und das großartige Landschaftserlebnis ist im günstigen Preis inbegriffen.

Zum Beispiel die Bahnfahrt von Oslo nach Bergen auf der weltberühmten **Bergensbanen**: Von den sattgrünen Tälern des Südostens geht es auf die blühende (und im Winter tief verschneite) Hardangervidda-Ebene und von dort hinab in die zerklüftete Fjordwelt. 300 Brücken und sieben Stunden Natur pur. Aber auch die Route Stavanger–Oslo schlängelt sich durch straßenarme Täler; so beschaulich, so bequem reist man selten. Und zum Natur- kommt das Preiserlebnis:

- **Sonderangebote**: Für Vielfahrer besonders zu empfehlen ist die **Kundekort**, ein der BahnCard vergleichbares Ticket für alle Reisenden über 15 J., mit dem man in bestimmten Zügen und an bestimmten Tagen nur die Hälfte des Preises zahlt ("grüne Fahrten", nor. *grønne avganger*, im Fahrplan mit * bezeichnet); bei alle anderen Fahrten wird ein Preisnachlass von 20 % gewährt. (Kundekort kostet 450 NOK und ist ein Jahr gültig). Für Erwachsene mit Kindern gibt es einen Familienrabatt (**Familietilbud**): zwei Kinder unter 12 J. können auf "grünen Fahrten" im Beisein eines Erwachsenen kostenlos reisen. Senioren über 60 J. zahlen für alle Fahrkarten nur zwei Drittel des normalen Preises, Senioren über 67 J. sogar nur die Hälfte.

Euro Domino Norway

Mit Euro Domino Norway können Sie zwischen 3 und 8 frei wählbaren Tagen innerhalb eines Monats kostenlos alle Bahnstrecken innerhalb Norwegens benutzen. Kinder unter 12 J. zahlen die Hälfte des Erwachsenenpreises (alle Angaben sind in NOK.). Erhältlich sind die Tickets an allen größeren Bahnhöfen in Europa.

	3 Tage		**4 Tage**		**5 Tage**	
	2. Kl.	*1. Kl.*	*2. Kl.*	*1. Kl.*	*2. Kl.*	*1. Kl.*
Erw.	1.377	1.782	1.276	2.088	1.836	2.414
Jugendl. (12-25)	1.037		1.223		1.409	
	6 Tage		**7 Tage**		**8 Tage**	
	2. Kl.	*1. Kl.*	*2. Kl.*	*1. Kl.*	*2. Kl.*	*1. Kl.*
Erw.	2.106	2.730	2.349	3.046	2.592	3.362
Jugendl. (12-25)	1.596		1.728		1.926	

- **Service**: Großraumwagen mit komfortablen, verstellbaren Einzelsitzen, die fast schon übermäßige Beinfreiheit bieten; Speisewagen und nur kleinere Raucherabteile; rechtzeitige und vielsprachige Durchsagen. Es gibt Eltern-und-Kind-Abteile sowie Schlafwagen für Allergiker. Expresszüge – generell platzkartenpflichtig – führen zudem besonders für Körperbehinderte ausgerüstete Wagen mit. Und Fahrräder werden unabhängig von der Entfernung für 25 NOK transportiert (nur nicht in Expresszügen).

Alle diese Angebote gibt es in Norwegen an jedem **NSB-Schalter**. Fahrplanauskünfte und aktuelle Preise immer bei **NSB**, Oslo, ✆ 0047/81500888, www.nsb.no

Mit dem Flugzeug

Im überschaubaren Südnorwegen lohnt das Flugzeug als Fortbewegungsmittel kaum. Dennoch einige wenige Tipps für Vielflieger.

Die kleinen Maschinen von *SAS, Braathens SAFE* und *Widerøe* fliegen vom 15.7. bis 15.8. auf **Rabatt**: "Für 700 NOK durch Norwegen" (das meint aber höchstens bis Trondheim, denn das Flugnetz ist in vier Sektoren aufgeteilt!). Oder: einen **Zusatzcoupon** für 120 €, der zum einmaligen Weiterflug an jeden Ort auch Nordnorwegens berechtigt. Und: Mit dem **Visit-Norway-Pass** können Sie jeden Flughafen südlich Trondheims für 100 € erreichen. Doch damit nicht genug: Mitreisende Partner(-innen), auch unverheiratete, fliegen im In-

Oster-Vergnügen: Mit Bergensbanen über die Hardangervidda

land für die Hälfte; ebenso Jugendliche bis zum 25. Lebensjahr. Information und Preisvergleich bei den konkurrierenden Airlines sind sinnvoll.

• *Fluggesellschaften* **Braathens SAFE**, Postboks 55, 1330 Oslo Lufthavn, ✆ 0047/81520000. **SAS**, Frankfurt, ✆ 069/694531; Hamburg, ✆ 040/591951; München, ✆ 089/908021. **Widerøe**, Postboks 82, Lilleaker, 0216 Oslo, ✆ 0047/67116000.

Mit dem Bus

Überlandbusse sind das Verkehrsmittel Nummer eins im Süden Norwegens (Standardausrüstung: Gratis-Imbiss, WC, Video, Klimaanlage, Mobiltelefon). Kaum langsamer, genauso pünktlich und ein wenig billiger als die Bahn.

NorWay Bussekspress ist ein Zusammenschluss mehrerer Busgesellschaften in Norwegen und fährt mit 200 Bussen auf 50 Routen alle wichtigen Orte an. Auf diesen Linien brauchen Kinder bis 4 J. nichts zu zahlen, Jugendliche bis 16 und Senioren ab 67 J. nur die Hälfte. Und die Hightech-Busse halten überall, wenn man den Fahrer über dessen Mobiltelefon von unterwegs aus anruft (Telefonnummern im Fahrplan).

• *Sonderangebote* Es gibt interessante Preisermäßigungen für Vielreisende. 1.375 NOK z. B. kostet ein Ticket für sieben aufeinander folgende Tage ohne Kilometerbeschränkung (gültig für alle Busse außerhalb der Städte); 2.200 NOK ist der Preis für das entsprechende 14-Tage-Angebot. Kinder bis 4 J. fahren auch hier gratis mit, Jugendliche bis 15 J. zahlen 75 % des Erwachsenenpreises. Diese Karten gibt es in Reisebüros, im Turistkontor und an NorWay-Haltestellen.

Mit dem Schiff

▶ **Linienverkehr**: Erlebenswert und als Fortbewegungsmittel in Südnorwegen auch sinnvoll sind **Hurtigbatters** oder **Hydrofoilen**, wie die Tragflächenboote an der Südküste genannt werden. In wenig mehr als vier Stunden gelangen Sie beispielsweise von Bergen nach Stavanger (765 NOK, dreimal täglich). Die rasanten Katamarane der **Flaggruten** bieten zudem einen famosen Service: Bordrestaurant, Kinderspielecke, mehrsprachige Durchsagen, Liegesitze und Aussichtsdeck. Einziger Nachteil ist höchstens, dass der starre Blick durchs Panoramafenster leicht schon mal zur Seekrankheit führen kann.

- **Sightseeing**: In jedem Küstenort gibt es unzählige Ausflugsfahrten in den nächsten und schönsten Fjord, zur menschenleeren Insel und zum Vogelfelsen gleich um die Ecke. Tipps für diese Trips finden Sie im Reiseteil dieses Buches. Lohnender und billiger sind jedoch häufig die regelmäßigen Fährverbindungen, mit denen Sie dieselben Ziele erreichen können.

Übernachten

Sie werden im Urlaubsland Südnorwegen nicht lange nach einer Unterkunft suchen müssen – Fünf-Sterne-Campingplätze und Fünf-Sterne-Hotels, Blockhütten und Jugendherbergen gibt es zuhauf und in fast jeder Preislage.

Allerdings: In den schönen Sommermonaten sind Norwegens Küsten überflutet von Kurzzeiturlaubern; Sie sollten darum rechtzeitig vorbestellen. Die Telefonnummern, die Sie im Reiseteil jeweils unter der Rubrik "Übernachten" finden, können da hilfreich sein.

Camping

Über 500 Campingplätze gibt es allein in Südnorwegen; die empfehlenswerten sind in diesem Buch verzeichnet. Der **Norwegische Automobilklub** (**NAF**, Storgt. 2, 0105 Oslo, ✆ 0047/22341600, www.naf.no) erteilt zudem aktuelle Tipps für Campingfreunde. Campingplätze sind wie fast überall in Europa mit Sternen von eins bis fünf klassifiziert, sanitäre Anlagen sowie Duschen sind jedoch in allen Kategorien die Regel. Auf fast allen Plätzen gibt es zudem **Campinghütten** für Familien (zwei bis sechs Betten, meist ohne Bettwäsche, Kochplatte, Kühlschrank, Küchenausstattung; s. u. "Ferienhäuser"). Längst nicht alle Plätze sind immer geöffnet, aber zwischen dem 15. Juni und dem 25. August finden Sie immer Platz.

Neuerdings gibt es auf jedem Campingplatz für 50 NOK die "Norwegische Campingkarte". Die Codekarte erleichtert das Einchecken und garantiert Preisermäßigungen auf Benzin sowie auf zahlreiche Sport- und Freizeitartikel in den Campingshops.

- *Preise* Für Südnorwegen lassen sich gegenwärtig die folgenden Tarife angeben (Stand 2002): pro Person 40–80 NOK, Zeltstellplatz 60–150 NOK, Wohnwagenstellplatz 180–300 NOK. Der Parkplatz für ein Fahrzeug ist meist im Preis inbegriffen.

Jugendherbergen/Wanderheime

Vergessen Sie, was Sie aus Klassenreisezeiten über Jugendherbergen wissen. Jugendherbergen in Norwegen sind anders und heißen anders – **vandrerhjem**, Wanderheim. Sie bieten Einzel-, Doppel- und Familienzimmer zu vertretbaren Preisen zwischen 120 und 600 NOK an (oft mit Dusche/WC und "Selbstkocheinrichtungen", mit Etagenbetten, allerdings ohne Bettwäsche, die jedoch zu leihen ist; die eigenen Schlafsäcke zu benutzen ist verboten). Kinder zwischen 4 und 15 J. zahlen, wenn sie im Elternzimmer übernachten, nur die Hälfte.

Als Mitglied des internationalen Jugendherbergsverbandes (Sie können den Jahresausweis für 200 NOK auch in jeder norwegischen Jugendherberge erwerben) bekommt man einen Preisnachlass von 25 NOK. Und schließlich: Den meisten Heimen sind **Restaurants** angeschlossen, in denen man für 50–80 NOK schon eine reichliche Mahlzeit bekommt.

Da viele Wanderheime nur zwischen Juni und August geöffnet sind und da bei großem Andrang Wanderer und Radfahrer den Vorzug vor motorisierten Touristen erhalten, lohnt die Voranmeldung immer. Und zwar direkt bei den Heimen (siehe jeweils unter der Rubrik "Übernachten" im Reiseteil) oder über **Norske Vandrerhjem**, 0154 Oslo, Dronningensgate 26, ✆ 0047/23139300, www.vandrerhjem.no.

Hytta-Urlaub: Einsamkeit in weiter Natur

Ferienhäuser (hytter)

Der Urlaub *"på hytta"* ist eine norwegische Spezialität. 400.000 solcher Hütten gibt es an Seen, in Nationalparks, längs der Fjorde – überwiegend sind sie in Privatbesitz. Das heißt: Jede zweite norwegische Familie besitzt statistisch gesehen eine Hütte und nutzt sie zum eigenen Urlaub oder verlängerten Wochenende, vermietet sie jedoch in der Zwischenzeit für durchschnittlich 250 € pro Woche. Darüber hinaus vermietet fast jeder Campingplatz solche Hütten und nahezu jeder zweite Bauer.

Der Name darf nicht abschrecken. Diese Hütten sind keine Katen, sondern gemütliche, manchmal luxuriöse Häuschen mit mehreren Zimmern, Kamin, Bad und Küche und manchmal Bootssteg, Kanu und Sauna, häufig aber ohne Bettwäsche. Und Hüttensuche auf "gut Glück" ist immer noch möglich, wenn auch während der Sommerferien eine telefonische Reservierung mindestens am Vormittag des Anreisetages ratsam ist (im Reiseteil finden Sie Telefon- und Faxnummern jeder Unterkunft). Für eine mehrtägige Miete oder gar die gesamte Urlaubsdauer empfiehlt sich allerdings die Buchung bereits von zu Hause aus.

Eine preiswerte Alternative ist der **Hütten-Wohnungs-Tausch**: Unter dem Namen *Norsk Boligbytte* hat sich der norwegische Zweig einer nichtkommerziellen Organisation gegründet, die den Tausch von Unterkünften in 50 Ländern verwaltet. In dem dreimal jährlich erscheinenden Katalog annoncieren Mieter und Vermieter.

- *Hütten-Reservierung* Zum Beispiel Ferien auf dem Bauernhof über **Norsk Bondegırdsferie** Postboks 99, 1482 Nitteldal, 0047/63869180, 67072265. Oder direkt in Deutschland über das **Polarkreis Reisebüro**, 46535 Dinslaken, Bahnstr. 18, 02064/55396, 13604.
- *Hütten-Wohnungs-Tausch* **Holiday Service Wohnungstausch**, Ringstraße 26, 96117 Bamberg, 0951/43055.

Hotels

Anders als Hütten sind Hotels in Südnorwegen recht teuer; Häuser mit besonderem Standard (und Preis) heißen **Turisthotell** oder (im Gebirge) **Høfjellshotell**. Gerade die Betreiber dieser noch besseren Häuser haben sich zu Ketten zusammengeschlossen, die eigene Rabattsysteme und saisonale Sonderangebote im Programm haben (Bonuspass der Inter-Nor-Gruppe, Best Western Hotelschecks, Pro Scandinavia Voucher usw.).

Gerade in den Sommermonaten, wenn die Geschäftsreisenden ausbleiben, sind solche Angebote für Touristen sehr attraktiv. Feilschen lohnt sich, wenn Sie länger als fünf Tage am Platz bleiben wollen; selbst Preisnachlässe von bis zu 50 % habe ich schon erlebt.

Ein paar Tipps, die das Reisebudget gerade jugendlicher Touristen aufbessern helfen: Norwegischen Hotels sind für ihre reichhaltigen **Büfetts** bekannt, an denen man sich für knapp 20 € satt essen kann, auch ohne Hotelgast zu sein. Während der Semesterferien werden vielerorts Studentenwohnheime zu **Sommerhotels** umgerüstet, in denen sich ohne großen Komfort und etwas abseits, aber preiswert übernachten lässt.

Pensionen/Gasthöfe/Privatunterkünfte

Neben den bisher vorgestellten Übernachtungsmöglichkeiten werden Sie in Norwegen überall Hinweisschilder auf Pensionen *(Pensjon)*, Gasthöfe *(Gjestgiveri)* oder einfache Almhütten *(Seter)* finden. Auch dort können Sie zwischen 100 und 400 NOK pro Nacht unbesorgt einkehren wie auch in privaten Unterkünften, die unter *rom, overnatting* oder *värelser* angeboten werden.

Wanderhütten

Verwechseln Sie diese Wanderhütten nicht mit den oben beschriebenen Wanderheimen oder gar mit einer *hytta*. Hier sind die vom **DNT**, dem norwegischen Touristenverein, betriebenen Unterkünfte für Tageswanderer gemeint. Um diese Hütten entlang der Wanderwege benutzen zu dürfen, müssen Sie Mitglied des DNT werden (0125 Oslo, Postboks 1963, Stortingsgatan 28, 0047/23214570). Zum einen bekommt man nur so den Schlüssel für die versperrten Hütten, zum anderen hilft der Verein mit Tourenvorschlägen, Karten und einer jährlich aktualisierten Hüttenübersichtskarte.

Frischer Lachs: immer ein Schnäppchen

Essen und Trinken

Die norwegische Küche bevorzugt Frisches aus Meer und Wald, das zwar zuweilen lecker, selten aber raffiniert zubereitet ist.

Wo isst man?

Restaurants, wie man sie aus Mitteleuropa kennt, sind selten. Wenn, dann gibt es sie außer in Städten höchstens als **Hotelrestaurants**. Jedes gute Fjord- oder Fjell-Hotel hat ein gepflegtes Restaurant, in das Sie auch einkehren können, ohne Hotelgast zu sein. Geradezu weltbekannt sind dort die reichhaltigen Frühstücks- und Abendbüfetts. Ansonsten isst man im **Kro**, einer Cafeteria, die vielerorts eher ein Schnellimbiss ist. Immerhin wird dort reelle Hausmannskost zu reellen Preisen geboten. Für den morgendlichen Imbiss sind **Bäckereien** ein guter Tipp, die neben Brötchen und Kuchen auch häufig "Kaffee satt" anbieten: Sie zahlen die erste Tasse Kaffee und schenken sich selber nach. Auf schmale Geldbeutel zielen **Pizza-Ketten** – hier lohnen Sonderangebote, z. B. ein Pizza-Büfett, an dem man sich für 80–100 NOK satt essen kann (immer bis 17 Uhr bei "Peppe's Pizza").

Preisbeispiele in der Imbissstube: Tasse Kaffee 20–30 NOK; 1 belegtes Brötchen 30–50 NOK; 1 Smørebrød 30–50 NOK; 1 Baguette 30–60 NOK; Würstchen ohne Brot 35 NOK; Tüte Eis mit zwei Kugeln 22 NOK.

Wann isst man?

Hauptmahlzeit ist das **warme Abendessen**, das *middag* heißt und im Lokal zwischen 17.30 und 21 Uhr serviert wird. Da gibt es regelmäßig drei bis vier reichhaltige Gänge, die häufig mit einem Kaffee abgeschlossen werden. Achten Sie auf *dagens rett* oder *meny;* das Tagesmenü ist immer eine preiswerte Alternative.

Frohkost heißt **Frühstück** und ist deftig. Fast überall hat sich das Frühstücksbüfett durchgesetzt, bei dem Sie besonders den leckeren Ziegenkäse nicht versäumen sollten. Selbst mittags, zum **Lunch** zwischen 12 und 14 Uhr, bauen Restaurants auf das Selbstbedienungsprinzip per Büfett. Das Angebot ist abwechslungsreicher als morgens: in der Regel zwei warme Gerichte, umrahmt von kalorienreichen Desserts und immer angereichert mit frischem Fisch.

Lachs – wild oder gemästet

Zwei Lachsarten, den pazifischen *Onchorhychus* und den atlantischen *Salmo salar*, gibt es in Mittel- und Nordeuropa zu essen, wobei 80 % auf Salmo und da wiederum 80 % auf gemästeten Fisch aus Fischfarmen in Norwegen und Schottland entfallen. Das Fleisch des frischen Lachses, den man nur im Spätsommer bekommt, ist fettärmer, eiweißreicher und stärker rot gefärbt als das des Zuchtlachses, der nicht mehr wandert. Auf Fischfarmen werden der Nahrung darum Medikamente und Vitamine, aber auch Farbstoffe beigemengt, die jedoch ungefährlich und flott abbaubar sein sollen. Die häufig als Lachs angebotene Lachsforelle heißt korrekt Meerforelle und hat mit Salmo ebenso wenig zu tun wie der Seelachs – der heißt eigentlich Köhler und ist dem Dorsch verwandt.

Was isst man?

Fisch natürlich. Kaum sonstwo in der Welt können Sie Meeresfrüchte frischer als in Norwegen genießen. Auch wenn **Lachs** *(laks)* längst nicht immer wild gefangen wird – der aus Fischfarmen ist ebenso frisch und lecker, gleichgültig, ob geräuchert, gekocht (dann traditionell mit Fladenbrot, Sauerrahm und Gurkensalat), als Steak oder als *graved laks* (in Dill mariniert).

Preiswerter, doch nicht minder lecker ist **Seeforelle** *(sjøørret)*, **Heilbutt** *(hellefisk)* und gekochter **Dorsch**, der mit Möhren, ausgelassener Petersilienbutter und Kartoffeln als Festessen gilt. Aber auch mit Leber werden Sie Dorsch häufig und wohlschmeckend zubereitet finden. Nicht jedermanns Geschmack hingegen ist *lutefisk*, in Lauge geweichter **Stockfisch** – ein typisches Weihnachtsessen. Der auf großen Holzgestellen unter freiem Himmel getrocknete Fisch (meist Kabeljau, seltener Dorsch) wird enthäutet in einer Lauge aus Wasser und Birkenasche tagelang eingeweicht und schließlich mit Kohlrabi oder Erbsenpüree serviert.

Fiskeboller, **Fischbuletten**, finden sich auf jeder Speisekarte. Und natürlich *sild*, **Hering**, der als süßsaure Vorspeise nicht nur als Kateressen üblich ist wie der auch bei uns bekannte Krabbencocktail. In und um Bergen dürfen Sie sich die dort traditionelle **Fischsuppe** mit Garneleneinlage nicht entgehen lassen;

die beste Fischsuppe allerdings gibt es bei "Tante Molla" in Stavanger (s. S. 166). Doch nicht nur am Meer steht frischer Fisch auf der Speisekarte; im seenreichen Südnorwegen werden überall im Landesinneren **Forelle** *(ørret),* **Barsch** *(abbor)* und **Hecht** *(gjedd)* angeboten. Gleichwohl bevorzugt man dort Fleischgerichte: **Elchbraten** und **Schneehuhn** *(rype)* z. B., vor allem aber den norwegischen Ausnahmebraten aus dem **Rentier** *(reinsdyr),* stets mit Preiselbeeren angerichtet – sehr lecker, sehr teuer, sehr selten.

Häufiger und preiswerter gibt's *får-i-kål,* **Lamm in Kohl**. Dazu isst man, wie bei fast allen Speisen, Kartoffeln. So auch zu **Hammelfleisch**, *pinnekjøt* – eigentlich eine gedämpfte Hammelrippe, zu der Kohlrabi gereicht wird. Und natürlich zu *kjøttkaker*. Das sind **Hackbällchen** mit dicker, brauner Soße und Rotkohl – das Nationalgericht.

Wirklich lecker sind süße Kleinigkeiten. Da ist zunächst *rømmegrøt,* die Grütze aus Sauerrahm – eine mit Zimt, Zucker und Butter servierte Kalorienbombe. Sehr gerne essen Norweger auch Waffeln; in jedem Kro werden sie backfrisch und meist preiswert angeboten. Nicht zu vergessen die verschiedenen Käsesorten: Wann immer Sie auf den unvermeidlichen Büfetts etwas Braunes, meist als Würfel, entdecken – zugreifen. Es handelt sich dabei um *geitost,* einen karamellisierten Ziegenkäse, der erst beim zweiten, klebrigen Bissen schmeckt. Aber auch *hardanger,* ein handgepresster, herber Ziegenkäse oder *ridder,* ein milder Butterkäse, lassen sich schmecken. Und dann natürlich die einzige, die wahre norwegische Spezialität: *moltecrème*. Die rotgelben, mit der Brombeere verwandten Moltebeeren werden im Spätherbst gepflückt und sind frisch besonders köstlich; meist isst man sie mit Schlagsahne *(molter med fløte),* seltener auch mit Vanilleeis.

Was trinkt man?

Norweger schlagen sogar Niederländer im Kaffeekonsum: Immer und überall gibt es **Kaffee**, natürlich auch zum Abschluss des Essens. Und auch dabei wird grenzenlos nachgefüllt. Alkohol ist teuer und selten, aber norwegisches **Bier** ist besser als sein Ruf, z. B. das in Bergen gebraute Hansa-Bier.

Alkohol

Seit der Prohibition (1919–1927) ist der Alkoholkonsum in Norwegen staatlich reglementiert, sind die Preise kontrolliert und fast unerschwinglich: der halbe Liter Bier in der Kneipe kostet 49 NOK = 7 € (Leichtbiere sind allerdings preiswerter). Wer ins Restaurant geht, muss damit rechnen, dass überhaupt kein Alkohol ausgeschenkt wird – und wenn, dann nur zu den Speisen. Spirituosen werden sogar nur in Hotelbars angeboten. Ansonsten sind Alkoholika nur im *vinmonopolet* zu bekommen, einem staatlichen Laden, den es nur in größeren Orten gibt. Einzige Ausnahme ist Bier, das man auch in manchem Supermarkt kaufen kann.

Preisbeispiele: 1 Fl. Französischer Rotwein 90–800 NOK, 1 Fl. Deutscher Weißwein "Deinhard" 95 NOK, 1 Fl. Sandeman-Sherry 185 NOK, 1 Fl. Martini Rosso 180 NOK, 1 Fl. Bobadilla-Brandy 285 NOK, 1 Fl. Haig-Whisky 320 NOK.

Kunst

Kaum zu glauben, wie ein Volk – kaum zahlreicher als die Einwohnerschaft Berlins – auf allen Feldern der Kunst wahre Weltbestleistungen vollbringt.

Ohne Maler wie Munch oder Musiker wie Grieg, ohne Autoren wie Ibsen und Hamsun wäre die europäische Kunst der letzten 150 Jahre um einiges ärmer. Aber auch die zeitgenössische Kulturszene kann sich sehen lassen. Man denke etwa an die Schriftsteller Jostein Gaarder und Eric Fosnes Hansen, die vor zehn Jahren die Bestsellerlisten in aller Welt stürmten. Oder an Jan Garbarek, der Europas Jazzszene wie kein anderer prägt, und an Liv Ullmann, die zu den erfolgreichsten Schauspielerinnen weltweit zählt.

Sechsmal Ibsen: der Dichter im Museum seines Heimatorts Skien

Literatur

Nicht zufällig entstand die "große norwegische Literatur" vor 150 Jahren – parallel zur nationalen Neuerung. Zwar gab es schon tausend Jahre vorher die Edda (Götter- und Heldensagen) und die Skaldendichtung (Preisgedichte, Liebesdichtung usw.), zwar begründete **Henrik Wergeland** (1808–1845) eine norwegische Nationalliteratur, doch den weltweiten Durchbruch schafften erst die "großen Vier", Ibsen, Kieland, Bjornson und Lie, in der zweiten Hälfte des 19. Jh.

Allen voran **Henrik Ibsen** (1828–1906). Als Dramatiker war er in Deutschland, wo er viele Jahre lebte, angesehener als in seiner Heimat. Mit "Stützen der Gesellschaft", "Peer Gynt" und "Hedda Gabler" gelang ihm ein Plädoyer für den Befreiungskampf des Individuums gegen die bürgerliche Gesellschaft. Der noch heute häufig gespielte Ibsen gilt auch als Vorkämpfer der Frauenemanzipation. Mit "Et Dukkehjem" ("Nora oder ein Puppenheim") trat er als einer der ersten Autoren der neueren Weltliteratur für die Selbstbestimmung der Frau ein.

Bjørnsterne Bjørnson (1832–1910) war in Norwegen weit anerkannter als Ibsen. Der Verfasser der norwegischen Nationalhymne und der "Bauerngeschichten", der lange Zeit als gesellschaftskritischer Journalist und Theaterleiter arbeitete, war Vorkämpfer für die Loslösung von Schweden und erhielt 1903 als erster norwegischer Dichter den Literaturnobelpreis. Als politischer Autor muss auch **Jonas Lie** (1833–1908) gelten, der hierzulande Unbekannteste unter den "großen Vier". Vor allem in seinen späten Romanen ("Lebenslänglich", "Eine Ehe") beschreibt er realistisch das Proletarierschicksal des 19. Jh. **Alexander Kielland** (1849–1906) hingegen hatte immer ein großes Publikum im deutschsprachigen Raum; noch heute ist eine vierbändige Werkausgabe auf dem Markt. In seinen bissigen Romanen (die bekanntesten sind "Arbeiter" und "Schiffer Worse") geißelt er das Großbürgertum, aus dem er selber stammte.

Viel früher als im übrigen Europa errangen Frauen literarische Ehren: **Camilla Collett** (1813–1895), Schwester Henrik Wergelands und Autorin des ersten norwegische Romans "Die Amtmanns-Töchter", **Amalie Skram** (1846–1905) und **Magdalena Thoresen**, Schwiegermutter Ibsens, erregten mit ihren frühen Veröffentlichungen wahre Skandale. Für **Sigrid Undset** (1882–1949), die 1928 den Nobelpreis erhielt, gilt das nicht mehr. Die Neorealistin war mit ihrer Historienliteratur ("Kristin Lavransdatter") ebenso erfolgreich wie mit ihren Zeitromanen ("Jenny").

Zweifellos umstrittenster Autor ist **Knut Hamsun** (1859–1952). Der als Knud Pedersen geborene Nobelpreisträger gilt als prägender Vertreter der Neuromantik – für ihn zählte nicht mehr Gesellschaftskritik, sondern Individualismus. In "Sult" ("Hunger") klingen noch soziale Themen an, aber die psychologische Ebene gewinnt in "Segen der Erde" bereits die Oberhand. Radikaler Individualismus und Demokratiefeindlichkeit bringen Hamsun in die Nähe zum Nationalsozialismus. Mit Jubelartikeln und offener Kollaboration zugunsten der deutschen Besatzer macht sich Hamsun im 2. Weltkrieg unbeliebt – noch am Tag nach Hitlers Selbstmord veröffentlicht er eine Huldigung an den "Führer". 1947 rechnen seine Landsleute mit Hamsun ab. Der Richter verzichtet zwar auf eine Anklage gegen den 88-Jährigen, stellt ihn aber unter Hausarrest und zieht sein beträchtliches Vermögen ein. Erst 1950 durfte Hamsun in sein Haus Nørholm bei Grimstad zurückkehren, wo er zwei Jahre später verbittert starb.

Außer **Gunnar Staalesen** mit seinen pfiffigen Krimis, **Herbjørg Wassmo** mit ihren frauenbewegten Themen, vor allem mit ihrer "Dina"-Trilogie, und **Jon Michelet** mit seinen phantastischen Abenteuerromanen konnten Norwegens Autoren nach dem 2. Weltkrieg kaum internationale Erfolge feiern. Das änderte sich schlagartig zu Beginn der 90er Jahre. Seitdem belegen norwegische Schriftsteller unangefochten die Spitzenplätze auf Bestsellerlisten, und keiner weiß so recht, warum. Nach dem Welterfolg "Sofies Welt" und dem nicht minder erfolgreichen "Das Kartengeheimnis" von **Jostein Gaarder** boomen Romane aus Norwegen. Und **Eric Fosnes Hansen** schuf mit "Choral am Ende der Reise" den Typus des postmodernen Kultbuches, der punktgenau den Zeitgeschmack zu treffen scheint.

Munch in Åsgårdstrand: einst Refugium, heute Museum

Malerei und Bildhauerei

Edvard Munch (1863–1944), Wegbereiter des Expressionismus, sagte von sich, er zerlege Seelen in Bilder. Der Maler "mit dem tiefschürfenden Blick für panische Weltangst" (Oskar Kokoschka) stellte in seinen Werken vornehmlich eigene Ängste dar. In seinem Nachlass vermachte der unermüdliche Arbeiter der Stadt Oslo 1.000 Bilder, 15.000 Grafiken sowie 4.400 Aquarelle und Zeichnungen. Zu seinen wichtigsten Arbeiten zählen "Der Schrei", "Der Vampyr" und "Mädchen auf der Brücke", alle an der Südküste Norwegens entstanden und in Oslo ausgestellt.

Neben Munch verblassen die Namen anderer norwegischer Maler, die ohne dieses Ausnahmetalent womöglich zur europäischen Spitzenklasse gehört hätten. **Johan Dahl** (1788–1857) z. B., dessen Landschaftsbilder von Caspar David Friedrich beeinflusst sind, oder **Adolph Tidemand** (1814–1876), der mit **Hans Gude** (1825–1903) in Düsseldorf studierte – deren Gemeinschaftswerk "Brautfahrt in Hardanger" ist in der Osloer Nationalgalerie ausgestellt.

Dort kann auch "Albertine im Warteraum der Polizeiwache", das wichtigste Bild **Christian Kroghs** (1852–1925), bewundert werden. Der Naturalist unter Norwegens Malern studierte in Karlsruhe und starb in Dänemark. Der in Deutschland nach Munch wohl bekannteste norwegische Maler aber ist **Olav Gulbransson** (1873–1958), der sich als Karikaturist im Simplizissimus einen Namen machte und zeitlebens am Tegernsee wohnte.

In Europa weniger, in Norwegen aber ungemein populär ist der bedeutendste Bildhauer des Landes, **Gustav Vigeland** (1869–1943). Die Osloer Vigeland-

Anlage ist sein in Stein und Bronze gehauenes Vermächtnis. Über 40 Jahre arbeitete Vigeland, dem der Magistrat gegen das Recht auf seine Skulpturen den Lebensunterhalt bezahlte, am nordischen Pantheon im Frognerpark zu Oslo.

Musik

Jeder kennt "Solveigs Lied" aus der Peer-Gynt-Suite – **Edvard Griegs** populärstes Werk tönt als Soundtrack, wann immer skandinavische Landschaft über die Leinwand flimmert. Edvard Grieg (1843–1907) war neben dem Komponisten der Nationalhymne, **Rikard Nordraak** (1842–1866), der erste nordische Komponist, der sich von den herkömmlichen Regeln der Harmonielehre löste und Einflüsse deutsch-romantischer Musik mit norwegischer Volksmusik verband.

Außer Grieg, dessen Begabung in einem Land ohne Musiktradition besonders erstaunlich erscheint, gibt es bis auf den heutigen Tag wenige Musiker, die europaweit bekannt sind. **Ole Bull** (1810–1880) vielleicht, der sich als Violinenvirtuose einen Namen machte, oder **Johan Svendsen** (1840–1911), dessen Sinfonien noch heute aufgeführt werden. **Fartein Valen** (1887–1952) war Norwegens erster atonaler Komponist, der zwar mit einem Briefmarkenkonterfei geehrt wurde, aber ebenso umstritten blieb wie **Arne Northeim** (geb. 1932), dessen Klangexperimente zumindest eine internationale Fangemeinde schätzt.

Das gilt auch für die Jazz-Szene: Zu Europas renommiertesten Jazzern zählen der Saxophonist **Jan Garbarek** und der Schlagzeuger **Jon Christensen**. Die Sängerin **Karin Krog** ist eher dem Schlagergeschäft zuzuordnen wie auch die international erfolgreichen Rock- und Popgruppen **Aha** und **Dance with a stranger**. Beflügelt von solchen weltweiten Erfolgen sind in den letzten Jahren erfolgreiche Bands gegründet worden, von denen die Dialekt-Rock-Gruppen zurecht den meisten Zuspruch finden (z. B. **Åge Alek-Sandersen** sowie die samische Sängerin **Mari Persen**).

Wirtschaft

Norwegen ist – gemessen am Pro-Kopf-Einkommen – das zweitreichste Land der Welt. Quelle des Reichtums ist das "schwarze Gold", das gewinnbringend exportiert wird.

420 Bohrinseln ragen mittlerweile zwischen Norwegen und Großbritannien aus dem Meer und machen mit 1,2 Millionen Barrel Rohöl täglich (1 Barrel = 159 Liter) die Nordsee zur Schatztruhe Nordeuropas. Die Vorkommen reichen aus, Norwegen bis zum Jahr 2100 mit Strom zu versorgen. Und sie bringen Jahr für Jahr mehr Geld in die Staatskasse. Mittlerweile ist Norwegen der drittgrößte Erdölexporteur der Welt.

Auch die übrigen Wirtschaftsdaten weisen Norwegen als Spitzenreiter der Weltwirtschaft aus. Mit einer **Arbeitslosenquote** von 3,9 %, einer **Preissteigerungsrate** von 3,7 % und einem Anstieg des **Bruttosozialprodukts** um 4,3 % (jeweils 2001) können die Norweger auf eine EU-Mitgliedschaft verzichten. Neben einigen Emiraten ist Norwegen das einzige Land der Welt ohne Staatsverschuldung.

Garantie für Reichtum: Bohrplattform im Modell

Mit den Öleinnahmen finanziert Norwegen seinen **Wohlfahrtsstaat**. Hausarzt, Krankenhaus, Alten- und Pflegeheime sind gratis; die Versorgungskasse *Folketrygden* zahlt Rente (ab 67), Mutterschaftsgeld (bis einschließlich 34. Woche nach der Geburt), Kinder- und Arbeitslosengeld, Umschulung und Sozialhilfe. Kurios: Allein Zahnarztrechnungen sind privat zu zahlen. Und die Norweger geben von ihrem Reichtum ab. Das Land ist – gemessen an der Wirtschaftsleistung – das weltgrößte Geberland in Sachen Entwicklungshilfe. Zwar spendet Oslo auch nur 0,8 % des Bruttosozialprodukts an die Dritte Welt, es übertrifft damit aber nicht nur die UNO-Vorgabe (0,7%), sondern auch die Zahlungen aller Industrieländer (Deutschland zahlt nur 0,27 %, die USA gerade mal 0,10 %).

Vor dem Ölboom brachte das Land wirtschaftlich nicht sonderlich viel zuwege. Fischfang, Forstwirtschaft (Wald bedeckt 22 % der Oberfläche Norwegens) und die Ausbeutung der wenigen Bodenschätze (Eisen, Kupfer, Titan) waren der Hauptwirtschaftszweige. Dazu kam die große Handelsflotte und das Geschäft mit der **Hydroelektrizität** (Norwegen verfügt über mehr als 23 % des europäischen Wasserkraftpotentials – bei nur 0,8 % Anteil an der europäischen Gesamtbevölkerung).

Fischfang und **Fischindustrie**, über Jahrhunderte der größte Devisenbringer des Landes, sind heute fast zur Bedeutungslosigkeit verkommen. Gleichwohl sind diese Wirtschaftszweige kulturell und sozialgeschichtlich so stark verwurzelt, dass die Norweger über die Frage, wie die norwegische Fischerei zu subventionieren sei, schon fast die EU-Beitrittsverhandlungen scheitern ließen. Das Ergebnis der Verhandlungen wurde später allerdings ohnehin von der Mehrheit des Volkes abgelehnt.

Die **Landwirtschaft** hat mit zwei Problemen zu kämpfen: Nur 3 % der Landesfläche sind landwirtschaftlich nutzbar (EU-Durchschnitt: 57 %), und die Vegetationsperiode beträgt bloß 190 Tage. So wundert es nicht, dass Norwegens Selbstversorgung mit landwirtschaftlichen Produkten unter 50 % liegt und damit den europaweit niedrigsten Wert erreicht.

Nach der Ölkrise der 70er Jahre sind die Norweger bestrebt, mithilfe billiger Wasserkraft ihre Abhängigkeit vom Öl zu verringern. So ist eine weltweit führende **Papier-** und **Zellstoffindustrie** entstanden, auch die **Elektroindustrie** und die **petrochemische Industrie** werden staatlich stark gefördert, und aus der Werftindustrie ist der in der Welt führende **Bohrplattformen-Hersteller** geworden. Mit der Gründung der staatlichen Erdölgesellschaft *Statoil,* derzeit größter und auch über die Landesgrenzen hinweg aktivster Konzern Norwegens, wird die Abhängigkeit von den Ölmultis verringert. Statoil besitzt an jeder Förderkonzession einen Mindestanteil von 51 %. Über die Privatisierung der Statoil wird derzeit in Norwegen heftig diskutiert.

Sport

Norweger sind sportverrückt. Kein Wunder also, dass es Sportangebote zuhauf gibt. Aber Verbote und Gebote gibt es auch genügend.

- **Angeln**: Im Paradies der Petrijünger kann man von A(al) bis Z(ander) alles aus dem Wasser ziehen. Das schickste Angelvergnügen ist natürlich der Lachsfang. *Salmo salar* kommt immerhin in fast 250 norwegischen Flüssen vor, in Südnorwegen jedoch nur in Telemark. Die Saison beginnt am 1. Juni und endet am 15. September.

Anglerregeln

Angelgerät muss desinfiziert sein. Lebende Köder sind verboten. Im Meer darf jedermann angeln. Aber nicht jederzeit: Erfragen Sie die Schonzeiten im örtlichen Touristenbüro. Süßwasserangler brauchen eine Lizenz (110 NOK), die auf vorgedruckter Zahlkarte in jedem Postamt erhältlich ist. In den meisten Revieren benötigen Sie überdies die *fiskkort.* Dieser Erlaubnisschein wird nur vor Ort in Hotels, Sportshops und Kiosken verkauft. Sein Preis richtet sich nach Geltungsdauer, Fischbestand und Fangzeit.

- **Bergwandern**: Wenn Sie auch in Südnorwegen kaum Möglichkeiten zum Bergsteigen finden – Bergwandern ist vor allem in Telemark ungeheuer reizvoll. Nur sollten Sie richtig ausgerüstet sein. Neben der normalen Wanderausrüstung dürfen Sie nicht vergessen, eingelaufene Wanderstiefel (auch leichte Gummistiefel), Ersatzschuhe und -strümpfe, Messer, Karten, Streichhölzer, Taschenlampe, Mückenöl und leichtes Verbandszeug einzupacken.
- **Fliegen**: Fallschirmspringen, Drachen- und Segelfliegen sowie Paragliding – alles hat Einzug gehalten in Norwegens Bergwelt. Wo und wann, unter welchen Auflagen und Sicherheitsvorschriften alles das möglich ist, erfahren sie bei **Norsk Aeroclub**, 0854 Oslo, Møllesvingen 2, ✆ 0047/22690311.

▸ **Golf**: 18-Loch-Plätze gibt es in Oslo, Stavanger, Tønsberg und Drammen, 9-Loch-Plätze in Sarpsborg und Kristiansand. Die Nutzungsgebühr in der Saison von Mai bis September beträgt 200 bis 300 NOK.
Information **Norges Golfforbund**, 1351 Rud, Hauger Skolevei 1, ✆ 0047/67568800.

▸ **Hundeschlittenfahren**: Hinter Huskys lautlos über die Schneewüste gleiten – dieser atem(be)raubende Sport findet immer mehr Anhänger auch bei uns. Doch mit Verlaub: Was ist eine Schlittenfahrt durch ein Alpental gegen die 50 km-Tour in Rauland oder Telemark? 42 Anbieter vermieten Hunde, Schlitten und Führer. Da ist man gut beraten, wenn man sich zur Vorbereitung an den **DNT** wendet.
Information/Adresse DNT, 0125 Oslo, Postboks 1963, Stortingsgatan 28, ✆ 0047/22832550.

▸ **Jagen**: Eines der letzten großen Reviere Europas erwartet den Waidmann. Auf Elch, Hirsch, Hase, Reh und Ren, Auerhahn und Birkhuhn, Ente und Gans darf in den Jagdzeiten gejagt werden. Ausländer müssen jedoch Nachweise ihrer Jäger- und Schießprüfung dabeihaben und, wenn sie Waffen einführen, ihre Lizenzen vorweisen können. Neben der Jägerabgabe (derzeit 300 NOK) wird für die Hochwildjagd eine "Erlegungsgebühr" fällig – für Elche z. B. 10.000 NOK pro Abschuss. Private Jagdrechte können gepachtet werden, im Staatsforst erteilen staatliche Forstämter die allerdings seltenen Jagdgenehmigungen.
Information **Direktoratet for Naturforvaltning**, 7004 Trondheim, Tungasletta 2, ✆ 0047 /73580500.

▸ **Kanufahren**: Vom Wildwasserrevier (auch Rafting-Touren werden angeboten) über den idyllischen Bergsee bis zum 100-km-Kanal in Telemark finden Kanusportler viele Touren jeder Länge und jeden Schwierigkeitsgrades. Wer dann noch sein Zelt einpackt, erlebt eine Bootswanderung, wie sie in Europa höchstens noch in Finnland möglich ist.
Information **Norges Kajakkforbund**, 1351 Rud, Skolevei 1, ✆ 0047/67568800.

▸ **Orientierungssport**: Hierzulande noch kaum bekannt, in Skandinavien aber ein echter Renner: Der Trimmsport für Karten- und Kompasskundige wird in Südnorwegen auf über 150 vorbereiteten Pfaden organisiert, wobei der Schwierigkeitsgrad vom Familienwandern bis zum Extrem-Trekking reicht.
Information **Norges orientieringsforbud**, Hauger skolevei 1, 1351 Rud. Hier gibt's u. a. Karten mit eingezeichneten Kontrollpunken.

▸ **Reiten**: Die genügsamen Fjordpferde, kaum größer als Island-Ponys, laden auch ungeübte Reiter ein, einige Ferienstunden auf dem Pferderücken zu verbringen. Zahlreiche Reitzentren bieten Pferdeverleih, Reitstunden (auch für Behinderte), geführte Touren und Wochentrecks an. Zum Beispiel in Rogaland in der Nähe von Stavanger:
Information **Preikestolen Hestesport**, Fossamoen, 4110 Forsand, ✆ 0047/94530841, ✆ 51703783. Allgemeine Informationen bei **Norsk Rytterforbund** (Adresse wie unter "Kanufahren").

▸ **Segeln**: Norwegens Süd- und Südwestküste ist ein schwieriges, reizvolles Segelrevier, doch mit Erfahrung und guten Karten kommt jeder Hobbysegler in der Schärenwelt zurecht. Die Hauptkartenserie der offiziellen norwegischen Seekarte (1:50.000) reicht zur Navigation aus. Zusätzlich brauchen Sie "Hafen- und Ansteuerungskarten" für die von Ihnen geplanten Törns. Alle diese Seekarten erhalten Sie bei **Norges Sjøkartverk**, Postboks 60, 4001 Stavanger. Wenn Sie Norwegen ansteuern, müssen Sie zunächst einen Zollhafen anlaufen, in dem Sie Nationalitäts-, Besitz- und Heimatnachweise (bei Leihbooten auch den Chartervertrag) vorzulegen haben. Für präzise Wettervorhersagen: Radio Norwegen sendet um 6.00, 8.00, 14.55, 18.30 und 21.50 Uhr an Werktagen und an Sonn- und Feiertagen um 7.00, 9.00, 14.55, 18.30 und 21.50 Uhr (nur auf Norwegisch).

Information **Kongelig Norsk Seilerforening**, 0287 Oslo, Huk Aveny 3.

- **Skilaufen**: Einen großen Vorteil hat der Skitourist in Norwegen – alle Reviere sind schneesicher. Und einen Nachteil – die Tage sind zu kurz.

  - *Langlauf* Loipen gibt es fast überall; selbst die Hauptstädter erreichen ihre Hausloipen nach höchstens 30-minütiger U-Bahn-Fahrt. Nahezu jedes Sportgeschäft oder Hotel verleiht Langlaufskier (ca. 600 NOK pro Woche). Bevorzugte Langlaufgebiete sind: Großraum Oslo (zum Teil beleuchtetes Loipennetz in der Nordmarka), große Teile von Telemark, wo bekanntlich der berühmte Schwung erfunden wurde, Buskerud (oberes Hallingdal mit Gol und Geilo), Hedmark und Oppland (Gulbrandsdal mit angrenzenden Fjells sowie Valdres).
  - *Ski alpin* Die Skibindung wurde in Morgedal (Telemark) erfunden. Kein Wunder, dass der alpine Skilauf in der Provinz Telemark noch heute populärer ist als der Langlauf. Prächtig abfahren kann man auch in Geilo und Hemsedal (Provinz Buskerud) sowie in Voss und Kwam im Westen des Landes.

Outdoor-Spaß: von A(ngeln) bis W(andern)

- **Surfen**: Kein Problem auf den vielen Seen. Aber auch die lange Küste mit ihren zahlreichen Buchten und Schären eignet sich für diesen Sport. Wer ohne Surfbrett kommt, hat auch kein Problem: *seilbrett* heißt das auf Norwegisch und ist in Hotels, an Stränden und auf Campingplätzen zu mieten.

- **Tauchen**: Die Unterwasserattraktion vor Norwegens Küste sind Schiffswracks, die man im klaren Wasser bestaunen, aber nicht beklauen darf. Im gesamten Küstenbereich warten Tauchschulen *(dykkersenter)* auf Kunden, denen sie *Gerödel* vermieten, für die sie Kurse organisieren oder auch Unterkünfte anbieten.

Kleine Chronik

8000 v. Chr. Erste Besiedlung Norwegens durch Eskimos und Samen, die aus Sibirien kommen, sowie durch Germanen, die von Norddeutschland über die vereiste Ostsee, damals nur eine Meerenge, nach Südnorwegen einwandern.

4000 v. Chr. Aus Nomaden werden Bauern: Funde am Oslofjord zeugen vom Gersteanbau sowie von Rinder- und Schafzucht.

500 v. Chr. Die Nordländer, die sich nach den *viken* (Buchten) ihrer neuen Heimat Wikinger nennen, werden (nachdem sie Erz entdeckt und zu verarbeiten gelernt haben) zu Schiffsbauern und Kriegern, Seefahrern und Fischern, aber auch zu kunstfertigen Handwerkern und Händlern.

793 n. Chr. Dänische Wikinger überfallen die englische Abtei Lindisfarne. 200 Jahre lang versetzen nordische Seeräuber das Abendland in Furcht und Schrecken. Stammesfehden, vor allem aber der Mangel an Nahrung in Skandinavien sind Gründe für die unablässigen Raubzüge.

872 Nach der Schlacht von Hafrsfjord unweit Stavangers vereint *Harald "Schönhaar"* die Wikingersippen erstmals zu einem Königreich. Abtrünnige Fürsten verstärken daraufhin ihre Eroberungszüge an Europas Küste, siedeln aber auch in Irland und in Schottland und gründen Städte wie Dublin oder Jorvik, das spätere York.

ab 874 Norweger entdecken und besiedeln die Shetland- und Orkney-Inseln sowie Island wohl mehr aus Zufall, weil heimkehrende Schiffe vom Kurs abgekommen waren.

911 *Hrolf der Normanne* ruft das Fürstentum "Normandie" in Frankreich aus; Wikingerhäuptlinge werden zu europäischen Fürsten.

um 985 *Erik der Rote*, eines Mordes wegen aus Island verbannt, entdeckt und besiedelt Grönland – die Wikingersiedlung im "grünen Land" besteht bis ins 13. Jh.

1002 Eriks Sohn, *Leif Erikson*, landet in Neufundland und betritt als erster Europäer (fast 500 Jahre vor Kolumbus) den amerikanischen Kontinent; die Siedler aber werden wenige Jahre später von Indianern vertrieben, wie Ausgrabungen norwegischer Archäologen aus dem Jahr 1992 eindeutig belegen.

1030 König *Olav "der Heilige"* fällt in der Schlacht von Stiklestad durch abtrünnige Wikinger; die Christianisierung des Landes wird erst nach der Heiligsprechung Olavs unter großen Blutopfern vollendet.

1050 Gründung Oslos, ab 1299 Hauptstadt, doch bis ins vorige Jahrhundert hinter Trondheim und Bergen nur drittgrößte Stadt des Landes.

1066 In der Schlacht bei Stanford Bridge in England fällt mit König *Harald Hardrade* der "letzte Wikinger".

1070 Stadtgründung Bergens, das ab 1250 zum Zentrum des Hanse-Handels und damit wichtigste Stadt Norwegens wird.

1313 Union mit Schweden, das sich den Niedergang des Wikingertums zunutze macht und das führungslose Norwegen niederzwingt.

1349–50 Die Pest – per Schiff aus England eingeschleppt – rafft fast die Hälfte der 350.000 Norweger hin.

Freundliche Wikinger: Handwerker, Händler und selten Krieger

1380 Zur norwegisch-schwedischen Union stößt Dänemark, das für fast 500 Jahre die führende Rolle im Staatenbund spielt (später ohne Schweden). Die Norweger nennen das halbe Jahrtausend ohne staatliche Souveränität "die dunklen Jahrhunderte".

17.5.1814 Die *Riksforsammling*, ein privater "Stände-Club", der sich in Eidsvoll bei Oslo trifft, beschließt die erste demokratische Verfassung Europas. Vorher war im Kieler Frieden das Land an Schweden gefallen; der schwedische König *Carl Johann* akzeptiert die norwegische Verfassung, der 17. Mai ist seitdem norwegischer Nationalfeiertag.

1905 Der Staatenbund mit Schweden zerbricht. Der dänische (!) *Prinz Carl* besteigt als *Hıkon VII.* den norwegischen Thron.

1914–18 Während des 1. Weltkrieges bleibt Norwegen neutral, leidet aber empfindlich unter den Kriegsfolgen.

1940 Überfall der deutschen Wehrmacht – es folgen fünf Jahre brutaler Besatzung und dauernden Widerstandes. 1942 wird *V. Quisling* als Ministerpräsident von Hitlers Gnaden eingesetzt und 1945 von seinen Landsleuten hingerichtet.

13.5.1945 Fünf Tage nach der Kapitulation der Wehrmacht, die Nordnorwegen als "verbrannte Erde" verlassen hat, kehren Regierung und Königsfamilie aus dem britischen Exil zurück. Im Oktober wählt der neue Storting den Sozialdemokraten *E. Gerhardsen* zum Kabinettschef, der die Regierung nahezu ununterbrochen bis 1965 führt.

24.6.1945 *Trygve Lie,* bis dahin norwegischer Außenminister, wird erster Generalsekretär der UNO.

1953 Beitritt zum Nordischen Rat. Weitere Mitgliedschaften später in OECD, Europarat, EFTA und NATO.

1972 In einer Volksabstimmung sprechen sich 53,5 % der Norweger gegen einen Antrag auf EG-Mitgliedschaft aus. 20 Jahre später stellt die sozialdemokratische Regierung dennoch ein Aufnahmegesuch, das nach zähen Verhandlungen zu einem Beitrittsvertrag, aber auch zu einer neuerlichen Volksbefragung führt:

1994 Mit 52,3 % aller Stimmen lehnen die Norweger die Mitgliedschaft in der EU erneut ab.

1996 *Gro Harlem Brundtland,* sieben Jahre populäre Regierungschefin, tritt aus Enttäuschung über die EU-Ablehnung ihrer Landsleute zurück; sie bleibt bis 2003 Präsidentin der Weltgesundheitsbehörde WHO. Ihr Nachfolger als Ministerpräsident wird der Sozialdemokrat *Thorbjörn Jagland.*

1997 Bei den Wahlen zum Storting erleidet die sozialdemokratische Arbeiterpartei eine herbe Niederlage. Sie bleibt zwar stärkste Fraktion, die neue Regierung aber wird von einem Mitte-Rechts-Bündnis unter dem Christdemokraten *Kjell Magne Bondevik* gebildet. Dessen Regierung zerbricht zwei Jahre später und eine Minderheitsregierung unter dem Sozialdemokraten *Jens Stoltenberg* kommt ans Ruder.

2001 Nach einer erneuten Wahlschlappe der Sozialdemokraten, denen die Wähler übermäßigen Sozialabbau vorwerfen und das schlechteste Wahlergebnis seit 1924 bescheren, wird Bondevik von neuem Regierungschef einer bürgerlichen Koalitionsregierung.

Wissenswertes von A bis Z

Apotheken 41
Auf einen Blick 41
Ärzte 41
Baden 42
Banken/Geld 42
Diplomatische Vertretungen 43
Drogen 43
Einkaufen 43
Fauna 44
Feiertage 45
Feste/Festivals 45
Fjorde 46
Flora 46
Folklore 47
Frauen 48
Freiluftmuseen 48
Geologie 49
Hytter 49
Information 49
Jedermannsrecht 49
Karten 50
Kinder 50
Kleidung 50
Klima 51
Mückenschutz 52
Öffnungszeiten 52
Post 52
Rauchen 52
Reiseliteratur 52
Rundfunk und Fernsehen 54
Sommerzeit 54
Souvenirs 54
Telefonieren 55
Tourismus 55
Trolle 56
Umwelt 56
Zeitungen 57

Apotheken

Wer ein Medikament regelmäßig benötigt, sollte es nach Norwegen mitnehmen. Denn in Ihrem Urlaubsland mit den weltweit strengsten Arzneimittelgesetzen bekommen Sie mit Ausnahme von Aspirin Medikamente nur über ein norwegisches Rezept, von einem norwegischen Arzt ausgestellt, in einer norwegischen *apotek*. Die Öffnungszeiten entsprechen denen normaler Geschäfte (s. "Öffnungszeiten", S. 52).

Auf einen Blick

Staatsform: Konstitutionelle Monarchie mit einem König als Staatsoberhaupt und einem 165-Abgeordneten-Parlament (Storting).
Verwaltung: Eingeteilt ist das Land in 19 Regierungsbezirke ("fylker"); zu Südnorwegen zählen die Bezirke Ost- und Vestfold, Akerhus und Oslo, Telemark und Rogaland, Vest- und Aust-Agder.
Bevölkerung: Es gibt 4.418.400 Norweger; davon leben mehr als die Hälfte in Südnorwegen.
Die **Landesfläche** beträgt 385.364 qkm (Deutschland: 357.042 qkm); knapp 65.000 qkm entfallen auf die südnorwegischen Bezirke.
Die **Küstenlinie** (ohne Inseln) beträgt 21.465 km.
Das **Pro-Kopf-Einkommen** lag 2001 bei 41.043 $ (Deutschland: 28.780 $), die **Teuerungsrate** bei 3,7% (1.4 %), die **Arbeitslosenquote** bei 3,9 % (9,4%).

Ärzte

Sie brauchen von Ihrer Krankenklasse ein **E-111-Formular** und müssen dann den Arztbesuch (mit Ausnahme einer "Konsultationsgebühr" zwischen 110

Sommervergnügen an der Südküste: Baden zwischen den Schäreninseln

und 240 NOK) nicht bezahlen; auch Arzneien und Krankenhausaufenthalte werden bei kleiner Selbstbeteiligung erstattet. Dennoch lohnt eine Reisekrankenversicherung, damit Sie daheim auch wirklich sämtliche Auslagen zurückbekommen.
Auf Seite 2 des Telefonbuchs finden Sie die örtlichen Adressen unter **legevakt** (Arzt), **tannleger** (Zahnarzt) und **sykehus** (Krankenhaus).

Baden

Norwegen hat eine richtige Riviera: Die Schäreninseln an der Südküste zwischen Holmestrand und Kristiansand (**Tjøme** bei Tønsberg sowie **Tromøy** nahe Arendal sind bevorzugte Ziele) sowie die Ufer an der "Sonnenküste" um **Mandal** mit dem Sjøsanden-Strand, die Insel **Hidra** bei Flekkefjord und **Solastrand** bei Sola südlich von Stavanger sind in sonnigen Sommern stets überlaufen. Osloer tummeln sich an den Badeseen **Bogstadvatnet** und **Sognsvann** im Norden der Hauptstadt oder auf der Badeinsel **Langåra** im Oslofjord.
Drei Hinweise: Im Meer sollten Sie die auf die Strömungsverhältnisse gerade des Norwegen-Stroms Acht geben und beim Bad am Waldrand auf Kreuzottern aufpassen, denn deren Biss kann gefährlich werden. Was die "Textilfrage" angeht: "Oben ohne" wird von den liberalen Norwegern überall, "ganz ohne" nur abseits akzeptiert.

Banken/Geld

Man zahlt mit der Norwegischen Krone (NOK), die in 100 Øre unterteilt ist. Es gibt 1-, 5-, 10- und 20-Kronen-Münzen sowie 50-Øre-Münzen; darüber hinaus sind 50-, 500- und 1000-Kronen-Scheine im Umlauf.

Wechselkurs im Herbst '02

1 NOK = 0,13 €

100 NOK = 13,13 €

1 € = 7,40 NOK.

100 € = 740 NOK

Aktuelle Wechselkurse unter: www.oanda.com/convert/classic

Faustregel: Wenn Sie den Kronen-Betrag durch sieben teilen, kommen Sie in etwa auf den entsprechenden Euro-Preis.

Geldwechseln ist im Nicht-EU-Land Norwegen zunehmend problematisch: So werden Euroschecks immer seltener und Postsparbücher überhaupt nicht mehr angenommen (nur noch Postscheckkarten). Auch mit der deutschen EC-Karte gibt es, wie mehrere Leser berichteten, an manchen Automaten schon mal Probleme (vornehmlich an Wochenenden). Anstandslos werden neben Bargeld nur internationale Kreditkarten (mit dann aber empfindlich hohen Gebühren) und Travellerschecks akzeptiert. Die Banken sind Montag bis Freitag von 8.30 bis 15.30 Uhr geöffnet (donnerstags bis 17 Uhr).

Diplomatische Vertretungen

Norwegische Botschaft in Deutschland *10787 Berlin, Rauchstr. 11, ✆ 030/ 505050, ✆ 030/505055, www.norwegen.org*

Norwegische Botschaft in Österreich *1030 Wien, Reisenerstr. 55-57, ✆ 17156692, ✆ 17126552, emb.vienna@ mfa.no*

Norwegische Botschaft in der Schweiz *3011 Bern, Bubenbergplatz 10, ✆ 313105555, ✆ 31315550, emb.bern@ mfa.no*

Deutsche Botschaft in Norwegen *0258 Oslo, Oscarsgate 45, ✆ 23275400, ✆ 22447672, www.deutschebotschaft.no*

Deutsche Konsulate in Südnorwegen *Stavanger, Nedre Strandgate 27, ✆ 51522000*

Österreichische Botschaft in Norwegen *0244 Oslo, Thomas Heftjesgate 19-21, ✆ 22552348*

Österreichisches Konsulat in Südnorwegen *4033 Stavanger, Myglabergveien, ✆ 51575733*

Schweizerische Botschaft in Norwegen *0268 Oslo, Bygdøy Allé 78, ✆ 22430590*

Drogen

Kauf, Verkauf, aber auch der Besitz oder Verbrauch kleinster Drogen- oder Narkotikamengen ist strikt verboten und wird mit hohen Strafen auch bei Ausländern belegt. Eine Liberalisierung, in Deutschland wie der Schweiz diskutiert, wird in Norwegen nicht einmal erwogen.

Einkaufen

Sie reisen in Europas teuerstes Land: Nirgends in Europa ist beispielsweise Benzin so teuer wie in Norwegen: 1,22 € kostete 2002 ein Liter "bleifreies Eurosuper" mit 95 Oktan. Bei jedem Einkauf (Ausnahmen: Aspirin, Brot, Käse, Senf und Saunabesuche) muss in Norwegen empfindlich mehr ausgegeben werden als zu Hause. Wenn Sie preisgünstig Lebensmittel einkaufen möchten, sollten Sie immer die **Supermärkte Rimi**, ein etwas feineres Aldi, aufsuchen. Wenn Sie noch spät einkaufen müssen, sollten Sie sich an die **Narvesen-Kioske** halten. Da gibt es Zeitungen, aber auch Getränke und Snacks, Tiefkühlkost und sogar kleine Speisen immer bis 22 Uhr.

Preisbeispiele im Supermarkt Rimi: Vollkornbrot 6,50 NOK; 1 Liter Vollmilch 9,60 NOK; Margarine-Becher (400 g) 25 NOK; Trockensuppen 25–30 NOK; Konserven-Fertiggerichte 40–60 NOK; TK-Pizza 45 NOK; Spaghetti (250 g) 22 NOK; 1 Dose geschälte Tomaten 6,90 NOK; 1 Keksrolle 22 NOK; 1 Glas Marmelade 45 NOK; Schweinekoteletts (1 kg) 90 NOK; geräucherter Lachs (1 kg) 75 NOK; 1 Beutel Apfelsinensaft 15 NOK; 1 Glas Nescafé 40 NOK; 1 Flasche Sprudelwasser 16 NOK; 1 Flasche Lightbier 25 NOK; 1 Flasche Pils (0,7 Liter) 32 NOK; Handwaschmittel 37 NOK; 1 Packung mit 16 Tampons 40 NOK; 36er Diafilm 80 NOK.

Aber es gibt auch Schnäppchen für Touristen: Mehr als 2.500 Läden führen das "Tax-free-Schild" im Schaufenster. Bei einem Kauf im Preis von über

300 NOK bekommen Sie in diesen Geschäften einen Scheck ausgestellt, über den Sie bei der Ausreise die Mehrwertsteuer (16,6 %) erstattet bekommen. Sie dürfen sich aber nicht mehr als vier Wochen Zeit lassen und die Ware nicht vorher benutzen.

Fauna

Norwegens aufregende Tierwelt kommt im kontinentalen Landessüden kaum vor. Elch und Ren immerhin, die populärsten Arten, verirren sich bisweilen, oft unter Lebensgefahr, auch in den Süden des Landes.

Das kälteliebende **Ren** (in der Hardangervidda vor zweihundert Jahren ausgesetzt und jetzt verwildert) lebt in riesigen Herden, die im Norden des Landes meist von Samen betreut werden. Im Frühjahr und Herbst begeben sich die Tiere, deren dichtes Fell im Sommer graubraun, im Winter fast weiß ist, Hunderte von Kilometern auf Futtersuche. 1986 wurde ihnen das zum Verhängnis: Ihre bevorzugte Nahrung, die arktische Rentierflechte, war von der Tschernobyl-Wolke heillos verseucht worden – von der Dezimierung durch die Notschlachtungen hat sich der Tierbestand bis heute nicht erholt.

Elche können mehr als 600 kg wiegen, sind ausdauernde Läufer und gute Schwimmer, leben vorwiegend als Einzelgänger und ernähren sich von Blättern und Kräutern. Der "König der skandinavischen Wälder" wird über zwei Meter groß und fast drei Meter lang. Doch Sie werden ihn kaum zu Gesicht bekommen: Der plumpe Hirsch mit dem Pferdeschädel und dem bis zu 20 kg schweren Schaufelgeweih ist ungemein scheu – ihm in freier Wildbahn zu begegnen, käme einem Sechser im Zoologie-Lotto gleich. Aber wenn Sie ihn wirklich einmal sehen, dann häufig zerfleischt im Straßengraben; die Straßenschilder, die vor Elchwechseln warnen, sind tatsächlich ernst zu nehmen. Vor kurzem verirrten sich beispielsweise zwei Elche in die Osloer Innenstadt und wurden dort von der Polizei niedergestreckt.

Schnell und scheu: Ren auf der Flucht vor den Autos

Im Südnorwegen leben außerdem auch bei uns bekannte Säugetierarten: **Hasen**, **Füchse**, **Rehe**, **Hirsche** und **Dachse**. In der Hardangervidda, im Dovrefjell, sind zudem erst vor 60 Jahren ausgesetzte **Moschusochsen** heimisch. Die urtümlichen Paarhufer kommen sonst nur noch auf Spitzbergen und in Nordamerika vor (geschätzte Weltpopulation: 15.000 Stück).

Die steilen Felswände der norwegischen Küste sind ideale Brutplätze zahlreicher Seevögel: Von der **Silbermöwe** bis zum **Seeadler**, vom **Austernfischer** bis zum **Basstölpel** und **Papageientaucher** reicht die reiche Palette. Die Meeresnahrung lockt neben den Vögeln aber auch **Robben** (sehr zum Leidwesen der Fischfarmer) und seltener **Wale** in Küstennähe.

Neben **Dorsch**, **Kabeljau** und **Hering**, dem immer noch bevorzugten Beutegut norwegischer Fischer, tummeln sich vor allem **Schellfische**, **Makrelen** und **Seelachse** im Nordseewasser. Doch Norwegens Fischreichtum wird fast mehr noch von Süßwasserfischen bestimmt. Die zahllosen Seen, Bäche und Flüsse werden von **Lachsen**, **Forellen**, **Barschen**, **Hechten** und **Karpfen** bevölkert. Aber vielleicht nicht mehr lange: Wasserkraftwerke und Staustufen, notwendige Übel der Wasserkraftnutzung, haben dem Ökosystem Fluss so arg zugesetzt, dass um den Süßwasserfischbestand in Norwegen ernstlich gefürchtet werden muss.

Feiertage

Der einzige norwegentypische Feiertag ist der **17. Mai**, der Nationalfeiertag. Alle anderen Feiertage sind auch in den protestantischen Teilen Mitteleuropas üblich. Für Ihre Ferienplanung wichtig: **Schulferien** sind immer vom 20. Juni bis zum 20. August.

Landesweite Feiertage

1. Januar, Gründonnerstag, Karfreitag, Ostermontag, 1. Mai, 17. Mai, Christi Himmelfahrt, Pfingstmontag, 1. und 2. Weihnachtsfeiertag.

Feste/Festivals

März: Die Holmenkollen-Skispiele in *Oslo* finden immer in der dritten Märzwoche statt. Sie sind nicht nur ein Pflichttermin für die Weltelite der nordischen Skisportler, sie werden zudem von einer Vielzahl kultureller Veranstaltungen umrahmt.

Nur für eingefleischte Fans dürfte das Nordische Filmfestival Mitte des Monats in *Kristiansand* besuchenswert sein.

April: Das Internationale Jazz-Festival von *Vossa* Anfang des Monats ist interessant wohl nur für Kenner der auch international zu Recht geachteten norwegischen Jazz-Szene.

Mai: Neben dem selbstverständlicher als bei uns gefeierten 1. Mai und dem Nationalfeiertag am 17. Mai – vor dem Osloer Schloss besonders farbenprächtig gefeiert – ragt das Internationale Musik-Festival in *Bergen* heraus: 14 Tage lang gibt es bis Anfang Juni zahllose Termine (Theater, Ballett und Konzerte vom Feinsten).

Nur für Marathon-Läuferinnen ist der Grethe-Waitz-Lauf in *Oslo* gedacht; noch hechelt die Namensgeberin mit.

Juni: Segler treffen sich zur Fårder-Seilas im *Oslofjord*.

Kulturbeflissene zieht es einmal mehr zur Olympiaschanze von *Oslo*, unter der während des Sommerfestivals bis Anfang August klassische Open-Air-Konzerte aufgeführt werden.

Regelmäßig mittwochs und sonntags trifft sich von Ende Juni bis Anfang August die Edvard-Grieg-Fan-Gemeinde am ehemaligen Wohnort des Komponisten in *Troldhaugen* im Süden Bergens zu lauschigen Konzerten.

Juli: Jazz internationaler Klasse kann man Anfang Juli in *Kongsberg* hören.

Ganz andere Klänge wehen durch die Hallen des Utstein-Klosters unweit von *Stavanger*: Bis Mitte August stehen Kirchenmusik-Konzerte auf dem Programm.

August: Zwar wird in *Haugesund* während der Filmfestspiele der Amanda-Preis

Für Schleckermäuler: Moltebeeren in Telemark

(Norwegens "Oscar") verliehen, nur *Oslo* aber ist im August auch Kulturhauptstadt: Im Dom gibt's Blues, Jazz in zahllosen Cafés, Kammermusik in der Schlosskirche.

September: Wie gemacht für Touristen ist der Viehmarkt von *Seljord* in Telemark: Da kann, wer will, Tiere angucken, bei Volkstänzen mittanzen oder beim Fest mittrinken.

Fjorde

Norwegens typischste Landschaftsform, die schmalen, tiefen Buchten voller erwärmten Salzwassers, kommen im Süden des Landes nur selten vor – es fehlt das im übrigen Norwegen beherrschende Gebirge, an dessen schroffen Hängen sich vor drei Millionen Jahren die Fjorde bildeten. Denn Fjorde sind Trogtäler, deren Grund vom Gewicht der Eiszeitgletscher unter das Niveau des Meeresspiegels gedrückt wurde. Nach der Eiszeitschmelze flutete Meerwasser in die langgezogenen Täler, das, vom Golfstrom erwärmt, nie vereist. Der Oslofjord übrigens ist eine Förde, kein Fjord (deshalb friert er auch bisweilen zu).

Flora

Drei der fünf skandinavischen Vegatationsstufen sind in Südnorwegen anzutreffen. Ihr besonderes Merkmal: Wald, Wald und nochmals Wald.

Borealer Nadelwald: Die Vegetationszone des "vom Nordwind geprägten" Waldes, in Asien auch "Taiga" genannt, bildet in Ostnorwegen, Schweden und Finnland jenes riesige Waldgebiet, das von der europäischen Holzwirtschaft gewinnbringend genutzt wird. Neben Kiefern und Fichten finden sich in dieser größten zusammenhängenden Waldfläche der Erde, die den größten Teil Telemarks bedeckt, auch Espen, Birken und Weiden. Sträucher hingegen sind selten, die nährstoffarmen Ascheböden verfügen nur über eine dünne obere Humusschicht. Moose, Flechten, Preisel-

und die viel gerühmten Moltebeeren werden meist von Tieren weggefressen, bevor Menschen sie sammeln können.

Fjell-Vegetation: Die "Bergtundra" ist, abhängig von der Höhe, die beherrschende Landschaftsform in Norwegen; 4/5 der Landfläche liegen oberhalb der Baumgrenze. Gras- und Zwergsträucher, Flechten und Moose bestimmen das Landschaftsbild; Bäume fehlen in der Höhe Telemarks fast vollständig. Seen, Gletscher, Moore und Blockhalden sind Besonderheiten der Landschaft.

Mischwald: Trotz des Namens dominieren in dieser Zone die Nadelhölzer, die fast 80 % der Wälder Südnorwegens ausmachen – Fichten im Osten, Kiefern im Westen. Eschen, Birken, Buchen und Eichen verlieren sich fast, haben sich aber vereinzelt bis zur Grenze des borealen Nadelwaldes vorgeschoben. Die fruchtbaren Blautonerden in Südostnorwegen werden landwirtschaftlich genutzt, insgesamt aber sind nur 3 % der norwegischen Landfläche kultivierbar.

Folklore

Vor jedem Haus, sogar auf dem Campingplatz, flattert die Nationalfahne. Olav Nordmann liebt seine Heimat auf sympathische, unaggressive Weise. Musik, Tänze und Trachten sind Ausdruck dieses gesunden Nationalstolzes.

Trachten: Nicht nur jede Provinz, fast jedes Tal hat eine eigene Tracht *(bunad)*. Die bei uns bekannteste stammt aus Telemark: Frauen tragen einen schwarzen Rock mit bestickter Schürze, eine weiße, hochgeschlossene Leinenbluse, darüber ein jackenähnliches Oberteil mit Rosenstickerei und einen mehrfarbig gewebten Gürtel. Ausschließlich verheiratete Frauen tragen dazu noch eine Haube. Die Männer sind schlichter gewandet: Tuchquaste, weißes Leinenhemd mit eben solcher Fliege, zweireihige Weste mit Silberknöpfen, schwarze Kniebundhose und weiße Kniestrümpfe.
Die Trachten werden übrigens nicht nur am Nationalfeiertag aus dem Schrank geholt. Bei Vereinstreffen und selbst bei Familienfeiern gehören sie dazu, und für die Kinder sind sie das selbstverständliche Geschenk zur Konfirmation.

Volksmusik: Eigenartige Instrumente beherrschen die norwegische Volksmusik: z. B. die *munnharpe* (Maultrommel) oder die *hardingfele*, die Hardangerfidel mit vier Spiel- und vier Resonanzsaiten, auf der erstaunlich flotte Rhythmen gespielt werden; oder die *seljefløte*, eine typische, grifflochlose Weidenflöte.

Tänze: Mit den Instrumenten werden Melodien zu exotisch anmutenden Tänzen gespielt, z. B. zum *Halling-Tanz* mit wilden Sprüngen, die man den schwerblütigen Norwegern kaum zutraut: Ein männlicher Solotänzer hüpft derwischgleich umher und muss auf dem Höhepunkt seines Tanzes mit dem Fuß einen Hut vom Stock schlagen, den ein Mädchen in die Höhe hält.
Der *springar*, der wahrscheinlich älteste Volks- und populärste Paartanz, hingegen kommt wie auch der geschrittene *gangar* eher getragen daher.

Telemark-Tracht: Rosenmuster und Silberschmuck

Stark und selbstbewusst: skandinavische Frauen

Frauen

Auch wenn mit dem Rücktritt von Bro Harlem Brundtland als Ministerpräsidentin (sie empfand das EU-Votum ihrer Landsleute als politische Niederlage und ist jetzt WHO-Präsidentin) die Frauenphalanx Norwegens nicht mehr ganz so eindrucksvoll scheint – an der im europaweiten Vergleich herausragenden Stellung norwegischer Frauen ändert das wenig. Schon Mitte des 19. Jh. gab es Frauenorganisationen (z. B. den Norwegischen Frauenrechtsverein) und politische Frauenzeitschriften (z. B. "Neuland"), 1889 wurde der weltweit erste Frauenstreik in einer Osloer Zündholzfabrik organisiert, und ihr Wahlrecht erstritten die Norwegerinnen bereits 1913 (in Deutschland erst 1919). Bis auf den heutigen Tag sind sie früher und länger erwerbstätig als Frauen anderswo. Knapp die Hälfte aller Erwerbstätigen in Norwegen sind Frauen; über 70 % aller erwachsenen Frauen befinden sich im Berufsleben; Teilzeitbeschäftigung (45 % unter Frauen und 23 % unter Männern) ist verbreiteter als in Deutschland.

Dennoch sind Frauen im Berufsleben benachteiligt. So arbeitet die Mehrzahl der Frauen in Niedriglohngruppen, und auch bei vergleichbarer Tätigkeit liegt ihr Durchschnittsverdienst deutlich unter dem der Männer. Zwar gibt es Quotenregelungen in Parteien und öffentlichen Institutionen schon seit mehr als 15 Jahren, zwar arbeiten Gleichstellungsbeauftragte in allen Ämtern und vielen Unternehmen, zwar ist die "Ombudsstelle", ein staatliches Gremium für Frauenfragen, derart erfolgreich, dass aus "Gründen der Gleichbehandlung" Männerfragen seit einiger Zeit von einem eigenen Parlamentsausschuss behandelt werden – doch ungeachtet solcher Fortschritte boomt die Frauenbewegung. Die Themen sind die gleichen wie hier zu Lande: sexuelle Belästigung am Arbeitsplatz, Gewalt gegen Frauen, Aktionen gegen Pornographie.

Freiluftmuseen

Jedes Tal hat eines: **Friluft-**, **Bygde-** oder **Folkemuseum** heißen die landschaftlich reizvollen Anlagen, in denen Bauernhöfe oder Katen aus den letzten zwei-, dreihundert Jahren wieder aufgebaut sind. Selbst wen solche Ausflüge in die Vergangenheit nicht interessieren (tatsächlich sind Besuche im Folkemuseum auf der Bygdøy-Insel in Oslo und der Lillehammer-Anlage "Maihaugen" ausreichend), jedes dieser Museen eignet sich für ein Picknick oder eine kleine Rast während eines langen Autofahrer-Urlaubstages.

Geologie

Nordland ist Land aus dem Eis: Während dreier Eiszeiten war Norwegen von einer bis zu 3.000 m mächtigen Eismasse bedeckt, die unter ihrem Gewicht tiefe Flusstäler grub. Nach der Schmelze wurden die von den Eismassen ausgehobelten Flusstäler bis weit ins Landesinnere überflutet (s. auch "Fjorde", S. 46). Die in das Eis eingeschlossenen Gesteinstrümmer schufen zudem die typischen Felseninseln, die **Schären**.

Im Ostteil Südnorwegens hingegen entstanden nach der Schmelze des Urzeiteises riesige Hochflächen unterschiedlichen Niveaus, die **Fjells**. Die vegetationsarmen, häufig vermoorten, mancherorts von Plateaugletschern bedeckten Ebenen liegen über der Waldgrenze, die in Südnorwegen bis ca. 1.000 m über NN reicht. Ost- und Westteil Südnorwegens werden unterbrochen durch das Kaledonische Gebirge, das 1.700 km lang Skandinavien in Nord-Süd-Richtung teilt und dem Landstrich seinen Namen lieh: **Skanden** heißen die Gipfel dieses Gebirges in Skandinavien.

Hytter

Viele Norweger machen Urlaub in einer Blockhaushütte, einer "hytta" (Pl. "hytter"). 400.000 solcher Ferienhäuschen soll es zwischen Fjell und Strand geben. Keineswegs nur karge Katen, sondern gemütliche Häuschen mit Küche, Bad und mehreren Zimmern. Und längst nicht alle in Privatbesitz – jeder Campingplatz und jeder zweite Bauer hat eine hytta oder mehrere hytter im Angebot. Wenn Sie das typisch norwegische Urlaubsgefühl, Gemütlichkeit in der Einöde, erleben wollen, mieten Sie sich eine solche Hütte (s. a. "Übernachten", S. 25).

Information

Turistinformasjon, **Turist-Kontor** oder **Turistsenter** heißen die Informationsbüros für Touristen, die es in jedem noch so kleinen Ort gibt; erkennbar am weißen "i" auf grünem Grund. Überall wird Englisch, fast überall Deutsch gesprochen. Zudem finden Norwegenreisende an jeder Gemeindegrenze längs der Fernstraße große Infotafeln, die über alles Wissenswerte der jeweiligen Gemeinde informieren.

Jedermannsrecht

Dieses Recht – nirgends verbrieft, aber in ganz Skandinavien angewendet – stammt aus vergangenen Zeiten ohne Urlauber, als jedermann unter offenem Himmel wohnen durfte. Noch heute gilt, dass jeder im Meer angeln, überall Beeren, Pilze und Früchte pflücken und allerorts – bei 15 m Diskretionsabstand zum nächsten Haus – zelten darf (offenes Feuer verboten, Müllbeseitigung geboten). Gleichwohl gibt es in Zeiten des Massentourismus immer mehr Einschränkungen; Sie sollten sich im Touristenbüro nach lokalen Besonderheiten erkundigen.

Karten

Gibt es jede Menge und für jeden Zweck. Für **Autofahrer** reicht die 1:800.000-Karte aus dem *Ravenstein-Verlag* (7,50 €); preiswerter und nicht weniger gut ist *Bilkart over Norge* (55 NOK). Wer es genauer will, muss zur *Scanmaps-Originalkarte* greifen (21 Blätter à 9 €) oder zu der in fünf Blättern bei *Kümmerley & Frey* erschienenen Lizenzausgabe der norwegischen *Cappelens-Autokarte,* die an jeder norwegischen Tankstelle für 75 NOK sowie in deutschen Fachgeschäften zu 9 € pro Blatt zu bekommen ist. Für **Fuß- und Skiwanderer** sind die über alle bekannten Wandergebiete publizierten Blätter (1:50.000 bis 1:200.000, 70–100 NOK) vom norwegischen Landesvermessungsamt eine Empfehlung *(Turkart, Statens Kartverk)* wert.

Glückliche Kinder im Kinderland Norwegen

Kinder

Kaum ein Volk ist kinderfreundlicher. Das macht sich bis in die Ausstattung von Hotels, Campingplätzen, Lokalen, Banken (!) und Zügen bemerkbar, die fast alle mit Wickelmöglichkeiten und Spielecken ausgerüstet sind. Ferienhausanbieter werben mit "kinderfreundlicher Atmosphäre" (was "Spielmöglichkeiten" meint), Abenteuerparks bieten jeder Altersgruppe etwas, Museen offerieren Führungen eigens für Jugendliche, in Hotels wohnen Kinder unter 16 J. im Zimmer der Eltern gratis (Extrabett), und im Zug, der häufig eigene Spielabteile mitführt, zahlen Kids bis 4 J. nichts und bis 16 J. nur die Hälfte des normalen Fahrpreises.

Kleidung

Im "Paradies der Gummistiefel" darf Regenkleidung nie fehlen: Anorak, feste Schuhe, dicke Socken und Pullover sollten auch Sommerurlauber immer dabei haben. Am besten Goretex-Kleidung, deren Atmungsaktivität bei norwegischen Temperaturen richtig wirkt. Ein kleiner Rucksack für den Tagesausflug ist ebenso zu empfehlen wie ein Baumwolltuch als Halsschutz gegen den Wind und eine Plastiküberhose gegen den Regen. Wenn Sie einen Hytta-Ur-

Im Land des Regennerzes: Dauerregen am Südkap

laub planen, sollten Sie Bettwäsche (am besten einen Leinen-Schlafsack) mitnehmen, damit sind Sie auch im vandrerhjem bestens ausgestattet. Was Sie hingegen getrost vergessen können: Regenschirm (der Wind würde ihn umblasen) und Sandalen (die Sonne scheint tatsächlich seltener).

Klima

Der Norwegische Strom, Ausläufer des Golfstroms, der erwärmtes Karibikwasser über den Atlantik treibt, sorgt im Süden und Westen des Landes nicht nur für eisfreie Häfen und Fjorde, sondern durch die Verdunstung auch für kühle Sommer (Monatsmittel im Juli: 12 bis 17° C) und milde Winter (– 5 bis + 1° C) sowie für ganzjährig hohe Niederschläge (bis 2.000 mm).

Temperaturen und Niederschläge im Durchschnitt

Ort	*Januar*	*Juli*	*Jahresmittel*
Oslo	-4,7°	17,3°	5,9°
	49 mm	84 mm	740 mm
Kristiansand	1,2°	15,6°	9,4°
	66 mm	89 mm	920 mm

Mit Regen müssen Sie immer rechnen. Selbst in Kristiansand, der sonnenreichsten Stadt Norwegens, sind Sommergewitter an der Tagesordnung. Beste **Sommerreisezeit** sind die Monate Juni, Juli und August; der September ist nur im tiefen Süden zu empfehlen, und im Mai sollten Autofahrer sich darauf einstellen, dass längst noch nicht alle Gebirgsstraßen in Telemark schneefrei sind. Baden kann man im Juli/August allerdings immer in Sørland. Die beste

Winterreisezeit sind die Monate März und April: Da liegt in Telemark der Schnee noch hoch, die Temperaturen sind nicht zu niedrig, und die Tage werden wieder länger.

Mückenschutz

Zwischen Mittsommer und Anfang August sind Mücken tatsächlich unliebsame Weggefährten in der freien Natur. Helfen kann das altbekannte *Autan*, das in der Schweiz erhältliche *Anti Insect* oder das in Norwegen bevorzugte *Mosquito* – alle schützen vor Stichen und halten Mücken für mindestens fünf Stunden fern.

Öffnungszeiten

... sind gewöhnungsbedürftig. Ämter, Museen, Vergnügungsparks, Fähren und Schiffslinien, selbst Campingplätze und Hotels haben über das Jahr höchst unterschiedliche Öffnungszeiten (in der Sommersaison andere als im Winter, während des Frühlings wieder andere, die dann auch noch wochentagsabhängig sind...). Und: Über Weihnachten und Ostern (fünf Tage lang!) ist fast alles geschlossen. Achten Sie darum auf die aktuellen Angaben im Reiseteil.

Geschäfte sind in der Regel zwischen 9 und 17 Uhr geöffnet, donnerstags bis 19 oder 20, samstags bis 13 Uhr; städtische Einkaufszentren versuchen längere Öffnungszeiten. Ausnahmen sind nur die **Narvesen-Kioske**, die sogar am Wochenende bis 22 Uhr geöffnet sind. **Tankstellen** schließen meist um 22 Uhr, stellen dann aber auf Automaten-Betrieb um. **Postämter** sind von 8 bis 16.30 Uhr, samstags bis 13 Uhr geöffnet, **Banken** Montag bis Freitag von 8.30 bis 15.30 Uhr (donnerstags bis 17 Uhr).

Post

Es gibt zwei Postversendungsarten: Briefe und Postkarten bis 20 g werden in der schnelleren A-Post (13,50 NOK) befördert, Postsendungen über 50 g als langsamere B-Post (9 NOK). Aber auch Ansichtskarten in die Heimat gelten als B-Post, kosten mithin umgerechnet 1,20 €. Postämter bieten keinen Telefonservice; Briefmarken *(frimerker)* bekommen Sie auch in Kiosken und Schreibwarenhandlungen.

Rauchen

In allen öffentlichen Gebäuden und Verkehrsmitteln – aber auch am Autosteuer – ist Rauchen verboten. In Lokalen werden Paffer in separate, meist versteckte Räume oder an einzelne Tische verbannt. Und die Verbote haben sich ausgezahlt: Der prozentuale Anteil der Raucher in Norwegen ist von 52 % (1975) auf 25 % (2002) gesunken.

Reiseliteratur

Merian hat vier nur noch antiquarisch zu erstehende Hefte über Norwegen veröffentlicht: sauber recherchiert und längst nicht mehr betulich. Drei Hefte gibt's von **Geo**: aufwendige, eindrucksvolle Fotos und lockere, höchst informative Reportagen.

Rauchers Pech im Land der Nichtraucher

"Norwegen – Land im Licht": Ein Bildband, der seinem Namen alle Ehre macht. Die teils großformatigen Farbfotos sind weit eindrucksvoller als die Texte (zu beziehen über NORDIS, Abt. 24, Postfach 100343, 40767 Monheim, ✆ 02173/56665, 32 €).

"Ach Europa": Empfehlenswert wegen der "Norwegischen Anachronismen" von Hans Magnus Enzensberger. Der Schriftsteller, sechs Jahre lang Wahlnorweger, beschreibt sein Gastland mit kenntnisreichem, sympathischem Witz (Suhrkamp, 1989, 9 €).

"Im Dunkeln sind alle Wölfe grau": Gunnar Staalesen ist Norwegens bekanntester Krimiautor und Erfinder von Varg Veum, dem Philip Marlowe der Fjorde, der seine politisch motivierten Fälle in Bergen löst. In diesem Buch geht es um Naziterror, Kollaboration und um Gewinnlertum in der Nachkriegszeit (Goldmann, 1991, 7 €).

"Die Geschichte Norwegens": Das in jedem größeren Buchladen Norwegens erhältliche Standardwerk von Libaek und Stenersen beschreibt Norwegens Geschichte von der Eiszeit bis zum Erdölzeitalter. Bunt bebildert und informativ illustriert, doch bisweilen etwas naiv geschrieben, gibt das Schulbuch in deutscher Übersetzung einen ausreichenden historischen Überblick und versucht sogar einen Ausblick ins nächste Jahrtausend (Grøndal & Søn Forlog A/S, Oslo, 1991, 98 NOK).

"Stavkirker": Sparen Sie sich aufwendige Hochglanz-Kunstführer – dieses 35-seitige DIN-A-4-Heft enthält alle wichtigen Infos zu allen Stabkirchen des Landes nebst stimmungsvollen Farbfotos und ausreichender Übersichtskarte. Den mehrsprachigen Band gibt's an Verkaufsständen fast jeder Stabkirche und in norwegischen Buchläden (Normans Kunstforlag, 1989, 40 NOK).

Rundfunk und Fernsehen

Deutschlandfunk ist über Langwelle (153 und 207 kHz) und über Mittelwelle (1269 kHz) zu empfangen. Der staatliche Rundfunk (Mittelwelle 1314 kHz) sendet keine deutschsprachigen Programme – das gilt auch für die Touristensender, deren Frequenzen auf Schildern längs der Europastraßen angegeben werden.

Im Fernsehbereich waren die Norweger lange hintenan, denn das öffentlich-rechtliche NRK flimmerte bis Anfang der 90er Jahre nur über einen Kanal in die norwegischen Wohnzimmer. Mittlerweile gibt es zwei staatliche und zwei kommerzielle Fernsehsender, und über Satellit bzw. Kabel sind sämtliche skandinavischen und eine Vielzahl mitteleuropäischer Programme (von MTV bis RTL) zu empfangen.

Sommerzeit

Vom letzten März-Wochenende bis zum letzten September-Wochenende gilt die Sommerzeit auch in Norwegen.

Souvenirs

Als Mitbringsel aus dem teuren Norwegen lohnt sich Praktisches: Die köstlichen Marmeladen aus Moltebeeren *(moltesyltetøy)* z. B. oder Strickwaren mit typischem Design, gemeinhin als "Norwegermuster" bekannt. Wenn's etwas mehr sein darf, sollten Sie nach handgefertigtem Silberschmuck aus Telemark fragen oder Besteck in klassischer Form *(norsk stålpress)* wählen. Was Sie entgegen landläufiger Meinung nicht heimbringen sollten: Linie-Aquavit, denn der ist – mit Ausnahme der Spitzenmarken – in mitteleuropäischen Fachgeschäften dreimal billiger. Auch nicht empfehlenswert sind Rentierfelle – die haaren binnen kurzer Zeit, wenn man sie nicht nur als bloßen Wandschmuck verwenden will.

Der Sprachenstreit

Auf Briefmarken wie Banknoten prangen beide Namen: *Norge* = Norwegen in *bokmål* (Buchsprache) und *Noreg* = Norwegen in *nynorsk* (Neunorwegisch). Es gibt einen *språkråd,* der sich um Angleichung beider Sprachen bemüht, und es gibt eine staatliche Vorgabe, nach der jeder TV- und Rundfunksender mindestens ein Fünftel seiner Sendungen in *nynorsk* ausstrahlen muss (jeder fünfte Norweger spricht Neunorwegisch). Entstanden ist das Sprachenwirrwarr im 14. Jh., als sich die Wikingersprache *norrøn* auf dem Land in Dialekte aufsplitterte, während in den Zentren die Sprache der neuen Herrscher, nämlich Dänisch, gesprochen wurde. Im Zuge der nationalen Selbstbesinnung entstand der Wunsch nach der Rückkehr zu einer gemeinsamen Sprache – *Ivar Aasen* veröffentlichte 1848 sein Lehrbuch für *landsmål,* dem heutigen nynorsk. Die Städter fanden erst später zur eigenen Sprache, indem sie norwegische Elemente in ihr aufgeweichtes Hochdänisch aufnahmen. Aus dem "norwegischen Dänisch" entstand zunächst das *riksmål* (Reichssprache), später das moderne *bokmål.* Insgesamt sechs Rechtschreibreformen haben bislang keine Annäherung beider Sprachen gebracht.

Nicht nur für Touristen: Freiluftmuseum in Telemark

Telefonieren

Zur Verfügung stehen öffentliche **Telefonzellen** oder **Telegrafenämter** (die Post bietet keinen Telefonservice); auf dem Land kann man auch von speziell gekennzeichneten Privathäusern aus telefonieren. So oder so aber sind Auslandsgespräche teurer als daheim; deshalb lohnt sich der Rückruf. Fast jede Telefonzelle (Münz- und Kartengebrauch) hat eine Nummer, über die man sich von zu Hause aus anrufen lassen kann. **Telefonkarten** sind in Telegrafenämtern, Narvesen-Kiosken und sogar auf Campingplätzen für 20 bzw. 50 NOK zu bekommen.

Vorwahl nach Deutschland ist die 0049 , nach Österreich die 0043 und in die Schweiz die 0041. **Vorwahl aus** diesen Ländern nach Norwegen ist jeweils die 0047. Städte- bzw. Regionalvorwahlnummern innerhalb Norwegens gibt es nicht, die Lokalisierung des Gesprächs erfolgt über die ersten beiden Stellen der jeweils achtstelligen Rufnummern (für Oslo z. B. 22, für Stavanger 51 usw.)

Landesweite Notrufnummern

Feuerwehr: 110; Polizei: 112; Krankenwagen: 113

Tourismus

67,2 % der Reisenden im Land sind Norweger; Deutsche stellen mit 17 % vor Dänen und Schweden den größten Ausländeranteil. Die Urlauberzahlen sind seit Jahren rückläufig – hohes Preisniveau und etliche schlechte Sommer schreckten ausländische Besucher ab, der großartige Sommer 02 sorgt womöglich für einen wieder gegenläufigen Trend. Als Wirtschaftsfaktor spielte der Tourismus noch nie eine bedeutende Rolle. Gerade 4 % der Norweger beziehen daraus ihren Lebensunterhalt. Die meisten deutschen Urlauber besuchen Südnorwegen (85 %), 60 % davon sind "Rundreisetouristen", die mit Auto oder Wohnmobil unterwegs sind. Immerhin 90 % aller deutschen Besucher kommen auf eigene Faust. 40 % davon mieten eine Hütte.

Trolle

Sie sind vielköpfige Wichte oder blonde Grazien, Riesen oder Kobolde, literarisch von *Ibsen* und bildnerisch von *Kittelsen* verewigt: Die Sagengestalten der nordischen Märchenwelt – eher tollpatschig als furchterregend – geistern durch Kindergeschichten und Bauernbräuche; heute kommen sie vornehmlich in Kitschläden vor, aus Plastik und Pappmachee, in allen Größen und Preislagen.

Umwelt

Von der Natur verwöhnt, scherten sich die Norweger lange Zeit kaum um den Umweltschutz. Nach dem Motto: Soviel Natur kriegt man nicht kaputt ...

Noch immer gönnt sich Olav Nordmann viermal mehr Strom als der deutsche Durchschnittsbürger, noch immer sind Norweger absolute Weltmeister bei Wasserverschwendung und Müllerzeugung, noch immer ist umweltpolitisches Problembewusstsein im Norden nicht Gemeingut. Ein Beispiel ist die Sorglosigkeit beim Umgang mit der *Brent Spar:* Die 140 m lange und 35 m hohe Ölplattform, um deren Entsorgung zwischen Shell und Greenpeace 1995 in der Nordsee geradezu eine Seeschlacht tobte, rostete drei Jahren im Erfjord bei Hjelmeland. Im Winter 98/99 wurde der Koloss zerschnitten und als Fundament für einen neuen Fähranleger in Mekjarvik bei Stavanger verbaut – Proteste in Norwegen? Fehlanzeige.
Dabei wird vor allem Nordnorwegen von etlichen Umweltgefahren heimgesucht, für die allerdings der Nachbar im Osten verantwortlich ist. Der Wald im Grenzgebiet zu Russland leidet extrem unter den Schwermetallemissionen der Nickelverarbeitung im russischen Nikel und immer noch unter den Spätfolgen des Tschernobyl-Unfalls. Zudem droht ein Atomgau, denn nur eine halbe Tagesreise von der Grenze entfernt lagern atomare Altbestände der Roten Armee bei Murmansk. Das Unglück des russischen Atom-U-Bootes "Kursk" im Oktober 2001, an dessen Bergung sich Oslo mit hohem personellem und finanziellem Aufwand beteiligte, erschien vielen Norwegern als unheilbringender Vorbote.

Doch auch Südnorwegen ist bedroht. Über die Nordsee schwappen **saure Regenwolken** aus England an die Westküste, die Fischbestände im Meer wie in den Binnenseen gefährden – mehr als 1.000 Seen in Südnorwegen sollen bereits "umgekippt" sein. Und mit den Fischen gehen die Vögel ein, denen es an Nahrung fehlt; über 20 Vogelarten sind akut vom Aussterben bedroht. Hinzu kommt, dass allein Skandinaviens Wirtschaft jährlich über 40.000 Tonnen Stickstoff in die Nordsee leitet. Die Folge ist ein vermehrtes Wachstum von Kleinstlebewesen, die wiederum den Fischen den nötigen Sauerstoff entziehen.

Solche Gefahren haben die Skandinavier in den letzten Jahren sensibler gemacht. Das erste Umweltschutzministerium Europas mit einer Ministerin an der Spitze propagiert das weltweit einzig wahrhafte FCKW-Verbot und das Verbot jeglicher Atomkraft im Lande.

Der Lachstöter heißt "Gyro"

...und ist nur einen halben Millimeter groß. Tausendfach befällt der Saugwurm (*Gyrodactylus salaris*) Junglachse und tötet sie binnen weniger Tage. Der aus russischen Flüssen, die in die Ostsee münden, eingeschleppte Parasit hat seit 1975 bereits 42 Lachsreviere in ganz Norwegen (davon fünf in Südnorwegen) verseucht; nur wenige konnten bislang desinfiziert werden. Angler und Fischer sind darum angehalten, nicht nur ihr Gerät, sondern auch Boote, Stiefel und Luftmatratzen regelmäßig zu desinfizieren. Vor allem aber: Keine lebenden Fische aussetzen und kein Wasser aus fremden Gewässer einleiten

Zeitungen

Stern, Spiegel, Focus, Frankfurter Allgemeine Zeitung, Zeit und *Süddeutsche Zeitung* und natürlich auch alle Boulevardblätter bekommen Sie an fast allen **Narvesen-Kiosken** am Tag nach ihrem Erscheinen. In großstädtischen Tabakläden und Buchhandlungen, an Bahnhof- und Flughafenständen lassen sich mit Glück auch andere Erzeugnisse des deutschen Zeitungsmarktes erstehen.

Was haben Sie entdeckt?

Haben Sie eine besonders schöne Unterkunft auf Ihrer Reise durch Südnorwegen gefunden, einen aufregenden Wanderweg durch die unverfälschte Natur oder ein Lokal mit landestypischen Spezialitäten?

Wenn Sie Tipps und Informationen, aber auch Kritikpunkte haben, lassen Sie es uns wissen. Schreiben Sie an:

Hans-Peter Koch
Stichwort "Südnorwegen"
Michael Müller Verlag
Gerberei 19
91054 Erlangen
E-Mail: hpkoch@michael-mueller-verlag.de

Oslos Schokoladenseite: Karl Johans Gate und das Schloss

Oslo

Keine Metropole mit solchem Freizeitwert. Oslo ist mit 503.000 Einwohnern die kleinste Hauptstadt Skandinaviens, aber die grünste Europas. Nur ein Drittel der 427 qkm großen Stadtfläche ist bebaut, der Rest ist Wald, sind 343 Seen, 16 Parks und 40 Inseln. Nicht nur darum ist Oslo eine Stadt zum Verlieben.

Eine Hauptstadt inmitten von Natur. Mit der U-Bahn erreichen die Einheimischen in nur 20 Minuten die Wander- und Loipenreviere der Marka, die als Höhenzug und grüne Lunge das große Dorf zum Binnenland abschirmt. Der 100 km lange Oslofjord endet bloß 200 m vor dem hässlichen Rathaus; zum Schwimmen gehen die Hauptstädter zu Fuß, zum Shoppen fahren sie mit dem Rad. Die Eisenbahnlinie verläuft in der City unterirdisch, und Autos sind aus dem Innenstadtbereich wegen hoher Maut- und Parkgebühren nahezu verbannt (15 NOK Maut für Pkws, 30 NOK für Gespanne; Parken kostet bis zu 30 NOK am Straßenrand und 20 NOK im Parkhaus).

Oslo ist eine bescheidene Stadt, die ohne Protz auskommt. Der König residiert in einem unscheinbaren Schloss mitten im Stadtpark, der für jedermann zugänglich ist, die 165 Storting-Abgeordneten tagen in einem Parlamentsgebäude, das einem altertümlichen Kaufhaus ähnelt, und die Regierungsbauten fallen so wenig auf, dass Ortsunkundige sie kaum finden.

In kultureller Hinsicht reicht das Programm von der Nationalgalerie über das Munch-Museum bis zum größten Freilichtmuseum Skandinaviens. Dazu kommt eine ausgeprägte "Kneipenkultur": Wer nicht wenigstens einen Abend im *Jazzhus* oder einen Nachmittag im *Theatercaféen* zugebracht hat, weiß wenig vom Lebensstil der Osloer.

Stadtstruktur

Der Stadtkern schmiegt sich an das Nordufer des Oslofjords, der hier immerhin noch 40 m tief ist und ein ideales Hafenbecken formt. Die Grenze zum Hinterland bildet der **Tryvannshøgda-Voksenkollen**, von dessen Höhenrücken sich etliche Bäche und Flüsse ins Oslobecken ergießen. Der wichtigste war schon immer der **Akerselva**. Er diente einst als Kraftquelle für die junge Industrie und bildete lange Zeit die "Klassengrenze" Oslos. Am Ostufer des Flusses lagen die Arbeiterquartiere, im Westen die bürgerlichen Villenviertel. Heute wohnen die Arbeiter in Satellitenstädten, aber ihr ehemaliges Viertel um die östliche **Ausfallstraße Trondheimsveien** kann seine Geschichte nicht verleugnen. Jetzt leben hier türkische Gemüsehändler, und manch alte Fabrik ist in ein modernistisches Kommunikationszentrum umgewandelt worden.

Oslo und Oslofjord
Karten Umschlag vorne und S. 81

Der Westen der Stadt ist immer noch eine der besseren Wohngegenden; bei einheimischen Großverdienern beliebt sind u. a. die Jahrhundertwendebauten hinter dem Schlosspark (die klassizistischen Villen gleich hinter dem Schloss selbst werden dagegen in erster Linie von ausländischen Diplomaten bewohnt). Die exklusivste Wohngegend freilich bildet die **Halbinsel Bygdøy**, die gleichzeitig das beliebteste Ausflugsziel der Hauptstädter ist. Insbesondere an Sommersonntagen kommt man hierhin, um zu baden (es gibt sogar einen FKK-Strand), spazieren zu gehen oder eines der vier sehenswerten Museen zu besuchen, die Bygdøy auch zum Muss für jeden Oslo-Besucher machen.

Im **Stadtkern**, dem Dreieck zwischen Karl Johans Gate, Hauptbahnhof und Rathaus, hat sich der internationale Markenartikelhandel festgesetzt. Shopping-Center und Passagen, wie "Paléet" an der Karl Johans Gate, das neueste Center "By Porten" direkt am Bahnhof oder "Oslo City" gegenüber dem Hauptbahnhof, konkurrieren mit den alteingesessenen Geschäften und Lokalen der Fußgängerzone um die Gunst der Kunden. Und auch Touristen kommen um das Zentrum nicht herum, denn hier läuft alles zusammen: Knotenpunkt des Nahverkehrs, Ausgangspunkt aller Fähren, die namhaften Restaurants, Museen, Hotels und Diskos – alles auf nur vier Quadratkilometern.

Stadtgeschichte

Oslo (früher Åslo, was soviel wie "Wiesenebene am Wasser" bedeutet) wurde 1050 von König *Hardråde*, dem "letzten Wikinger", gegründet. Die Stadt war lange Ausgangspunkt kolonialistischer Wikingerzüge, aber auch Handelsplatz der später friedfertigeren Norweger. Das nutzten Missionare – bereits 20 Jahre nach seiner Gründung wurde Oslo Bischofssitz.

Brände (1223, 1254, 1532, 1624) und Pestepidemien (1350, 1654) setzten der Stadt immer wieder zu. Wohl auch das ein Grund, warum bis ins 19. Jh. zunächst Trondheim und später Bergen die führenden Städte Norwegens blieben, obwohl Oslo bereits 1299 zur Hauptstadt ernannt worden war.

Nach dem vierten großen Brand 1624 ließ Dänenkönig *Christian IV.* die Stadt im Schutz der Festung Akershus neu aufbauen. Steinhäuser traten an die Stelle der alten Holzhäuser, und rechtwinkelig angelegte, breite Straßen, Brandschneisen gleich, ersetzten die verwinkelten Gassen. Der baufreudige König gab dem Flecken auch seinen Namen: Christiania (ab 1877 Kristiania geschrieben) hieß die Reichshauptstadt unter dänischer Herrschaft bis 1925; erst 20 Jahre nach Erringen der Unabhängigkeit bekannten sich die Norweger zum altnorwegischen Namen Oslo.

Nach der Loslösung von Dänemark und mit der einsetzenden Industrialisierung wurde die Hauptstadt schließlich auch zur wichtigsten Stadt des Landes. 1811 gründete man hier die erste Universität Norwegens, und zwischen 1825 und 1848 entstand das Schloss als fester Königssitz. Im Osten der Stadt siedelten sich neue Industrien an (Werften, Textilfertigung und Nahrungsmittelproduktion), die Einwohnerzahl schnellte von 32.000 (1855) auf 228.000 (1900) hoch, und vielerorts wurden Mietskasernen gebaut, die das Stadtbild noch bis in unser Jahrhundert hinein bestimmten: Wo heute das Rathaus den Hafen überragt, gammelte in den 30er Jahren ein Arbeiterquartier.

Den nächsten Bauboom, u. a. finanziert mit Geldern aus dem Marshallplan, erlebte Oslo nach dem Zweiten Weltkrieg. Einer der Gründe war die Ausrichtung der Winterolympiade 1952, die eine Vielzahl baulicher Maßnahmen notwendig machte. Es entstanden neue Hauptverkehrsstraßen, und das Bahnliniennetz wurde ausgebaut. Später weitete sich dann das Stadtgebiet durch die Eingemeindung von Vororten wie der Aker-Kommune erheblich aus. Um den Stadtkern herum, im Nordosten, bildeten sich nach und nach Satellitenstädte, und am westlichen Stadtrand entstanden bürgerliche Holzhaussiedlungen.

Ab Beginn der 70er Jahre wurde das Zentrum schrittweise verkehrsberuhigt. 1970 legte man erste Fußgängerzonen an, und 1980 wurde mit der Eröffnung des neuen Hauptbahnhofs der Eisenbahntunnel unter der Stadt eingeweiht. Der nächste Schritt folgte 1990 mit dem Bau des Oslo-Tunnels, durch den auch der Autoverkehr weitgehend aus der Innenstadt verbannt wurde. Und seit Oktober 1998, seit Stilllegung des Stadtflughafens Fornebu und Inbetriebnahme des neuen Großraumflughafens Gardermoen, der 47 km vor den Toren der Stadt liegt, ist sogar der Himmel über Oslo verkehrsberuhigt.

Information/Verbindungen

• *Information* **Turistinformasjonen**, Vestebanplassen 1, ✆ 23117880, 📠 22838150, touristinfo@oslopro.no, www.visitoslo.com. Mai/Juni täglich 9–18 Uhr, sonntags bis 16 Uhr, Juli/ August täglich 9–19 Uhr, in den übrigen Monaten werktags 9–16 Uhr.

Das **zentrale Touristenbüro** für Oslo und Norwegen ist im einstigen Westbahnhof zwischen Rathaus und Kai untergebracht; das gemütlich-gelbe Gebäude steht heute unter Denkmalschutz. Drinnen aber ist alles vom Modernsten: Pressesaal, Mulitivisionsschau, Videoprogramme, aktuelle Ausstellungen neben Informationsbroschüren über das ganze Land sowie ein Info-Desk, an dem man Geld wechseln, Hotelzimmer und Stadtrundfahrten buchen kann. Außerdem gibt's hier den Touristen-Pass Oslo-Kortet (s. u. Kasten).

Eine **Zweigstelle** im Osloer Hauptbahnhof (Empore am Hauptausgang) ist täglich von 8–23 Uhr geöffnet (Bankschalter und Polizeiwache gleich nebenan).

Besondere Hinweise erhalten Jugendliche von **Use it** mit zwei Informationsbüros: Eines findet man auf dem Bahnhofsvorplatz, besser: unter dem Platz, denn man muss am Trafikanten-Turm (s. "Stadtverkehr") in die Tiefebene hinabsteigen. Das zweite, **Ungdomsinformasjonen**, in der Nähe des Doms, Mollergate 3. In beiden Büros werden u. a. preiswerte Privatzimmer vermittelt (nur während des Sommers).

OsloKortet

Im teuren Oslo ist der Touristen-Pass "OsloKortet" – vor allem bei mehrtägigem Aufenthalt – für viele ein echtes Schnäppchen: Eintritt gratis in fast allen Museen, kostenloses Parken und freie Fahrt auf allen städtischen Verkehrsmitteln, Rabatte beim Mieten von Autos oder Fahrrädern, im Kino und am Skilift. Man bekommt die Plastikkarte für 180 NOK, Kinder 60 NOK(ein Tag Gültigkeit), 270 NOK, Kinder 80 NOK(zwei Tage) oder 360 NOK, Kinder 110 NOK(drei Tage) in Hotels, Narvesen-Kiosken und einigen Postämtern, am Bahnhof, auf Campingplätzen oder in der Touristen-Information.
(Allerdings weist ein Leser darauf hin, dass Studenten, für die es vielerorts Ermäßigungen gibt, zweimal rechnen sollten, ob sich OsloKortet für sie überhaupt lohnt.)

• *Flugverbindungen* Am 8. Oktober 1998 zog der Flugverkehr vom Stadtairport Fornebu zum Großraumflughafen **Gardermoen** (47 km nordöstlich von Oslo) um – an den internationalen wie nationalen Verbindungen aber hat sich nichts geändert: Alle großen Airlines fliegen Gardermoen mehrmals täglich an (s. "Anreise", S. 16). Außerdem gibt es 50 tägliche Verbindungen innerhalb Norwegens, u. a. 5x Alta (3 Std.), 23x Bergen (50 Min.), 6x Bodø (1,5 Std.), 3x Hammerfest (3,5 Std.), 5x Kristiansand (45 Min.), 3x Kirkenes (4,5 Std.), 15x Stavanger (50 Min.), 3x Lofoten (3 Std.), 6x Tromsø (2 Std. 45 Min.) und 16x Trondheim (55 Min.). Eine Zubringerbahn fährt zwischen 7 und 23 Uhr in 19 Min. vom Osloer Hauptbahnhof zum neuen Flughafen (35 NOK); der Zubringerbus (Flybusekspressen) verkehrt zwischen 4.15 und 24 Uhr, braucht 20 Min. und kostet 80 NOK für die einfache Fahrt, nachts 120 NOK (Haupthaltepunkte am Scandinavia Hotel und am Bahnhof) .

• *Zugverbindungen* Oslo ist Knotenpunkt des bescheidenen Netzes der Staatsbahn (NSB). Vom Hauptbahnhof (Sentralstasjon) und dem alten Ostbahnhof nebenan gibt es internationale Verbindungen nach Gøteborg (5x täglich, 6 Std.), Stockholm (3x täglich, 8 Std.), Kopenhagen (4x täglich, 10 Std.) und Hamburg (6x täglich, 16 Std.). Zudem nationale Fernverbindungen nach Kristiansand und zur Südküste (5x täglich, 4 Std. 20 Min.), Frederikstad (alle 2 Std., Dauer ebenfalls 2 Std.), Bergen (5x täglich, 7 Std.), Trondheim (3x täglich, 7 Std.) und Stavanger (3x täglich, 8 Std.). Und auch die Nahverkehrszüge nach Drammen, Spikkestad, Moss, Mysen, Arnes, Eidsvoll und Jaren starten hier. Das **NSB-Reisezentrum** (✆ 81500888, www.nsb.no) ist von 7–23 Uhr geöffnet.

• *Busverbindungen* Fast 60 Linien mit nationalen wie internationalen Zielen steuern den Busbahnhof (Busterminalen) gleich hinter dem Dreieck Hauptbahnhof, Plaza Hotel und Postgiroamt an (Schweigaardagate 8-10, ✆ 23002400, **Buchungsbüro** von 8–22 Uhr, sonntags bis 17.30 Uhr geöffnet). Das Unternehmen NORWAY Busekspress mit seinem empfehlenswerten Service bietet u. a. die 10-Stunden-Tour nach Bergen (1x täglich) an, die Sørland-Tour an der Südküste entlang nach Stavanger (2x täglich, 6,5 Std.) und die Trondheim-Tour durch das Gudbrandstal (2x täglich, 13 Std., via Bergen 16 Std.). Darüber hinaus unterhält es 17 Nahverkehrslinien (nach Sarpsborg und Moss, Gardermoen, Skillebekk, Sanvika, Asker und Høvik). Das Billett wird beim Fahrer gekauft – man sollte sich aber vorab die Plätze beim Buchungsbüro reservieren lassen.

• *Fährverbindungen* Aus Deutschland und Dänemark legen Großraumfähren am Osloer Kai an; jede Linie hat im ausgedehnten Hafengebiet ihren eigenen Anlegesteg. Die Fährschiffe aus Kiel und Hirtshals beispielsweise landen am **Hjortnes Kaja** (westlich von Aker Brygge), während die Fähren aus Frederikshavn und Kopenhagen im **Björvika-Hafenbecken** (östlich der Akerhus-Festung) festmachen. Die Hafenfähre zur **Museumsinsel Bygdøy** (nur April-September) startet vom Pier Nr. 3 (gegenüber dem Rathaus), von wo auch die **Oslofjord-Rundfahrtschiffe** ablegen (nur Mai-September,

Buchung über ✆ 22423698, 175–275 NOK). Nach **Hovedøya** und anderen Fjordinseln startet die Fähre ganzjährig von **Vippetangen** aus, zwischen Juni und August geht es von hier aus auch zu den Badestränden auf **Langøyene**. Übers Jahr auch Fährverbindungen zur **Halbinsel Nesodden** (von Aker Brygge aus).

Stadtverkehr

Acht Straßenbahnlinien, fünf U-Bahn-Linien und 50 Buslinien besorgen den öffentlichen Nahverkehr in Oslo so reibungslos, dass selbst eingefleischte Autofahrer für den City-Besuch auf die Bahn umsteigen können. Mautgebühr und Parkplatzmiete sparen Sie dann noch ganz nebenbei. Und mit OsloKortet fahren Sie auf den öffentlichen Verkehrsmitteln umsonst (Durchschnittspreis ansonsten 22 NOK, inkl. Umsteigen). Fahrplan *(rutetabell)* und zusätzliche Informationen bei **Trafikanten** – unter dem hässlichen Turm auf dem Bahnhofsvorplatz (Mo–Fr 7–20 Uhr, Sa/So 8–18 Uhr, ✆ 81500176).

- *Metro* Neben den fünf "Tunnelbahnen"-Linien in Nord-Süd-Richtung verkehren in Oslo auch Sonderzüge nur in Ost-West-Richtung: Die Linien 1, 2 und 3 direkt nach Norden, die 4 und die 5 von Osten nach Westen. Scheitelstation ist jeweils **Stortinget** beim Parlamentsgebäude. Das Einmalticket kostet 22 NOK, billiger ist's per Tageskarte (40 NOK) oder Flexi-Card für 10 Fahrten (30 NOK).
- *Straßenbahn* Acht "Tramban"-Linien durchqueren die Stadt in Ost-West-Richtung mit hoher Frequenz. Man muss selbst an Wochenenden nie länger als 15 Minuten warten. Hauptstation in östlicher Richtung ist der alte **Ost-Bahnhof**, in westlicher Richtung das **Parlamentsgebäude**. Einige Linien verkehren auch nachts (*Nattrick*, erkennbar an einem gelben Halbmond am Wartehäuschen). Preise und Ermäßigungen wie bei der Metro.
- *Bus* 50 Buslinien verkehren bis in die Außenbezirke, aber längst nicht so häufig wie die Tram. Hauptstationen sind **Hauptbahnhof** und **Nationaltheater**. Preise wie bei der Metro; gezahlt wird beim Fahrer, Ermäßigungskarten werden im Automaten hinter dem Fahrersitz abgestempelt.
- *Taxi* Die uniformierten Taxifahrer warten an 70 Halteplätzen im Stadtgebiet (✆ 02323), z. B. am Busbahnhof, am Ausgang der Karl Johans Gate und am Hauptbahnhof. Die Preise sind mit denen in Mitteleuropa vergleichbar; Beispiele: Zentrum–Holmenkollen 180 NOK, Zentrum–Osten 120 NOK, Zentrum–Fornebu 150 NOK, Zentrum–Gardermoen (pro Person!) 250 NOK.

Adressen/Telefonnummern

- *Apotheken-Notdienst* Die 24 Std. geöffnete Apotheke liegt dem Hauptbahnhof gegenüber, Jernbanetorget 4, ✆ 22412482.
- *Autoverleih* **Avis**, Munkedamsvn. 27, ✆ 23239200. . **Hertz**, am Flughafen und im Scandinavia Hotel, ✆ 22210000, **Sixt**, Flughafen Gardermoen, ✆ 63940400.
- *Fahrradverleih* **Den Rustne Eike**, neben der Touristen-Information. Fahrrad 60 NOK/Tag, Motorrad 800 NOK/Tag.
- *Fundbüro* im Polizeipräsidium, ✆ 22669855, werktags 9–14 Uhr.
- *Geldwechsel* zweimal im Hauptbahnhof, bei der Touristen-Information, im Flughafen, im Hauptpostamt sowie bei Banken (Mo–Fr 8.15–15.30, Do bis 17 Uhr; die meisten liegen zentral in der Karl Johans Gate und im Stadtviertel Aker Brygge).
- *Notarzt* ✆ 22118080.
- *Polizeipräsidium* Grønlandgate 44.
- *Post* Dronningensgate 15, Mo–Fr 9–20, Sa bis 15 Uhr.
- *Telegrafenamt* Kongensgate/Prinsengate, Mo–Fr 9–21, Sa 10–18 Uhr.
- *Verkehrsauskunft* ✆ 22654040.
- *Wäschereien* **Mr. Clean** (Parkvn. 6), **A-Vask** (Thorvald Meyers Gate 18), **Majorstua Myntvaskeri** (Vibes Gate 15).
- *Zahnärztlicher Notdienst* ✆ 22373000.

Übernachten/Camping (siehe Umschlagklappe vorne)

- *Übernachten* **Oslo Vandrerhjem, Haraldsheim**, Haraldsheimveien 4, 0409 Oslo, ✆ 22222965, 📠 22221025, oslo.haraldsheim.hostel@vandrerhjem.no (Weihnachten/Neujahr geschlossen). Per Bahn: Vorortzug nach Grefsen; per Tram: Linien 10 oder 11 (Station Sinsenkryset, dort den Hügel hinauf); per Bus: Linien 31 oder 32 (Station

Aker Sykehus, Fußgängertunnel, dann links); per Auto: östliche Ausfallstraße Trondheimsveien bis Lørenveien (ca. 5 km), dort links und bei erster Gelegenheit zweimal rechts.

Norwegens vielleicht bekannteste Jugendherberge hat in den 45 Jahren ihres Bestehens kaum etwa von ihrem Reiz verloren (nur die einstmals schöne Aussicht auf den Fjord ist mittlerweile von zwei Schnellstraßen verstellt): 270 Betten in 70 Zimmern, gemütliche Aufenthaltsräume, Selbstkocherküche, Frühstücksbüfett (inkl.). DZ 400–480 NOK , EZ 290–360 NOK , Mehrpersonenraum 175 NOK . Wer ohne internationalen Jugendherbergsausweis kommt, muss 25 NOK zuzahlen (Jahresausweis an der Rezeption für 200 NOK). Bettwäsche und Decken können ausgeliehen werden. Vorab reservieren!

Oslo Vandrerhjem, Holtekilen, Micheletsvei 55, 1320 Stabekk, ✆ 67518040 (außerhalb der Öffnungszeiten ✆ 22152185), ℻ 67591230. olso.holtekilen.hostel@vandrerhjem.no

Per Bahn: Vorortszug (rote Linie) bis Stabekk; per Bus: Linien 151, 153, 161, 162 (der freundliche Fahrer hält, wenn er zuvor informiert wird). Die JuHe unweit des ausrangierten Flughafens Fornebu bietet mit 199 Betten einen ähnlich guten Service wie Haraldsheim zu vergleichbaren Preisen: DZ 460 NOK, EZ 280 NOK, Mehrpersonenraum 180 NOK (Frühstück inkl.).

OSI-Chatelet, Studentenwohnheim im Norden der Stadt (noch weit über die Holmenkollen-Schanze hinaus). Das Haus ist nur nach langer Busfahrt (Linie 41, Haltestelle Sørkedalen skolen) und fast noch längerem Fußmarsch zu erreichen. Dafür ist die Unterkunft mit 80 NOK konkurrenzlos preiswert. Nur im Sommer geöffnet (Schlafsack und Verpflegung müssen mitgebracht werden).

KFUM's (17), Mollergate 1 (Eingang auf der Rückseite), ✆ 22152099. KFUM heißt der CVJM in Norwegen, dessen Schild neben der Domkirche weithin sichtbar auf einer Häuserwand prangt. Die Unterkunft – ein Matratzenlager in einem ungastlichen Saal – ist nur von Juni bis August geöffnet. 100 NOK.

Sjømannshjemmet (41), Tollbutgate 4, ✆ 224132005. Das Seemannsheim in Bahnhofsnähe bietet im 6. Stockwerk nur sehr einfache Zimmer und keine Verpflegung an. DZ 500 NOK, EZ 450 NOK.

Coch's Pensjonat (3), Parkveien 25, ✆ 23332400, ℻ 23322410. Die große, 90 Jahre

Swinging Oslo: Straßenmusikant auf der Karl Johans Gate

alte Pension in der Straße hinter dem Schlosspark (Eingang an der Ecke Hegdehaugsveien) hat ihre 65 Zimmer (Du/WC, Kücheneinheit) im 3., 4. und 5. Stockwerk behindertengerecht eingerichtet. Außerdem gibt es einen Fahrstuhl, und die Preise sind günstig: DZ 630 NOK, EZ 450 NOK (Preise verhandelbar). Die Zimmer zur Straße sind jedoch unvergleichlich laut – sie liegen direkt über einer Ampelanlage. Dennoch wird die Pension vor allem ihrer Lage und Preise wegen von vielen Lesern gelobt.

Hotel Fønix & Postcaféen (36), Dronningensgate 19, ✆ 24146300, ℻ 22331210, hfonix@broadpark.no. Zwei Minuten vom Bahnhof entfernt werden 67 Einzel- und Doppelzimmer, allesamt renoviert und nordisch möbliert, zu noch vertretbaren Preisen angeboten (Frühstück im Restaurant Kristine inkl.). Neben der zentralen, aber dennoch ruhigen Lage spricht Postcaféen (im Erdgeschoss) für das Hotel: Der Pub, einst das "In"-Lokal in der City, bietet immer noch preiswerte Gerichte und seit 80 Jahren urige Stimmung. DZ 850 NOK, EZ 510-710 NOK. Auch hier lohnt sich das Handeln.

Oslo und Oslofjord
Karten Umschlag vorne und S. 81

Anker Hotel, Storgate 55, ✆ 22997500, ✆ 22997520, www.anker.oslo.no. Per Auto ca. 4 km auf der östlichen Ausfallstraße Trondheimsveien; per Bus: Linien 31 und 32; per Tram: Linien 10 und 11. Der riesige Kasten (230 Zimmer) darf nicht erschrecken, drinnen sind die Zimmer mit Telefon/TV sauber und funktional (Du/WC). Das Hotel verfügt zudem über einen großen Parkplatz und eine Bar, in der Bier und Wein ausgeschenkt wird. DZ 910 NOK, EZ 850 NOK (Frühstück inkl.).

Tulip Inn Rainbow Hotel Norrøna (13), Grensen 19, ✆ 23318000, ✆ 23318001, hoteln@online.no. Seit dem Besitzerwechsel sind die 104 Zimmer dieses zentral gelegenen Hotels besser geworden, Telefon/TVund die Preise sind gestiegen Die Cafeteria im 2. Stock bietet außer dem Frühstück auch freundlichen Restaurantservice. Das Hotel wirbt mit seinem rollstuhlgerechten Ausbau. DZ 1160 NOK, EZ 855 NOK.

Best Western Hotell Bondeheimen (24), Rosenkrantzgt 8, ✆ 23214100, ✆ 23214101, www.bondeheimen.com. Aus dem gemütlichen Hospizhotel wurde nach Übernahme durch den Best-Western-Konzern ein uniformes Mittelklasse-Hotel mit Cafeteria, in der man Frühstück und kleine Gerichte, aber keine alkoholischen Getränke bekommt. Die 65 Zimmer (Du/WC, Telefon/TV) kosten inkl. Frühstück 1.190 NOK (DZ) bzw. 890 NOK (EZ).

Gabelshus Hotell (37), Gabelsgt 16, ✆ 23276500, ✆ 23276560, gabelhus.hotel@os.enitel.no. Agathe Riekeles ist die dritte Besitzerin dieses schönen Hotels, das seit 1912 nur von Frauen geleitet wird. Das über und über weinbewachsene Haus und einzige "Romantik-Hotel" der Stadt liegt in einem der besten Wohnviertel Oslos. Die englischen Einrichtung und die gute Küche machen es zum Erlebnis. DZ 1.350 NOK, EZ 950 NOK.

Holmenkollen Park Hotel Rica, Kongevn. 26, ✆ 22922000, ✆ 22146192, www.holmenkollenparkhotel.no. Das ehemalige Sanatorium, ein imposantes Holzhaus im Schatten der Holmenkollen-Schanze, bietet neben famoser Aussicht hoch über dem Fjord alles, was First-Class-Hotels zu bieten haben: Das Restaurant gehört stadtweit zur Extraklasse, außerdem gibt's eine Bar, eine Cafeteria, ein Hallenbad, eine Sauna, einen Fitnessraum und einen Radverleih. Natürlich haben alle Zimmer – es gibt auch Suiten und Appartements – Du/ WC und Telefon/TV, natürlich gibt es spezielle Nichtraucherzimmer, natürlich finden Behinderte alle möglichen Erleichterungen. DZ 1.370 NOK, EZ 1.200 NOK. .

Continental Hotel (10), Stortingsgt 24-26, ✆ 22824000, ✆ 22429689, www.hotel-continental.no Wer sich in dieser schönen Stadt etwas Besonderes leisten will, ist im Continental richtig. Der Hotelkomplex gleich am Nationaltheater ist traditionell das erste Haus am Platz und bietet jede nur erdenkliche "facility". Das hat seinen Preis: DZ 1.950 NOK, EZ 1.585 NOK. Auch das Restaurant Annen Etage gilt als Star-Adresse für Freunde der traditionellen französischen Küche (s. "Essen & Trinken").

Radisson SAS Plaza Hotel (33), Sonja Henies Plass 3, ✆ 22058000, ✆ 22058010,. Der Glaspalast, höchster Wolkenkratzer Skandinaviens, ist fast schon zum Wahrzeichen Oslos geworden. Wer also die Hauptstadt von oben genießen will, und sei es nur während einer Fahrt mit dem gläsernen Außenfahrstuhl in den Nightclub im 33. Stock, sollte eines der 662 Zimmer mit allen Annehmlichkeiten eines Fünf-Sterne-Hauses für 1.990 NOK (DZ) oder 1.790 NOK (EZ) mieten.

• *Camping* **Bogstad**, Ankerveien 117, ✆ 22510800, ✆ 22510850. Per Bus: Linien 41 oder 32 (Haltestelle "Bogstad"); per Auto: das Zentrum in nordwestlicher Richtung über Semdalsveien und Ankerveien verlassen. Der herrlich gelegene Platz – auf einem Höhenzug zwischen Holmenkollen-Schanze und Bogstadsee – ist ganzjährig geöffnet, verfügt über ein riesiges Zeltareal und vermietet zudem 36 Hütten für 450–850 NOK. Es gibt ein Restaurant, Telefon, Selbstkochgelegenheit und einen TV-Raum. Im nahe gelegenen See kann man baden und angeln, an der Tankstelle die Gasflasche nachfüllen lassen. Leserempfehlung: 45-minütiger Spaziergang entlang des Seeweges zum Bogstad-Hof.

Ekeberg, Ekebergsveien 65, ✆ 22198568, ✆ 22670436. Per Bus: Linie 24 A; per Auto: das Zentrum am Hafen in südöstlicher Richtung verlassen, weiter über Bispegata und Mosseveien. Der Sommercampingplatz, der nur wenige Minuten vom Fjord entfernt ist, ähnelt Bogstad in fast allem: Auch er liegt auf einem Höhenrücken mit wunderbarer Aussicht auf die Stadt und den Fjord, und Service sowie Preise sind ebenfalls gleich. Einzige Unterschiede: Ekeberg ist kleiner (700 Parzellen), liegt aber dichter zum Zentrum (3 km). Nur von Juni bis August geöffnet.

Essen & Trinken (siehe Umschlagklappe vorne)

Norwegens Hauptstadt ist kein Gourmetparadies, außerdem scheint in vielen Restaurants das Preis-Leistungs-Verhältnis nicht unbedingt stimmig. Machen wir uns also auf die Suche nach Kebab, Hamburger, Pizza und nur wenig anderem – immer um die Karl Johans Gate herum, denn im Zentrum liegen Restaurants und Bars Tür an Tür. Restaurants sind in der Regel von 11 bis 23 geöffnet. Abweichende Öffnungszeiten sind eigens vermerkt.

> Wenn Sie "richtig" essen gehen wollen, werfen Sie auch einen Blick auf die Rubrik "Übernachten", denn oft haben die dort aufgeführten Hotels durchaus ansprechende Restaurants zu bieten.

Vegeta Vertshus (8), Munckedamsvn 3. Oslos einziges vegetarische Restaurant, sogar von der "New York Times" empfohlen, bietet große Büfetts voller Gemüse- und Salatplatten. Für relativ wenig Geld (100-150 NOK) kann jeder essen, was auf den Teller passt.

Peppe's Pizza (32), Jernbarnetorget, Aker Brygge und Stortingsgata. Die Lokale dieser Kette, in Oslos Zentrum mehrfach vertreten, sind gemütlich-rustikal möbliert und bieten außer Pizza und einem allerdings üppigen Salatbüfett fast nichts. Die Pizzen aber können sich sehen lassen – üblicherweise reicht eine Portion für zwei Personen. Zeitlich begrenzte Sonderangebote: Für 90 NOK so viel Pizza, wie man verträgt (immer sonntags 13-23 Uhr).

Chinatown (21), dreimal allein auf der Karl Johans Gate. Auch dies eine landesweit vertretene Kette, die international gewohnte China-Einheitskost von gleich bleibender Qualität zu annehmbaren Preisen bietet.

Meny (35), Ecke Karl Johans Gate/Skippergata. Der etwas feinere Imbiss liegt mit seinen Preisen im Trend. Beispiele: Hamburger 50 NOK, gemischter Salat 65 NOK, Steak 120 NOK.

Maliks Bistro (34), Ecke Karl Johans Gate/ Dronningensgata. Das leckere Smørebrød bekommt man für 45 NOK, den nicht so guten Burger für 55 NOK, und für das Steak, das man lieber anderswo essen sollte, wollen wie fast überall 130 NOK hingeblättert sein.

Lunch-Bar (30), im Wandelgang des Basars Kirkeristen, ein gemauertes Halbrund hinter der Domkirche. Etwas preiswerter und etwas ungastlicher. Kebab 35 NOK, Hamburger 45 NOK.

Leonardo da Vinci Bar (14), Grensen 10. Trotz des Namens bekommt man hier ganz ausgezeichnete Fischgerichte (110–165 NOK) und preiswerte, aber leckere Tapas (35–50 NOK). Und trotz der Öffnungszeiten (7 Uhr morgens bis 1 Uhr nachts) kein Frühstück.

Stortovets Gjestgiveri (16), Grensen 1. In dem gemütlichen, gelben Haus kann man getrost einen Regentag verbringen. Und dabei an großen Holztischen und in alten Ledersesseln Kaffee und Kuchen für

Theatercaféen: das "In"-Restaurant seit 100 Jahren

50 NOK kosten, aber auch am Büfett norwegische Spezialitäten zu günstigen Preisen bekommen. Und dann noch den Sommer mit Dixielandjazz live im schnuckeligen Hinterhof genießen.

The Scotsman (20), Karl Johans Gate 17. Anders als der Name vermuten lässt, gibt es im dem auf britischen Club getrimmten Lokal gegenüber der Domkirche für 110 NOK immer eine norwegische Spezialität als Tagesmenü *(dagens rett)*. Probieren Sie *får-i-kål*, Lamm in Kohl.

Engebret Café (40), Bankplassen 1. Oslos ältestes Restaurant: Im stilvollen Gemäuer gegenüber vom neuen Museum für zeitgenössische Kunst werden norwegische und internationale Spezialitäten zu deftigen Preisen geboten. Und im Sommer einige Tische auch nach draußen gestellt – dann spätestens lohnt sich die hohe Rechnung. Sa 12–23 Uhr, So geschlossen.

Sdyvesten (28), Kirkegaten 30. Wirklich gute Fischgerichte, typisch norwegisch zubereitet, werden zu Preisen unter Durchschnitt serviert.

Mamma Rosa (26), Øvre Slottsgate 12. Spaghetti, Lasagne, Tortellini und vieles mehr, würzig zubereitet und zu günstigen Preisen (à la carte ab 90 NOK). Obendrein sitzt man recht gemütlich im 1. Stock eines hübschen Jahrhundertwendebaus.

Tostrupkjeller (15), Karl Johans Gate, gegenüber dem Storting. Das Kellerlokal ist ein Journalistentreff, in dem Politikern aus dem nahe gelegenen Parlamentsgebäude auf den Zahn gefühlt wird. Und dazu gehört stets eine gute Küche. Wer dabei sein will, muss allerdings für das Rentiersteak 300 NOK, für ein Ranchersteak immer noch 280 NOK und für das Lammfilet 230 NOK hinblättern.

Det Gamle Raadhus (27), Nedre Slottsgata 1. Alle norwegischen Spezialitäten serviert das edle Restaurant im ehemaligen Rathaus zu leicht überhöhten Preisen. Und im Hinterhof wartet ein charmantes Gartenlokal. Sa von 17–23 Uhr, So geschlossen.

Barock (5), Universiteitsgaten 26. In dem Pub mag man's klassisch: Hintergrundmusik klassisch, die Tische klassisch-edel eingedeckt, selbst die Bedienung gibt sich so. Dazu passt ein gutes Menü ab 250 NOK (täglich ab 15 Uhr).

Annen Etage (11), im Hotel Continental. Zu diesem Hotel passt nur das wohl beste Restaurant der Stadt. Dort gelingt es, französische Küche mit norwegischen Kleinigkeiten zu kombinieren. Das mundet, hat aber seinen Preis: Menü ab 450 NOK.

Bagatelle (38), Bygdøy allé 3–5, ✆ 22446397. Immer noch Norwegens einziges Restaurant mit Michelin-Stern. Dieser Besonderheit verdankt das etwas abseits gelegene Lokal (südöstlich des Schlossparks) seine Erwähnung in dieser Aufstellung. Denn auch die Preise sprengen unseren Rahmen: Menü ab 550 NOK.

Cafés

Cafés sind in der Regel von 11 bis 23 Uhr geöffnet. Davon abweichende Öffnungszeiten sind jeweils angegeben.

Theatercaféen (9), Stortingsgt 24. TC ist seit 1900 erste Anlaufstelle in Oslo; dort sieht man und wird gesehen. Der Jugendstilsaal verströmt Wiener Charme, und alles ist vom Feinsten (allerdings muss man auch kräftig zahlen – eine Tasse Kaffee kostet doppelt so viel als anderswo). Wenn dann noch die "Musi" spielt, lässt sich hier bestens ein Nachmittag verbringen. Oder sogar der Abend, wenn einem 350 NOK pro Menü nicht zu schade sind. So nur von 12–21.45 Uhr geöffnet.

Brødrene Bergh (6), Karl Johans Gate 35. Treff der jugendlichen Schickeria.

Café Celsius (39), Rådhusgt 19. Das Fachwerkhaus ist fast 200 Jahre alt, der Durchschnittsgast gerade 20.

Grand Café (7), Karl Johans Gate 31. Munch war hier und Ibsen auch. Das Café im Erdgeschoss des altehrwürdigen Grand Hotels ist die Nummer zwei unter Oslos Stadtcafés. Porträts prominenter Gäste der Gründerzeit zeugen noch von der großen Vergangenheit. Das "Wohnzimmer Oslos" durchströmt heute noch der Hauch der guten, alten Zeit ...

Saras Telt (12), im Grünstreifen zwischen Rosenkrantzgate und Nationaltheater ist "Saras Zelt" als beliebtes Gartencafé zum Citytreff bei schönem Sommerwetter geworden.

Café Cathedral (31), Dronningsgt. Im Wandelgang des Basars Kirkeristen hinter der Domkirche hat sich dieses kleine, schicke Café im ehemaligen städtischen Fundbüro etabliert. Heute sitzt man auf Thonetstühlen und an gusseisernen Kaffeehaustischen und bekommt neben Kaffee auch Wein und Bier. Nicht ganz preiswert.

Cappuccino (29), Dronningsgt. Gleich nebenan und im selben Gebäude das bei der Osloer Jugend populäre Bistro ohne Alkoholschankrecht.

Herregårdskroa und Frognersparken (1), in der Vigeland-Anlage. Beide Freiluftcafés sind im Sommer beliebte, stets überfüllte Ausflugsziele. Wem's da zu heiß wird, kann gleich in das nahe gelegene Frognerbadet (Wasser immer 26° C) ausweichen.

Nachtleben

Karten Umschlag vorne und S. 81

"Swinging Oslo" ist heutzutage kein Scherz mehr wie noch vor 20 Jahren. Allerdings wird mehr gerockt als geswingt. Überall werden Ausweise verlangt (Eintritt in der Regel ab 18 Jahre), fast überall Eintrittsgeld (40-100 NOK), das nicht gegengerechnet wird. Geöffnet haben Bars und Diskos in der Regel von 22 bis 3 Uhr nachts (davon abweichende Öffnungszeiten sind jeweils angegeben).

Smuget (25), Rosenkrantzgate 22. Jeden Abend Livemusik – Jazz, Rock oder Blues. Diskothek, Speis und Trank, vor allem jede Art von Alkohol (19 bis 4 Uhr morgens).

Oslo Jazzhus, Toftes Gate 69. Immer noch Oslos wichtigste Adresse für guten Swing. Und gute Jazzer gibt es in Norwegen allemal. Dafür lohnt sich der etwas weitere Weg zum kleinen Club mit nur 90 Plätzen in den Osten der Stadt schon (nur Do-Sa).

Cafe Blitz (4), Pilestredet 30. Hochburg der Punks, Jugendzentrum mit Livemusik, früher öfter auch Austragungsort hitziger politischer Diskussionen.

Tut-Ank-Amon (22), Rosenkrantzgate 16. Ägyptisches Design, amerikanische Musik, norwegische Preise. Aber unter 20 kommt niemand rein (18 bis 3 Uhr nachts, Sa/So 16 bis 3 Uhr).

Gamle Christiania (18), Grensen 1. Blues und Rock, meistens live, gibt es im "New Orleans Workshop" im stilvollen Gebäude der "Stortorvets Gjestgiveri" (12 bis 2 Uhr nachts, So geschlossen). Während des Jazz-Festivals finden hier die Hauptkonzerte statt (s. Kasten "Swinging Oslo").

Cosmopolite (2), Industrigata 36. Der erst 1991 gegründete Club hat sich zu einem der populärsten Treffpunkte für Jazz, aber auch Soul- und Folkmusik entwickelt. Bis zu 500 Gäste finden hier Platz.

Rockefeller Music Hall (19), Torgata 16. Aus dem einstigen Schwimmbad wurde ein Reggae-Schuppen mit 900 Plätzen, der regelmäßig am Wochenende auch Livemusik bietet.

Baronen og Baronessen, Stortingsgata 10. Derzeit die heißeste Disko der Stadt.

Sardines (23), Rosenkrantzgate 11. Einst Oslos populärste Disko und immer noch ein heißer Tipp. Oft auch Jazz und Rock live. Hier werden die Eintrittspreise der Veranstaltung angepasst.

Internetcafés: Derzeit gibt es vier Internet-Cafés in der City. Die beiden populärsten sind **Vestbanen Café** (neben der Touristen-Information) und das **Studenten Nett-Café** (Karl Johans Gate 45).

Gay and Lesbian: Als Disko ist **London Pub** (Hambros Plass) zu empfehlen, als Café und Restaurant jeweils **Apotheket** und **Tin Kafé** (beide St. Olavs Plass, zwischen Rathaus und Tourismus-Info).

Swinging Oslo

Es gibt berühmtere, auch besser besetzte Jazz-Festivals in Norwegen – in Kongsberg oder Molde immer im Juli zum Beispiel. Aber nur in Oslo im August swingt die ganze Stadt. Unter die vertrauten Straßenmusikanten mischen sich Spitzenmusiker aus der ganzen Welt. Kaum eine Kneipe ohne mindestens ein Konzert pro Woche (besonders stilvoll im Gamle Christiania, s. o.), und selbst die Stadtkirchen öffnen sich zu diesem Anlass auch weltlichen Konzerten. Unvergesslich, einem Jan Garbarek, Europas derzeit populärstem Jazzer, in der Domkirke bei einem Saxophon-Solo zu lauschen. Und Jan Garbarek ist beim Jazz-Festival seiner Heimatstadt regelmäßig dabei.

Einkaufen

• *Shoppingmeilen* Die Hauptgeschäftsstraße ist die **Karl Johans Gate**. Die Promenade führt schnurgerade vom Bahnhof zum Schloss und ist bis zum Parlamentsgebäude Fußgängerzone. Sie hat ihren Namen von Carl Johann, der eigentlich Bernadotte hieß und König von Schweden war (zudem noch Napoleons Schwager). Heute reihen sich Boutiquen und Restaurants, "H & M" und "Mc Donald's" aneinander.

Fast parallel zur Karl Johans Gate, am Domplatz startend, verläuft **Grensen**. Die "Grenzstraße" (einst stand hier die Stadtmauer) ist ebenfalls z. T. für den Autoverkehr gesperrt und wird "Oslos Fleet Street" genannt, weil Norwegens große Zeitungen hier ihre Redaktionen haben. Grensen ist die zweitwichtigste Geschäftsstraße – Boutiquen und vor allem Buchläden sind hier interessant.

Das schicke Geschäfts- und Vergnügungsviertel **Aker Brygge** im einstigen Werftgelände gegenüber dem Rathaus und längs des Tingvalla-Kais ist Europas längste überdachte Shoppingmeile mit Theatern und Bars, mit Restaurantschiffen und Boutiquen. Nichts erinnert mehr an die Fabrikhallen der "Aker Mekaniske Verksted" und ihrer zuletzt 3.000 Arbeiter, die bis vor 30 Jahren hier Industrie- und Gewerkschaftsgeschichte schrieben. An sommerlichen Abenden quillt das Viertel über von erlebnishungrigen Touristen und Einheimischen, Eis- und Pølserstände wechseln einander ab.

• *Kaufhäuser/Märkte etc.* Lohnenswerte Ziele auch für Nichtkäufer sind **Steen & Strøm** (Kongensgate 23), das Kaufhaus mit besonderer Souvenirabteilung, und **Christiania Glasmagasin** (neben der Domkirke), das mehr als nur Glas verkauft. Ebenfalls zu empfehlen ist der morgendliche **Blumenmarkt** auf dem Stortorvet, dem Marktplatz vor der Domkirche.

In einem gemauerten Halbrund hinter dem Dom befindet sich **Kirkeristen**, im vorigen Jahrhundert Fleischermarkt, heute Heimstatt guter Cafés, aber auch türkischer Gemüsehändler. Und im Innenhof haben sich Kunsthandwerker, vor allem Keramikkünstler, niedergelassen.

Ein **Flohmarkt** (nur im Sommer) findet samstags ab 10 Uhr zwischen Parlament und Nationaltheater statt. Während der Woche tummeln sich hier Gaukler und Straßenmusikanten.

• *Einkaufszentren* Ebenfalls zwischen Parlament und Nationaltheater findet sich **Paleet** (Karl Johans Gate 37-41), ein Einkaufszentrum (eher eine große Passage), das mit 45 Geschäften und 13 Restaurants lockt. Die Öffnungszeiten sprechen für Paleet: Geschäfte bis 20 Uhr, Lokale bis 24 Uhr.

Oslo City, hinter dem Hauptbahnhof und dem Hotel Oslo Plaza gelegen, bildet mit dem Konzert- und Kongresszentrum Oslo Spektrum und der neuen Fußgängerstraße Grønlands Torg das modernste Einkaufszentrum der Hauptstadt.

By Porten, neben dem Bahnhof, ist die neueste Mall: 70 Geschäfte (bis 21 Uhr geöffnet), 10 Kneipen und ein Hotel schaffen allerdings mehr Bahnsteig- als City-Flair.

• *Supermärkte* Preiswert sind **Rimi** in der Rosenkrantzgate und **Rama** in der Holmesgate.

Kino/Theater/Baden/Sport

• *Kino* 28 Kinos mit in der Regel mehreren Sälen gibt es in Oslo, konzentriert in der Roald Amundsen Gate zwischen Rathaus und Stortingsgata (z. B. **Saga** und **Klingenberg**, letzteres mit regelmäßigen Nachtvorstellungen). Star der Kinolandschaft ist das neue **IMAX-Kino** in Aker Brygge: Für 100 NOK Eintritt gibt es ab 10 Uhr neueste Filme auf Super-Breitwand-Format (✆ 82000144).

• *Theater/Folklore* 20 Theater zählt die Hauptstadt – von der **Kleinkunstbühne Black Box** (Aker Brygge, ✆ 22833990) bis zum **Puppentheater** (dukketeatret, ✆ 22421188) im Stadtmuseum am Frognerpark, vom "großen" **Nationaltheater** (s. u.) und der **Den Norske Opera** in der Storgate 23 (✆ 22429475) bis zum **Seniorteatret** (Oscargate 71, ✆ 22554038).

Volkstänze finden im Sommer täglich auf der schönen Bühne unter freiem Himmel im Freilichtmuseum auf Bygdøy, aber auch an zwei Abenden pro Woche im Osloer Konzerthaus (Munkedamsveien 14) statt.

• *Baden* Der **Sognsvann** (s. a. "Schnuppertour in die Nordmarka", S. 78) gilt als der beliebteste Badesee, auch der **Bogstadvantnet** (s. a. "Camping") ist populär für

Schwimmer und Surfer. Der Auslauf der Holmenkollen-Schanze ist im Sommer zum Baden freigegeben – die Tribünen werden zum Sonnenbaden genutzt. Die bekanntesten Badeplätze am Fjord sind **Huk og Paradisbukta** auf Bygdøy, wo FKK gestattet ist, und **Rolfstangen** in der Nähe des Flughafens Fornebu; die populärsten Freibäder (mit OsloKortet gratis) sind **Frognerbadet** im gleichnamigen Park und **Tøyenbadet** am Munch-Museum. Preise in beiden Schwimmbädern: 50 NOK, Kinder 10 NOK.

- *Ballsport* Fuß-, Volley- oder Basketball kann man im Frognerstadion und auf jedem Schulsportplatz spielen.
- *Golf* im Bogstad-Club neben dem gleichnamigen Campingplatz, ✆ 22504402, 📠 22730912. 480 NOK pro Runde, 800 NOK pro Trainerstunde.
- *Skilaufen* Das beste Skigebiet der Hauptstadt ist **Tryvannskleiva** am TV-Turm (für Alpinski wie für Langlauf). Hier gibt es 2.000 km gespurte Loipen (zum Großteil unter Flutlicht), sechs alpine Abfahrtspisten mit Liftanlagen sowie eine Skischule und einen Skiverleih.
- *Tennis* auf den kommunalen Plätzen im Frognerpark (Erwachsene 40 NOK, Kinder die Hälfte).

Sehenswertes im Zentrum – Karl Johans Gate

Norwegens berühmteste Meile ist fast 1,5 km lang und führt vom Hauptbahnhof zum Schloss. Die erste Hälfte, für den Autoverkehr gesperrt, ist ideale Flaniermeile mit Geschäften, Hotels, Restaurants und Sehenswürdigkeiten.

Domkirke: Der 1647 eingeweihte Backsteinbau liegt rechter Hand der Karl Johans Gate, gleich hinter den Basarhallen am Stortorvet. Draußen ist das reliefgeschmückte Portal, drinnen sind die Glasmalereien von Emanuel Vigeland (Bruder des "großen" Vigeland) sehenswert.

Öffnungszeiten ganzjährig täglich 10–16 Uhr, Messen So 11 und 19.30 Uhr, Mi Orgelrezitativ, Sa 12 Uhr Konzert.

Storting: Von außen ist das 1866 errichtete, gelbe Parlamentsgebäude am Ende der Fußgängerzone nicht sonderlich beeindruckend. Ein Besuch lohnt aber des schönen Interieurs wegen – beachtlich ist das Wergeland-Gemälde "Reichsversammlung in Eidsvoll" im Plenarsaal.

Touristenführungen 1.7.–15.8. jeweils 10, 11.30 (in dt. Sprache) und 13 Uhr. Der Eintritt ist frei.

Nationalgalerie: Norwegens größte Kunstsammlung finden Sie in der zweiten Querstraße zur Karl Johans Gate, in der Universiteitsgaten 13. Gleich am Eingang die Attraktion: Hier prangt, nach dem Aufsehen erregenden Diebstahl 1994 wiederbeschafft, Munchs "Der Schrei"; zudem sind zwei Säle dem größten Maler Norwegens reserviert. Ansonsten präsentiert die Galerie einen umfas-

Storting: das unscheinbare Parlamentsgebäude

senden Querschnitt der Malerei der letzten zwei Jahrhunderte. Neben französischen Impressionisten und Rodin-Skulpturen finden sich Bilder von Picasso, C. D. Friedrich, El Greco und Goya.

Öffnungszeiten Mo u. Mi 10–18 Uhr, Do 10–20 Uhr, Fr–Sa 10–16 Uhr, So 11–16 Uhr. Di geschlossen. Eintritt frei.

Nationaltheater: Der trutzige Jahrhundertwendebau (die beiden Denkmäler am Eingang zeigen Ibsen und Bjørnson) vereint vier Bühnen, die zwischen Ende August und Juni vornehmlich Ibsen-Werke aufführen. Das Theater mit einer schönen Gemäldesammlung liegt hinter der Parkanlage an der Karl Johans Gate und kann nur auf Anfrage besichtigt werden.

Preise Theaterkarten 110–190 NOK, ✆ 22412710.

Stadt des Friedens

Gleich hinter dem königlichen Schloss an der Ecke Drammens Veien/Parkveien residiert seit 1905 das Nobelinstitut, Sitz des Norwegischen Nobelkomitees, das alljährlich den Friedensnobelpreis verleiht. Alfred Nobel, schwedischer Ingenieur und Erfinder des Dynamits, verfügte 1895 testamentarisch, dass seine Vermögenszinsen zu fünf gleichen Teilen denen zukommen sollen, "die im vergangenen Jahr der Menschheit den größten Nutzen erwiesen haben". Während die Nobelpreise für Physik, Chemie, Medizin und Literatur von schwedischen Körperschaften verliehen werden, ist die Auswahl des Friedensnobelpreisträgers Sache des norwegischen Nobelkomitees, dessen Mitglieder vom Osloer Parlament gewählt werden – Präsident ist derzeit der Historiker Geir Lunestad. Der Preis wird alljährlich am 10. Dezember, dem Todestag von Alfred Nobel, im Osloer Rathaus verliehen und ist mit rund 1,5 Millionen Kronen dotiert. Unter den Preisträgern finden sich Berühmtheiten wie Henri Dunant oder Fridtjof Nansen, Gustav Stresemann und Carl v. Ossietzky, Albert Schweitzer, Willy Brandt und Nelson Mandela.

Falls Sie jemanden vorschlagen wollen – Postkarte genügt. Adresse: Nobelinstitut, Gunnar Berge, 0350 Oslo 2, Norwegen. Einsendeschluss ist jeweils der 30. September.

Ibsen Museet: Die letzte Wohnung Henrik Ibsens in der Arbins gate 1 (Nähe Nationaltheater) lohnt sich dann nicht anzuschauen, wenn man an der Südküste ohnehin den Dichterspuren folgt: Die Museen in seiner Heimatstadt Skien (s. S. 222) oder seiner Lehrstadt Grimstad (s. S. 118) sind weitaus sehenswerter.

Öffnungszeiten Di–So 12–15 Uhr (an der Rezeption im 5. Stockwerk). Eintritt 40 NOK, Kinder 10 NOK (mit OsloKortet frei).

Kunstindustrimuseet: Der Name des 1876 gegründeten Museums in der St. Olavs gate 1 ist irreführend: Hier wird Kunstgewerbe gezeigt, mit Ausstellungsstücken vom 7. Jh. bis zur Gegenwart. Sehr informativ die Trachtengalerie, sehr schön der Baldishol-Teppich.

Öffnungszeiten Di–So 11–16 Uhr, Do bis 19 Uhr, Mo geschlossen. Eintritt 25 NOK, Kinder 15 NOK.

Norsk Form: Das "Zentrum für Design, Architektur und Baumilieu" in der Kongens gate 4 kann trotz kritischer Ansätze seinen Charakter als Werbezentrum für nordisches Design nicht verhehlen. Aber auch das hat was ...
Öffnungszeiten Di Fr 11 16 Uhr, Mi bis 18 Uhr, Sa/So 12–16 Uhr, Café Falsen 11–18 Uhr,. Eintritt frei.

Universität: Vor allem die Aula ist wegen des Wandgemäldes "Sonne" von Edvard Munch besuchenswert. Das altehrwürdige, 1854 vollendete Gebäude finden Sie auf der rechten Seite der Karl Johans Gate.

Historisk Museum: In der ersten Querstraße hinter der Universität präsentieren sich drei sehenswerte historische Museen der Universität unter einem Namen:

Universiteits Oldsaksamling: Sammlung zur norwegischen Geschichte bis zur Reformation. Besonders besuchenswert sind Wikinger- und Mittelaltersaal.

Ethnografisk Museum: Ausstellungen aus Afrika, Asien und Amerika, vor allem interessant die Arktisschau.

Myntkabinett: Zahlungsmittel von der Antike bis zur Gegenwart.

Öffnungszeiten 15.9.–14.5. Di-So 11–16 Uhr, 15.5.–14.9. Di–So 10–16 Uhr. Eintritt frei.

Slott (königliches Schloss): Westlicher Endpunkt der Karl Johans Gate. Nahezu unbewacht, ohne Zaun und mit folkloristisch anmutender Schlosswache herrscht von hier aus das Staatsoberhaupt (wenn das Banner auf dem Dach blinkt, sind Majestät anwesend). Das Schloss kann nur von Juli bis Mitte August besichtigt werden (Eintrittskarten gibt's in jedem Osloer Postamt), der hübsche Schlosspark mit einem Denkmal Karl Johans aber ist jedem jederzeit zugänglich, ebenso die erst 2001 neu gestaltete Freitreppe am Südrand des Parks, am "Platz des 7. Juni".
Wachablösung täglich 13.30 Uhr, am Nationalfeiertag (17.5.) große Parade.

Sehenswertes am Hafen

Rådhuset: Obwohl immer umstritten, wurde das hässliche Rathaus mit seinen klotzigen Türmen (im westlichen tagen die Volksvertreter, im östlichen arbeitet die Verwaltung) dennoch zum Wahrzeichen Oslos. Das 1950 zur 900-Jahr-Feier eröffnete Gebäude hat im Erdgeschoss, Eingang Hafenseite, eine lokalpolitische Informationsabteilung, der Besuchereingang aber liegt auf der Rückseite am Fridtjof Nansens Plass. Und reinschauen sollten Sie – die Fresken sind zwar recht kitschig, vermitteln aber einen Eindruck von der norwegischen Geschichte des 20. Jh. Eher kurios hingegen die Vitrinen mit Staatsgeschenken.
Öffnungszeiten Mai–August Mo–Sa 9–17 Uhr (sonst nur bis 16 Uhr), So 12–17 Uhr (30 NOK, Kinder 15 NOK Eintritt). Kostenlose Führungen jeweils 10,12,14 Uhr.

Galerie des Künstlerverbands: Neben dem Rathaus (Kjeld Stubs gate 3) unterhält der Künstlerverband eine Galerie mit monatlichen Verkaufsausstellungen norwegischer Kunst aus den Bereichen Malerei, Bildhauerei und Grafik.
Öffnungszeiten Di–Fr 10–17 Uhr, Sa 11–16 Uhr, So 12–16 Uhr. Eintritt frei.

Theatermuseum: Im alten Rathaus (1641 erbaut) an der Ecke Rådhusgata/Nedre Slotts gate, in dem vor 300 Jahren Oslos erste öffentliche Theateraufführungen stattfanden, wird anhand von Bildern, Kostümen,

Karten Umschlag vorne und S. 81

Bühnendekorationen und Karikaturen die Theatergeschichte der Hauptstadt dokumentiert.

Öffnungszeiten Mi11–15 Uhr, Do 12–18 Uhr, So 12–16 Uhr. Eintritt: 25 NOK, Kinder 15 NOK.

Akershus: Die Festung stammt aus dem 13. Jh., das Schloss im Innern aus dem späten 17. Jh. Dennoch gibt sich das Garnisonsgelände (noch heute steht Akershus unter Militärverwaltung) schlicht: kleine Häuser, flache Wehren, Kopfsteinpflaster und viel Grün. Und eine tolle Aussicht auf Hafen und Fjord, auf Rathaus und Aker Brygge. Die Festung mit eigenem Informationszentrum kann ganzjährig besucht werden.

Öffnungszeiten im Freien 6–21 Uhr. Informationszentrum mit Führungen: 2.5.–31.8. Mo-Fr 9-17 Uhr, Sa/So 11–17 Uhr; September–April Mo–Fr 9–16, am Wochenende 11–16 Uhr. Eintritt frei.

Innerhalb der historischen Wehranlage verstecken sich vier ganz unterschiedliche Sehenswürdigkeiten – jede für sich lehrreich:

Renaissanceschloss: mit Schlosskirche, Repräsentationssälen, Mausoleum und Arbeitsraum des Malers Wergeland (2.5.–15.9 Mo–Sa 10–16 Uhr, So 12.30–16 Uhr; 16.9.–31.10. nur So 12.30–16 Uhr; Eintritt 20 NOK, Kinder 10 NOK, mit OsloKortet frei).

Wahrzeichen der Stadt: das monumentale Rathaus

Norges Hjemmefrontmuseum: Das Museum schildert den Widerstand gegen die deutsche Besatzung zwischen 1940 und 1945. Akershus war Hauptquartier der Nazi-Wehrmacht, hier fällte der ehemalige baden-württembergische Ministerpräsident Filbinger als Marinerichter schändliche Todesurteile gegen Deserteure, und hier wurden, wie ein Denkmal bezeugt, auch 40 norwegische Widerstandskämpfer hingerichtet. Eindrucksvoll belegt das Museum diese düstere Periode mit Bildern, Urkunden und Modellen (15.4.–14.6 Mo–Sa 10–16 Uhr, So 11–16 Uhr; 15.6.–31.8. Mo–Sa 10–17 Uhr, So 11–17 Uhr; im September Mo–Sa 10–16 Uhr, So 11–16 Uhr; 1.10.14.4. Mo–Fr 10–15 Uhr, Sa 10–16 Uhr, So 11–16 Uhr; Eintritt 25 NOK, Kinder 10 NOK, mit OsloKortet frei).

Christiania Bymodell: Die Schau in der Festung ist speziell etwas für Kinder: Auf der 24 m großen, frei schwebenden Leinwand wird ein Modell der Hauptstadt aus dem Jahr 1700 gezeigt, in einer Multimediashow die städtebauliche Entwicklung von 1624 bis 1840 nachgezeichnet (Juni–August Di–So 10–16 Uhr; Eintritt 30 NOK, Kinder 15 NOK).

Forsvarsmuseet: Das Verteidigungsmuseum dokumentiert die Militärgeschichte des Landes; immerhin mit eigener Cafeteria (Juni-August Mo–Fr 10–18 Uhr, Sa/So 11–16 Uhr; September–Mai Mo–Fr 10–15 Uhr, Sa/So 11–16 Uhr; Eintritt frei).

Museet for samtidskunst: Das nationale Museum für zeitgenössische Kunst in ehemaligen Gebäude der Nationalbank (Bankplassen 4, hinter der Akerhus-

Festung in östlicher Richtung) gewinnt besonderen Reiz durch den Kontrast zwischen moderner Kunst (die Sammlung basiert auf den Nachkriegssammlungen von National- und Reichsgalerie) und dem Putz und Stuck der monumental anmutenden Räume der Nobelbank.

Öffnungszeiten Di, Mi, Fr 10–17 Uhr, Do 10–20 Uhr, Sa 11–16 Uhr (Führung 12 Uhr), So 11–17 Uhr (Führung 14 Uhr). Eintritt: 40 NOK, Kinder gratis.

Aker Brygge: Alles Wissenswerte über dieses modernste Geschäfts- und Ladenviertel Oslos gegenüber vom Rathaus finden Sie unter "Einkaufen", S. 68.

Museumsinsel Bygdøy

Zwischen dem 15.4. und dem 30.9. pendelt alle 20 Minuten (Passage 22 NOK) die Fähre 91 zwischen Rathauspier und Museumsinsel. In der übrigen Jahreszeit muss man sich mit der halbstündlich verkehrenden Buslinie 30 begnügen. Haltestellen: Bahnhof oder Nationaltheater.

Norsk Folkemuseum: Norwegens größtes Museum und mit 105 Jahren weltweit das älteste Freilichtmuseum präsentiert 140 Gebäude aus den letzten 1.000 Jahren: die Stabkirche aus dem 12. Jh. neben der Osloer Bahnhofswartehalle von 1900, der Laubenspeicher aus dem Setesdal neben dem Telemark-Gutshaus. Überdies gibt es eine Ausstellung über die Samen sowie das Arbeitszimmer Henrik Ibsens zu sehen, und im Sommer finden Folklore-Vorstellungen statt. In einer nostalgischen Kutsch- oder Schlittenfahrten kann man den Park erkunden und in der Cafeteria vorzügliche Waffeln essen. Das Norwegische Volksmuseum ist ein Muss für jeden Oslo-Besucher – drei, vier Stunden sollten Sie für diesen Besuch sicher einplanen.

Öffnungszeiten 2.1.–14.5. Mo–Sa 11–15 Uhr, So 11–16 Uhr; 15.5.–14.9. täglich 10–18 Uhr; 15.9.–30.12. täglich 10–15 Uhr; . Eintritt 70 NOK, Kinder 20 NOK.

Schmuckstück auf Bygdøy: Stabbur aus dem Setesdal

Vikingskipshuset: In Spaziergangnähe zum Volksmuseum sind in einer unscheinbaren Halle zahlreiche Kostbarkeiten aus der Wikingerzeit ausgestellt, allen voran drei fast vollständig erhaltene bzw. detailgetreu restaurierte Drachenboote, vor 1.000 Jahren gebaut, vor 100 Jahren im Oslofjord geborgen. Star ist das "Osebergschiff", 1904 bei Tønsberg entdeckt und mühsam restauriert. Wahrscheinlich wurde das Schiff eigens als Grabstätte für die Wikingerkönigin Aasa gebaut, die im 9. Jh. in Südnorwegen herrschte. An den Grabbeigaben – Schlitten, Kutschen, Goldschmuck, kostbare

Oslo und Oslofjord
Karten Umschlag vorne und S. 81

Kleider – ist jedenfalls abzulesen, dass es sich bei dem/der Bestatteten um eine hohe Persönlichkeit gehandelt haben muss. Anders das "Gokstadschiff", 1880 bei Sandefjord gefunden. Das deutlich größere Boot wurde vermutlich für Hochseefahrten genutzt. Dafür spricht seine Größe (fast 24 m lang und 5 m breit), die solidere Verarbeitung und die vielen Gebrauchsgegenstände, die im Rumpf gefunden wurden. Das dritte, das "Tuneschiff", ist das kleinste in der Sammlung und dürfte ebenfalls ein Frachtschiff gewesen sein.

Öffnungszeiten Mai–Sept. täglich 9–18 Uhr; Okt.–April täglich 11–16 Uhr. Eintritt 40 NOK, Kinder 20 NOK.

Norwegisches Seefahrtsmuseum: Ein Museum für Schifffahrtsfreunde – 500 Exponate, z. T. Originale bzw. Nachbauten (herausragend die Polarjacht "Gjøa", aber auch der Raddampfer "Moss"), z. T. Modelle (vom Wikingerschiff bis zur Bohrinsel), dokumentieren die Geschichte der Seefahrernation. Man erfährt viel Wissenswertes über Fischfang, Bootsbau, Seefahrt und Tiefseearchäologie.

Öffnungszeiten 1.10.–14.5. täglich 10.30–16 Uhr (Di, Do bis 18 Uhr); 15.5.–30.9. täglich 10–18 Uhr. Eintritt 30 NOK, Kinder 20 NOK.

Frammuseet: Direkt neben dem Schifffahrtsmuseum ein Museum für ein einziges Schiff, die "Fram" (= Vorwärts). Das vollständig erhaltene, 40 m lange und 11 m breite Polarschiff wurde 1882 vom Schotten *Colin Archer* in Larvik als stärkstes Schiff seiner Zeit gebaut und diente *Fridtjof Nansen, Otto Sverdrup* und *Roald Amundsen* zu Forschungsreisen nach Grönland und zu beiden Polen.

• *Öffnungszeiten* Januar u. Februar Mo–Fr 11–14.45 Uhr (Sa/So bis 15.45 Uhr); März u. April täglich 11–15.45 Uhr; 1.5.–16.5. täglich 10–16.45 Uhr; 18.5.–15.6. täglich 9–17.45 Uhr; 16.6.–31.8. täglich 9–18.45 Uhr; im September täglich 10–16.45 Uhr; im Oktober täglich 10–15.45 Uhr; November u. Dezember Mo–Fr 11–14.45 Uhr (Sa/So bis 15.45 Uhr). Eintritt 30 NOK, Kinder 10 NOK, mit OsloKortet frei.

Kon-Tiki-Museum: Das dritte Museum im Umkreis ist dem kürzlich verstorbenen *Thor Heyerdahl* gewidmet. Hier können seine Forschungsflöße "Tigris", "Ra II" und "Kon-Tiki" bestaunt werden, mit denen er wissenschaftlich umstrittene, aber wirtschaftlich höchst erfolgreiche Touren unternahm.

Öffnungszeiten April u. Mai 10.30–17 Uhr; Juni–August 9.30–17.45 Uhr; im September 10.30–17 Uhr; Oktober–März 10.30–16 Uhr. Eintritt 35 NOK, Kinder 20 NOK.

Sehenswertes im Osten Oslos

Munchmuseet: 1.100 Gemälde und 18.000 Grafiken sind Edvard Munchs Geschenk an die Stadt, in der er die längste Zeit verbrachte. Außerdem beherbergt das Museum die ständige Ausstellung "In den Fußstapfen Munchs", in der Leben und Werk des Künstlers anschaulich dokumentiert werden (erste Kinderzeichnungen, Briefe etc.). Zudem verfügt das Museum über ein sehr schönes Café, in dem man auch kleine Gerichte bekommen kann.

• *Öffnungszeiten* 15.9.–31.5. Sa-So 10-16 Mo 11–17 Uhr); 1.6.–14.9. Mo–So 10–18 Uhr. Eintritt 60 NOK, Kinder 30 NOK.

• *Verbindung* Sie erreichen das Museum an der Tøyengata 53 per Buslinie 20 oder mit den U-Bahn-Linien 3 bis 6 (Station Munch-Museet).

Nach dem Museumsbesuch bietet sich eine Erfrischung im **Tøyenbad** (50-m-Becken und im Sommer Freibad) oder ein Spaziergang durch den **Botani-**

schen Garten Tøyenhagen an (gleich nebenan und ganzjährig geöffnet, Sa/So und feiertags erst ab 10 Uhr). Dort befinden sich noch drei weitere, wohl nur für ausgesprochene Fans sehenswerte Museen:

Paläontologisches Museum: Präsentiert werden vorgeschichtlichen Tier- und Pflanzenformen.

Mineralogisch-Geologisches Museum: Ausgestellt sind Funde aus der geologisch sehr interessanten Geschichte Oslos. Das sogenannte "Oslofeld" (hier in einem Reliefmodell wiedergegeben) weist *kambro-silurische*, also 400-500 Millionen alte, zehn Stockwerke hohe Gesteinsschichten auf, die sich durch besonderen Fossilienreichtum auszeichnen. Außerdem beantwortet das Museum die Frage, warum gerade im norwegischen Teil der Nordsee soviel Erdöl lagert.

Zoologisches Museum: Darstellung der Tierwelt von der Nordsee bis zur Arktis.

• Öffnungszeiten Alle drei Museen Di–So 11–16 Uhr. Eintritt frei.

Sehenswertes im Westen Oslos

Gamle Aker Kirke: Das älteste Gebäude Oslos stammt aus dem Jahr 1080. Die barocke Kanzel und das Taufbecken, beide geschnitzt, sind sehenswert, und die Akustik ist hervorragend. Wer sich davon überzeugen will, sollte ein Orgelkonzert besuchen.

• Öffnungszeiten Zwischen 12 und 14 Uhr kann die Kirche ganzjährig besucht werden, Gottesdienste So 9 und 11 Uhr, Mittagsgebet Fr 12.30 Uhr, Mi 12 Uhr ein Orgelrezitativ.

• Wegbeschreibung Sie erreichen die Kirche an der Ecke Akersveien/Akersbakken im idyllischen Bergfjerdingen-Viertel, indem Sie zunächst die Karl Johans Gate am Storting über die Akersgata nach rechts verlassen. Sie stoßen dann auf den Vår Frelsers Gravlund (auf diesem Friedhof liegen die Gräber von Ibsen und Munch), an dessen nordöstlicher Ecke die Kirche liegt. Oder: Busse 37/46 bis Bjerregaards gate bzw. 34/38 bis Telthusbakken.

Zwischen Kunst und Kitsch: Statue im Vigelandpark

Vigelands-Anlegget: Die Monumentalplastiken der Vigeland-Anlage im Frognerpark, Gustav Vigelands Lebenswerk, bewegen sich an der Grenze zwischen Kunst und Kitsch. In dem zwischen 1924 und 1943 entstandenen, von Vigeland entworfenen Park (Eingang Kirkeveien, Straßenbahnlinie 12, Busse 20 oder 45) führt zunächst eine Allee auf eine von 58 Bronzefiguren gesäumte Brücke (darunter der berühmte "Sinnataggen", der wütend aufstampfende Knirps), dann geht es weiter über eine Fontäne zur Monolithenplattform. 121 steinerne Leiber formen diese 17 m hohe Granitsäule.

Wen solche Schwülstigkeit erschlägt, sollte schnellstens ausruhen. Das geht bei *Herregårdkroa* und *Frognerparken,* Oslos beliebtesten Gartencafés im

Park, oder gleich im *Frognerbadet;* das Wasser des Freibades ist stets auf 26° C erwärmt. Lokale und Freibad befinden sich gleichfalls im Frognerpark, sind aber nur im Sommer geöffnet, während die Vigeland-Anlage ganzjährig und gratis offen steht. Oder Sie besuchen eines der Museen, die zusätzlich einladen:

Vigeland-Museum: Vigelands ehemaliges Atelier im Süden des Parks zeigt in Modellen und Skizzen, in Zeichnungen und Skulpturen einen um vieles feinsinnigeren Künstler, als es der Gigantismus in der Vigeland-Anlage vermuten lässt.

Öffnungszeiten Oktober–April Di–Do u. So 12–16 Uhr, Fr/Sa 12–19 Uhr; Mai–September Di–Sa 10–18 Uhr, Do/So 12–18 Uhr. Eintritt 40 NOK, Kinder 20 NOK, mit OsloKortet frei.

Bymuseum: Das Stadtmuseum Oslos hat im ehemaligen Herrenhof des Frognerparks (Frognerveien 67) sein Domizil gefunden. In verschiedenen Ausstellungen werden Aspekte des Wirtschaftslebens sowie der kulturellen und historischen Entwicklung thematisiert. Modelle, Zeichnungen und originalgetreue Einrichtungen geben ein plastisches Bild des Alltagslebens. Zudem beherbergt das Stadtmuseum eine gewaltige Gemäldesammlung, ohne große Meister allerdings.

Öffnungszeiten 15.1.–31.5 Di–Fr 10–16 Uhr, Sa/So 11–16 Uhr; Juni–August Di–Fr 10–18 Uhr, Sa/So 11–17 Uhr; 1.9.–23.12. Di–Fr 10–16 Uhr, Sa/So 11–16 Uhr. Eintritt 30 NOK, Kinder 15 NOK, mit OsloKortet frei.

Skøytemuseet: Eisschnelllauf, Norwegens Nationalsport Nummer eins, wird in dem Museum beim Frogner-Stadion dokumentiert. Die Palette reicht vom Schlittschuh aus Knochen bis zum Experimentierschuh Mack-1, vom ersten norwegischen Olympiasieger im Eisschnelllauf, Mathisen, bis zum letzten, Johan Olav Koss.

Öffnungszeiten Di, Do, So 10–14 Uhr. Eintritt 20 NOK, Kinder 10 NOK.

Sehenswertes in der Umgebung von Oslo

Norsk Teknisk Museum: Außerhalb, aber immer noch per Bus oder Straßenbahn erreichbar, liegt Norwegens Nationalmuseum für Wissenschaft und Forschung. Die attraktiven, manchmal geradezu pfiffigen Darstellungen und Experimente aus den Bereichen TV und Kommunikation, Energie und Wasserwirtschaft machen das Museum gerade auch für Kinder lehrreich und unterhaltsam. Im Buch-Shop Leonardo kann man Vertiefendes erstehen, im Café Turbinen Verstandenes verdauen.

• *Öffnungszeiten* 15.6.–15.8. täglich 10–18 Uhr, 16.8.–14.6. Di–Fr 10–16 Uhr; Sa/So 10–17 Uhr.. Eintritt 60 NOK, Kinder 30 NOK.

• *Verbindung* mit den Buslinien 22, 25, 37 oder 38 bis Kjelsås, mit den Straßenbahnlinien 12 oder 15 bis Kjelsås Allé, mit dem Vorortszug Richtung Hakadal.

Vikinglandet und TusenFryd: Wie lebten die Wikinger wirklich? Nirgends in Norwegen wird das so anschaulich vorgeführt wie in dem erst 1998 eröffneten Erlebnispark Vikinglandet gleich neben dem populären Vergnügungspark TusenFryd. Man kann essen wie die Nordmänner, ihre Handwerkskunst bestaunen, ihren Märchen lauschen und Seefahrerabenteuer in einem Simulator miterleben – alles von jungen Leuten in Wikingerkluft charmant präsentiert. Kombiniert mit einem Besuch im angrenzenden Animationspark TusenFryd

Vikinglandet: Wie die Wikinger wirklich lebten ...

Oslo und Oslofjord
Karten Umschlag vorne und S. 81

mit seinen 43 Attraktionen (von der Achterbahn bis zur Eisbahn, vom Bungee-Sprung bis zur Kanu-Rutsche) ist das ein erlebnisreicher Tagesausflug, der jedoch ins Geld geht.

• Öffnungszeiten im Mai u. September Sa/So 13-19 Uhr; Juni-August täglich 12–18 Uhr (TusenFryd 10.30–19 Uhr). Eintritt Vikinglandet 130 NOK, Kinder unter 1,40 m (!) 90 NOK. Eintritt TusenFryd 190 NOK, Kinder 155 NOK.

• Anfahrt/Verbindung auf der E 6 Richtung schwedische Grenze bis Vinterbro (20 Min.) oder von Juni bis August per Pendelbus ab Oslo Busterminalen (ab 10 Uhr alle 30 Min., 20 NOK, Kinder 10 NOK).

Henie Onstad Kunstsenter: Auf einer malerischen Halbinsel liegt das Kunstzentrum von Sonja Henie und ihrem Mann, dem Reeder Nils Onstad. *Sonja Henie* war als "Häseken" in den 30er Jahren erklärter Liebling der Berliner Eiskunstlauffans, dreimalige Olympiasiegerin und Gründerin der "Holliday on Ice"-Show. Das Ehepaar hat Norwegens größte Sammlung moderner Kunst (von Matisse über Moore bis Miró, von Beuys über Klee bis Picasso) in verschiedenen Bauten zusammengestellt. Wechselnde Ausstellungen, Film-, Theater- und Tanzvorführungen, Dichterlesungen und Musikveranstaltungen runden das Kunsterlebnis ab. Außerdem gibt's ein Café und einen Buchladen sowie Bademöglichkeiten am Strand gleich um die Ecke.

• Öffnungszeiten Di-Do 10–21 Uhr, Fr–Mo 11–18 Uhr. Eintritt je nach Ausstellung verschieden, mindestens aber 50 NOK (mit OsloKortet 50% Ermäßigung).

• Verbindung/Anfahrt mit den Buslinien 151, 153, 161, 162, 251 oder 252 (Haltestelle jeweils Høvikodden). Per Auto müssen Sie Oslo nach Südwesten (Richtung Drammen) via Altflughafen Fornebue am besten auf Drammensveien verlassen und in Høvik nach links abbiegen (15 km).

Holmenkollen und Tryvannstårnet: Diesen Ausflug auf den Balkon Oslos dürfen Sie nicht verpassen. Auf einem gut halbstündigen Spaziergang erleben Sie die beste Aussicht auf die Hauptstadt und die Sprungschanze, die nicht nur für Norweger das Heiligtum des nordischen Skisports ist. Auf Ski-Nostalgiker wartet zudem ein interessantes Museum. Für diesen Trip sollten Sie Ihr Auto stehen lassen, denn allein die U-Bahn-Fahrt – teils unter, meist über der Erde, aber stets bergauf und z. T. mit faszinierenden Ausblicken – ist schon die Reise wert: Linie 15 ab Nationaltheater bis zur Station Voksenkollen, von dort auf einem ausgeschilderten Weg 15 Gehminuten zum Fernsehturm **Tryvann**, 588 m über dem Meeresspiegel. Ein Expressfahrstuhl (25 NOK, mit OsloKortet gratis) bringt Sie zur etwas schmuddeligen Aussichtsgalerie mit Panoramablick. Über Oslo und den Fjord reicht die Sicht bis nach Schweden, die Haddangervidda und nach Bergen im Westen – gute Sichtverhältnisse vorausgesetzt. Und der Kiosk am Fuße des Turmes verkauft teure Würstchen.

Besonderer Tipp: Im Winter können Sie Pisten, Loipen und Lifte (Tageskarte 200 NOK) nutzen. Ausrüstung ist im Ski-Senter am Voksenkollen-Bahnhof zu leihen. Alpinski plus Schuhe für 160 NOK Tagesmiete, Langlaufski plus Schuhe für 100 NOK (Tomm Murstad, ✆ 22144124).

Nur 30 Minuten dauert der erfrischende, ausgeschilderte Fußweg hinüber zur **Holmenkollen-Schanze**, dem Mekka der Skispringerelite und dem Zentrum der Olympischen Winterspiele 1952. Die atemberaubende Schanze können Sie, brauchen Sie aber nicht zu erklimmen – auch ein Lift führt hinauf (50 NOK, mit OsloKortet gratis). Der Weitblick von der erschreckend steilen Schanze lohnt ebenso wie der Blick hinunter ins weite Zuschauerrund, das während des Sommers als See und Freibad genutzt wird.

Zutritt zur Schanze im Mai u. September täglich 10–16 Uhr, Juni-u. August täglich 9–20 Uhr, Eintritt 70 NOK, Kinder 35 NOK.

Auch das **Skimuseum** unterhalb des Schanzentisches lohnt den Besuch. Vom ältesten Ski der Welt (2000 Jahre) über die erste Telemark-Bindung und die Ausrüstung der Nansen- und Amundsen-Expeditionen bis hin zu den letzten Modellen der Neuzeit – alles, was das Skifahrerherz begehrt, wird gezeigt. Auf den eingestimmten Skifan wartet neben dem Museum ein wahrer Nervenkitzel: Im **Skisimulator** können Sie, eingefangen von einem "Eye-View-Film", rasant und gefahrlos abfahren.

Öffnungszeiten Mai u. September täglich 10–17 Uhr; im Juni täglich 9–20 Uhr; im Juli u. August täglich 9–22 Uhr; Oktober-April täglich 10–16 Uhr. Einritt Skimuseum 50 NOK, Kinder 25 NOK. Skisimulator 35 NOK.

Schnuppertour in die Nordmarka

Der Weg (2,5 Std., 9 km) um den Sognsvann, den beliebtesten Badesee der Hauptstädter, ist mehr als ein Badeausflug, denn Sie bekommen einen ersten Eindruck von der Nordmarka, der Landschaft zwischen Oslo und Mjøsasee.

Mit U-Bahn-Linie 4 fahren Sie zunächst zur Endstation. Die Autoanfahrt verbietet sich, da auch die Rückfahrt mit der U-Bahn – von einer anderen Station – vorgesehen ist.

Von der Endstation folgen Sie der Hauptstraße **Sognsveien** zur Südspitze des Sees. Nach vielleicht einem Bad, allerdings höchstens in heißen Sommermonaten anzuraten, begleiten Sie den

See auf einem deutlich erkennbaren Weg in westlicher Richtung und folgen dabei den Hinweisschildern nach **Ullevålseter**. Dieses malerische Gasthaus ist nach einer knappen Stunde Fußweg erreicht.

Weiter geht es, wieder auf einer ausgeschilderten Spur, für die man bei normalem Schritt höchstens zwei Stunden benötigt, nach **Frognerseter**, einem ebenfalls schön gelegenen Restaurant mit herrlicher Aussicht auf den Fjord und die Stadt (übrigens bekommen Sie hier einen leckeren Apfelkuchen – *eplekake*). Wer mag, macht jetzt noch einen Abstecher zum Fernsehturm **Tryvannstårnet** oder zur **Holmenkollen-Schanze**, beide schon von weitem sichtbar und auf wiederum ausgeschilderten Wegen zügig zu erreichen. So oder so gelangen Sie in Oslos Zentrum zurück mit der U-Bahn-Linie 15, wenn Sie an der Endstation Frognerseteren, der Station Voksenkollen (falls Sie den Fernsehturm besucht haben) oder Holmenkollen (nach einem Abstecher zur Sprungschanze) zusteigen.

Holmenkollen: auch im Sommer einen Ausflug wert

Oslo und Oslofjord
Karten Umschlag vorne und S. 81

Der Oslofjord

Die Region um den 100 km langen Meeresarm, in der überraschend viel Landwirtschaft getrieben wird, ist siedlungsgeschichtlich der älteste Teil Norwegens. Landschaftlich präsentiert sie sich nicht norwegentypisch, denn es fehlen die kleinen Fjorde und die schroffen Berge.

Mit **Sarpsborg** im Osten und **Tønsberg** am Westufer des Fjords wurden hier vor über 1.000 Jahren die ersten Städte des Landes gegründet. Heute ist Oslos Speckgürtel das Gebiet mit dem größten Bevölkerungswachstum in ganz Skandinavien, und der Fjord selbst, der eigentlich eine Bucht und bei Drøbak kaum 1.000 m breit ist, gilt als der meistbefahrene Schiffsweg des Nordens. Er reicht vom Leuchtturm im Skagerrak bis zum klobigen Rathaus der Faerder-Hauptstadt und ist von bewaldeten Hügeln umrahmt.

Die Europastraße 6, mittlerweile größtenteils vierspurig ausgebaut und darum auch mautpflichtig (bis 2004 aber stören Baustellen noch die ungehinderte Durchfahrt), durchschneidet von Malmö bis über Oslo hinaus den Landstrich. Und ein erst 2001 eröffneter Tunnel (Maut: 55 NOK) unter dem Oslofjord zwischen **Drøbak** und **Storsand** erleichert die Weiterfahrt nach Südnorwegen:

Schutz vor den Schweden: Festungskanone in Frederikstad

Man kann den Großraum Oslo vermeiden. Bis auf weiteres aber gibt es dennoch eine Fähre über den Meeresarm: die große "Bastøfergen" zwischen **Moss** und **Horten.**

Fredrikstad

Gamlebyen, der Festungsstadtteil aus dem 17. Jh., ist das Schmuckstück der Stadt. Der Stadtbesuch lohnt allein deshalb.

Die Industriestadt ohne sonderliche Sehenswürdigkeiten und mit (alle Eingemeindungen eingerechnet) 65.000 Einwohnern am westlichen Ufer der **Glomma** können Sie auf der RV 110 getrost und flott durchfahren – über die Fredrikstad-Bru (824 m lang, 40 m hoch) gelangen Sie immer in die Altstadt. Am Kreisverkehr, auf den Sie unweigerlich stoßen, biegen Sie rechts nach Gamblebyen ab. Eine Allee führt auf drei mächtige Brückentore zu, die den tiefen Festungsgraben überspannen und die grasbedeckten Burgwälle durchschneiden. Dahinter die seit 300 Jahren unveränderte Festungsstadt mit ebenso alten Häusern und fast so alten Bäumen, aber auch mit modernen Restaurants und Boutiquen.

Gamlebyen macht den Eindruck einer Puppenstadt: Kopfsteinpflastergassen und Museumshäuser, dazwischen Zugbrücken und Kanonen. Ein Wassergrabensystem trennt die Altstadt vom Glomma-Fluss – die so entstandene künstliche Insel war einst größte Festung des Landes und ist heute die einzige noch erhaltene Festungsstadt des Nordens. 1567 gegründet, beherbergte sie vor 200 Jahren 2.000 Soldaten und 200 Geschütze. Sie galt als uneinnehmbar, bis 1814 eine Streitmacht von 40.000 schwedischen Grenadieren das Fort überrannte,

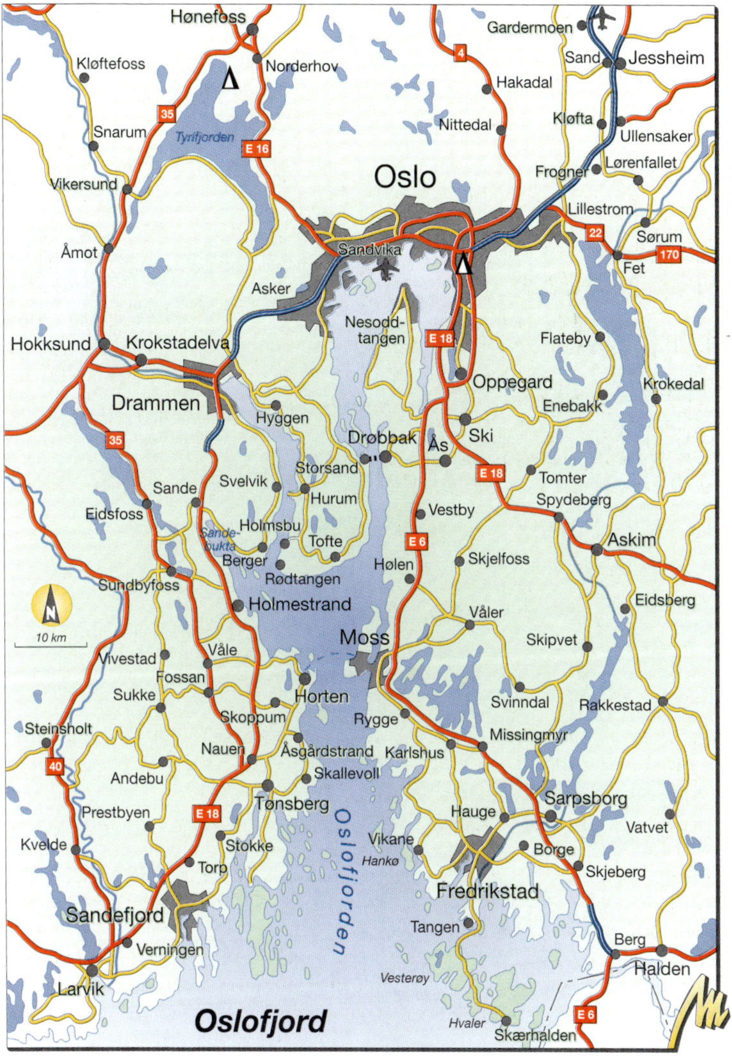

es aber glücklicherweise unversehrt ließ, was uns heute das Vergnügen eines Museumsbesuchs unter freiem Himmel beschert.

Gamlebyen ist in 30 gemächlichen Spazierminuten kreuz und quer durchstreift. Beim Bummel sollten Sie das **Provianthaus** besuchen (mit über 300 Jahren ältestes Gebäude der Stadt) und das gleich gegenüberliegende **Frederikstad Museum** in der Slaveriet (Mai–August Mo–Sa 11–17, So 12–17 Uhr; im

September nur Sa/So. Eintritt 30 NOK, Kinder 10 NOK). Auch der **Artilleriehof** (1733) oder die **Kalenderkaserne** (mit 365 Fenstern und 52 Zimmern) sind anschauenswert. Das 500 m vor der Altstadt gelegene **Kongsten-Fort** wurde zum Freizeitpark mit Freibad, Cafeteria und Bowlingbahn umgestaltet.

Information/Verbindungen/Adressen

• *Information* **Turistkontor**, im Zentrum, Nygaardsgata, und in Gamblebyen, Kongens Torv. Gleiche Öffnungszeiten, gleicher Service, ✆ 69304600, 📠 69204601. 20.6.–14.8. Mo–Fr 9–18, Sa 10–16, sonst Mo–Fr 9–16 Uhr.

• *Busverbindungen* Vom Busbahnhof (Ende Brochsgt., keine Gepäckaufbewahrung, Fahrplan-Info über Tel 177) verkehrt 2x täglich der Bus Sarpsborg–Kristiansand (via Moss-Fähre) und 4x nach Oslo und zum Flughafen Gardermoen.

• *Zugverbindungen* Der ICE Hamburg–Oslo (Malmö und Göteborg) hält 4x täglich am Bahnhof in Lislebeyen (nahe der Brücke). Überdies 10x täglich Verbindungen nach Oslo.

• *Fährverbindungen* Ins schwedische **Strøm stad** (1,5 Std.) setzt täglich 3x die Passagierfähre "Silverpillen" über. Eine Pendelfähre fährt von Tollbodbryggen über die Glomma nach Gamlebyen.

• *Adressen/Telefonnummern* **Post**, Brochsgate 3 und im Norden von Gamlebyen. **Telegrafenamt**, O. P. Petersensgt. 2, nahe der Fußgängerzone. **Bank** am Turistkontor in Gamlebyen und in der Nygaardsgt. 17 (Parallelstraße zur Vesterelva-Uferpromenade). **Apotheke**, Nygaardsgt. 28, 9-19 Uhr, ✆ 69310700. **Supermärkte**, DOMUS und das Einkaufszentrum Torvbyen, beide in der Brochsgate. **Tankstelle**, Mosseveien. **Notarzt**, ✆ 69313333. **Taxi**, ✆ 69337011 oder 69362600. **Mietwagen**, ✆ 69314700. **Fahrrad-Verleih** im Touristcenter.

Übernachten/Camping/Essen & Trinken

• *Übernachten* **Hotel City**, Nygaardsgate 44-46, ✆ 69385600, 📠 69385601, www.hotelcity.no. In der Neustadt zwischen RV 110 und Fluss liegt das moderne Hotel für Geschäftsreisende. Große Zimmer (Du/WC, Telefon/TV), DZ ab 1350 NOK, EZ ab 1.100 NOK

Tor zur Museumsstadt Gamlebyen

Victoria Hotel, Turngate 3, ✆ 69385800, 📠 69385801, www..victoria-frederikstad.com Das kleine Top-Class-Hotel im "English-Style" mit Restaurant ist über Ostern und Weihnachten geschlossen. DZ 1.250 NOK, EZ 1.045 NOK

Hotel Fontenen, Nygaardsgate 9–11, ✆ 69300500, 📠 69313264. Das jüngste Hotel der Stadt (hinter klassischer Fassade) ist auch das modernste und dennoch gemütlich. 30 angenehme Zimmer sind zu günstigen Preisen zu mieten: DZ 1.100 NOK, EZ 900 NOK.

Fredikstad Motel & Camping, Torsnesveien 16 (am Eingang der Festungsstadt), ✆ 69320315, 📠 69323666. Der unpersönliche Platz mit unzureichenden Sanitäranlagen und 30 viel zu kleinen Hütten (ab 400 NOK) bietet zudem im Motel DZ ab 500 NOK und EZ ab 400 NOK.

• *Camping* **Bevø Camping**, ✆ 69349215. Ohne Hütten und auch ansonsten einfach ist dieser Zwei-Sterne-Platz nahe der Altstadt.

• *Essen & Trinken* **Brasserie 88,** Storgatta 21. Norwegische Fischgerichte mit internationalem Einschlag, aber auch "Sushi einfach" gibt es von 12 Uhr bis Mitternacht – im Sommer sogar an der Uferpromenade

Sir Winston's Public House, Storgata 17. Bier, Tänze und Speisen sind original britisch (bei den Speisen gibt's allerdings auch

Mexikanisches). "Der beste Pub des Landes 1997" ist volllizenziert.

Dickens, Storgata 6. Pub mit Pizza, Bar mit Bier, Garten und Gemütlichkeit.

Salsa, Storgata 13. Pizzeria und Tapabar, Swing aus Oslo und Salsa aus Kuba unter einem Dach.

Tamburen, Gamblebyen (Eingang Kirkegata). Im ehemaligen Pfarrhaus der Festungsstadt lässt es sich leidlich und preiswert essen, vor allem aber bei Livemusik gemütlich im Innenhof sitzen.

Peppe's Pizza, Torvgate 57. Im Kellergewölbe der Altstadt bietet die landesweite Pizzakette ihre Hefeteiggerichte wie überall im Land im Sonderangebot an.

Umgebung von Fredrikstad

Hvaler: Schon die Autoanfahrt über die kühnen Brücken des "Festlandswegs" (RV 108 nach Süden) zum Schären-Paradies Hvaler an der Seegrenze zu Schweden mit den Inselchen **Vestørøy, Spärøy, Asmaløy** und (Tunneldurchfahrt) **Kirkøy** ist ein Erlebnis. Die schönsten Badeplätze und die idyllischsten Häfen des Oslofjords finden sich hier. Und dazu die Hvaler Kirke auf Kirkøy sowie das Küstenmuseum in Dypedal auf Spärøy.

Öffnungszeiten **Kirche** täglich 12–16 Uhr, Eintritt frei. **Küstenmuseum** 1.6.–15.8. nur So 12–16 Uhr, Eintritt frei.

Amundsen-Geburtshaus: In **Borge** (an der RV 111 und auf halbem Weg nach Sarpsborg) liegt das Geburtshaus des Polarforschers Roald Amundsen. Gedenkstein, Minimuseum, vor allem aber ein Rastplatz mit schöner Aussicht über die Glomma machen die Anlage attraktiv.

Öffnungszeiten des Museums Mai-August täglich 10–16 Uhr. Eintritt 30 NOK, Kinder 15 NOK.

Insel Hankø: Nur 10 km von Frederikstad entfernt (RV 117 Richtung Südwesten) liegt das zauberhafte Inselchen Hankø, Sommersitz des Königs und Hafen für Norwegens wohl bestes Segelrevier. Sie fahren am sichersten 10 Autominuten bis Vikane und stellen das Auto am bewachten Festlandparkplatz ab. Die Fähre bringt Sie in wenigen Minuten nach Hankø. Neben dem Fjordhotel, dem einzigen Haus am Platz (✆ 69332105, DZ mit HP 500 NOK), betreibt der ehemalige österreichische Skistar Franz Hartweger ein Sportcenter mit vielfältigen Freizeitmöglichkeiten.

Sarpsborg

Der Wasserfall mitten in der Stadt ist die einzige Sehenswürdigkeit von Sarpsborg. Dass der Ort neben Tønsberg auf der anderen Fjordseite als älteste Stadtgründung des Landes gilt, bleibt genauso verborgen wie seine "weltpolitische Bedeutung".

Das 15.000-Einwohner-Städtchen, 1016 von König Olav Haraldson gegründet, wurde 1567 von schwedischen Truppen niedergebrannt; die überlebenden Einwohner gründeten dann Fredikstad. Heute ist Sarpsborg Sitz des größten Holzveredelungsbetriebs und Standort des bedeutendsten Holzexporthafens Skandinaviens. Lebensader des Städtchens ist die **Glomma** (mit 611 km längster Fluss Norwegens) und deren Wasserfall **Sarpsfoss**, der zwei Wasserkraftwerke im Stadtgebiet speist. Wo gibt es das schon: Ein rauschender Wasserfall mitten in der Stadt?

Weltpolitische Bedeutung gewann der Ort 1993, als bekannt wurde, dass der Gutshof Borregaard – Stammsitz der Holz-Dynastie – jener verschwiegene

Stolz von Sarpsborg: Wasserfall mitten in der Stadt

Ort der Geheimverhandlungen war, die später zum Osloer Friedensabkommen zwischen Israel und Palästinensern führten.

• *Übernachten* **Sarpsborg Vandrerhjem**, Tuneveien 44, ✆ 69145001, 📠 69142291, sarpsborg.hostel@vandrerhjem.no. Die Jugendherberge (ganzjährig geöffnet) vermietet DZ für 500 NOK und EZ für 350 NOK. Alle Zimmer mit Du/WC, Frühstück inkl.

Quality Hotel og Badeland, Bjoernstrandveien 20, ✆ 69101500, 📠 69101501, www.quality-sarpsborg.no. Das mit 210 Zimmern größte Hotel der Provinz, erst 2001 erbaut, sieht von außen aus wir eine Jugendherberge, innen aber ist alles vom Feinsten: ein großes und vier kleine Restaurants, Bar, Nachtklub und die größte Badelandschaft am Oslofjord (Benutzung im Hotelpreis eingeschlossen). Das Konferenzhotel bietet am Wochenende weit günstigere Preise: DZ 1.045–1.795 NOK, EZ 850–1.195 NOK.

Rica Saga Hotel, Sandesundvn 1, ✆ 69124200, 📠 69156080. Alles edel, alles teuer, nur die Sommerpreise überraschen. DZ 1.350 NOK, EZ 1.085 NOK (Sommerpreise: 860 bzw. 680 NOK).

• *Camping* **Hoysand Camping**, 30 Hütten (ab 450 NOK), moderne Sanitäranlagen und der Strand ist auch nur 300 m entfernt.

Die Olavstage

Immer um *Olsok* (29. Juli, Todestag des Wikingerkönigs und Stadtgründers Olav) werden in Sarpsborg die Olavstage abgehalten: Eine Segelschiffparade auf der Glomma, ein Schauspiel, ein Schmaus, Mittelaltermusik, eine Ausstellung, alles nach Wikingerart, werden zwei Wochen lang in und um das Städtchen zelebriert.

Umgebung von Sarpsborg

Oldtidsveien ("Vorzeitweg"): Bereits vor 4.000 Jahren, in der Jungsteinzeit, muss Østfold, die Provinz zwischen Oslofjord und Schweden, besiedelt gewesen sein. Das belegen Gräberfelder und Felszeichnungen längs der RV 110 südlich von Sarpsborg, die im Volksmund "Vorzeitweg" (norw. Oldtidsveien) heißt. Besonders eindrucksvoll das Hunnveld bei **Borge** mit Dutzenden von Findlingen, die wie in Grabreihen ausgelegt sind, oder die 3.000 Jahre alten Felszeichnungen bei **Hornes**, die 21 Schiffe mit Mannschaften und Ruderern darstellen.

Grenzstadt Halden: Die 28.000 Einwohner zählende Stadt an der norwegisch-schwedischen Grenze hat mit der mächtigen **Festung Fredriksten** (17. Jh.), die zum Freizeitpark mit Restaurant ausgebaut ist, nur eine einzige Sehenswürdigkeit zu bieten. Wunderschön ist die Aussicht vom Burgberg über Halden und die Provinz Østfold.
Die schmale Ecke zwischen Oslofjord und Schweden ist die am dichtesten besiedelte Region Norwegens. 56 Menschen pro qkm (im Landesdurchschnitt 13 pro qkm) leben in der Ebene, die über Jahrhunderte heiß umkämpfter Zankapfel zwischen den verfeindeten Königreichen Norwegen und Schweden war. Heute passieren Jahr für Jahr vier Millionen Autotouristen die Grenze formlos über die eindrucksvolle Svinesundbrücke.

Moss

Als Fährhafen ist die 25.000-Einwohner-Stadt weit bekannter denn als Provinzhauptstadt. Reisende interessierte bislang nur die Autofähre über den Oslofjord, doch damit dürfte es bald vorbei sein.

Denn seit 2001, seitdem der Tunnel unter dem Oslofjord zwischen **Drøbak** und **Storsand** in Betrieb ist, hat die Riesenfähre nach Horten viel von ihrem Sinn verloren: Zwar sind es gut 60 km, die man zusätzlich fahren muss, um per Tunnel die Südküste über die Halbinseln **Hurum** und **Svelvik** zu erreichen, aber die lästige Warterei auf die häufig überfüllte Fähre entfällt – für manche Reisende eine sinnvolle Alternative und für Moss wohl irgendwann das Ende als Fährhafen.

Das Industriestädtchen nämlich mit immerhin 250 Betrieben ist schmucklos, fast langweilig. Die vorgelagerte **Insel Jeløy** jedoch, per Brücke über den Mossesund zu erreichen, gilt als landschaftliches Kleinod des Oslofjords: mächtige Wälder an der Nordspitze, reiche Landwirtschaft in der Mitte (sogar Weintrauben gedeihen hier) und am Südzipfel ebene Badeplätze, die an dänische Strände erinnern. Außerdem wird mit der **Galerie F 15** ein Kulturerlebnis besonderer Art geboten. Das Kunstzentrum im Gutshof Alby an der Südspitze des Inselchens wurde vor 20 Jahren vom dänischen Brüderpaar *Brandstrup* eröffnet und hat mit dem "Alby-Kringel" aus dem angeschlossenen Café fast genauso viel Erfolg wie mit den wechselnden Ausstellungen nordischer Künstler.

Information/Verbindungen/Adressen

- *Information* Das **Turistkontor** (✆ 69321060) gegenüber der Kirche ist täglich von 9–18 Uhr geöffnet.
- *Busverbindungen* Vom Busbahnhof in der Vogts Gate fährt 4x täglich der Fernbus von Sarpsborg nach Kristiansand (mit der Fähre nach Horten). Zudem 6x täglich Verbindungen nach Jeløy und 10x nach Oslo..
- *Zugverbindungen* Der ICE Hamburg–Oslo (manchmal auch via Malmö und Göteborg) passiert Moss 4x pro Tag (45 Min. nach Oslo). Außerdem Lokalverbindungen nach Fredikstad (10x, 30 Min.) und zusätzlich nach Oslo (12x pro Tag).

• *Fährverbindungen* Fünf Minuten vor Mitternacht legt die Fähre aus Frederikshavn (Dänemark) an, um 50 Min. später wieder abzulegen. Die Fähre nach Horten auf der Westseite des Oslofjords fährt von 6 Uhr morgens bis 1 Uhr nachts jede volle Stunde ab. Die 35-Minuten-Überfahrt kostet 95 NOK für den Kleinwagen plus Fahrer (27 NOK für Passagiere ohne Wagen, 45 NOK für Radler plus Rad).

• *Adressen* **Post** im Geschäftszentrum der Gudesgate. **Bank** und **Apotheke** in der Kongensgate.

Übernachten/Camping

• *Übernachten* **Moss Vandrerhjem**, Vansjøheim Nesparken, ✆ 69255334. Die JuHe vermietet Mehrbettzimmer zu 125 NOK pro Bett sowie EZ und DZ zu 250 und 300 NOK.

Mossesia Motell, Strandgaten 27, ✆ 69253131, Fax 69254242. In der Nähe von Fähre und Bahnhof liegt das von außen ansehnliche, innen der Kachelböden wegen etwas steril wirkende 20-Zimmer-Haus mit Kro: DZ 550 NOK, EZ 450 NOK (Frühstück 40 NOK).

Moss Hotel, Dronningensgate 21, ✆ 69255080, Fax 69251333. 50-Zimmer-Hotel in der Fußgängerzone mit überdurchschnittlichem Niveau. DZ 950 NOK, EZ 880 NOK (im Sommer 100 NOK preiswerter).

Mitt Hotell, Rådhusgate 3, ✆ 69257777, Fax 69257720. Es gibt nichts auszusetzen an dem guten Mittelklassehotel mit 48 schönen Zimmern. Höchstens die Preise scheinen zu hoch: DZ 1.010 NOK, EZ 940 NOK .

Hotell Refsnes Gods, Godset 5, ✆ 69270411, Fax 69272542. Auf der Insel Jeløy finden Sie das hochherrschaftliche Hotel in einem altertümlichen Gut. Sie können wählen zwischen Suiten, die ihren Preis von 1.700 NOK wert sind, und modernen Zimmern mit Stil. Sauna, Pool und Klasselokal mit eben solchen Preisen sind selbstverständlich. Rundum ein fabelhaftes Hotel: . DZ 1.580 NOK, EZ 1.380 NOK bei Vollpension

• *Camping* **Nes Camping**, ✆ 69270176. Der riesige Drei-Sterne-Platz auf der Insel Jeløy (jeweils 300 Zelt- und Wohnwagenstellplätze) auf mehreren Terrassen und mit toller Ausstattung (Telefon, Supermarkt, Cafeteria, Bad und Bootsverleih) hinkt bloß bei den 12 einfachen Hütten ab 450 NOK qualitätsmäßig nach.

Drøbak

Das Fjorddorf ist als exklusiver Sommersitz berühmt. Und als Schauplatz des einzigen Sieges der norwegischen Armee gegen die deutschen Eindringlinge im Zweiten Weltkrieg.

Vieles vom großbürgerlichen Charme der reichen Chalets und prächtigen Gutshöfe hat Drøbak bewahrt. Über dem winzigen Hafen mit seinen urgemütlichen, uralten Läden für Seglerbedarf und den putzigen Kapitänshäusern wachsen die hölzernen Paläste der oberen Zehntausend aus den dichten Wäldern am Hang – nicht protzig, vielmehr stilvoll inmitten kunstvoller Gärten und mit beneidenswerter Aussicht auf den Fjord und die stattlichen Schiffe, die ruhig gen Oslo dampfen. Daran ändern auch die jetzt weitgehend vierspurig ausgebaute Europastraße und der jüngst eröffnete Oslofjord-Tunnel nichts: Wenige Kilometer südlich von Drøbak verschwindet die Abzweigungsstraße unter dem Fjord (Einheitsmaut: 55 NOK).

Einst war das Holzhausdorf mit heute 2.800 Einwohnern der Winterhafen Oslos, denn bis hierher blieb die Fahrrinne des Fjords selbst in strengen Wintern eisfrei. Später glänzte Drøbak als Künstlerkolonie, deren prominenteste Vertreter die malenden Eheleute *Oda* und *Christian Krogh* waren, schließlich wurde es Sommeridylle reicher Osloer wie der übermächtigen Reederdynastie *Olsen* und 1940 schließlich grauenhafter Kriegsschauplatz.

Das Ende der "Blücher"

Kaum 1.000 Meter breit ist der Oslofjord bei Drøbak, zusätzlich eingeengt durch die Insel Kaholmene mit der Feste Oscarsborg. Und oberhalb Drøbaks lag im ersten Kriegsjahr eine Artilleriestellung. In das Kreuzfeuer beider Batterien geriet am 9.4.1940 der deutsche Kreuzer "Blücher" und wurde versenkt. 1.400 Matrosen und Landser verloren im 2° C kalten Wasser ihr Leben – der Überfall auf Oslo wurde dadurch immerhin verzögert. Noch heute liegt das Wrack in 90 m Tiefe. Wer oberhalb Drøbaks die beiden Uralt-Kanonen mit den geschmacklosen Namen Moses und Aaron noch besichtigen mag, folgt zu Fuß oder per Auto der Ausschilderung "Kustkulturstin".

• *Übernachten* **Pentagon**, ✆ 64949870, 📠 64949874. Das Studentenheim mit dem nicht ernst gemeinten Namen liegt 10 km westlich von Drøbak in **As** und ist nur in den Sommersemesterferien (Anfang Juni bis Anfang August) für Touristen geöffnet. Die einfachen, schmucken Appartements sind für 350–450 NOK zu mieten.

Reenskaug Hotel, ✆ 64933360, 📠 64933366. Nur 53 Betten in allerdings angenehmen Zimmern mit Du/WC und Telefon/TV bietet das nicht preiswerte Hotel. DZ 990 NOK, EZ 825 NOK (Sommerpreise: 800 bzw. 600 NOK).

Oslo und Oslofjord
Karten Umschlag vorne und S. 81

Verwaltungsbezirk Akershus

Der kleinste Verwaltungsbezirk des Landes ist von der Hauptstadt schon fast vereinnahmt. Das gilt umso mehr, seit der Großflughafen Gardermoen im November 1998 in Betrieb genommen wurde.

Das vormals fruchtbare Ackerland des Mjøsa-Oslo-Grabens ist längst städtischer Zersiedelung gewichen; ein Drittel aller Norweger lebt und arbeitet in diesem Bezirk. Der touristisch wenig attraktive Landstrich wird zu Recht meist nur als Durchfahrt von Oslo nach Norden, zum Mjøsa-See und ins Gudbrandsdalen genutzt. Wer auf der streckenweise autobahnähnlich ausgebauten E 6 gen Norden düst, sollte aber mindestens in **Eidsvoll** (s. S. 40) Station machen, denn die weihevoll gepflegte Geburtsstätte des Staates Norwegen ist eine Einkehr wert.

Am 8. November 1998 wurde nach 15-jähriger Bauzeit der Großflughafen bei **Gardermoen** eröffnet. Der gesamte Linien- und Charterverkehr der Hauptstadt wird jetzt über den kleinen, 47 km nördlich von Oslo gelegenen Ort abgewickelt. Das im Zuge der Bauarbeiten geschlossene, einstmals sehenswerte Luftfahrtmuseum ist leider noch nicht wieder eröffnet.

Übernachten **Gardermoen Bed & Breakfast**, Nannestad, ✆ 63930050, 📠 63999035. Wenige Kilometer nördlich des Airports die preiswerteste Unterkunft für Flieger und Rucksacktouristen. DZ 596 NOK, EZ 496 NOK.

Gardermoen Gjestegård, ✆ 63978530, 📠 63978765. In unmittelbarer Nähe zum Flughafen – Shuttle auf Anruf möglich – bietet die kleine, feine Pension preiswerte Zimmer. DZ 685 NOK, EZ 585 NOK.

Quality Airport Hotel Gardermoen, Jessheim, ✆/📠 63926100. Schon seit 1992, d. h. lange vor Fertigstellung des Airports, wartet das Hotel auf Gäste. Ein wenig ist darum auch der Lack ab vom First-Class-Hotel; das aber wird durch die günstigen Preise kompensiert: DZ 1.195 NOK, EZ 1.095 NOK.

Quality Hotel Olavsgaard , Lillestrøm, ✆ 63847700, 📠 63847600, booking@olavsgaard.no. Ein wahrer Leckerbissen selbst für verwöhnte Gäste ist dieser schlossähnliche Bau mit 130 famosen Zimmern unweit der E 6 (15 Autominuten nördlich von Oslo): DZ 1.825 NOK, EZ 1.525 NOK.

Blaavarvevaerket: Ausflugsziel, Museum, Kunstzentrum

Hønefoss

Der gesichtslose Ort nordwestlich von Oslo ist die Pforte zum Hallingdal und bekommt so ein wenig vom großen Touristentreck ab.

Der moderne Ortskern am Hang bietet außer dem Wasserfall, von dem die 12.000-Einwohner-Stadt ihren Namen hat, keine Attraktionen. Das ist außerhalb der Stadtmauern anders, denn das regionale Zentrum der Holzverarbeitung liegt an der Schnittstelle zwischen **Randsfjord** und **Tyrifjord** – die verkümmerten Seitenarme des Oslofjords zählen zu den größten Seen Norwegens. Noch attraktiver ist deshalb die Weiterfahrt nach **Sundvollen** (südlich von Hønefoss), wo die E 16 auf den **Tyrifjord-See** trifft; der fünftgrößte See Norwegens mit seinen bewaldeten Uferhöhen gibt einen Vorgeschmack auf die voralpenähnliche Landschaft Telemarks weiter westlich. Dieser Eindruck wird noch verstärkt, wenn die Straße ansteigt, immer wieder schöne Aussichten freigibt und schließlich durch einen gebührenpflichtigen Tunnel und durch das Tal des **Sanvikselva** nach Oslo hineinführt.

Leserin Heidrun Schlenker verdanken wir einige Tipps zur Freizeitgestaltung um Hønefoss: das "längste Museum Norwegens", die Westernshow "Deadwood City" sowie den Kunsthandwerksmarkt von Nakkerud, jeweils auf der Westseite des Tyrifjords entlang der RV 35 gelegen.

- *Information* Der **Turistkontor** (Tel 32122812) am Busbahnhof ist werktags und nur in den Sommermonaten von 9–18 Uhr geöffnet.
- *Busverbindungen* 2x täglich hält der Bus zwischen Oslo und dem Sognefjord (via Fagernes, Sogndal) im Ort.
- *Zugverbindungen* Norwegens Hauptlinie Oslo–Bergen passiert Hønefoss 10x täglich in beide Richtungen: nach Oslo 1,5 Std., nach Bergen noch 5 Std.
- *Übernachten* **Hønefoss Vandrerhjem**, Ringeriksgate 20, ✆ 32122903, 📠 32123614.

Die jüngst ausgebaute JuHe (über Weihnachten und Ostern geschlossen) vermietet EZ für 325 NOK und DZ für 430 NOK (Einzelbett 60 NOK). Frühstück inkl.

Grand Hotel Hønefoss, Stabellsgate 8, ✆ 32122722, ✆ 32122788. Groß ist das Hotel nicht und sonderlich schick auch nicht (das "Grand" muss aus längst vergangenen Zeiten stammen), aber die Preise sind angemessen: DZ 790 NOK, EZ 590 NOK (jeweils mit Frühstück).

Ringerike Gjestegård, Osloveien 77, ✆ 32127420, ✆ 32127425. Wer keine First-Class-Ansprüche stellt, ist in der ansprechenden Pension mit 21 Zimmern (Du/WC, Telefon/TV) gut aufgehoben. DZ 725 NOK, EZ 575 NOK

Sundvolden Hotel, Krokkleiva, ✆ 32159140, ✆ 32159732. In einem schönen Park und am Zusammenfluss von Tyrifjord und Steinsfjord liegt das schönste Hotel weit und breit: 136 erstklassig eingerichtete Zimmer (und luxuriöse Hütten 1 km entfernt, 700–900 NOK) werden für 1.310 NOK (DZ) und 1.110 NOK (EZ) angeboten.

• *Camping* **Hønefoss Camping**, Ringeriksgt, ✆ 32122903, ✆ 32123614. Nur 1 km vom Stadtzentrum entfernt, bietet die Anlage neben Zelt- und Wohnwagenstellplätzen auch 15 einfache Zimmer (450 NOK).

Oslo und Oslofjord
Karten Umschlag vorne und S. 81

Sehenswertes in der Umgebung von Hønefoss

Krøderbanen/Eisenbahnmuseum: Zur Freude der Touristen dampft auf der 26 km langen Bahnstrecke von **Krøderen** nach **Vikersund** am Schluss des Tyrifjords immer sonntags im Juli und August die Lok der Krøderbanen. Die fünf alten Waggons aus dem Jahr 1872 bilden "das längste Museum Norwegens". Ein Besuch des kleinen (stationären) Eisenbahnmuseums in Krøderen ist im Fahrpreis inbegriffen.

Abfahrtzeiten/Preis ab Krøderen 10.40, 14.50, 17.45 Uhr (an Vikersund 11.37, 15.50, 18.39 Uhr); ab Vikersund 12.20, 16.20, 18.45 (an Krøderen 13.23, 17.20, 19.40 Uhr). Erwachsene 110/150 NOK, Kinder 60/80 NOK (einfache Fahrt/Hin- und Rückfahrt).

Westernstadt Deadwood City: Manchmal wird der Bummelzug der Krøderbanen auch überfallen, und zwar von Cowboydarstellern der Westernstadt in **Kløftefoss** längs der Bahnstrecke, die gleichfalls immer sonntags im Sommer ihr Unwesen treiben. Die Hobbyschauspieler des örtlichen Westernclubs veranstalten an der RV 280 (30 km südwestlich von Hønefoss) überdies Revolverduelle, Wirtshausschlägereien und Verfolgungsjagden zu Pferde.

Blaafarvevaerket: Das "Blaufarbenwerk" zwischen **Vikersund** und **Modum** ist zum 8 qkm großen kulturhistorischen Museum von beachtlichem Ruf geworden. Die im 19. Jh. weltweit größte Kobaltfabrik ist Freilicht-, Industrie- und Kunstmuseum in einem. In der ehemaligen Glashütte gibt es eine Industrieschau sowie die größte Porzellan- und Glasausstellung des Landes, in der Holzscheune werden alljährlich neue Kunstausstellungen organisiert, die regelmäßig Besucherrekorde brechen, das Haus des einstigen Werkleiters wurde zum Minimuseum, und selbst die nahe gelegenen Kobaltgruben können besichtigt werden. Daneben gibt es einen Bauernhof nur für Kinder, zwei Restaurants, mehrere Souvenirshops sowie den mächtigen Wasserfall **Haugfossen**, der nur zwei Gehminuten von der Anlage entfernt ist.

• *Öffnungszeiten* Mai-September täglich 10-18 Uhr, Eintritt frei – nur die Kunstausstellung kostet, abhängig vom Thema, ca. 60 NOK Eintritt.

• *Verbindung/Anfahrt* per Bus ab Oslo (täglich 9.10 Uhr ab Busterminal). Mit dem Pkw ab Hønefoss südwärts oder ab Drammen nordwärts über die RV 35 bis Modum.

Kunsthandwerksmarkt in Nakkerud: Im ehemaligen Schulgebäude von Nakkerud am Tyrifjord-Ufer (18 km auf der RV 35 südlich von Hønefoss) organisiert

Haugfossen: mächtigster Wasserfall im Süden

die Deutsche Karin Etzold jeweils Ende August deutsch-norwegische Kulturtage mit Musik- und Theateraufführungen. Finanziert wird das kleine Festival aus Verkäufen des gleichzeitigen Kunsthandwerksmarktes (Informationen unter ✆ 32124739).

Drammen

Die Hauptstadt der Fylke Buskerud mit immerhin 55.000 Einwohnern (damit sechstgrößte Stadt Norwegens) ist nahezu mit Oslo zusammengewachsen. Dennoch versucht die Geburtsstadt des Linie-Aquavits sich als eigenständige Ferienstadt zu profilieren.

Zugute kommt ihr die schöne Lage an der Mündung des **Drammenselva** (immerhin reichster Lachsfluss im Süden Norwegens) in den gleichnamigen Fjord; der neu gestaltete **Bragernes Kai**, die edel verbaute Hafenpromenade, ist neuer Citytreff am Fjordufer. Weiter südlich wird der Fjord umschlossen von den nahezu unberührten Halbinseln **Svelvik** und **Hurum**, die von Drammens Hausberg Bragernesasen flächendeckend überblickt werden können. Der Hausberg ist auch die eigentliche Attraktion des Städtchens. Von hier hat man einen weiten Panoramablick über Stadt und Fjord bis hin zur Südküste. Es gibt ein Restaurant mit Aussichtsterrasse, ein kleines Freilichtmuseum mit angeschlossenem Umwelt-Info-Center und ein ausgedehntes Netz von Loipen, Trimm- und Naturlehrpfaden, Spazier- und Wanderwegen. Nach oben führt ein von 8 bis 24 Uhr geöffneter Autotunnel, der sich über sechs Kurven steil nach oben durch den Berg windet – für Hobbyrennfahrer ein wahrer Genuss. Der Name des Tunnels, **Spiralen**, ist mittlerweile sogar zum Synonym für den gesamten Hausberg geworden. Spiralen entstand übrigens, als Mitte der

50er Jahre Straßenbaumaterial fehlte: Statt eines hässlichen Steinbruchs legte man kurzerhand den Tunnel an.

Das Freilichtmuseum auf dem Spiralen-Berg ist eine Außenstelle des **Bezirksmuseums Buskerud**. Zum Museum zählen außerdem noch weitere Gutshöfe, darunter der Sommersitz der Reederfamilie Arbo und der Gutshof Gultkogen gleich hinter der Stadtbrücke über den Drammenselva. Das 1804 erbaute Holzpalais Gultkogen im prachtvollen Park voller Alleen und Kanäle gibt mit einer Gemäldegalerie, mit fein restaurierten Wohnstuben aus drei Jahrhunderten und einem mit Rosenmalerei verzierten Zimmer einen originalgetreuen Eindruck vom großbürgerlichen Lebensstil des 19. Jh. (das Palais Austad, ebenfalls Außenstelle des Museums, wird noch immer renoviert).

Öffnungszeiten Mai–Oktober Di–Sa 11–15, So 11–17 Uhr. Eintritt 10 NOK.

Oslo und Oslofjord Karten Umschlag vorne und S. 81

Die Geburt des Linie-Aquavits

Die Matrosen des Dreimasters "Gymer af Trondhjem" staunten nicht schlecht an jenem Februarmorgen des Jahres 1852 im Hafen von Drammen: Der Kornschnaps, den sie auf ihren Australien-Törn mitgenommen und nicht getrunken hatten, war zu einem goldgelben, vollmundig schmeckenden Stoff geworden – der *Linie-Aquavit* wurde eher zufällig geboren. Noch heute rätseln Experten, was dem Schnaps seitdem immer wieder widerfährt: Sind es Schlingerbewegungen des Schiffes, Duftspuren der Sherryfässer oder Klimaschwankungen auf dem Weg über den Äquator, den Seeleute seit jeher "Linie" nennen, die den Schnaps veredeln? Immerhin wird seit 1860 Norwegens alkoholischer Exportschlager regelmäßig über den Äquator geschickt – auf der Rückseite teurer Aquavit-Buddeln ist, durch die leere Flasche lesbar, vermerkt, wann, wo und auf welchem Schiff der aromatische Stoff die Linie passiert hat.

- *Information* **Turistkontor**, im Rathaus, ✆ 32806210, ℻ 32806631, tourist@drammen.kommune. Im Sommer Mo–Fr 8–19 Uhr, Sa 10–14 Uhr, So 12–14 Uhr. September–Mai Mo–Fr 8–15, Do bis 17 Uhr.
- *Busverbindungen* 9x täglich nach Oslo (55 Min.), 4x nach Kongsberg (1,5 Std.) und Rjukan (3 Std.), 2x nach Kristiansand (4,5 Std.) und Bergen (via Telemark sowie Hardangervidda, 7 Std.).
- *Zugverbindungen* 18x täglich nach Oslo (50 Min.), 9x nach Porsgrunn und Skien (1 Std.), 5x nach Bergen (6 Std., über Gol, Geilo, Finse), 5x nach Stavanger (6 Std.) via Kristiansand (4,5 Std.) die Südküste entlang.
- *Schiffsausflüge* Das Touristenbüro organisiert unregelmäßig Gruppenausflugsfahrten von Drammen nach **Holmsbu** und **Rødtangen** am Ende der Hurum-Halbinsel.
- *Übernachten* **Tollboden Comfort Home Hotel**, Tollbugt 43, ✆ 32891090, ℻ 32891135. Unter den großen und teuren Hotels der Stadt ist dieses mit 90 Zimmern noch das kleinste und preiswerteste. DZ 1.015 NOK, EZ 945 NOK **Quality Ambassadeur**, Strømsø torg 7, ✆ 31012100, ℻ 31012111. Alles vom Feinsten und das hat seinen Preis: DZ 1.485 NOK, EZ 1.195.

Rica Park Hotel, Gamle Kirkepl. 3, ✆ 32263600, ℻ 32263777. Das 120-Zimmer-Hotel unterscheidet sich von den Konkurrenten nur bei den Sommerpreisen: DZ 1.250 NOK, EZ 1.195 NOK (Sommerpreise: 699 bzw. 599 NOK).

- *Camping* **Drammen Camping**, Buskerudvn. 97, ✆ 32821798. Der bestens ausgerüstete Platz an der RV 134 (5 km vom Zentrum entfernt) bietet neben Zelt- und Wohnwagenstellplätzen auch 20 hübsche Hütten ab 450 NOK an.

Homannsberget Camping, Svelvik, ✆ 33772563, ℻ 33773263. Direkt am Fjordufer (20 km südlich von Drammen auf der RV 319). 200 Stellplätze und 17 gut ausgestattete Hütten (ab 250 NOK) auf den Felsen über dem Fjord. Von Lesern sehr gelobt.

Halbinsel Svelvig bei Drammen: Ruhe nahe der Hauptstadt

Halbinsel Svelvik: Man fährt von Drammen 20 km südlich auf der RV 319 am Fjordufer entlang und ist mitten auf der Halbinsel mit dem Hauptort gleichen Namens. Der abgeschiedene Landstrich ohne sonderliche Sehenswürdigkeiten ist mit seinem langen Fjordufer und seinen kargen Felsen, die aus dichten Wäldern hervorlugen, eine Oase der Ruhe. Nur 60 km von Oslo und ebenso weit von den Touristenzentren der Südküste entfernt gelegen, ist Svelvik ideal für stressfreie Urlaubstage. Ein Naturschutzgebiet mit schönen Wanderwegen, ein idyllischer Zeltplatz (s. o.) und eine putzig-kleine Fähre zur **Halbinsel Hurum** vervollständigen das Urlaubsvergnügen.

Fähre Svelvik–Hurum täglich alle 25 Min. zwischen 6.30 und 22.30 Uhr; Überfahrt 5 Minuten. 35 NOK/Pkw u. Fahrer, 16 NOK/Person.

Spaziergang durch das Grunnane-Naturschutzgebiet

Der ausgedehnte Spaziergang ohne Anforderungen an Kondition oder Trittsicherheit (2 Std., 7 km) führt um eine Bucht am Drammensfjord, Rückzugsgebiet seltener Wasservögel und seit 1981 Naturreservat.

Die Route beginnt am Südausgang des Ortes **Svelvik** auf der gleichnamigen Halbinsel. Wenige Meter folgen wir der RV 319, um dann bei erstbester Gelegenheit nach links gen Fjord abzubiegen – ein großer Parkplatz für Badegäste des nahen Knemstranda-Strandes ist deutlicher Orientierungspunkt. Der als **Knemstien** ausgeschilderte Weg knickt am Parkplatz ab und führt auf die Landzunge **Bokerøya** zu, schwenkt aber dann am Ufer nach Westen und zur Straße ab. Nach 15-minütigem Weg wird eine Informationstafel – leider nur auf Norwegisch – erreicht. Hier erfährt man, dass das Reservat fast 3.000 Hektar groß ist, Wildgänse und Reiher, aber auch Wildenten und manchmal Adler beherbergt, dass des morastigen Untergrundes wegen nur die befestigten Wege genutzt werden sollten und die seltenen Pflanzen nicht beschädigt werden dürfen.

Der Weg führt zunächst unverfehlbar am Buchtufer entlang bis **Myrebekken**, einem kleinen Bachzufluss. Dann verlässt der Weg kurzzeitig das Ufer und folgt einer wenig befahrenen Straße am Dorf **Auke** vorbei. Danach tauchen wir wieder in die morastige, schilfbedeckte Uferregion ein, um nun stets in Ufernähe die Bucht gänzlich zu umrunden (dabei hat man stets die Bucht, den Fjord und die Halbinsel Hurum im Blick, und manchmal tuckert ein Dampfer gen Drammen oder ein Segelboot kreuzt die Fahrrinne).

Nach 1,5 Std. ist ein weiterer Parkplatz mit Bushaltestelle erreicht – wer mag, kann von hier aus nach Svelvik zurückkehren. Unser Weg aber führt noch 30 Min. weiter bis nach **Høden Nodre** und zum Ende der Bucht. Sie können nun den Bus zurück nehmen oder den gemächlichen Weg zurücklaufen, Sie können aber auch Knemstien weiter bis an die Südspitze der Svelvik-Halbinsel folgen (weitere 1,5 Std.) und sogar auf diesem Weg bis **Sande** laufen; das sind aber insgesamt fünf weitere Stunden.Wanderung zum Aussichtsturm Seterasen.

Oslo und Oslofjord
Karten Umschlag vorne und S. 81

Wandertour zum Aussichtsturm Seterasen

Die Wanderung (400 Höhenmeter, 10 km) über die Halbinsel Svelvik, durch tiefe Wälder voller Eschen und Fichten, voller Heidekraut und Beerensträucher, verlangt Kondition und Pfadfindersinn.

Startpunkt ist der Parkplatz **Skalland** (der Straße oberhalb des Rathauses von Svelvik 3 km folgen bis zum letzten Haus). Wir verlassen – stets der blauen Markierung folgend, später auch Schilder "Seterasen", "Tarnet" oder nur "T" – den Parkplatz nach links schwenkend über einen steinigen Pfad. Bei der ersten Weggabelung nach 500 m knicken wir rechts ab und folgen kanpp eine Stunde lang einem leicht ansteigenden, verwachsenen Weg, Dann steigt links (Markierung!) der Pfad kräftig an, um nach einen halben Stunde die **Bolstein**-Lichtung mit der RK-Hytta zu erreichen.

Jetzt folgen wir dem Kammpfad nach links und gelangen nach weiteren 30 Minuten an den Aussichtsturm. "Seterasen" – 8 m über dem Boden eröffnen sich weite Blicke über den Svelvik-Fjord und die Telemark-Wälder.

Für den Abstieg gibt es eine Alternative: Entweder links von der Plattform steil durch Kiefern- und Birkenwälder 45 Minuten lang absteigen oder – zweite Möglichkeit – noch 30 Minuten lang dem Kammpfad zum **Damvann** (See) folgen, dort noch ein Bad nehmen und gemächlich in einer Stunde absteigen. Beide Wege führen unfehlbar zurück zum Ausgangspunkt, dem Parkpla Skalland.

Geröll aus der Urzeit: Schären an der Südküste

Die Südküste

Norwegens Riviera heißt Südküste, heißt Sørland. Der gut 300 km lange Küstenstreifen zwischen Horten und Kristiansand ist Skandinaviens Feriengebiet Nummer eins und bietet perfekte Postkartenidylle: weiße Segel zwischen kahlen Schären und blitzblanke Städtchen voller putziger Holzhäuser.

Für Sørlands Sonderstellung als Riviera des Nordens gibt es viele Gründe. Der wichtigste ist das Wetter. In der Region mit den günstigsten klimatischen Bedingungen ganz Skandinaviens liegen die Durchschnittstemperaturen in den Monaten Juli und August bei knapp 23° C, und die Sonne scheint im statistischen Mittel über 7 Stunden pro Tag. Sogar die Wassertemperaturen klettern in manchen Sommern auf über 20° C.

Ein weiterer Grund ist die famose touristische Infrastruktur, die in den letzten hundert Jahren Schritt für Schritt aufgebaut wurde. Dazu zählen Unterkunftsmöglichkeiten aller Arten und Güteklassen, perfekte Straßenverhältnisse und Transportmittel, optimale Touristeninformation und nicht zuletzt jede Menge geschickt aufbereitete Sehenswürdigkeiten.

Auf der E 18, die selten mehr als 10 km von der Küste entfernt erst am Oslofjord, dann am Skagerrak-Ufer entlangführt und an drei Mautstellen insgesamt 60 NOK abverlangt, gelangen Sie in knapp sechs Autostunden (331 km) nach Kristiansand. Wenn Sie sich etwas Gutes tun und obendrein Maut sparen wollen, sollten Sie allerdings stets die immer in Küstensichtweite verlaufenden Landstraßen nutzen; die sind sehr gut ausgebaut, weniger befahren und landschaftlich ungleich reizvoller als die Europastraße. Nach Verlassen des Osloer Speckgürtels via Drammen oder der Fährpassage nach Horten sowie der neuen Tunnel-Passage nach Storsand ist für Autofahrer ein Schwenk auf die RV 310 und später RV 311 anzuraten; nur so erreichen Sie alle "Perlen der Sørland-Küste". Stressfreier und auch nur wenig länger ist die modern-bequeme Busfahrt (Oslo–Kristiansand in 4,5 Std.), die alle Orte an der Südküste im Stundentakt berührt. Ebenfalls empfehlenswert (nicht nur unter Umweltgesichtspunkten) ist die geruhsame Bahnfahrt mit *Sørlandbanen*, die Sie ab Oslo in 5 Std. nach Kristiansand bringt.

Horten

Die Marinestadt an der Fjordenge gegenüber von Moss ist das Eingangstor zur Südküste. Besuchenswert ist das 15.000-Einwohner-Städtchen vor allem wegen dreier Museen, die zumindest für Skandinavien einmalig sind.

Das beschauliche Städtchen ist gerade mal 200 Jahre alt. 1818 beschloss Norwegens Marine, hier ihr Hauptquartier aufzubauen. Wo zuvor nur ein einsames Fährhaus stand, entwickelte sich nach und nach eine ganze Stadt. Seitdem beherrschen Kanäle, Kaianlagen und Kasernen das Stadtbild, das für die Südküste untypisch ist: Es fehlen die hölzernen Puppenhäuser am Pier und die im Meer dümpelnden Segelboote. Obwohl längst nicht mehr genutzt (das Oberkommando ist nach Bergen verzogen, allein die Marine-Offiziersschule ist geblieben), prägen die überdimensionierten Militärbauten den Ort, in dem alles etwas zu groß geraten scheint.

Information/Verbindungen/Adressen

• *Information* **Horten og Borre Turiskontor**, Tollbutgaten 1a, ✆ 33031708, ℻ 33031709. Geöffnet ist das kleine Touristenbüro in einem roten Holzhaus direkt am Hafen im Juni und August Mo–Sa 10–17, So 12–17 Uhr, im Juli Mo–Sa 10–18, So 12–18 Uhr, sonst Di–Fr 10–15 Uhr.

• *Busverbindungen* Der Überlandbus Oslo–Kristiansand hält 3x täglich vor dem Hotel Grand Ocean (nach Kristiansand 6 Std., nach Oslo 1,5 Std.). Lokalbusse nach Tønsberg und Holmestrand starten stündlich am Busbahnhof (da auch Taxistand) im Hafen.

• *Zugverbindungen* Vom 4 km entfernten Bahnhof Skoppum (Busanschluss nach Horten 15 Min.) verkehrt der Zug Oslo–Kristiansand 8x täglich (nach Kristiansand 5,5 Std., nach Oslo 1,5 Std.).

• *Fährverbindungen* Die Fähre nach Moss, braucht 35 Min. für die Überfahrt, kostet 95 NOK für Kleinwagen u. Fahrer, 27 NOK pro Person bzw. 45 NOK für Radler u. Rad. Dafür fährt die Fähre von 6 Uhr morgens bis 1 Uhr nachts jede volle Stunde. Allerdings scheinen die Tage dieser Fähre gezählt, seit der Oslofjord-Tunnel in Betrieb ist. Immerhin wurden für diese Fähre – einzigartig in Norwegen – in den letzten Jahren die Preise gesenkt.

• *Adressen* An zwei Standorten – Einkaufszentrum am Hafen und auf dem Marktplatz 200 m stadteinwärts – finden Sie alles Nötige: **Post** und **Polizei**, **Supermarkt** und **Souvenirshop**, **Buchhandel** und **Narvesen-Kiosk** (Zeitungen).

Übernachten/Camping/Essen & Trinken

• *Übernachten* **Hotel Horten Brygge**, Strandpromenaden 2, ✆ 33048300, ℻ 33048200. Das erst 1998 eröffnete, mit 24 Zimmern (Du/WC, TV) recht kleine Hotel direkt am Ufer ist geschmackvoll, ruhig und dafür preiswert. DZ 800–1.000 NOK, EZ 500–700 NOK.

Central Hotel, Storgate 45, ✆ 33041601, ℻ 33044160. Hübsch ist der Betonkasten an der Hauptstraße nicht, aber die 17 Zimmer (Du/WC, Telefon/TV), darunter auch Familienzimmer für vier Personen (1.000 NOK), sind praktisch und dennoch gemütlich. DZ 950 NOK, EZ 750 NOK **Sjømilitare Samfund**, Ovrevei 1, ✆ 33045156, ℻ 33049211. Im einstigen Marineoffiziersclub ist in einem typischen Holzhaus ein Hotel entstanden, das britischen Club-Charme versprüht. Das alles auf einem Parkhügel über der vom Hortenkanal abgetrennten Halbinsel, mitten im traditionellen Kasernenbereich: urig und trotzdem edel, ruhig und trotzdem zentral. DZ 975–1.025 NOK, EZ 825–925 NOK.

Norlandia Grand Ocean Hotell, Strandpromenaden 1, ✆ 33041722, 📠 33044507. Das moderne Hotel am Gästehafen ist ganz auf Golfgäste eingestellt. Es gibt spezielle Angebote und Greenfee-Absprachen, ein Putting-Green auf dem Dach und einen Golfsimulator im Keller. Auch sonst entsprechen die 102 Zimmer gehobenen Ansprüchen und Preiserwartungen: DZ 1195, EZ 1045 NOK.

• *Camping* **Rørestrand Camping**, Parkveien 34, ✆ 33073340. Der große und häufig überlaufene Drei-Sterne-Platz 1,5 km südlich des Zentrums von Horten (ausgeschildert) ist bestens ausgerüstet und vermietet auch 24 Hütten (360–565 NOK). Mai–August geöffnet.

• *Essen & Trinken* **Handverkeren**, Storgate 27. Das "Restauranthus" in der Hauptstraße bietet Sandwiches und kleine Gerichte, ein Mittagsmenü und Livemusik am Wochenende. Alles das zu angenehmen Preise und in ausreichender Qualität.

Sebastian Steakhouse, Storgate 29. Gleich nebenan das Esslokal im urigen Puppenhaus mit Hausmannskost à la carte und allen Schankrechten (ab 15.30 Uhr geöffnet).

Lace Pavillon, Storgate 29. Im selben Haus das Café mit Straßenverkauf; am Wochenende startet hier ab 22 Uhr die "In"-Diskothek der Stadt.

Saxon King, Storgate 5. Zwölf ausländische Biersorten, aber auch Pizza und Pasta, Poolbillard und Dartscheiben findet man im "English Pub" in der Hauptstraße.

Sehenswertes

Borrevatnet: Zwischen Stadt und Skoppum-Bahnhof erstreckt sich im Nordwesten von Horten ein weiter Park mit mächtigen Bäumen und dem 2 qkm großen See Borrevatnet, der wegen seines Fischreichtums, aber auch wegen seiner Vogel- und Pflanzenwelt (die einzige Stelle Norwegens, an der Misteln wachsen) gerühmt wird. Ein Naturlehrpfad führt um das gesamte Terrain herum. Außerdem gilt die 18-Loch-Bahn auf dem Gelände als attraktivster Golfplatz des Landes.

Marinemuseet: Das 1990 ausrangierte U-Boot "Utstein" ist derzeit die Attraktion des ältesten Marinemuseums der Welt. Man kann (kostenlos) in den Rumpf des 20 Jahre alten Schiffes steigen und ohne Auflagen alles anschauen und ausprobieren. Und das ist weit aufregender als das erste Torpedoboot der Welt, das ebenfalls vor dem Museumstor aufgebaut ist. Ansonsten bietet das 1853 auf der Kaserneninsel Karljohansvern westlich des Fährhafens eröffnete Museum die mit über 100 Exponaten größte Schiffsmodellsammlung Norwegens. Aber auch chinesische Rüstungen oder Funkkabinen aus dem 2. Weltkrieg und viel Maritimes mehr sind über zwei Etagen ziemlich ungeordnet ausgestellt.

Öffnungszeiten nur Mai–Oktober Mo–Fr 10–15, Sa 12–16, So 12–16 Uhr. Eintritt 30 NOK, Kinder 15 NOK.

Die Südküste
Karte S. 96/97

Museum der Rettungsgesellschaft: Auch der maritimen Tradition Hortens verpflichtet ist das 1986 eröffnete Museum am Hafen (Strandpromenaden 8), das anhand von Fotografien, Modellen und Ausrüstungen die 100-jährige Geschichte der norwegischen Gesellschaft zur Rettung Schiffbrüchiger dokumentiert.

Öffnungszeiten nur April–Oktober Fr–So 12–16 Uhr. Eintritt 20 NOK.

Automuseum: Das kleine Museum am Ostende des Hafens (Solistrand) vermittelt einen Einblick in die Geschichte des Automobils und bietet neben harten Daten und Fakten auch allerlei Kurioses und Skurriles zum Thema.

Öffnungszeiten Juli u. August täglich 12–15 Uhr, sonst nur So 12–15 Uhr. Eintritt 40 NOK, Kinder bis 6 J. 25 NOK.

Preus Fotomuseum: Das einst sehenswerte Museum zur Geschichte der Fotografie – unterhalten vom größten Fotolaboratorium Norwegens, der in Horten ansässigen Firma Preus – wurde 1998 geschlossen und ist bislang trotz Ankündigung nicht wieder eröffnet worden.

Åsgårdstrand

So einsam wie elegant, so unberührt wie still: Der Segelboothafen mit seinen schmucken, strahlend weißen Holzhäusern ist das erste der typischen Sørland-Dörfer, die sich wie an einer Perlenschnur entlang der Südküste aufreihen.

Der kleine Fjordflecken am Hang liegt nur 6 km südlich von Horten. Insgesamt 2.100 Menschen wohnen hier in Holzhäusern mit üppig bunten Gärten, die meisten Einwohner sind aus Oslo übergesiedelt. Zu den "Hauptstadtemigranten" zählte auch der einst prominenteste Bürger des Dorfes, *Edvard Munch,* der 1889 seinen ersten Sommer in Åsgårdstrand verlebte und bis zu seinem Tod 1944 alljährlich wiederkehrte. Um die Jahrhundertwende kaufte er "sein Glückshäuschen", eine Fischerhütte am Fjord, wo einige seiner

Blau, weiß, rot: die Farben Norwegens

berühmtesten Bilder (z. B. "Mädchen auf der Brücke") entstanden sind. In der Munchsgate ist die bescheidene Kate, in der alles wie zu Lebzeiten erhalten blieb, zu besichtigen.

Wenn Sie an einem lauen Sommerabend ein paar Stunden übrig haben, sollten Sie die unter freiem Himmel auf dem kleinen Marktplatz von Åsgårdstrand hoch über den sattgrünen Fjordhängen verbringen. Drei Kneipen liegen auf dem Hügel beisammen – das niedliche "Munchs Café" (wo es neben Munch-Bildern auch guten überbackenen Lachs gibt) neben der Bäckerei von Christopher Frantzen mit seinen leckeren Kuchenschnitten und, gegenüber, "Nausted", wo selbst um Mitternacht noch Countrymusik live geboten wird.

- *Übernachten* **Åsgårdstrand Hotell**, Havnegaten 6, ✆ 33081040, ℻ 33081077. Ein perfektes und schönes Hotel: Strand und Steg vor der Haustür und ein gutes Restaurant im Haus. DZ 1.390 NOK, EZ 1.195 NOK (Weihnachten und Ostern geschlossen).
- *Camping* **Borre Familie Camping**, Kirkebakken, ✆ 33082390, ℻ 33367099. Neben der Marina bietet der Platz weit über 100 Stellplätze, aber auch Hütten (300–450 NOK), einen kleinen Kiosk und insgesamt befriedigende Santitäreinrichtungen an. Einziger Nachteil: Zum Schwimmen muss man über das nicht immer freigeräumte Ufer kraxeln. Anfahrt: an der Borre-Kirche nördlich des Ortes abbiegen. Der Platz ist von Mai bis August geöffnet.
- *Baden* Möglichkeiten an der Wiese am Yachthafen, am Campingplatz sowie in der 6 km vor Tønsberg gelegenen Badebucht **Ringshaug**. Dort lässt es sich gut surfen und, etwas abseits, auch angeln.

Sehenswertes

Munchs Hus: Kate und Atelier am Hang mit weitem Fjord-Blick, im Garten eine Büste des alten Meisters und eine junge, kundige Sachverständige. Das Ensemble in der Munchsgate lässt mehr als manche Großausstellung über den Meister des Expressionismus und seine Kunst erahnen. Die ärmliche Küche und die großartige Aussicht, die Aquavitflasche auf dem Nachtschrank und der abgetragene Frack neben der Staffelei – wer über Munch Bescheid wissen will, muss das Munchs Hus in Åsgårdstrand gesehen haben.

Öffnungszeiten im Mai Sa/So 11–19 Uhr; Juni–August Di–So 11–19 Uhr; im September Sa/So 11–19 Uhr. Eintritt 30 NOK, Kinder unter 12 J. frei.

So sah Munch sein Åsgårdstrand: "Mädchen auf der Brücke"

Borre Kirke: Am Abzweig der RV 310 zum Borre-Campingplatz prangt die weiße Kirche weithin sichtbar durch die hohen Bäume. Eine der wichtigsten Mittelalterkirchen Südnorwegens versteckt sich beim kleinen Ort Åsgårdstrand! Sehenswert sind insbesondere der geschnitzte Altaraufsatz und das Kruzifix – beide aus dem Jahr 1665, also wesentlich jünger als die Kirche aus dem 12. Jh. Führungen gibt es in dem ansonsten häufig verschlossenen Kirchlein dienstags um 18 Uhr.

Borrehaug: Im Wald zwischen Borre-Kirche und Strand verbirgt sich die größte Grabhügelansammlung Skandinaviens. Die insgesamt 27 Hügel sind wild bewachsen und kaum erkennbar. Aber schön-geruhsam ist der Spaziergang durch das Gelände – es sei denn, Sie geraten in die Wikingerspiele, die jeden August organisiert werden. Da gibt es Lagerfeuer, Überfälle, Märchenlesungen und außerdem richtiges Met zu trinken. Das 2001 fertiggestellte "Vikingsenter" (nur im Sommer geöffnet) gibt kostenlos Auskunft über das Wikingerleben.

Tønsberg

Die älteste Stadt Norwegens bietet jedem etwas: Geschichtsinteressierten die Wikingerschiffe im Fylkesmuseum, Wasserratten die schönsten Badeplätze der Küste auf der Tjøme-Insel und Schiffsenthusiasten die 100 Jahre alte "Kysten I".

Die 34.000-Einwohner-Stadt, Verwaltungssitz Vestfolds, wurde reich durch Reeder und Werftbesitzer, deren Bürohäuser noch heute das Stadtbild bestimmen. Von der noch ruhmvolleren Vergangenheit (Stadtgründung 871) ist kaum etwas zu finden – die Burgruinen am Schlossberg stammen erst aus dem 13. Jh. Und **Oseberghaugen**, der 4 km vor der Stadt gelegene Grabhügel, in dem das gleichnamige Wikingerschiff (jetzt im Osloer Bygdøy-Museum) gefunden wurde, ähnelt eher einem Müllhügel als einem Mausoleum.

Information/Verbindungen/Adressen

Tønsberg: Wikinger-Steven mit großer Vergangenheit

• *Information* **Reiselivslag**, an der Hafenpromenade, ✆ 33310220, 📠 33319590, toensberg. tourist.vestvoldnett.no Im Juni Mo–Sa 10–17 Uhr, im Juli Mo–Sa 10–20 Uhr, im August Mo–Sa 10–17 Uhr, von September bis Mai Mo–Fr 10–16 Uhr. Die Filiale im Rathaus von Tjøme ist im Juni/Juli Mo–Sa von 12–20 Uhr, im Juli auch sonntags geöffnet.

• *Flugverbindungen* Vom 18 km entfernten Flughafen **Torp** bei Sandefjord starten täglich 8 Direktmaschinen nach Stavanger, 7 nach Trondheim, 5 nach Bergen, und an 5 Wochentagen stehen sogar Direktflüge nach London und Kopenhagen auf dem Programm.

• *Zugverbindungen* Vom Hauptbahnhof an der Ostseite des Schlossberges (aber auch vom nahe gelegenen **Stokke** aus) verbindet die Vestfoldbahn 8x täglich mit Oslo (1,5 Std.) und ebenso oft mit Larvik und Skien (jeweils 30 Min.).

• *Busverbindungen* Die Buszentrale liegt unweit des Bahnhofs in der Jernbanegate; von hier aus 9x täglich nach Sandefjord sowie 12x nach Horten. Busse zu den Inseln Nøtterøy (Lokalfähre) und Tjøme (Badeplätze) starten am Hafen, Nedre Langgate.

• *Fährverbindungen* Regelmäßig verkehren Fähren zwischen Slagen und Husøy und (an der Südspitze von Nøtterøy) von Tenvik nach Veierland. Während der Sommermonate fährt MS "Akerøy" Strömstad in Schweden an, und das Tragflächenboot von Oslo nach Arendal hält auf Tjøme. Sogar eine Fährverbindung nach Aalborg/Dänemark ist im Gespräch; zu Fahrten mit dem Veteranenschiff "Kysten I" siehe "Ausflüge".

• *Adressen* Post und Bank in der Storgate, dort und in der Jernbanegate auch **Tankstelle**, **Apotheke** und alle nötigen Geschäfte (SB-Markt, Souvenirs). **Krankenhaus**, ✆ 33342000; **Polizei**, ✆ 33344400; **Wäscherei** in der Munckegate.

Übernachten/Camping/Essen & Trinken

• *Übernachten* **Tønsberg Vandrerhjem**, Dronning Blancas Gate 22, ✆ 33312175, 📠 33312176, tonsberg.hostel@vandrerhjem.no. Unterhalb des Schlossberges vermietet das zu den schöneren Jugendherbergen zählende Wanderheim 15 Einzel- und Mehrbettzimmer. Bett 170 NOK, EZ 370 NOK, DZ 495 NOK (mit Frühstück).

Fjell & Fjord Hotell Maritim, Storgaten 17, ✆ 33317100, 📠 33317252. In dem hässlichen Platten-Kasten-Bau verfügen zwar alle 35 Zimmer über Telefon/TV, aber längst nicht alle über Du/Bad. Dafür sind die Preise (DZ 920 NOK, EZ 750 NOK) recht happig.

Best Western Grand Hotel, Øvre Langgate 65, ✆ 33353500, 📠 3335 3501. Das Haus und die Dekoration in der Rezeption stammen aus den 30er Jahren, die 63 Zimmer aber sind modern und funktional ausgestattet. DZ 1.190 NOK, EZ 1.050 NOK.

Hotel Klubben, Nedre Langgate 49, ✆ 33359700, 📠 33359797. Ein gutes Restaurant, eine lustige Bar, Pub und Tanzbar und 92 geschmackvolle Zimmer (Du/WC und TV): Da übersieht man den klobigen Backsteinbau und zahlt zähneknirschend 1.520 NOK (DZ) bzw. 1.095 NOK (EZ).

• *Camping* **Furustrand-Camping**, Tolvsrød, ✆ 33324403, 📠 33327403. 6 km vom Zentrum entfernt (neben der Ringshaug-Bucht) liegt dieser große, fast luxuriöse Campingplatz, der 12 Hütten, 6 Appartements und

Weites Feld: Tønsbergs Hinterland reicht bis zu den Gipfeln Telemarks

12 Wohnwagen vermietet. Zwei Personen 350–610 NOK, ganzjährig geöffnet. Anfahrt mit Bus Nr. 116.

Skallevold Camping, ✆ 33330287. Der kleine Platz mit schönem Strand (4 km nördlich, RV 311) ist nur von Mai bis August geöffnet.

• *Essen & Trinken* **Café André**, am Bahnhof. 65 NOK für eine "Pizza zum Sattessen" (Sonderangebot bis 18 Uhr).

Mama Rosa, Stoltenbergs Gate 46. Italienische und chinesische Spezialitäten zu annehmbaren Preisen (ab 15 Uhr).

Vaegteren, Storgaten 29. Großes Lokal mit kleinen Separées im alten Fachwerkhaus und guten Fischgerichten.

Håndverkeren, Kammegaten 6. Edles À-la-carte-Restaurant mit großem Gartenlokal. 300 NOK muss man für ein Tellergericht schon hinlegen.

Kong Sverre, Tollbodgate 14. Im historischen Kockegården-Keller (ab 15 Uhr) empfehlen sich Pizza, Pasta und Lasagne zu annehmbaren Preisen.

Ausflüge/Baden

• *Schärenfahrt* Mit dem renovierten Museumsschiff "Kysten I", Baujahr 1909, lässt sich im Juli/August eine beeindruckende, dreieinhalbstündige Schärenfahrt um die **Insel Nøtterøy** unternehmen. Täglich 12 Uhr ab Honnørbryggen, Rückkehr 15.30 Uhr. 160 NOK, Kinder/Rentner 90 NOK. Für größere Gruppen ist der von einem Privatverein gesponserte 400-BRT-Dampfer im Mai und August/September auch zu chartern.

• *Baden auf Tjøme* Norwegens Kronprinzessin hat hier ihr Sommerhaus, und der deutsche Dichter *Hans Magnus Enzensberger* verbrachte in den 50er Jahren einige Zeit auf diesem 12 km langen Inselchen. Aber sie sind nicht die einzigen, die diese wunderschöne Schärenlandschaft schätzen – Abertausende aalen sich im Ferienmonat Juli auf den kahlgeschliffenen Felsen der drei Haupt- und 177 (!) Nebeninseln dieses kleinen Archipels; die Einwohnerzahl von 4.000 Insulanern verzehnfacht sich allsommerlich. Trotzdem ist immer ein geschütztes Plätzchen zu finden: an **Verdens Ende**, dem "Ende der Welt" und der Südspitze Tjømes (querab Faerder-Leuchtturm am Eingang zum Oslofjord), oder auf **Mostranda**, wo sich die FKK-Fans einfinden, oder bei Lillestranda auf der Nachbarinsel **Hvassa**.
Sie erreichen Tjøme, wenn Sie die Stadt zunächst über die Stoltenbergsgate verlassen; die RV 308 führt Sie dann über die Vrengen-Brücke und über die Nøtterøy-Insel nach 27 km Fahrtstrecke nach Tjøme.

Sehenswertes

Schlossberg: Vom Aussichtsturm *Slottsfjelltårnet,* dem gerade mal 100 Jahre alten Wahrzeichen der Stadt, blickt man nicht nur auf Tønsberg, sondern auch auf die Ruinen des *Castrum Tunsbergis,* der größten norwegischen Festung im Mittelalter. Der Turm, der sich nochmals 12 m über dem 63 m hohen Schlossberg erhebt, kann für 10 Kronen bestiegen werden.

Öffnungszeiten 18.5.–25.6. Mo–Fr 10–15 Uhr, Sa/So 12–17 Uhr; 26.6.–25.8. täglich 11–18 Uhr; 26.8.–15.9. Sa/So 12–17 Uhr; 16.9.–17.10. So 12–15 Uhr.

Vestfold Fylkesmuseum: Der (nachgebaute) Steven des Oseberg-Schiffes beherrscht den Eingang des Provinzmuseums am Fuß des Schlossberges (Farmannveen 30). Das in Oslo ausgestellte Schiff der Königin Aasa wurde 1904 unweit Tønsbergs gefunden und gilt als wertvollstes Relikt der Wikingerzeit. Das 21 m lange Klåstad-Schiff im Museum aber gibt – ebenso wie die große Walfangabteilung – immerhin einen Eindruck von der Seefahrerkunst der Altnorweger. Noch sehenswerter aber die 13 am Schlossberg aufgebauten Vestfold-Höfe sowie *Seterkafeen,* eine leider nur von Mai bis September geöffnete Almhütte im Freilichtmuseum, in der ganz vorzügliches Rømmegrøt, Waffeln, Fladenbrot und Eintopfgerichte zu bekommen sind.

Öffnungszeiten **Museum**, 15.5.–15.9. Mo–Sa 10–17 Uhr, So 12–17 Uhr, sonst Mo–Fr 10–14 Uhr (im Büro anmelden) Eintritt: 50 NOK, Kinder 20 NOK. **Seterkafeen**, Mai–September Mo–Fr 10–19, Sa 11–18, So 12–19 Uhr.

Sandefjord

Das fontänenumspritzte "Hvalfangsmonumentet" am Hafen erinnert an Sandefjords Zeiten als Zentrum des norwegischen Walfangs. Heute ist das weltweit einzigartige Walfangmuseum letztes Relikt der Vergangenheit.

Die Reederfamilie *Christensen,* nur noch bekannt als Mäzen des Museums, verdiente 80 Jahre lang das große Geld mit dem Walfang. 1892 schickte sie "Jason" als erstes Großfangschiff ins Nordmeer, 10 Jahre später folgte mit "Admiralen" das erste Fangfabrikschiff, und noch 1960 lebten 7.000 Beschäftigte von der blutigen Walbeute der 29 Sandefjord-Schiffe. Heute sind die meisten Dampfer abgewrackt oder dümpeln im Hafenbecken vor sich hin.

4 km östlich der 36.000-Einwohner-Stadt ein weiterer Grund, warum das sonst langweilige Sandefjord in internationalen Lexika auftaucht: hier ist der Fundort des ruhmreichen **Gokstadschiffes** (das ganze Wikingerschiff wurde als Mausoleum vergraben). 1880 wurde das Königsgrab entdeckt – außer dem 1.000 Jahre alten Schiff, jetzt im Osloer Bygdøy-Museum ausgestellt, fand man neben dem Häuptlingsgrab verschiedene kleinere Schiffe und zahlreiche Ausrüstungsgegenstände (die Anlage ist längs der RV 303 in Richtung Tønsberg ausgeschildert).

Information/Verbindungen/Adressen

• *Information* **Reiselivsforeningen** in der Skippergate am Torvet, dem Stadtplatz (hinter dem Park am Hafen), ist ganzjährig täglich von 9-17 Uhr geöffnet. ✆ 33460590, www.visitsandefjord.com

• *Flugverbindungen* vom 2 km nördlich des Zentrums gelegenen Flughafen **Torp** (s. "Tønsberg/Verbindungen", S. 100).

Sandefjord: ein Brunnen für Walfänger

• *Zugverbindungen* Am Bahnhof im Norden der Stadt (Jernbanealléen) halten 4x täglich Fernzüge nach Oslo (2 Std.); außerdem gibt es Verbindungen nach Süden (Kristiansand, 2,5 Std., bzw. Stavanger, 4 Std.).

• *Busverbindungen* Vom Busbahnhof an der Jernbanealléen starten 4x täglich Busse nach Larvik (1 Std.), 6x nach Tønsberg (1,5 Std.) und 3x der Überlandbus nach Oslo (3 Std.) bzw. Kristiansand (3,5 Std.).

• *Adressen* **Post** in der Storgata, **Bank** (Sparebank) und **Supermarkt** am Marktplatz, **Telegrafenamt** an der Ecke Jernbanealléen/Rådhusgata.

Übernachten/Camping/Essen & Trinken

• *Übernachten* **Sandefjord Motor Hotel**, Fokserød, ✆ 33470380, ✆ 33470177. Das preiswerteste Hotel finden Sie an der Abfahrt der E 18 (6 km vor der Stadt). DZ 955 NOK, EZ 755 NOK .

Hotel Kong Carl, Torggate 9, ✆ 33463117, ✆ 33463119. Das Holzhaus im Zentrum wurde 1690 erbaut, das Hotel wird seit 1721 betrieben. Die 30 Zimmer (Du/WC, Telefon/TV) sind nicht ganz so alt, aber schon ein wenig plüschig. Das mehrfach mit Preisen (gastronomischen wie architektonischen) bedachte Hotel gehört zur Reihe der "Historischen Hotels" in Norwegen. DZ 900–1.100 NOK, EZ 650–900 NOK.

Granerød Hotel, Krokemoveien 41, ✆ 33477077, ✆ 33475804. Ein wenig außerhalb, aber im Grünen des Bugårdsparks liegt dieses rundum zufrieden stellende Mittelklassehotel. DZ 790–990 NOK, EZ 490–790 NOK .

Atlantic Home Hotel, Jernbanealléen 33, ✆ 33468000, ✆ 33468020. Das gediegene Zentrumshotel bietet zu seinen hübschen, hohen Zimmern ein Abendessen, das im Preis inbegriffen ist. DZ 1060 NOK, EZ 940 NOK.

Rica Park Hotel, Strandpromenaden 8, ✆ 33465550, ✆ 33467900. Die 174 Zimmer in dem 10-Etagen-Kasten am Hafen sind perfekt ausgestattet wie das ganze Hotel: Restaurants, Bar, Schwimmbad. DZ 1.500 NOK, EZ 1.100 NOK.

• *Camping* **Granholmen beach and camping**, ✆ 33473758. Der sehr hübsch am Fjord gelegene Platz (RV 303, 4,5 km südlich) bietet gute Einkaufs-, Bade- und Sportmöglichkeiten.

Sjøbakken Camping + Lodge, ✆ 33473746. Der 6 km vom Zentrum entfernte Platz vermietet auch sechs Studios und zwei Appartements (ab 600 NOK).

• *Essen & Trinken* Außer in den Hotels kann man hübsch am Hafensteg (neben dem – imitierten – **Wikingerschiff Gaia**) sitzen und essen. Ansonsten: **Gourmet**, Rådhusgate 7 (gut und teuer), sowie **Pizzahus**, Storgate 13 (groß und preiswert).

Sehenswertes

Walfangmuseum: "Kommandør Chr. Christensens Hvalfangtmuseum" in der Museumsgata 39 dokumentiert die Fangmethoden vom Speer bis zur Kanone, verschafft aber auch einen Einblick in die norwegischen Walfangaktivitäten zwischen 1860 und 1960. Eine kritische Bestandsaufnahme der norwegischen Walfangpolitik wird allerdings nicht einmal in Ansätzen versucht. Zudem gibt es eine sehenswerte Darstellung der Polarforschung und der Tierwelt am Nordpol – das alles in Modellen bzw. ausgestopften "Echtexemplaren". Das deutschsprachige Begleitheft behandelt leider nur den Hauptsaal.

Öffnungszeiten Mai–September täglich 11–17 Uhr, sonst täglich 11–15 Uhr. Eintritt 40 NOK.

Sandefjord Sjøfartsmuseum: Vom Drachenboot bis zum Supertanker wird die für Sandefjord so wichtige Schifffahrtsgeschichte in Bildern und Modellen gezeigt. Schwerpunkt: Segelschiffe der letzten 100 Jahre. Das Museum befindet sich in der Prinsengate 18.

Öffnungszeiten Mai–Juni So 12–16 Uhr; im Juli u. August Mo–So 12–16 Uhr; im September So 12–16; Oktober–April geschlossen. Eintritt 30 NOK.

Bymuseum: Das Stadtmuseum im 1790 errichteten Herrenhof von Pukkestad (Hystadveien 21, Parallelstraße zur E 18, im Westen der Stadt) präsentiert nicht nur die Einrichtung eines Gutshofes des 18. Jh., sondern auch ein Stadtmodell aus dem Jahr 1900, eine Setzerei und eine Schusterwerkstatt.

Öffnungszeiten die gleichen wie Sandefjord Sjøfartsmuseum, ebenfalls gleicher Eintrittspreis.

Ula

Das winzige Lotsendorf südlich von Sandefjord (abseits der RV 303) steht für ein Stück Seefahrtsgeschichte dieser Küste.

Noch vor 60 Jahren hielten Lotsenjungen auf den glatten Felsen rund um Ula begierig Ausschau nach Schiffen, deren Kapitäne die schwierige Einfahrt in den Fjord und die noch schwierigere Durchfahrt durch die Schären suchten. War ein Frachter in Sicht, hetzten die Lotsen in Ruderbooten los, um den Auftrag zu ergattern – es soll zwischen den Konkurrenten zu Kämpfen gekommen sein, die nicht selten tödlich endeten. Das zu Fuß in 10 Min. zu erreichende **Ulabrand-Denkmal** über dem malerischen Dorf erinnert an die Geschichte der Seeleute. Doch auch sonst lohnt sich der Abstecher. Man kann beschaulich rasten, bequem auf der Wiese zelten und im winzigen Laden einkaufen oder behaglich zwischen den Schären baden.

Larvik

Die mit knapp 30.000 Einwohnern größte Stadt zwischen Oslo und Kristiansand liegt an der Mündung des Lågen. Für die Größe und den wirtschaftlichen Erfolg gibt es viele Gründe, alte und neue.

Der natürliche Hafen ist heute Fährstation nach Dänemark. In nur sechs Stunden erreichen die Schiffe der Larvik Line (mittlerweile von der Color Line aufgekauft) das dänische Frederikshavn – die schnellste Anbindung für Besucher der Südküste oder Telemarks. Aber schon die Wikinger machten sich die vorteilhafte Lage Larviks zu Nutze. An der Fjordmündung entdeckte man

Larviks Reichtum: Holz unter Fontänen

1967 den Marktflecken **Kaupang**, der im 9. Jh. sogar Handelsbeziehungen mit dem schleswig-holsteinischen Haithabu unterhielt. Fünf Tage brauchten die Drachenboote nach Norddeutschland.

Seit dem 14. Jh. dient der Lågen zum Flößen des in Telemarks Wäldern geschlagenen Holzes. In Larvik selbst wird das Holz dann verarbeitet und vom Hafen aus verschifft. Der süßliche Geruch der Sägespäne aus der Mühle von Treschow-Fritzøe hängt noch heute beständig über der Stadt. Hafen und Walfangtradition begünstigten zudem eine kleine, spezialisierte Werftindustrie. Der Schotte *Colin Archer* baute 1892 auf seiner Larviker Werft Tolleroden die berühmte "Fram", mit der *Nansen* und später *Amundsen* zu ihren Polarexpeditionen starteten. Schließlich: Die Flussauen sind Heimat verschiedener Mineralquellen – Norwegens berühmtes Mineralwasser *(Farris)* kommt seit 1915 aus Larvik.

Das Larvik der Gegenwart jedoch ist zum geschäftigen, betonierten Fährhafen geworden und hat dem Besucher nichts sonderlich Attraktives zu bieten; zwei kleine Museen, ein Cranach-Gemälde in der Stadtkirche – das ist es schon.

Information/Verbindungen/Adressen

- *Information* **Turistkontor**, Storgaten 48 (in Sichtweite von Rathaus und Fährkai), ✆ 33130100, 📠 33139111, visitlarvik.no. Im Juni Mo–Fr 8.30–16 Uhr, Sa 11–17 Uhr, im Juli Mo–Sa 8–18, So 15–17 Uhr, im August 8.30–16, Sa 11–17, So 15–17 Uhr, in der übrigen Zeit Mo–Fr 8.30–16 Uhr.
- *Zugverbindungen* Vestfoldbanen fährt stündlich nach Oslo (2 Std. 20 Min. via Sandefjord/Tønsberg) und ebenso nach Skien (45 Min., Transfer Kristiansand/Stavanger); der Bahnhof liegt einen Katzensprung vom Fähren-Kai entfernt in der Storgata.
- *Busverbindungen* Vom Busbahnhof (Ecke Nansens/Nygata) gehen Busse stündlich nach Norden (Sandefjord/Tønsberg) und 6x täglich nach Süden (Skien usw.) ab.

• *Fährverbindungen* Der große Dänemark-Terminal (Wartesaal, Toiletten, Kiosk) am Hafen ist nicht zu übersehen; die Fähre von Hirtshals legt täglich 6x an (zwischen 14.45 und 21.45 Uhr) und ab (zwischen 8 und 22 Uhr).

• *Adressen* **Polizei**, Prinsegate 17, ✆ 33130000. **Krankenhaus** (Notarzt), Hospital, Greveveien 16, ✆ 33183500 oder 33185800. **Post**, Jegersborggate 4. **Banken** am Marktplatz Torvet (8.30-15.30 Uhr). **Apotheke** am Torvet, ✆ 33181570. **Telegrafenamt**, Kr. Fredriksvei 23, ✆ 33184100. Parken, Tiefgarage unter dem Marktplatz sowie Parkhaus Prinsgt. (2 Std. 50 NOK). **Taxi** neben dem Bahnhof, ✆ 33184242. **Autovermietung Hertz**, Storgaten Servicesenter, Storgate 16, ✆ 33186450. **Einkaufszentrum Nordbyen** im Norden an der E 18 mit über 30 Läden, Bäckerei und Cafeteria, Eisdiele und SB-Markt. Mo–Fr 10–20 Uhr, Sa 9–18 Uhr. Alle anderen Geschäfte in Larvik (z. B. "Husfliden" für Souvenirs, Sigurdsgt 4) sind in der Regel Mo–Fr 9–16 Uhr, Do bis 19, Sa bis 14 Uhr geöffnet.

Übernachten/Camping/Essen & Trinken/Nachtleben

• *Übernachten in Larvik* **Gyldenløve Hotell**, Storgate 26, ✆ 33182526, ✆ 33187970. Der hübsche Bau liegt leider mitten im lauten Zentrum, die Zimmer können allerdings überzeugen. DZ 900 NOK, EZ 695 NOK.

Quality Grand Hotel Farris, Storgate 38, ✆ 33187800, ✆ 33187045. Der kasernenähnliche Kasten am Fähranleger bietet funktionale Zimmer. DZ 1.310 NOK, EZ 1.100 NOK.

• *Camping in Larvik* **Hovlandbanen**, 1.500 m vom Fähranleger, ✆ 33114543. Im Angebot sind auch 2 Hütten (ab 400 NOK), man kann Tennis spielen, Gokart fahren und fischen. 1.5.-1.8. geöffnet.

Vasvik Camping, 2,5 km vom Zentrum, ✆ 33183672. Am ruhigen Wiesenplatz mit fünf Hütten (400 NOK) gibt's gar nichts auszusetzen. 20.5.–10.9. geöffnet.

Gon, 4 km vom Zentrum, ✆ 33126511. Hübsch gelegen mit 10 Hütten (ab 350 NOK), die Sanitäranlagen wurden mittlerweile renoviert. 1.5.–1.9. geöffnet.

• *Übernachten in Stavern* Viel gemütlicher und hübscher als in Larvik selbst lässt es sich im 8 km entfernten, hübschen Stavern an der Küste wohnen. Der Ort ist fast so etwas wie eine Künstlerkolonie geworden.

Hotel Wassilioff, ✆ 33113600, ✆ 33113601. Das innen wie außen geschmackvolle Hotel am Hafen mit dem exzellenten Restaurant Excellensen wurde 1844 von einem Emigranten aus Riga gegründet – deshalb der Name. Heute zählt das 47-Zimmer-Haus zu den "Romantik-Hotels" in Norwegen und zu den beliebtesten Hotels im Lande, das, zumindest im Sommer, überdies preiswert ist. DZ 1.360 NOK, EZ 1.180 NOK (Sommerpreise: 960 bzw. 740 NOK).

Fredtun Folkehøyskole, ✆ 33199955. Im Schulheim werden in den Sommerferien EZ (400 NOK) und DZ (700 NOK) angeboten.

• *Camping in Stavern* **Donavall** (✆ 33195500), **Kjärstranda** (✆ 33195730) sowie **Lydhusstranda** (✆ 33195942). Alle drei Plätze sind schön gelegen.

• *Essen & Trinken* **Tante Tulla**, Jegersborgstredet 4. Frühstück ab 7 Uhr (30 NOK) und tagsüber immer eine preiswerte Mahlzeit (55 NOK).

China City, Prinsegate 20. Nicht nur chinesisch, auch norwegisch und italienisch isst man hier zu vertretbarem Preis.

Hansemann, Kongegata 33. Das Wirtshaus ist Lokal, Steakhouse, Pizzastube und Kellerkneipe unter einem Holzdach: Der Besuch lohnt vierfach.

Kong Sverre, Oscargate 4. 13 verschiedene Pizzen, die es montags und dienstags sogar im Sonderangebot gibt.

• *Nachtleben* **Café Hansen**, Kongegate 18. Täglich Livemusik im führenden Jazz-Café, das auch für nur ein Bierchen gut ist.

Diskoteket, Kongegate 18. Das einzige Tanzlokal außer den Hotelbars.

Sehenswertes

Herregården: Das "Herrenhaus" (Storgata/Herregårdbakken), ein roter Holzbau im weitläufigen Park, fällt schon bei der Stadteinfahrt auf. *Graf Gyldenløve,* Halbbruder des dänischen Königs und dessen Statthalter in Norwegen, ließ sich 1674 die Residenz bauen, von der heute 20 Räume als Stadtmuseum dienen. Attraktion sind die Wand- und Deckengemälde aus dem 17. und

Stavern: Kunstmarkt an der Küste

18. Jh. Zudem gibt es außer wechselnden Ausstellungen zwei kleine Cafeterien und ein Kinderspielzimmer .

Öffnungszeiten Juni–August täglich 12–17 Uhr, sonst nur So 12–17 Uhr. Eintritt 40 NOK.

Larvik Kirke: Wenige Schritte südlich des Stadtmuseums steht diese 1677 ebenfalls von Graf Gyldenløve in Auftrag gegebene Kirche. Sehenswert ist vor allem das Altarbild von *Lucas Cranach d. Ä.* "Jesus segnet die unschuldigen Kinder".

Öffnungszeiten Mo–Fr 10–12 Uhr, Orgelkonzert im Juli jeden Mi, Gottesdienst So 11 Uhr.

Sjøfartsmuseum: Das Seefahrtsmuseum im einstigen Zollhaus auf der Landzunge Tollerodden ist zwei berühmten Larvikern gewidmet, an die zudem Monumente erinnern. *Thor Heyerdahls* Denkmal an der Südspitze der Halbinsel wurde anlässlich seines 75. Geburtstages 1989 errichtet. Wenige Schritte weiter Geburtshaus, Denkmal und Reste der Werft von *Colin Archer.* Der steinerne Seebär vorm Museumseingang allerdings stellt *Oscar Wisting* dar, den Expeditionsgenossen von Amundsen. Im alten Zollhaus wird anschaulich die Verbindung der Stadt zur Seefahrt dokumentiert. Die "Fram" und die Heyerdahl-Bootsmodelle aber sind bloß Kopien; die Originale stehen auf der Osloer Museumsinsel Bygdøy.

Öffnungszeiten Juni–August täglich 12–17 Uhr, sonst nur So 12–17 Uhr. Eintritt 40 NOK.

Stadtwald Bøkeskogen: Der schattige Wald oberhalb Larviks ist gerade recht für den Erholungsspaziergang verknautschter Autotouristen. Hier kann man unter ausladenden Buchen ausreichend Frischluft tanken und in der Bøkekroa auch etwas Frisches trinken.

Umgebung von Larvik

- **Brevik**: Das schöne Fjorddorf fällt trotz steiler Gassen, der schneeweißen Altstadt und der beeindruckenden Brücke **Breviksbrua**, die 46 m hoch und 677 m lang die Europastraße über den **Langesundfjord** führt, gegenüber anderen Küstenorten ab. Von Brevik, das mit der 18 km nördlich gelegenen Industriestadt **Porsgrunn** (s. S. 223) in Telemark die Gemeinde **Grenland** bildet, werden nicht nur die Produkte der eigenen Zementindustrie verschifft, sondern auch die der Schwesterstadt. Dennoch gibt es zwei Oasen der Ruhe im geschäftigen Hafen: Bøchs Konditori am Marktplatz und das Curt Adeler Restaurant an der Storgata mit schönem Blick auf den Fjordarm und das Inselchen **Øya**.
- **Langesund**: Badeort am Eingang des Langesundfjords mit schönem Rathaus, kleinem Küstenmuseum, zwei Cafeterien, zwei Gästehäusern – es gibt Spektakuläreres an der Südküste. Lohnend sind höchstens die Badebuchten in Ortsnähe (z. B. **Rognstranda**, 5 km vor Langesund gelegen), die jedoch häufig überlaufen sind. Auch in dieser Hinsicht empfiehlt sich die flotte Weiterfahrt über die E 18, um dann bei **Dørdal** auf die RV 363 abzubiegen und ins Tourismuszentrum Sørlands zu gelangen, nach Kragerø.

Kragerø

Verwinkelt zwischen Schären, verteilt auf drei kleine Inseln, überragt von unzähligen Hügeln und abseits der Europastraße – kein Wunder, dass Kragerø schon vor 80 Jahren zur Tourismushochburg der Südküste aufstieg.

Doch solche Vormachtstellung hat auch Schattenseiten: Kragerøs Innenstadt gleicht einem Kaufhaus unter freiem, meist sonnigem Himmel; beschauliche Ferien sind in dem Städtchen der steilen Gassen und der lauschigen Plätze nur schwer möglich. Das sehen wohl auch die norwegischen Feriengäste so und ziehen sich in ihre "hytta" im Schärengewirr zurück (fast 3.000 Ferienhütten soll es in Kragerøs nächster Umgebung geben). Höchstens zum Wochenendeinkauf oder zur maritimen Spritztour – man könnte meinen, jeder der 6.000 Einwohner Kragerøs und jeder Dauergast habe ein Boot in der Marina liegen – taucht man in das Gewusel der Gassen ein.

Richtig ruhig ist es in Kragerø nur auf dem **Steinmann**, dem Aussichtspunkt oberhalb des Zentrums, der einen famosen Rundblick über See, Stadt und Schären bietet (zu Fuß beginnt der Aufstieg an der **Løkka-Kapelle**, per Auto oder Rad fahren Sie bis zum Stadion, um von dort aus wenige Meter aufwärts zu laufen).

Information/Verbindungen/Adressen

• *Information* Im **Turistkontoret**, ☎ 35982388, 📠 35983177, www.kragero.org, im ehemaligen Bahnhof direkt am Hafen (die Zugverbindung wurde 1988 eingestellt, aber die Gepäckaufbewahrung besteht weiter) gibt es Zimmer- und Hüttennachweis, ein Park-Abo (60 NOK) und Karten für Schiffsausflüge. Mo–Fr 8–12 und 13.30–18 Uhr, im Juli u. August 8–21 Uhr.

• *Busverbindungen* 6x täglich nach Telemark (Porsgrunn/Skien) und 4x täglich nach Süden (Risør/Arendal). Außerdem 6x pro Tag mithilfe der Fähren (s. u.) an der Südküste entlang (Portør, Levang, Øysang) und auf die Schäreninsel Skåtøy.

• *Fährverbindungen* Das Expressboot "Sunnhordland" hält 2x täglich auf seinem

Kragerø: beschützt von Hügeln und Inseln

Weg von Oslo nach Arendal. Fünf Kleinfähren verkehren 3x (Jomfruland, s. "Sehenswertes") bis 13x (Stabbestad, interessant für die Weiterfahrt nach Risør) vom Fährkai am Strandvei.

• *Adressen*: Alles konzentriert sich um den Markt, den Torvet: **Post** und **Telegrafenamt** in einer Seitenstraße, **Banken** und **Supermärkte** direkt am Markt.

Übernachten/Camping/Essen & Trinken

• *Übernachten* **Kragerø Vandrerhjem**, Lovisenbergveien 20, ✆ 35985700, 📠 35985701. Nicht umsonst firmiert die große Jugendherberge auch als "Sportel & Konferantsesenter": Das sehr hübsch gelegene Heim geht gut als Hotel durch und wird auch als Tagungszentrum genutzt. DZ 450 NOK, EZ 350 NOK (mit Frühstück). Außerdem können Fahrräder für Touren an der flachen Küste oder auf Jomfruland (s. u.) gemietet werden, ebenso Boote und Surfbretter.

Victoria Hotel, Rådhusgata, ✆ 35981066, 📠 35982926. Die Zimmer (Du/WC) sind modern und nicht so altbacken wie der Jahrhundertwendebau selbst. DZ 990 NOK, EZ 890 NOK.

• *Camping* **Lovisenberg Familiecamping**, ✆ 35988777. Der Wiesenplatz 6 km nördlich der Stadt liegt an einer schönen Badebucht und vermietet auch mittelmäßige Hütten (ab 450 NOK).

Støa Camping, ✆ 35990261. Kleiner Platz mit kleinen Hütten (350 NOK), 9 km vom Ort entfernt.

Jomfruland Camping, ✆ 35991226. Sehr schöner, bestens ausgerüsteter Platz (Kiosk, Pizzeria, Post) auf der kleinen Schäreninsel vor Kragerø, leider nur per Fähre und ohne Auto erreichbar.

• *Essen & Trinken* **Admiralen**, Øtre Strandvei 24. Norwegische und chinesische Küche. Tagesgericht ab 100 NOK (tolle Aussicht inbegriffen).

Lanternen, am Hafen. Maritimes Milieu, einfache Speisen, Livemusik und Disko bis 2 Uhr nachts.

Victoria Haven, Rådhusgata. Das Hotelrestaurant (s. o.) ist nicht nur der großen Terrasse wegen besuchenswert.

El Paso, Rådhusgata. Einrichtung und Steaks im Western-Style.

... als hätte jeder in Kragerø ein eigenes Boot

Ausflug

Im Sommer fährt täglich eine kleine Fähre zur **Insel Jomfruland**. Gerade 70 Menschen leben auf dem 7,5 km langen und 1 km breiten Eiland im Skagerrak. Kleine Sandbuchten, ein auffälliger Leuchtturm, der von 12 bis 16 Uhr zugänglich ist, und viel Platz zum Wandern und Radfahren sind einen Tagesausflug wert.

Sehenswertes

Gundersholmen: Das kleine Küstenfort auf der gleichnamigen Halbinsel am Hafen sollte die Stadt im 17. Jh. vor Freibeutern schützen. Im Jahr 1808 vertrieben die Kanonen sogar, man glaubt es kaum, ein britisches Geschwader. Ein lohnendes Fotomotiv gibt die Anlage noch heute ab.

Kittelsenhuset: Das neu entdeckte Bild "Braten Kierkegaard" können Sie bewundern und für 300.000 NOK auch gleich kaufen. Ansonsten zeigt das als Museum eingerichtete Geburtshaus des Kragerøer Malers *Theodor Kittelsen* (am Marktplatz ausgeschildert) neben biedermeierlicher Wohnkultur nur verschämt einige Bilder des Künstlers.

Öffnungszeiten Juli u. August Mo–Fr 10–18, Sa 10–15, So 11–15 Uhr. Eintritt 10 NOK.

Berg-Museum: In einem gepflegten Park 4 km außerhalb von Kragerø versteckt sich das Stadtmuseum in einem Holzlandhaus aus dem Jahr 1800. Ein kunterbuntes Durcheinander von Modellen und Fotos im neuzeitlichen Anbau informiert den Besucher nur bruchstückhaft über die Stadtgeschichte; das kleine Café hingegen lohnt den Ausflug.

Öffnungszeiten Juni–August täglich 12–18 Uhr, Eintritt 40 NOK, Kinder 20 NOK.

Risør

Das teuerste Kneipenbier Norwegens (50 NOK = fast 8 Euro für ein Halbliterglas) kommt in der "Perle der Südküste" auf den Tresen. Das blitzblanke Städtchen verlangt auch sonst für seine Schönheiten einen hohen Preis.

Alles ist vom Feinsten und Teuersten: Im Hafenbecken dümpeln Yachten aller Größen und vornehmlich höherer Preisklassen (im August findet während des Holzbootfestivals ein edler Schiffsmarkt statt), im Zentrum warten die teuersten Galerien des Landes auf finanzkräftige Käufer ("Villvins Kunsthandwerkermarkt" Mitte Juli ist etwas preiswerter), und selbst die Kopfsteinpflasterstraßen sind breiter und die Vorgärten üppiger als anderswo an der Südküste.

Das 1861 bei einem Brand gänzlich zerstörte Risør ist fast autofrei und erstrahlt heute im Glanz weißer Holzhäuser, die sämtlich aus der zweiten Hälfte des vorigen Jahrhunderts stammen. Das architektonische Schmuckstück der 4000-Einwohner-Gemeinde, die Heilig-Geist-Kirche (**Den Hellige Ånds Kirke**) aus dem Jahr 1647, überstand den Brand allerdings unversehrt und wird als Konzertsaal für das Kammermusikfestival Ende Juni genutzt.

Information/Verbindungen/Adressen

• *Information* Im Hinterhof desVillvins-Hauses in der Kragsgata ist seit neuestem die **Turist-Information** untergebracht. ✆ 37152270, ℻ 37152223. Täglich 10–18 Uhr geöffnet.

• *Busverbindungen* Von der Busstation in der oberen Kragsgata verkehren 6x täglich Busse nach Kristiansand (3 Std.), 1x täglich der Überlandbus Oslo–Kristiansand und 4x täglich ein Bus nach Porsgrunn/Skien (1,5 Std.).

• *Fährverbindungen* Die Anlegestelle für die Øysang-Fähre liegt direkt neben Fischhalle und Gästehafen. Dort legt auch das Expressboot von Oslo nach Arendal 2x täglich in jede Richtung an.

• *Adressen* **Post** in der Strandgate, **Banken** am Marktplatz, **Supermarkt** in der oberen Kragsgata neben der Busstation, **Apotheke** zweite Querstraße hinter dem Hafen, **Tankstelle** direkt am Hafen.

Übernachten/Camping/Essen & Trinken

• *Übernachten* **Furumu Gjeste- & Hybelhus**, Sirisvei 13, ✆ 37153234 ℻ 37151032. Das nicht mehr ganz neue Studentenheim oberhalb des Ortes (3 Min. mit dem Auto bzw. 10 Min. zu Fuß, am Campingplatz und Krankenhaus vorbei) vermietet für 700 NOK (DZ) oder 500 NOK (EZ) schmucklose, aber funktional eingerichtete Zimmer mit Bad.

Risør Hotel, Strandgata, ✆ 37150700, ℻ 37152093. Der rote Holzkasten am Ende der Strandstraße stammt aus dem Jahr 1861; damals baute man wohl derart winzige Zimmer mit separaten Betten. Doch die Balkonterrasse mit wunderschönem Blick auf das Meer entschädigt. DZ 1390 NOK, EZ 1.090 NOK.

• *Camping* **Risør Camping**, ✆ 37150267, ℻ 37150389. Der kleine, komfortlose Wiesenplatz am Ortseingang schmiegt sich sehr hübsch an einen Seitenarm des Nordfjorden.

Moen Camping, Akland, ✆ 37155091. 5 Autominuten und 10 km von Risør entfernt (an der RV 416) liegt der Rasenplatz idyllisch am Sørfjordenufer; neben Stellplätzen werden auch Hütten (ab 450 NOK) vermietet.

Røed Camping, ✆ 37155006. 2 km weiter und dichter an der E 18 findet man diesen große Rasenplatz mit wenigen Hütten (ab 450 NOK) und jüngst erneuerten Duschen.

Sørlandet Camping & Fritidssenter, Sandnes, ✆ 37154080. Der optimal ausgerüstete, sehr schön gelegene Wiesenplatz an Sandnessfjord (180 Stellplätze, 20 Hütten, ab 500 NOK) gegenüber von Risør bietet jede Menge Sport- und Spielmöglichkeiten.

• *Essen & Trinken* **Kast Loss**, Strandgata. Schummrig gemütlich geht es in dem Seglertreff am Kai zu, offener auf dem am Pier festgemachten Schoner "Tossa", aber die Steaks sind hier wie dort nicht billig.

Café Jantes, ein Straßencafé zwischen Holzhaus und Hafenmauer – hier sitzt "mann" auch in der Badehose.

Stand By, die Hafenbar mit vergleichbarer Aussicht und Preisen wie "Jantes" und "Loss".

Risøer, Treff der etwas feineren Stadtjugend, aber Kleinigkeiten kann man auch hier essen.

Stangholmen, das Leuchtwärterhaus auf einer Schäreninsel (10 Min. Anfahrt mit dem Taxiboot) ist zum Feinschmeckertempel mit allen Schankrechten geworden.

Baden/Fischfangtörn

• *Baden* Fast überall draußen auf den Schäreninseln möglich – "Baderuter", ein vorsintflutliches Taxiboot, bringt Sie hin. Ansonsten empfiehlt sich die Liegewiese am **Perleporten** oder **Randvik**, ein Familienbad an der südwestlicher Ecke der Landzunge, auf der auch Risør liegt.

• *Haifischfang* Der Vierstundentörn mit dem Fischerboot "Oysund" und "garantiertem Fangerfolg" kostet 300 NOK. Sie finden Boot und Schipper Henrik immer früh morgens oder bei Sonnenuntergang am Pier neben der auffälligen Hafenmeisterei.

Sehenswertes

Risør Akquarium: Das funkelnagelneue, hochmoderne Schaubecken in einem unscheinbaren Pavillon am Hafenrand ist die aktuelle Attraktion im Städtchen. Hinter Panoramascheiben kann man Haie und weniger gefährliche Nordseefische in ihren Glaskäfigen bestaunen. Nicht nur für Kinder ein toller Spaß.
Öffnungszeiten Juni–August täglich 11–19 Uhr, Eintritt 50 NOK.

Kastellet: Am Ende der Strandgata und noch über das Risør Hotel hinaus finden sich putzige Reste eines alten Forts, dessen gerade mal sechs Kanonen vor fast 200 Jahren einen Angriff britischer Fregatten zurückgeschlagen haben sollen.

Risørflekken: Der weiße Felsen, einstmals 12 Seemeilen weit sichtbares Seezeichen, ist längst in das gleichfalls schneeweiße Häusermeer am Hang eingetaucht. Der etwas mühsame Aufstieg lohnt sich aber, denn von dort oben öffnet sich ein wahrlich fantastischer Aus- und Rundblick über Meer und Küste.

Steinern und stattlich: die Risør-Kirche

Den Hellig Ånds Kirke: Die Holzkirche ist zwar nicht die älteste, aber die schönste Kirche der Stadt und liegt wenige hundert Meter vom Hafen entfernt in der Kirkegate. Durchaus sehenswert sind die geschnitzte Kanzel und die Orgel aus dem 17. Jh. Das Altarbild aus dem Jahr 1647 ist eine Rubenskopie.

Kunstpark Risør: Seit *Villvin*, ein Zusammenschluss von fast 20 in Risør arbeitenden Künstlern, Mitte der 70er Jahre aktiv wurde, hat das Kulturleben der Stadt einen Kick bekommen. Davon zeugt u. a. der Kunstpark in der Prestegata (in Sichtweite der Heilig-Geist-Kirche), der auf Initiative der Künstlervereinigung zustande

Tvedestrand: nur für Fußgänger

gekommen ist. Im Ausstellungszentrum mit Ateliers und einem Café werden allerdings nicht nur Villvin-Arbeiten gezeigt. Der Kunstpark ist ganzjährig zugänglich; die Verkaufsgalerie von Villvin, die sich in der Kragsgate 3 am alten Markt befindet, hat leider nur unregelmäßige Öffnungszeiten.

Tvedestrand

Das verwinkelte 2.000-Seelen-Dorf am **Oksefjord**, der eigentlich eine Bucht ist, liegt halsbrecherisch steil am Hang. Ortsfremde sollten das Auto am Supermarkt-Zentrum längs der Europastraße parken oder an der "Mini-Riviera", dem Badestrand im Zentrum. Von da aus erreicht man leicht zu Fuß das hübsch renovierte Rathaus, die einzige Glasbläserei der Südküste oder den zwischen die Fjordhänge gedrängten Hafen. Dort findet man auch das Turistkontor in einem Eckhaus oder das Motorschiff "Søgne", mit dem sich eine dreistündige Schärenfahrt zur vorgelagerten Insel **Lyngør** machen lässt.

Information **Turistkontor** am Hafen (Fritz Smithgate 1), Tel 37161101, ✆ 37161171, geöffnet Juni–Aug. Mo–Fr 9–18, Sa 10–16, So 12–18 Uhr.

Arendal

Die Hauptstadt Aust-Agders hat die Vielfalt einer Groß-und die Gemütlichkeit einer Kleinstadt. Nur für einen Einkaufsbummel als Zwischenstation zu den Sandstränden auf Tromøy ist das geschäftige Städtchen jedenfalls viel zu schade. Und wenn Sie doch nicht mehr Zeit investieren wollen, halten Sie wenigstens zur Kaffeepause am Pollen.

Das künstliche Hafenbecken im Zentrum der 12.000-Einwohner-Stadt ist Yachthafen, Fährstation und letztes Überbleibsel des einst verschachtelten Grachtensystems, das die auf sieben Inselchen verstreute Stadt vormals verband. Nach verschiedenen Bränden, zuletzt 1977, ist das Kanalgewirr einer funktionalen Bebauung gewichen. Neuerdings wird aber an der Rekonstruktion des Kanals zwischen **Pollen** und **Kittelbukt** gearbeitet. Der alte Stadtteil **Tyholmen** würde dann wieder zur Insel und Touristenattraktion.

Den von der Tourismuswerbung erdachten Beinamen "Venedig Skandinaviens" verdient das Städtchen trotzdem nicht, obwohl man ihm einen Hauch südländischen Charme nicht absprechen mag. So oder so sind die Arendaler stolz auf die wenigen Relikte großbürgerlicher Baukunst im Tyholmen-Quartier, vor allem auf das Rathaus am Kai, dem nach Trondheims Stiftsgård größten Holzgebäude des Landes.

Information/Verbindungen/Adressen

• *Information* Lanfbryggen, ✆ 37005544, 📠 37005540, www.arendal.com. Direkt am Hafenbecken versteckt sich mit **Sørlands Info** die wohl ergiebigste Anlaufstelle für auskunftshungrige Urlauber an der Südküste. Mo–Fr 8.30–16 Uhr, in den Sommerschulferien Mo–Sa 9–19 Uhr, So 12–19 Uhr.

• *Adressen* **Post** (Kirkegaten 2), **Bank** (Vesterveien 1) und zwei **Rimi-Supermärkte** drängen sich um den Pollen. **Arena-Einkaufszentrum** an der Ausfahrt der RV 420 (Vesterveien), **Kino** am Teaterplassen, **Taxis** warten am Busbahnhof.

• *Busverbindungen* Von der Rutebilstasjon an der Peder Thommasens Gate starten 12x täglich Busse gen Süden (Grimstad/Lillesand/Kristiansand) und 3x gen Norden (Risør/Drammen/Oslo) sowie eigens ein Flybussen zum Flughafen Kjevik bei Kristiansand. Zudem gibt es Nahverkehrsverbindungen nach Tvedestrand (8x) und Risør (10x).

• *Zugverbindungen* Den NSB-Bahnhof am nördlichen Stadtrand bedient Sørlandsbanen jeweils 2x täglich (Oslo, 2,5 Std., bzw. Kristiansand, 2 Std.).

• *Fährverbindungen* Regelmäßigen Fährbetrieb (6.45-24 Uhr) zu den Inseln Tromøy und Hisøy bestehen vom Fähranleger zwischen Tyholmen Hotel und Rathaus. Von dort startet auch die Barkasse "Pelle Pan" zu ihrer Schärentour "Rund um die Insel Hisøy"; Termine im Sørlands Info. Außerdem endet hier das Expressboot aus Oslo.

Übernachten/Camping/Essen & Trinken/Nachtleben

• *Übernachten* **E18 Hotelett**, Harebakken, ✆ 37036200, 📠 37036376, www.e18hotellet.no. 2 km vom Zentrum entfernt warten in einem Shopping-Komplex 33 nordisch-nüchterne Zimmer (Du/WC, Telefon/TV) auf eilige Gäste. DZ 1.080 NOK, EZ 850 NOK.

Breidablikk Gjestegård, Tromøy, ✆ 91639602. Der Landgasthof auf der vorgelagerten Insel, ein großes Holzhaus in urigem Garten, wurde 2002 neu eröffnet, ist aber immer noch etwas für romantisch Veranlagte. Nur die Preise sind gestiegen: DZ 1.050 NOK, EZ 850 NOK.

Ting Hai Hotel, Østregate 5, ✆ 37022201, 📠 37022325. An die Besitzer aus dem Fernen Osten erinnert bloß das gute chinesische Restaurant im Haus; ansonsten bietet das kleine Hotel im Zentrum 14 ansprechende Zimmer für 850 NOK (DZ) und 630 NOK (EZ).

Arendal Maritime Hotel, Vestregate 11, ✆ 37025300, 📠 37025551. Im untypischen Steinbau werden 33 jüngst edel renovierte Zimmer (Du/WC, Telefon/TV) für 1.095 NOK (DZ) und 895 NOK (EZ) angeboten. Außerdem gibt's Spezialzimmer für Behinderte und Suiten (1.495 NOK).

Scandic Hotel Arendal, Friergangen, ✆ 37052150, 📠 37052151. Das Hotel im Zentrum hat den gehobenen Mittelklassestandard und die Preise dazu: DZ 1.250 NOK, EZ 1.025 NOK.

Clarion Tyholmen Hotel, Teaterplassen 2, ✆ 37026800, 📠 37026801. Das schönste und beste Hotel am Platz (und was für ein Platz am Wasser) ist seine Preise wert: DZ 1.525 NOK, EZ 1.325 NOK. Sommerpreise: 1040/740). Das Restaurant zählt zu den besten der Südküste.

• *Camping* **Nidelv Brygge og Camping**, ✆ 37011425. 5 km entfernt an der RV 420 liegt der stadtnächste Campingplatz, der auch 12 Hütten vermietet (250–600 NOK). Nur Juni-Aug. geöffnet

Vippa Camping, ✆ 37095679. 6 km südlich von Arendal gelegener Platz, für den vor allem der schöne Badestrand spricht. Hütten 200–375 NOK.

Es gibt auch ruhige Plätzchen auf der Millionärsinsel Tromøy

Hove Familiecamping, ✆ 37085479. Der Waldplatz auf der Insel Tromøy (12 km vom Stadtzentrum entfernt) ist mit der nahe gelegenen Sandbucht ideal für den Familienurlaub. Hütten 310–550 NOK.

• *Essen/Nachtleben* **Grandtaket**, Langbryggen. "Das" Straßenlokal der Stadt – dichter am Wasser kann man nicht sitzen.

Sjøloftet, Langbryggen 3. Pub, Grillrestaurant und Pizzeria direkt über dem Kai. Von 11 Uhr morgens bis 3 Uhr nachts geöffnet. Empfehlenswert.

No. 9, Langbryggen, der beste italienische Kaffee Norwegens. Und die Musik sucht man selber aus.

Grand Restaurant & Dancing, Langbryggen. Café, Restaurant und Tanzbar mit schöner Terrasse am Pollen.

Rådstuen, Ndr. Tyholmsvei 2. Auf Holzbänken bekommt man spartanische Pizzen ebenso preiswert wie das Bier.

Chaplin, Langbryggen. Auch am Wasser diese zwei Kneipen gleichen Namens – Blues-Pub die eine, Diskothek die andere.

Baden

• *Baden auf Tromøy* Millionärsvillen dicht an dicht mit Minihütten: Die schöne Insel, 15 km vor Arendal per Fähre oder per Auto über die Tromøysundbru zu erreichen, ist so sehr zersiedelt, fast schon verschandelt, dass man die dichten Wälder und flachen Strände kaum genießen mag. Dennoch: Die naturbelassenen Tromøy-Strände und die baumgesäumten Buchten vermitteln ein Stück Urwüchsigkeit an der ansonsten wie aus dem Ei gepellten Sørland-Küste, das zumindest einen Ausflugstag wert ist. Aber vergessen Sie das Mückenmittel nicht...

• *Baden auf Merdø* Eine schöne Insel mit kinderfreundlichen Stränden und seltenen Pflanzen wartet auf Sie. Mit "Merdø-Ruta" geht es im Pendelverkehr ab 10 Uhr vom Pollen-Anleger los (s. u. "Merdøgaard").

Sehenswertes

Aust-Agder Museum: Am nördlichen Stadtrand (15 Minuten zu Fuß, mit dem Ringbus Nord oder per Auto die RV 420) befindet sich das kleine Provinzmuseum: Mineralien, Schifffahrtsgerätschaften, Barock- und Bauernmöbel,

Trachten und Puppen sind in vier antiken Häusern (vom edlen Gutshof bis zur armseligen Landarbeiterwohnung) ausgestellt.

Öffnungszeiten Juli u. August Mo–Fr 9–17, Sa 9–13, So 12–17 Uhr; in der übrigen Zeit Mo–Fr 9–15 Uhr, Sa 9–13 Uhr, So 12–15 Uhr. Eintritt 20 NOK, Kinder 10 NOK.

Klöckers Hus: Wie reiche Leute vor 100 Jahren lebten und weniger reiche Leute arbeiteten, demonstriert dieses Bürgerhaus (Nedre Tyholmsvei 14). Da wird Brot wie zu Omas Zeiten gebacken und verkauft, im Kolonialwarenladen gibt es frisch gerösteten Kaffee und auf "alt" getrimmte Postkarten.

Öffnungszeiten Di–Fr 10–15 Uhr, Sa 10–14 Uhr. Eintritt 25 NOK, Kinder 10 NOK.

Umgebung von Arendal

- **Merdøgaard**: Das **Skippermuseet** auf der Insel Merdø, Außenstelle des Provinzmuseums, ist im Haus eines 1930 verstorbenen Segelschiffkapitäns untergebracht. Was sich von 1720 bis dahin in "Captain's House" angesammelt hat, ist schon sehenswert (die Palette reicht von urigen Küchenutensilien bis zu exotischen Schmuckgegenständen).

Öffnungszeiten 15.6.–15.8. täglich 12–16 Uhr. Eintritt 20 NOK, Kinder 10 NOK.

- **Fevik**: Die ereignislose Streusiedlung an der RV 420 ist ein Verpflegungsposten für Yachturlauber. Man könnte ohne Halt durchrauschen, wären da nicht idyllische, selten überlaufene Strandbuchten, die zum Mittagsbad oder nur zur Mittagspause einladen. Dazu zählt **Størsanden**, eine durch Wald abgeschirmte Doppelbucht, in der gebadet, geschwommen, geplanscht, gespielt und am Kiosk gegessen werden kann.

• *Anfahrt zur Badebucht Størsanden* Sie müssen die RV 420 verlassen und nach Fevik reinfahren. Im Ort folgen Sie der Ausschilderung zum großen Parkplatz. Die letzten Schritte spazieren Sie durch den Wald, was den an dieser Küste unschätzbaren Vorteil hat, dass Sie alsbald abgasfrei faulenzen können.

Grimstad

Mein Favorit an der Südküste: Kein Hochhaus stört das Stadtbild, in dem alte Holzhäuser und moderne Supermärkte harmonisch zusammenpassen. Und kein Animationsprogramm beeinträchtigt diese urwüchsige Sørland-Idylle.

Dabei könnte Grimstad wuchern. Mit der putzig herausgeputzten Stadtapotheke z. B., in der *Henrik Ibsen* sechs ungeliebte Lehrjahre verbrachte und in der jetzt das bescheidene Stadtmuseum untergebracht ist. Oder mit **Nørholm**, dem 6 km südwestlich, direkt an der E 18 gelegenen und leider nicht zu besichtigenden Gutshof, den sich *Knut Hamsun* vom Nobelpreisgeld kaufte. Dazu die lange Schiffbautradition, die Grimstad gegen Ende des 19. Jh. zum größten Werftenplatz des Landes machte, und die größten Erdbeer- und Kirschplantagen Norwegens, die dem Städtchen mit Konservenfabriken und Fruchtweinprodukten beträchtlichen Reichtum bescheren.

Stattdessen begnügt sich Grimstad mit dem unübersehbaren Schärengürtel an seiner Küste, mit unzähligen Badeplätze am Strand und mit uralten Laubwäldern bei **Skiftenes**. Wie gesagt: Grimstad ist mein Favorit an der Südküste.

Grimstad: Lust auf Angeln, Baden, Schippern, Segeln und und und ...

Information/Verbindungen/Adressen

• *Information* **Turistkontor**, Smith Petersensgate 3, ✆ 37044041, ✆ 37049377, www.grimstad.net. Zentral in einem Eckhaus am Hafen. Im Juni täglich 9–18 Uhr, im Juli 9–19 Uhr, im August 9–18 Uhr und in der übrigen Zeit täglich 8.30–16 Uhr.

• *Busverbindungen* Von der *Busstasjon* am Hafen fahren stündlich Busse nach Arendal (jeder zweite weiter bis Risør) bzw. Kristiansand (ca. 1 Std.).

• *Adressen* In der Storgate hinter dem Touristkontor: **Polizei** (✆ 37258330), **Apotheke** (✆ 37041955), **Post**, **Supermarkt**, Omnibusbahnhof und **Taxistand** (✆ 37040142). In der Henrik Ibsengate ein zweiter Supermarkt und **vinmonopolet**.

Übernachten/Camping

• *Übernachten* **Grimstad Hotell**, Kirkegaten 3, ✆ 337252525, ✆ 37252535. Am Marktplatz warten in einem geschmackvollen Eckhaus voller Erker, Blumen und ebenso farbenfroher Markisen 39 attraktive Zimmer (Du/WC, Telefon/TV), aber auch ein gemütliches Restaurant, Weinkeller, Cocktail- und Tanzbar. DZ 1.250 NOK, EZ 1.050 NOK

Helmershus Hotel, Vesterled 23, ✆ 37041022, ✆ 37041103. Ein wenig südlich des Stadtkerns bietet das behindertengerecht eingerichtete Touristhotel 25 funktionale Zimmer. DZ 1.150 NOK, EZ 1.025 NOK.

Norlandia Sørlandet Hotell, Televeien 5, ✆ 37090500, ✆ 37049770. Biedere Zimmer und hausbackene Appartements gibt es in dem Tagungshotel außerhalb Grimstads (nach Verlassen der E 18 und hinter einer Unterführung rechts, bei nächster Gelegenheit wieder links). Erwähnenswert nur wegen der günstigen Preise: DZ 995 NOK, EZ 895 NOK.

SiA's Ferieleiligheter, Grosseveien 64, ✆ 38021644, ✆ 38021552. Appartements, Hütten und Ferienhäuser überall in der Gegend in allen Größen und zu Preisen von 3.000–3.700 NOK Wochenmiete werden vermittelt.

• *Camping* **Moysand Familiecamping**, ✆ 37040978. Zwischen Fevik und Grimstad liegt der bestens ausgestattete Wiesenplatz zwischen Wald und einer 1.000 m langen Uferlinie: Kiosk, Telefon, Bootsausleihe, Minigolf, gute Sanitäranlagen, Verkauf von Gasflaschen. Und die Hütten gibt's ab 350 NOK

• *Essen & Trinken* **Café Galleri**, Storgata 28. Der Treffpunkt in der Stadt, nicht nur tagsüber (bis 1 Uhr nachts geöffnet).

Haven Brasserie, Storgata 4. Draußen den Blick aufs Wasser, drinnen die köstlichen Kleinigkeiten aus Italien.

Ibsen, Juskestredet. Das wohl beste Lokal neben den Hotelrestaurants.

Lulles Spiseri, Jusekestredet 2. Steaks – nicht billig, aber mächtig.

Bootsausflüge

Zwischen dem 20. Juni und dem 15. August startet MS "Bibben" vom Hafenkai zu verschiedenen Erlebnistouren: täglich um 12 und 14 Uhr zur Sightseeing-, dienstags und donnerstags 15 und 18 Uhr zur Angeltour; auch Tauchfahrten werden arrangiert.

Sehenswertes

Ibsenhuset: Neben der alten Apotheke, in der Ibsen freudloser Lehrling war, werden in "der Welt größter Ibsen-Schau" u. a. Arbeits- und Esszimmer des Künstlers gezeigt. Außerdem gibt's eine Ausstellung zur Entstehungsgeschichte des Gedichtes "Terje Vigen". In dem fein restaurierten Haus (Henrik Ibsengate 14) ist zudem das Stadtmuseum von Grimstad mit einer sehenswerten Seefahrtabteilung und wechselnden Sonderausstellungen untergebracht. Alles klein, überschaubar und charmant.

Öffnungszeiten 15.4.–15.9. Mo–Sa 11–17 Uhr, So 13–17 Uhr. Eintritt 40 NOK, Kinder 20 NOK.

Fuhr-Grimstad Gartneri: Der größte Weinkeller Norwegens findet sich nördlich des Zentrums an der Abfahrt von der E 18. Der Keller hat eine Weinstube mit Schankgenehmigung, in der man einmalige Obstweine wie "Fuhr Fino", "Fuhr Vermout" oder Rhabarberwein kosten (und natürlich auch kaufen) kann.

Öffnungszeiten nur im Juli Mi–Sa 17–22 Uhr.

Fjäre Kirke: Die Steinkirche aus dem 12. Jh. liegt 3 km östlich der Stadt (jenseits der E 18) und wird noch heute als Gemeindekirche genutzt. Der steinerne Altar der hübschen, weißen Kirche inmitten mächtiger Bäume stammt vermutlich sogar aus dem 10. Jh., der steinerne Männerkopf am Südportal aus dem Jahr 1150.

Grimstad Kirke: Das erst 1881 erbaute Gotteshaus liegt auf dem Kirchenhügel Kirkheia und ist längst nicht so sehenswert wie die Fjäre-Kirche. Immerhin aber handelt es sich um Norwegens zweitgrößte Holzkirche.

Dømmesmoen: In diesem ebenfalls jenseits der E 18 gelegenen großen Park, der sich vortrefflich für Spaziergänge eignet, befindet sich die staatliche Fachhochschule für Gartenbau. Neben imponierenden Gartenanlagen, in denen traditionelle Arbeitsweise und Bewirtschaftung studiert werden können, finden sich 45 Grabhügel aus der Eisenzeit. Die Anlage ist ganzjährig geöffnet.

Lillesand

Die Gemeinde blieb zeit ihrer Geschichte von großen Bränden verschont. Deshalb erfreut sich Lillesand einer unzerstörten Holzbausubstanz, was den Ort für viele zum schönsten an der Südküste macht.

Englische und französische Einflüsse spiegeln sich in der Architektur wider, z. B. beim Rathaus, das 1734 errichtet, aber erst 1816 zur jetzigen Größe ausgebaut wurde. Oder beim Kaufmannshaus "Carl Knudsengaarden" in der Nygårdsgate, das 1827 von Carl Knudsen im Empirestil errichtet wurde und heute als Stadt- und Seefahrtmuseum dient; besonders imposant ist hier das

Vorsicht: Nicht jede Bucht der Schärenküste eignet sich zum Baden

aufgesetzte Portal. (Die etwas wirre Museumssammlung aus Schiffsgerätschaften, Möbeln und Werkzeugen ist dagegen weniger eindrucksvoll und gibt höchstens ein oberflächliches Bild vom Leben in Lillesand vor 100 Jahren. Geöffnet 15.6.–15.8. Mo–Sa 11–14 Uhr, Eintritt 20 NOK.)

Trotz des unverwechselbaren Architektur ist es eher die umliegende Landschaft, die Lillesand als Standort interessant macht: z. B. die vorgelagerte Insel **Justøy** oder der **Oggevatn** in der Hinterlandgemeinde Birkenes, der ein Paradies für Paddler ist. Und nicht zu vergessen der vielleicht schönste Schärengarten an Norwegens Küste.

Information/Verbindungen/Adressen

• *Information* Der **Turistkontor** liegt am Sanden Torv (direkt am Hafen), ✆ 37261680, 📠 37261599, www.lillesand.kommune.no. Ganzjährig Mo–Fr 9–18, Sa bis 14 Uhr. Das kleine Büro vermittelt Privatzimmer und verkauft Tickets für Ausflüge. Das sehr informative Tourenhandbuch für Spaziergänge in der Umgebung (70 NOK) gibt es leider nur auf Norwegisch, wegen der guten Karten ist es aber auch für Sprachunkundige verwendbar.

• *Busverbindungen* Am Busbahnhof in der Jernbanegate (Nähe Hafen) halten 2 Überlandlinien: Der Sørlandbus von Oslo (4 Std.) nach Kristiansand (2 Std.) 5x täglich und der Kystbus, der die Südküste bedient, 4x pro Tag. Zudem stündliche Verbindungen nach Arendal und Kristiansand und alle zwei Stunden nach Risør und Kragerø.

• *Adressen* **Polizei**, die Hauptwache befindet sich in der Jernbanegate (Verbindung zwischen E 18 und Hafen), ✆ 3727088. **Notarzt**, ✆ 38076900. **Apotheke**, Ecke Jernbanegt./Storgt., ✆ 372700056. **Post**, Jernbanegt. (gegenüber der Tankstelle). **Taxi**, Jernbanegt. (neben dem Busbahnhof). **Gästehafen** (Duschen, WC, Waschmaschine, Müll) am Sanden Torv. **Hafenbüro**, ✆ 37270444. **Geschäfte** (Supermärkte und Souvenirs) in der Storgt. und Jernbanegt. **Fischbazar** an der Ecke Øvregate/Nygårdgate. **Ole-Olsen-Shop-Senter** in der Strandgate. **Tauchen und Bootsverleih**, Sørlandet Dykkesenter, Nygårdgate 22, ✆ 37272130, 📠 37271542.

Übernachten/Camping/Ausflüge

• *Übernachten* **Gryten Motel**, Nygårdsgt. 34, ✆ 37272444, ✆ 37273557. Die 15 Zimmer des Zentrum-Hotels sind klein und nicht eben edel, aber preiswert: DZ 700 NOK, EZ 500 NOK.

Hotel Norge, Strandgt. 3, ✆ 37270144, ✆ 37273070.,www.hotelnorge.no Weitaus besser lässt sich in dem Empire-Haus wohnen. Geschmackvoll und persönlich die 30 Zimmer, schmackhaft und teuer die Fischgerichte im Restaurant. DZ 1.080 NOK, EZ 850 NOK (Sommerpreise: 1.020 bzw. 645 NOK).

Høvag Gjestehus, Vestre Vallesverd, ✆ 37275335, ✆ 37275747. Auf dem Weg nach Kristiansand gelegen (5 km vor dem Dyrepark), bietet das mächtige Haus längs der E 18 zwanzig angenehme, große Zimmer. DZ 780 NOK, EZ 595 NOK (mit Frühstück).

• *Camping* **Tingsaker Familiecamping**, ✆ 37270421, www.tingsakercamping.no. Der von Mai bis September geöffnete Platz liegt 800 m vom Zentrum entfernt direkt am Meer (jedoch keine schönen Strände). Neben 150 Zelt- und Wohnwagenstellplätzen werden 16 geräumige Hütten (ab 450 NOK) angeboten. Zudem Kiosk und Bootsverleih.

Trydal Camping, ✆ 37270965. Trotz des Namens gibt es keine Zeltplätze, sondern nur 16 einfache Hütten an der E 18 (ab 250 NOK).

Kjerlingland Camping, ✆ 37275282. Der mittelgroße Platz liegt 5 km westlich des Zentrums (nahe der E 18 in Richtung Kristiansand) an einem mit Heidekraut urwaldartig bewachsenen Moorsee. Neben 70 Stellplätzen gibt es 16 Hütten (ab 300 NOK). Vom 15.6.–15.8. geöffnet.

Ausflüge

Nach Brekkestø: Auf dem äußersten Zipfel der Lillesand vorgelagerten Insel Justøy liegt Brekkestø, noch heute ein beliebter, ein heiterer Segelschiffhafen. In seiner Glanzzeit vor 150 Jahren war der Ort Sitz mehrerer Reedereien, heute ist er nur noch Treffpunkt fröhlicher Freizeitsegler.
Sie erreichen Insel und Ort per Schiff (s. u. "Schärenfahrt"), per Bus (4x täglich ab Lillesand) oder per Auto bzw. Rad (4 km hinter Lillesand zweigt die ausgeschilderte Landstraße von der E 18 nach links ab, überbrückt die Blindleia und führt quer über die Insel Justøy nach Brekkestø).

Schärenfahrt: Nach Brekkestøy kommen Sie auch mit "M/S Øya II". Das aber ist nur eine von acht Stationen auf diesem eindrucksvollen Tagestörn, den der Steamer zwischen dem 1.7. und dem 15.8. werktags durch die Schärenlandschaft bis nach Kristiansand macht. Von Kristiansand kommen zudem die Ausflugsboote "Silius" und "Maarten", deren Abfahrtszeiten für Lillesand-Urlauber allerdings ungünstiger sind. Täglich ab 9.35 Uhr, an Kristiansand 12.40 Uhr. Rückkehr nach Lillesand 16.30 Uhr. Preise: bis Brekkestø 25 NOK, bis Kristiansand 150 NOK. Buchung unter ✆ 37275286. Abfahrt "Maarten" 14.30 Uhr, Abfahrt "Silius" 17 Uhr. Preise wie oben.

Nach Birkenes: Die Nachbargemeinde im Norden von Lillesand bietet ungemein unberührte Natur: Wälder, Heide, Wasserfälle (z. B. der Teinefossen unweit Birkelands), umwaldete Seen (z. B. das Paddlerparadies Oggevatn nordwestlich vom Hauptort Birkeland) und eine reiche Tierwelt (die Gemeinde gilt als Elchrefugium Südnorwegens und als ausgezeichnetes Angelrevier). Aber auch Wanderer und Radler finden hier, nur wenige Kilometer von den umtriebigen Zentren der Südküste entfernt, Stille und Abgeschiedenheit.
Sie erreichen die Gemeinde per Bus (stündlich ab Lillesand); eine Autorundfahrt (RV 402 und RV 42) dauert zwei Stunden reine Fahrtzeit, eine Radrundtour fünf Stunden (ohne Stopp).

Schulschiff Sørlandet in seinem Heimathafen Kristiansand

Kristiansand

Steinhäuser und breite Straßen, aber keine Blockhäuser oder steile Gassen, flaches Land statt felsiger Hügel und nirgends Fjorde. Für viele Fährpassagiere, die im Hafen erstmals norwegischen Boden betreten, ist Kristiansand eine Enttäuschung. Denn die Hauptstadt der Südküste ist ganz anders als das Norwegen der Ferienkataloge.

Kristiansand ist nicht norwegisch genug, um auf Norwegen einzustimmen. Mit 357 Jahren ist die mit 74.000 Einwohnern fünftgrößte Stadt des Landes zu jung, als dass sie durch die Jahrhunderte hätte wachsen können wie die größeren, geschichtsträchtigen Städte. Schon als sie 1641 auf Geheiß des Dänenkönigs gebaut wurde, mochten die Sørländer nicht einsehen, warum sie gerade hier an der Otra-Mündung siedeln sollten.

Obwohl Kristiansand als Ort mit den meisten Sonnentagen Südnorwegens gilt, ist der zweitgrößter Fährhafen und das drittgrößte Wirtschaftszentrum des Landes zu geschäftig, um als "Ferienstadt Nummer eins" (Werbung der Stadtverwaltung) durchzugehen. Die meisten Urlauber rollen von der Fähre und düsen durch die Stadt ihrem Ferienquartier entgegen, ohne sich vor Ort genauer umzuschauen. Doch wer die Stadt als bloße Durchgangsstation auf dem Weg zu den östlich und westlich gelegenen Sandstränden begreift, tut ihr Unrecht. Es gibt nämlich durchaus die eine oder andere Sehenswürdigkeit zu entdecken.

Kristiansand: Marktplatz im Schnittpunkt der Straßenachsen

Stadtstruktur

Ein Schachbrettmuster aus sieben Längs- und zehn Querachsen prägt die Innenstadt, die den bezeichnenden Namen **Kvadraturen** erhalten hat. Die 15 (!) m breiten Straßen sollten als Brandschneisen dienen. Dennoch setzten etliche Brände der Stadt zu; der schlimmste, 1734, verwüstete die Hälfte aller Häuser. An der schachbrettartigen Stadtanlage wurde dennoch nichts verändert, wenn auch einige Betonklötze neuerdings den Rahmen sprengen und mit dem Wirtschaftsaufschwung zur Jahrhundertwende die Besiedlung über den Flusslauf der **Otra** hinaus ausgedehnt wurde. Doch durch die hypermoderne Uferbebauung mit edlen Eigentumswohnungen hat die Stadt seit 2000 ihr Image als Trendstadt wieder aufgemöbelt.

Stadtgeschichte

Auf einer Sandebene ließ Dänenkönig *Christian IV.* 1641 den Bau von "Christians Sand" beginnen. Neben Akershus (Oslo) und Bergenhus (Bergen) sollte mit Christiansholm eine dritte Festung die norwegischen Küste sichern. Noch heute ist Kristiansand Militärstadt mit Offiziersschule und Garnison. Aber erst die Erfindung der Dampfschifffahrt bescherte der Stadt wirtschaftlichen Aufschwung – 1839 wurde der Hafen an die Route London–St. Petersburg angebunden. Und mit dem Verkehr kam die Industrie. Textil- und Tabakfabriken machten den Anfang, doch besonders die Erzverarbeitung aus den Nickelgruben von **Evje** im Setesdal brachte Kristiansand den Durchbruch zum Industriestandort. Noch heute zählt das "Falconbridge Nickelwerk", bei der Fähreinfahrt unübersehbar, zu den größten Arbeitgebern der Stadt.

Die Eröffnung der Sørlandbahn 1938, der Bau des **Flughafens Kjevik** ein Jahr später, die Europastraße Oslo–Kristiansand (E 18) und weiter nach Stavanger (E 39) sowie letztlich die Anbindung des über Jahrhunderte abgeschiedenen Setesdals durch die RV 9 erst Ende des 60er Jahre haben Kristiansands Rolle als Verkehrsknotenpunkt und als "Tor nach Norwegen" begründet. In den 60er und 70er Jahren war Kristiansand "tettsted" in Norwegen, die am schnellsten wachsende Stadt des Landes. Seit 20 Jahren hat ihr die Öl-Boom-City Stavanger allerdings den Rang abgelaufen. Als Drehscheibe des Fährverkehrs – Kristiansand ist hinter Oslo der zweitwichtigste Fährhafen des Landes – hat sie ihre wirtschaftliche Bedeutung aber behauptet. 6.000 Schiffsanläufe schwemmen jährlich über 600.000 Passagiere an den Kai von Kristiansand.

Kristiansand mit "S"

Sie werden in Broschüren oder Straßenkarten häufig die Schreibweise "Kristiansand-S" finden. Man verwendet sie, um Verwechslungen mit dem fast 1.000 km weiter nördlich gelegenen *Kristiansund* (= "Kristiansund-N") zu vermeiden.

Information/Verbindungen

- *Information* **Turistkontor**, Vestre Strandgate 32 ✆ 38121314, ✆ 38025255, destinasjon@sorlandet.com. Juni-August Mo–Sa 8–19.30 Uhr, So 12–19.30 Uhr, September–Mai Mo–Fr 8–16 Uhr. Neben der praktischen Gratisbroschüre "Destination Sørlandet" bekommt man im Info-Büro seitwärts der Uferstraße den Skagerrak-Pass (50 NOK) für freien Eintritt in Museen und Ermäßigungen in manchen Ausflugszielen.
- *Flugverbindungen* Vom 12 km nördlich der Stadt gelegenen Airport **Kjevik** verkehren drei Maschinen täglich nach Kopenhagen, sonst nur innernorwegische Flüge: 10x pro Tag Oslo, 7x täglich Stavanger und einmal Bergen. Ein Flughafen-Shuttle (20 Min., 40 NOK) bringt Passagiere zwischen 6 und 21 Uhr zum Flughafen (Haltestellen: Taxistand Vestre Strandgate, Hotel Caledonien, Fregatten-Hotel).
- *Zugverbindungen* Den altbackenen, kleinen Hauptbahnhof gegenüber vom Kai der Dänemark-Fähre verlassen täglich acht Fernzüge: jeweils 4x in Richtung Stavanger (4 Std.) bzw. Oslo (5,5 Std.).
- *Busverbindungen* Vom hässlichen Busterminal neben dem Bahnhof fahren Busse nach Oslo (8-10 Std.) bzw. Stavanger (4 Std. 15 Min., 4x täglich), nach Mandal (stündlich), Arendal (8x pro Tag) und ins Setesdal (3x täglich); selbst Hamburg wird angefahren. Im Terminal gibt es Schließfächer und eine kleine Kneipe.
- *Fährverbindungen/Bootsausflüge* Ins dänische Hirtshals pendeln täglich mehrere Autofähren ab Westhafen (Cafeterien, Toiletten, Telefon, Schließfächer). Örtliche Fähren und Sightseeingboote legen an der Fiskebrygge ab. Besonders attraktiv die Sommerfahrten durch den **Schärengarten** (3 Std., 180 NOK) mit den Booten "Maarten" und "Sirius" oder die Tour mit MS "Øya" nach **Lillesand** (Tickets im Turistkontor).

Kristiansand Karte S. 124/125

Adressen/Telefonnummern

- *Autovermietung* Gyldenløvgt. und Vestre Strangt.
- *Banken* Tollbodgate (gegenüber der Post).
- *Erste Hilfe* ✆ 38025220.
- *Fahrradverleih* Grim Torv, ✆ 38027909 (130 NOK/Tag).
- *Fundbüro* ✆ 38075000.
- *Gasnachfüllstation* (für 2-kg-Flaschen) Festingsgt. 48, sonst Füllstation Progas auf der Straße nach Evje.
- *Krankenhaus* ✆ 38073000.
- *Parkplätze* für Wohnwagen und Caravans am Hafen (Ende Kirkegt, 60 NOK/Tag) und auf der Tanges-Halbinsel, sonst Parkhaus an der Vestre Strandgate (40 NOK für zwei Stunden).
- *Polizei* ✆ 38076500.
- *Post* Markensgate (Nähe Dom).
- *Taxi* ✆ 38002000.
- *Telegrafenamt* an der Ecke Dronningsgt./Kirkegt.
- *Wechselstube* u. a. im Fährterminal.

Einkaufen

In der **Fußgängerzone Markensgate** jede Menge guter Geschäfte, z. B. **Berges Bokhandel** mit guten Straßenkarten, **Glasmagasinet** (Nr. 8) mit reichem Souvenirsortiment oder **Gull Smykket** (Nr. 10), wenn's Schmuck made in Norway sein soll. Für Angler und Trekker ist **Greenfield** (Nr. 41, Eingang Kristian IV's gate) interessant und für Taucher **Dykkesenter**, Kristian IV's gate. Die **Supermärkte** sind alle ziemlich teuer, aber einige wenigstens lange geöffnet, wie z. B. **Domus** gegenüber dem Fähranleger oder **Slottsquartalet**, das Einkaufszentrum im Zentrum (Do bis 19 Uhr). Am Hafen eine **Fischhalle** und ein kleiner **Fischmarkt** (Fiskebrygge).

Übernachten/Camping

• *Übernachten* Kristiansand **Vandrerhjem Tangen (20)**, Skansen 8 (auf der Landzunge Tangen, unweit des Gästehafens und Roligheden-Bades, noch vor der Otra), ✆ 38028310, 📠 38027505. Das Heim im Industriegebiet ist attraktiv für junge Reisende mit schmalem Urlaubsbudget. Gemeinschaftsküchen, TV-Ecke sowie Frühstücks-

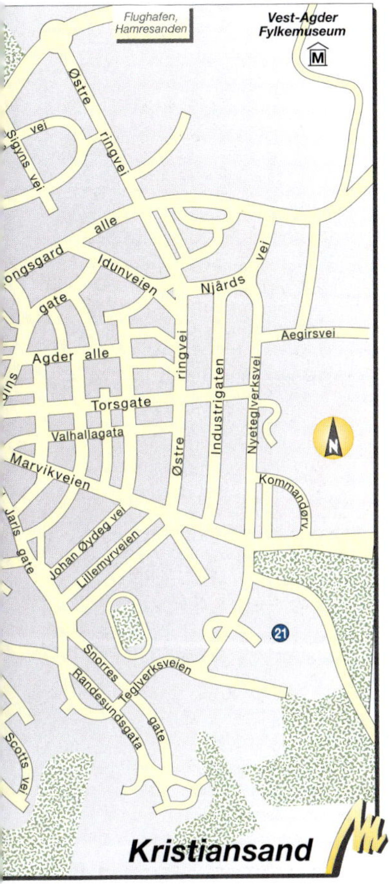

terrassen. EZ 380 NOK, DZ 420 NOK, Bett 190 NOK.

Best Western Bondeheimen Hotel (10), Kirkegata 15, ✆ 38024440, ✆ 38027321. Hohe Komfortansprüche darf man an das Familienhotel direkt an der Domkirche nicht stellen; immerhin aber hat jedes der gemütlichen Zimmer Telefon/TV, manche haben Du/WC. Und das im niedrigen Preis enthaltene Frühstück kann sich sehen lassen (kein Büfett, aber endlich mal nicht das Einheitsbrot). In der kleinen Gaststube gibt es noch zu später Stunde kleine, warme Gerichte. DZ 1.050 NOK, EZ 850 NOK.

Hotel Sjøgløtt (18), Østre Strandgate 25, ✆/✆ 38022120. Alles ist sehr einfach in diesem kleinen Hotel; das Beste sind die ausreichend großen Doppelbetten und die Preise: DZ 780 NOK, EZ 590 NOK.

Rica Hotel Norge (15), Dronningensgate 5, ✆ 38174000, ✆ 38174001. Die Zimmer in dem vor einigen Jahren vollständig renovierten (behindertengerechten) Hotel verfügen über Du/WC sowie Telefon/TV Außerdem gibt's eine Cafeteria. DZ 1.250 NOK, EZ 1.145 NOK (Sommerpreise: 1.050/850 NOK).

Fregatten Hotel (9), Dronningsgate 66-68, ✆ 38021500, ✆ 38020119, www..rica.no Schade: Das nach einem Besitzerwechsel aufgemotzte 35-Zimmer-Hotel verliert durch seine Lage an der Durchgangsstraße; Steakhouse-Restaurant und schmissige Bar hätten mehr Gäste verdient. DZ 980 NOK, EZ 850 NOK.

Scandic Hotel Kristiansand (1), Markensgate 39, ✆ 21614200, ✆ 21614211, www.scandic-hotels.com. In dem Glas-Beton-Kasten in der Fußgängerzone versteckt sich das wohl beste Stadthotel – und mit Palle Rosenkrantz (s. "Essen & Trinken") eines der besten Restaurants. Auf dem Dach eine Sonnenterrasse mit der besten Aussicht über Stadt und Meer. Natürlich alle Zimmer mit Du/WC und Telefon/TV DZ 1.256 NOK, EZ 1.045 NOK.

Radisson SAS Caledonien Hotel Kristiansand, Vestre Strandgate 7, ✆ 38112100, ✆ 38112101, www.radissonsas.com. Hier ist alles Spitze: Die Wolkenkratzer-Konstruktion und der Service, Pub, Bar und Tanzbar, die schicken Zimmer natürlich und die edlen Suiten (1.500-3.000 NOK) sowie selbstredend die Preise: DZ 1.410 NOK, EZ 1210 NOK .

Clarion Hotel Ernst (13), Rådhusgata 2, ✆ 38128600, ✆ 38020307, www.ernst.no. Das SAS-Hotel in einem prachtvollen Fin-de-siècle-Bau im Zentrum bietet First-Class-Service. Und Bar, Brasserie sowie Nachtklub. DZ 1.250 NOK, EZ 40 NOK.

• *Camping* **Roligheden Camping (21)**, Marviksveien 100, ✆ 38096722, www.roligheden.no. Direkt am Sportboothafen und unweit des FKK-Strandes Gleodden im Osten der Stadt (Anfahrt per Auto: nach Überqueren der Otra gleich rechts ab und der Ausschilderung folgen; per Bus: Linien 15 und 16, mehrmals stündlich). Der nur zwischen Juni und September geöffnete, große Platz auf einem hübschen Wiesengelände bietet außer seiner Stadtnähe keine Besonderheiten.

Dvergsnestangen, ✆ 38047155. 12 km vor der Stadt, Anfahrt per Auto: E 18 Richtung Arendal, dann Reichsstraße 401 (ausgeschildert). Der ganzjährig geöffnete, verwinkelte Platz hat neben dem Service eines Vier-Sterne-

Kristiansand
Karte S. 124/125

Campings auch Hütten und Motelzimmer (jeweils 300 NOK/Pers.), Bootsverleih, Kinderspielplatz und gute Möglichkeiten zum Angeln zu bieten.

Åros Motell Camp AS, Søgne, ✆ 38166411. Der 18 km entfernte Vier-Sterne-Platz (E 18 Richtung Mandal) ist rundum perfekt ausgerüstet: Kiosk, Lokal, 200 Stellplätze, 36 edel ausgestattete Hütten (ab 450 NOK), Spiel- und Sportplatz, Bademöglichkeit, Motel (ab 850 NOK), Telefon und Waschmaschinen und Kochgelegenheit – kurz ein Klasse-Campingplatz.

Essen & Trinken

Wenn Sie "richtig" essen gehen wollen, werfen Sie auch einen Blick auf die Rubrik "Übernachten", denn oft haben die dort aufgeführten Hotels durchaus ansprechende Restaurants zu bieten.

Peppe's Pizza (4), Gyldenlovsgt 7. Das reellste Angebot: In dem Fachwerkhaus nahe der Fußgängerzone gibt es Pizza im Sonderangebot (79 NOK bis 17 Uhr), aber auch Lasagne für 99 NOK und einen ausreichend großen, guten Salat für 65 NOK.

Sjøhuset (17), Østre Strandgate 12 a. Schöne Terrasse direkt am Jachthafen, feines Holzinterieur und überdurchschnittliche Preise.

Brasserie Hvide Hus (16), Markensgate 29. Weit mehr als eine Bäckerei – hier bekommt man vorzügliche Leckerbissen serviert, allerdings zu eben solchen Preisen (sonntags geschlossen).

Lum Fong (12), Dronningensgate 13. Der unvermeidliche Chinese mit den immer verwechselbaren Reisgerichten (90–150 NOK).

Palle Rosenkrantz (8), Markensgate 39. Trotz der happigen Preise: Das Preis-Leistungs-Verhältnis des Restaurants im Hotel Christian Quart (s. o.) ist stimmig – wer kräftig zahlt, wird nicht enttäuscht.

Luihn (7), Rådhusgate 15. Das beste Restaurant der Stadt. Am Domplatz in einem sehr edlen, sehr stilvollen Haus mit sehr hohen Preisen: Menu 385-535 NOK. Aber es lohnt sich, in den kerzenbeleuchteten Gewölben den Urlaub stimmungsvoll zu beginnen. Geöffnet ab 16 Uhr, sonntags geschlossen.

Cafés, Pubs, Bars/Nachtleben

Geheb (14), Dronningensgt/Markensgt. Bei "Kaffee satt" und Kuchen mit Sahne lässt sich im Kaffeehaus ein Nachmittag gut verbringen.

Frh. Larsen, Markensgt Café und Galerie und ein hässlicher Hinterhof. Aber gepfefferte Preise für leckere Kleinigkeiten.

Parken Café (6), Gyldenlovsgate 14. Hier gibt es auch warme Gerichte für den kleinen Hunger.

Nellas Hus (5), Gyldenlovsgate 11. Gleich nebenan das stimmungsvolle Jahrhundertwendecafé, das typisches Gebäck und eben solche Gerichte aus der Gegend anbietet.

Den Gode Hensigt (11), Rådhusgate 15. Auf der Rückseite des "Luihn" (s. "Essen & Trinken") das Stimmungslokal mit Hammondorgel und rüdem Abschlepperflair.

Café Kaos (2), Kirkegata 7. Kein Café, sondern verrauchte Kneipe mit lauter Musik, die manchmal live ist, kleinen, schlechten Gerichten und normalen Preisen.

Sixpence (3), Kirkegata 7. Im Keller des "Kaos" eine Bierpinte mit wackeligen Holztischen, uralten Kerzen darauf und einer noch viel älteren Tubebox. Die Urigkeit hat ihren Preis: Mit 35 NOK der höchste Bierpreis in der Stadt.

Wer in Kristiansand "richtig einen draufmachen will", wird höchstens in den Hotels fündig: **Kong Christians Bar** und die Tanzbar **Tuxedo** im Hotel Christian Quart oder **Africa Bar** sowie **Night Cap** im Ernst Park Hotel sind solche Adressen.

Baden

Natürlich können Sie bereits in Kristiansand am Stadtstrand **Kirkebukta** baden oder in **Gleodden** unweit des Roligheden Campingplatzes an der Bertesbukta (dort auch FKK). Lohnenswerter ist aber der Ausflug über die E 39 nach Südwesten in Richtung Stavanger, nach Mandal (42 km) oder gar nach Flekkefjord (nochmals 59 km) an die schönsten Sandstrände Skandinaviens.

Sehenswertes in Kristiansand und Umgebung

Domkirke: 130 Jahre alt ist der neugotische Bau im Zentrum, dessen Turm die Innenstadt überragt; die Vorgängerkirche fiel einem der vielen Stadtbrände zum Opfer. Der massige, aber nicht unbedingt besuchenswerte "Neubau" zählt mit 1.800 Plätzen zu den größten Kirchen Norwegens.

Öffnungszeiten Juni–August Mo–Sa 9–14 Uhr, Messen So 9 und 11 Uhr.

Posebyen: Für den ältesten Teil der quadratisch angelegten Altstadt zwischen Elevegata und Festningsgata, zwischen Rådhusgate und Tordenskjolds Gate im Norden des Zentrums sollten Sie sich ein wenig Zeit nehmen. Zehn Blöcke stilsicher restaurierter Blockhäuser mit urigen Kopfsteinpflastergassen und versteckten Hinterhöfen warten auf Sie. Neben Kunstgewerbeläden und winzigen Ateliers finden Sie dort auch das kleinste Postamt des Landes.

Festung Christiansholm: Die Rotunde an der Strandpromenade ist eher putzig; die niedlichen Kanonen der 1672 fertig gestellten Festungsanlage waren nur einmal in Betrieb: 1807 vertrieben sie, man glaubt es kaum, ein englisches Geschwader. Aber die Parkanlage drum herum ist für jedes Picknick gut.

Öffnungszeiten täglich 9–21 Uhr, Führungen täglich 13 Uhr. Eintritt frei.

Halbinsel Flekkerøy: Wer sich vor der Weiterfahrt noch ein Picknick gönnen möchte, sollte das auf der Halbinsel Flekkerøy tun. Die Wochenendhäuser der Kristiansander lassen zwischen bewaldeten Schärenrücken und lauschigen Badebuchten immer noch genug Platz für ein ruhiges Plätzchen. Anfahrt auf der Hafenuferstraße vorbei an der "Falconbridge"-Fabrik und durch den altersschwachen, mautfreien Flekkerøy-Tunnel.

Kristiansand
Karte S. 124/125

Kristiansand Museum: 2 km außerhalb des Stadtkerns (auf dem anderen Otra-Ufer) liegt der Botanische Garten mit einem kleinen Museum und der größten Kakteensammlung Skandinaviens.

Öffnungszeiten/Anfahrt Juni–August 10–18 Uhr, sonst 10–15 Uhr. Eintritt 30 NOK, Kinder 15 NOK. E 18 über Gimleveien oder mit den Buslinien 22 bzw. 24.

Vest-Agder Fylkesmuseum: Ebenfalls außerhalb der Stadt (aber an der E 18) findet man das sehenswerte Freilichtmuseum der Provinz Agder mit 29 Gebäudekomplexen. Besonders eindrucksvoll der *Setesdalshof* mit zehn Gebäuden aus der Zeit um 1650, der 200 Jahre alte *Eikenhof* sowie 11 Stadthäuser aus dem 19. Jh., die zu einer Häuserzeile mit Krämerladen zusammengestellt sind. Sehenswert überdies die Spielzeug- und Trachtenausstellungen.

Öffnungszeiten/Anfahrt Juni–August Mo–Sa 10–18 Uhr, So 12–18 Uhr; in der übrigen Zeit nur So 12–17 Uhr. Eintritt 40 NOK, Kinder 20 NOK. E 18 Richtung Grimstad/Arendal oder Buslinien 22 bzw. 24.

Dyre-Freizeitpark: Der Tier- und Freizeitpark liegt ebenfalls an der E 18, etwa 12 km hinter dem Freilichtmuseum. Der Besuch dieser Sehenswürdigkeiten ist also prinzipiell kombinierbar. Allerdings gilt der Dyre-Freizeitpark als einzigartig in Norwegen und ist schon allein einen Tagesausflug wert. Man kann auf dem 600.000 qm großen Gelände ein Reservat nordischer Raubtiere (Wölfe, Luchse und Vielfraße) und einen Affendschungel mit frei lebenden Tieren bewundern, man kann im See baden oder Boot fahren, Skooter und

Bobs leihen, Trampoline benutzen sowie Lilliputstädte und Seeräuberschiffe bestaunen. Außerdem gibt es mehr als eine Cafeteria.

Öffnungszeiten/Anfahrt Juni–August täglich 10–18 Uhr, Eintritt 200 NOK, Kinder 175 NOK. E 18 Richtung Grimstad/Arendal oder Buslinien 22 bzw. 24.

Monte Carlo Motormuseum: Ein wahrer Hochgenuss für Motorfans direkt gegenüber dem Freizeitpark. Das kleine Museum zeigt 70 Luxus- und Sportautos vom Rolls Royce, Baujahr 1927, bis zum Ferrari, Baujahr 1992.

Öffnungszeiten Juni–August 11–17 Uhr. Eintritt 50 NOK, Kinder 20 NOK.

Nostalgiefahrt mit Setesdalbanen: Seit 1963 verkehrt der einst für Kristiansand so wichtige Zug nur noch als Museumsbahn. Die Setesdal-Bahn, die seit 1895 das ehedem so abgeschiedene Tal mit der Stadt verband und zunächst Holz, später Erz transportierte, war 1960 eingestellt worden, denn die Schmalspurbahn (1.067 mm) passte nicht mehr zur Normalspur (1.4435 mm) der Hauptlinie. Heute schnauft die 100 Jahre alte Lok nur noch für Touristen ein 5 km langes Teilstück der vormals immerhin 75 km langen Strecke hinauf. Das aber lohnt sich nicht nur für Eisenbahn-Nostalgiker, auch wenn man jeden Kilometer mit 10 NOK bezahlen muss.

- *Abfahrzeiten* im Juli Di–Fr 18 Uhr, Sa 11.30 und 14 Uhr; Juni u. August So 11.30 und 14 Uhr. 50 NOK, Kinder 25 NOK.
- *Anfahrt* Der Museumszug startet in Grovane, das Sie zunächst über die RV 9 Richtung Norden, dann über die RV 405 erreichen (Sie müssen der Ausschilderung "Steinfoss Bru" und "SB Station" folgen).

Am Fähranleger Kristiansand: im Ferienland der Wohnmobile

Stabbur in Bykle: 800 Jahre und kein bisschen morsch

Setesdal

Das meistbesuchte Tal des Landes ist Norwegen pur: tiefe Wälder und mächtige Fjorde, reiche Bauernhäuser mit grasgedeckten Dächern und sogar ein wilder Fluss. Die Werbetexter der Tourismusbroschüren übertreiben nicht, wenn sie das Tal der Otra "Märchental des Südens" nennen.

Doch die Moderne macht nicht Halt vor dem hinterwäldlerischen Setesdal und seiner noch wenig berührten Natur. So sind viele der ungehobelten Bauernhäuser in die Freilichtmuseen von Oslo und Kristiansand verpflanzt worden, und man hat die 215 km lange **Otra** für den Kraftwerksbau von **Brokke** reguliert und ihr damit viel von ihrer Wildheit genommen. Und auch der Verkehr belastet das Tal. 600.000 Touristen nutzen jährlich Rijksvegen 9, denn für Fährreisende aus Larvik oder Kristiansand ist die häufig schmale und kurvige Landstraße die schnellste Passage nach Bergen oder zur Hardangervidda.

Geografischer wie landschaftlicher Mittel- und Höhepunkt ist der **Byglandsee**. Er besteht aus dem **Åraksfjord** und dem südlichen **Byglandsfjord**, die nur wegen ihrer äußeren Ähnlichkeit mit Meeresarmen den Namen "Fjord" tragen – beide werden von der Otra gespeist.

Mit namhaften oder auch nur großen Orten kann das Setesdal nicht aufwarten. In dem lange abgeschiedenen Tal (erst Ende der 60er Jahre wurde die durchgehende, ganzjährig befahrbare Straße fertig gestellt) ist der Boden größtenteils so karg, dass seit jeher nur wenige Menschen hier siedelten, die sich mehr schlecht als recht von Holzwirtschaft und bloß vereinzelt von

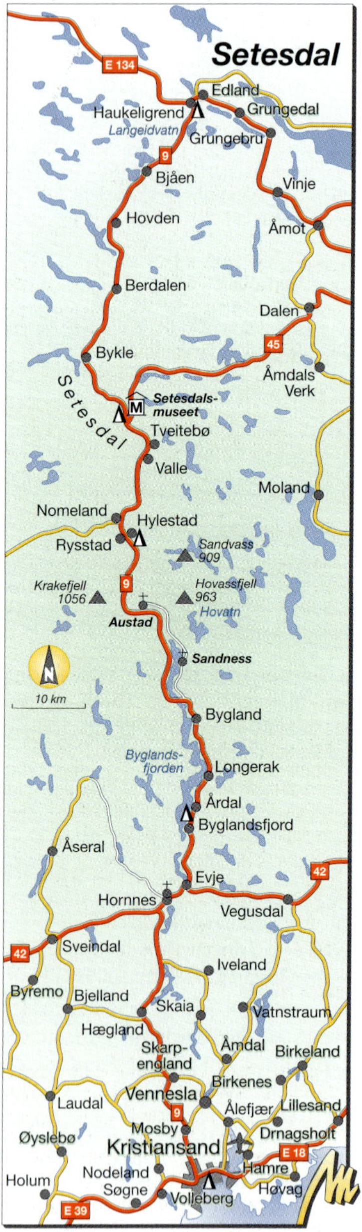

Landwirtschaft ernähren konnten. Über Jahrhunderte galten die Setesdaler entsprechend als Eigenbrötler, über die Witze erzählt wurden wie bei uns über die Ostfriesen.

Die ersten 61 Straßenkilometer von Kristiansand (gleich links am Fährkai der Ausschilderung folgen) nach Norden bis **Evje** am Eingang zum Setesdal sind landschaftlich nicht sonderlich aufregend – kleine Seen und Wälder, weite Wiesen und Felder geben erst einen Vorgeschmack auf das später stattliche Tal.

Evje-Hornnes

Die 1.500 Einwohner zählende Doppelgemeinde trägt zwei Loren im Wappen: letzte Erinnerung an die reiche Vergangenheit der 1946 stillgelegten Nickelerzgruben.

Die Gruben, die ab 1844 betrieben wurden und in denen ab der Jahrhundertwende neben Nickel auch Quarz, Feldspat und andere Mineralien gefunden wurden, sind mittlerweile zu einem **Mineralienpark** nebst **Mineralien-Lehrpfad "Mineralisti"** ausgebaut worden. Der Park ist vom 15. 5. bis zum 15. 10. täglich zwischen 10 und 16 Uhr geöffnet (Eintritt 50 NOK). Verschiedene Leser berichten allerdings, dass die 60.000 qm große Anlage häufig und unangemeldet geschlossen wird. Der Lehrpfad, der östlich des Ortes 2 km weit durch 5 Gruben führt, ist dagegen immer zugänglich, sodass Hobby-Mineralogen hier stets selbstständig auf Schatzsuche gehen können.

Auch Angler zieht es nach Evje, denn nirgends sonst im südlichen Norwegen kann man derart bequem, gleichsam neben der Straße, und derart erfolgversprechend angeln: Lachse, Barsche und Forellen beißen an. Und neuerdings treffen sich Kanuten und Raftingsportler im Sportzentrum 5 km nördlich von Evje. Letzter Schrei aber ist die kürzlich eröffnete Gokart-Bahn, mit 1.100 m die längste Nordeuropas.

Information/Verbindungen/Adressen

• *Information* Das **Setesdal Informasjonssenter** liegt an der Durchgangsstraße, ✆ 37931400, ℻ 37931455. Im Juli u. August Mo–Fr 8.30–18 Uhr, Sa 8.30–15, So 13–16 Uhr, in der übrigen Zeit Mo–Fr 8.30–16 Uhr. Neben Hinweisen zu Unterkünften und allgemeinem Informationsmaterial gibt es Angelkarten, die man aber auch im Odden Camping (s. u.) bekommt.

• *Busverbindungen* Drei Überlandlinien sorgen für perfekte Anbindung: Zwischen Oslo und Bergen verkehrt der "Haukelieksspressen" mit über 30 Stopps in Telemark und dem Setesdal (4x pro Tag in Evje), Bus 844 von Kristiansand nach Haukeli hält 12x täglich, ebenso Bus 843, der von Arendal aus durch das Tal fährt.

• *Adressen* **Post** und **Bank** im Zentrum, **Spar-Supermarkt** an der Texaco-Tankstelle östlich der RV 9, überdies am südlichen Ortseingang ein Einkaufszentrum, **Minimärkte** bei den Campingplätzen.

Übernachten/Camping/Essen & Trinken

• *Übernachten* **Evje Vandrerhjem, Setesdal Rafting & Aktivitetssenter**, ✆ 37931177, ℻ 37931334. Die von Mai bis September geöffnete Jugendherberge 5 km nördlich von Evje vermietet EZ (270 NOK), DZ (540 NOK) sowie Mehrbettzimmer (Bett 170 NOK). Und Frühstück (65 NOK) gibt's auch. Zudem kann man im Sportzentrum (s. u.) Kajaks und Räder mieten oder an geführten Touren teilnehmen.

Grenaderen Motell, ✆ 37930400, ℻ 37931370. Das preiswerte Mittelklassehotel mit 35 Zimmern (Du/WC, Tel.) lässt von außen wenig Gutes erwarten (ein hässlicher Flachbau); drinnen und hinter dem Haus ändert sich das Bild. Das Lokal ist ansehnlich, Liegewiese und Pool sogar attraktiv. DZ 700 NOK, EZ 600 NOK.

Dølen Hotel, ✆ 37930200, ℻ 37930742. Klein (15 Zimmer), altertümlich (Baujahr 1920), charmant (ein hübsches Holzhaus) und schön gelegen (hinter Nadelbäumen am Fluss). Angenehmeres kann man über ein Hotel kaum sagen. Zumal auch die Preise nicht kritisiert werden können: DZ 840 NOK, EZ 650 NOK.

Odden Camping, ✆ 37930603, ℻ 37931101. Auf einem der schönsten und am besten ausgerüsteten, allerdings häufig ausgebuchten Campingplätze des Landes (drei Sterne) kann man direkt am Fluss zelten oder in einer der acht Hütten unterkommen (ab 350 NOK). Außerdem im Angebot: Supermarkt, Bowlinghalle und Minigolfanlage. Und: Hier gibt es Angelkarten (s. u.).

• *Camping* **Evje Camping og Hytteuteile**, Hornnes, ✆ 37933234, ℻ 37933275, www.evjecamping-setesdal.com. Wo sich die Reichsstraßen 39 und 42 treffen (15 km vor Evje), findet sich dieser Zwei-Sterne-Platz, der kaum mehr als 14 Hütten (ab 350 NOK), aber renovierte Sanitäranlagen anbietet.

Kilefjord Camping, ✆ 37933285. Ebenfalls in Hornnes gelegener, größerer, aber nicht komfortablerer Platz: 100 Zeltstellplätze, nur 30 Wohnwagenstellplätze und 11 z. T. gut ausgestattete Hütten (350–500 NOK).

• *Essen & Trinken* **Cafeteria Pernille**, im Zentrum. Kro mit schöner Seeterrasse sowie preiswerten Gerichten an der Reichsstraße nach Norden.

Stigeren, holzgetäfeltes Restaurant im Evje-Zentrum mit mäßigen Speisen bei mäßigen Preisen.

Setesdal Karte S. 130

Sport

• *Angeln* Am besten bei den Stromschnellen nördlich von Evje, wo die Otra als Abfluss des Bygland-Stausees rauschend in ihr Bett zurückfindet. Ein schöner Parkplatz längs der Straße, und schon ist die Angelrute ausgepackt, um eine leckere *bleke* zu fangen, wie der Zwerglachs dieser Gegend genannt wird. Angellizenzen bekommt man beim Odden-Campingplatz und im Turistkontor.

• *Rafting* Auch Wildwasserfahrer nutzten die Stromschnellen. Zwei Rafting-Unternehmen (eines mit Sitz in der örtlichen Jugendherberge) bieten Ausrüstung und Instrukteure für diesen nicht ganz ungefährlichen Sport am südlichen Ausgang des Byglandfjords. Das sportliche Urlaubsvergnügen lässt sich abrunden durch Biber- und Elchsafaris. **Viking Adventures Norway A/S**,

Bygladsfjord: Die Eisenbahn ist nur noch Geschichte

✆ 37931303, ℻ 37931563, E-Mail: vanevje@-online.no, oder beim **Setesdal Rafting & Aktivitetssenter**, ✆ 37931177, ℻ 37931334, E-Mail: troll.mountain@online.no.

• *Gokartfahren* Mit 70 km/h kann man in Minirennwagen um den 1.100-Meter-Rundkurs brausen (7 km südlich von Evje an der RV 9). Allerdings muss man dafür älter als 12 Jahre sein; Kindern zwischen 8 und 12 steht eine eigene, altersangepasste Bahn zur Verfügung. Mai–August täglich 9–18 Uhr. 80 NOK pro Sechs-Minuten-Fahrt, 45 NOK für Kinder bis 12 J.

Byglandsfjord

Im glasklaren Wasser des Byglandsees spiegeln sich Miniinseln und die blitzblanken Holzhäuser dieses Haufendorfes. Der Ort, der wie der See heißt, bietet als besondere Attraktion eine Seerundfahrt mit der "Bjoren".

Schon 1867 tuckerte das Motorschiff über den See, um Bauern und Händler zur Bahnstation zu bringen, die per Zug zum Markttag nach Kristiansand wollten. Der Bahnverkehr wurde 1960 eingestellt, die Schienen abgebaut und der Bahnhof stillgelegt. Damit schienen auch die Tage der "Bjorens" gezählt zu sein. Dann aber nahm sich ein Privatverein des Schiffes an, ließ es auf einer Werft in Drammen restaurieren, um es wieder "auf See" zu schicken. Heute verkehrt "Bjoren" zwischen **Ose** und **Byglandsfjord** (Halt in Bygland) oder wird als Rundfahrtdampfer eingesetzt, der in einer Zwei-Stunden-Tour über den See stampft – eine zauberhafte, geruhsame Fahrt (im Juli Fr, Sa, So 16.45 Uhr ab Byglandsfjord; 140 NOK, 70 NOK für Kinder).

• *Busverbindungen* Auch hier halten die beiden Überlandbusse, die von Kristiansand (10x pro Tag) bzw. Arendal (7x täglich) das gesamte Tal bis nach Haukeligrend durchfahren.

• *Übernachten* Best Western **Revsnes Hotell**, ✆ 37934300, ℻ 37934127, www.revsneshotell.no. Der dreistöckige Komplex auf einer Landzunge erscheint kräftig überdimensioniert; das ist wohl der Grund für die günstigen Preise des ansonsten durchaus feinen Hotels. DZ 1.140 NOK, EZ 960 NOK (Sommerpreise: 880 bzw. 590 NOK).

• *Camping* **Neset Camping**, ✆ 37934255, 📠 37934393, www.nesetcamping.setesdal.com Der wunderschön am Ufer gelegene, perfekt ausgerüstete Wiesenplatz ist schon deshalb attraktiv, weil er an der angeblich wärmsten (Wasser) Stelle des Sees liegt; nicht nur zum Baden, auch zum Paddeln (Bootsverleih) und Surfen bestens geeignet. Zudem: Kiosk, Telefon und 20 winterfeste Hütten für vier bis sechs Personen (650 NOK).

Longerak Hyttesenter og Camping, ✆ 37934930. Wenige Kilometer weiter nördlich, auch am See und an der RV 9, liegt der Platz mit feinen Bade- und Angelmöglichkeiten. Zwar kaum Platz für Zelte und Wohnwagen, aber 15 Hütten für 400–500 NOK.

Longerakhyttene, ✆ 37934950. Gleich nebenan: Hütten jeder Klasse und Preisklasse ab 300 NOK.

Søbø Camping, ✆ 37934930. Der außerordentlich bescheidene Platz weiter nördlich (kurz vor **Longeråk** an der RV 9) würde nicht erwähnt, wenn er nicht zwei schöne Hütten (500 NOK) im Angebot hätte.

Bygland

Eine große Tankstelle und ein kleines Freilichtmuseum (warten Sie besser auf das Setesdalmuseet in Rystad oder das Huldeheimen Museum in Bykle), ein Supermarkt, eine Holzfachschule sowie eine weiße Holzkirche aus dem Jahr 1838 zwischen ebenfalls weißen, aber neueren Holzhäusern – das ist Bygland. Aufregendes hat der Ort also nicht zu bieten. Dafür aber lohnt sich die Umgebung für kleinere Wanderungen und Erkundungstouren (auch wenn die Gegend um Bygland bis auf den heutigen Tag als Norwegens südlichstes Luchsrevier gilt).

• *Busverbindungen* Die Überlandbusse mit Stopps in allen Talorten halten 19x täglich (5.45–22 Uhr) an der Hauptstraße.

• *Camping* **Bygland Camping**, ✆ 37935281. Der einfache Platz liegt direkt am See (allerdings steiniges Ufer). Keine Hütten.

Støylehommen Camping. ✆ 37935874. Der Zwei-Sterne-Platz (geöffnet 20.6.–20.8.) liegt am nördlichen Ende des Åraksfjords, direkt neben See und Straße. Küche, Waschmaschine, 60 Zelt- und gut 50 Wohnwagenstellplätze sowie zwei Hütten (ab 300 NOK).

Reiårsfossen Camp, ✆ 37935891. Der ruhige, sehr idyllisch gelegene Zwei-Sterne-Platz auf einer bewaldeten Landzunge (ebenfalls am nördlichen See-Ende) bietet einfache Hütten für 300 NOK an.

Setesdal Karte S. 130

Sehenswertes in der Umgebung von Bygland

Reiårsfossen: Der gigantische Wasserfall stürzt bei **Ose** (auch Endstation der "Bjoren"-Bootsfahrt) am Nordrand des Sees 300 m tief in die Otra. Über einen privaten Waldpfad (10 NOK Maut) gelangt man nach zehnminütigem Spazierweg zum höchsten Punkt des Wasserfalls. Von dort führen markierte Wanderwege (mit Infotafeln) ins Gebirge.

Kunstzentrum Sylvartun: Das Kunstzentrum bei **Rysstad** (an der Durchgangsstraße) bietet neben der Silberschmiede, in der man Schmied Bjøgrum über die Schulter schauen kann, ein hübsches Ensemble restaurierter Setesdal-Häuser aus dem 17. Jh., eine Sammlung von Hardanger-Fiedeln, einen stimmungsvollen Rastplatz und ein uriges Restaurant namens "Fossegrimmen Kafé" (die Setesdal-Spezialität, Suppe mit Lammfleisch, kostet 115 NOK, Rømmegrøt 65 NOK und die leckeren Waffeln 17 NOK). Im Sommer gibt's regelmäßig Folkloreabende mit Setesdaltänzen in Setesdaltrachten.

• *Öffnungszeiten* Mai-Oktober täglich geöffnet; Ausstellungen und Restaurant nur Juni–August Mo–Sa 10-18, So 11–18 Uhr. Volksmusik Juni-August täglich 14 Uhr, Volkstänze Mo, Do 15.30 Uhr. Vorführungen des Silberschmiedes nur im Juli täglich 11 Uhr.

Setesdalsmuseet: In **Rysstad** findet sich auch die Zentrale des Setesdal- Freilichtmuseums, weitere Außenstellen in **Tveiten** und **Rygnestad** (jeweils an der Straße ausgeschildert). Die nachgebauten *Tunets* (Bauernhöfe) der Region, allesamt weit über 100 Jahre alt, sind liebevoll aufbereitet. Achten Sie besonders auf den für das Setesdal typischen *Stabbur*, ein Vorratshaus auf Stelzen.

- *Öffnungszeiten* **Rysstad**, 14.5.–14.6. werktags 10–15 Uhr, Sa/So 13–17 Uhr; 15.6.–31.8. werktags 10–18 Uhr, Sa/So 11–18 Uhr. **Tveitetunet**, 26.6.–12.8. werktags 10–19 Uhr. **Rygnestadtunet**, 15.6.–30.6. werktags 11–17 Uhr; im Juli 10–18 Uhr; 1.8.–15.8. 11–17 Uhr. Eintritt jeweils 30 NOK, Kinder 15 NOK.

Valle

Zufall? Wo sich das Tal weitet, entstand vor 900 Jahren der Hauptort des Setesdals mit einem Namen, der in Südeuropa "weites Tal" bedeutet.

Gräberfunde in **Flateland** nördlich des Siedlungskerns belegen, dass hier im 10. Jh. Wikinger siedelten, die bekanntermaßen Handelsbeziehungen mit Spanien und Italien unterhielten. Bis zur Jahrhundertwende war der Ort auch Zentrum des Tales. Dann verlor er an Bedeutung, denn er blieb von der Verkehrsanbindung des Tales durch die mittlerweile eingestellte Setesdal-Bahn und den Schiffsverkehr auf dem Byglandsee ausgeschlossen.

Heute ist Valle ein verschlafen-hübscher Ort mit einem niedlichen Kirchlein aus dem Jahr 1844 und dem Altar eines gewissen *Frederico Baroccio*, das sich trotzdem nicht anzuschauen lohnt. Lohnenswert dagegen ein Spaziergang zur Hängebrücke westlich des Ortes, die am **Wasserfall Prestefossen** vorbeiführt, oder ein Besuch im **Brokke-Kraftwerk**, das zwischen dem 15.6. und dem 15.8. montags, mittwochs und freitags um 12 Uhr im Rahmen einer Führung besichtigt werden kann.

Information/Verbindungen/Adressen

- *Information* **Valle Turistkontor**, im Zentrum, ✆ 37937529, ℻ 37937516. Die Öffnungszeiten sind verwirrend: Januar–Mai und September–Dezember Mo–Fr 7.30–15 Uhr, im Juni Mo–Fr 10–17, Sa 10–14 Uhr, im Juli Mo–Fr 10–18, Sa/So 10–14 Uhr, im August Mo–Fr 10–17, Sa 10–14 Uhr. Zur Besichtigung des Kraftwerks muss man sich hier anmelden.
- *Busverbindungen* Drei Buslinien (Bergen–Oslo, Arendal/Kristiansand–Haukeligrend) halten 9x täglich in Valle.
- *Adressen* **Post**, **Bank** und **Supermarkt** im Zentrum.

Übernachten/Camping

- *Übernachten* **Bergtun Hotell**, ✆ 37937700, ℻ 37937715. Das kleine und einfache Hotel in einem alten und typischen Setesdal-Bau verlangt nicht zu viel für seine gerade mal 19 Betten: DZ 745 NOK, EZ 535 NOK (mit Frühstück).Geöffnet von Juni–Aug.

Valle Motell, ganz in der Nähe. Dieselben Preise und derselbe Besitzer, nur kann man hier auch Appartements für 425–725 NOK mieten.

Myrum Gard, ✆ 37937312. Ferien auf dem ökologisch geführten Bauernhof oberhalb von Valle in einem klobigen Blockhaus mit zwei Schlafzimmern, Stube und moderner Küche für bis zu acht Personen. 3.000 NOK/Woche.

- *Camping* **Flateland Camping**, ✆ 37936837. Der hübsche Drei-Sterne-Platz am Fluss mit 18 grasgedeckten Hütten (200–350 NOK) und befriedigendem Service ist rundum zu empfehlen.

Tveiten Camping, ✆ 37937124. Der große Drei-Sterne-Campingplatz liegt 3 km südlich von Valle und bietet Hütten für zwei bis vier Personen zu 200–350 NOK.

Steinlands Familiecamping, ✆ 37937126. Hütten, familiengerecht auf sechs Personen ausgelegt, für 200–350 NOK.

Byglandsfjord: überall Platz für ein ruhiges Plätzchen

Baden/Wandern/Safari

• *Baden* **Marhyl** heißt der Badeplatz gegenüber vom Kraftwerk von Brokke (keine Angst – das Werk arbeitet mit Wasserkraft) und 3 km nördlich von Rysstad. Glatt geschliffene Steine sowie ein kleiner Strand laden ein zum Bad im klaren, häufig jedoch kühlen Flusswasser.

• *Wandern* Zwischen Valle und Bykle findet man Gelegenheit zum gesundheitsfördernden Spaziergang: **Byklestigen**, 1770 angelegt und bis zur Jahrhundertwende noch in regelmäßigem Gebrauch, war ehedem die einzige und obendrein gefährliche Verbindung zwischen beiden Orten. Heute ist der Pfad durch Geländer gesichert, mit auch deutschsprachigen Schildern gespickt und gefahrlos in 45 Min. zu bewältigen (direkt an Straße und Fluss, ca. 5 km vor Bykle, unmittelbar nach Verlassen eines Tunnels).

• *Elchsafari* Für ihren Elchbestand ist die Gemeinde berühmt. 150 Tiere werden Jahr für Jahr zum Abschuss in der Jagdsaison (September/Oktober) freigegeben. Früher im Jahr geht's dreimal wöchentlich unter fachkundiger Führung auf Elchpirsch – geschossen wird dann nur mit dem Fotoapparat. Juli u. August Mo, Mi, Fr jeweils 20.30 Uhr; Preise richten sich nach Teilnehmerzahl, mindestens jedoch 50 NOK.

Bykle

Auf dem 600 m hohen Kamm warten eine Kapelle, stilvolle Gehöfte und eine gewaltige Aussicht über das 1.400 m hohe Fjell der Setesdalheiene mit ihren Heiden und Mooren auf den Reisenden.

Auch eine riesige Tankstelle plus Supermarkt und ein modernes Hotel bieten ihre Dienste an. Doch das eindrucksvolle Ensemble von schmucker Kapelle und antiken Bauernhäusern auf dem Pass sucht ihresgleichen.

Die Kapelle, die **Bykle Kyrkje** aus dem Jahre 1619, die zu den kleinsten Norwegens zählt, ist bekannt für ihre einmaligen Rosenmalereien. Nehmen Sie sich noch einige Minuten Zeit und schauen Sie sich auch die Grabsteine des

Friedhofs an. Bis zur Jahrhundertwende wurde keine Frau älter als 30, kein Mann älter als 60. Heute liegt das Sterbedatum im Durchschnitt bei 75 Jahren – das Leben wurde auch im Setesdal leichter (15.6.–15.8. täglich 11–17 Uhr, Eintritt 10 NOK).

Links neben der Kapelle stehen sechs uralte Setesdal-Häuser des **Huldeheimen-Freilichtmuseums**; das älteste, ein Heuschober aus Valle, stammt aus dem 12. Jh. Selbst außerhalb der Öffnungszeiten (wie bei Bykle Kyrkje) lohnt der Weg hangaufwärts, denn auch von außen sind die Häuser inmitten wilder Blumenpracht eine Augenweide (das Hauptgebäude des Museums ist in der alten Schule am Ortsausgang untergebracht und zeigt dann und wann Arbeiten zeitgenössischer Setesdal-Künstler).

• *Übernachten* **Bykle Gjestegård**, ✆/℻ 37938300. Das geschmackvolle, neue Hotel am Hang lohnt den Halt – zur Übernachtung (DZ 750 NOK, EZ 550 NOK) oder nur zum Imbiss im stilvoll-urigen Restaurant.

Bykleståylane Camping, ✆ 37939124. Ein einfacher Platz mit einfachen Hütten (300 NOK).

Hovden

Der Ort besteht nur aus Herbergen, Hotels und Hütten. Woher das Bauholz stammt, sieht man an den hässlichen Pistenschneisen im ohnehin spärlichen Wald – Hovden zahlt seinen hohen Preis für den hochpreisigen Titel "Skicenter im Setesdal".

Solche Ausblicke eröffnen sich freilich nur im Sommer; im Winter wuseln Tausende von Skifahrern und Loipenwanderern durch die schneesicheren Reviere um den mit vier Sessel- und Schleppliften ausgestatteten, 1.250 m hohen Hausberg **Nos** (Dreitageskarte 900 NOK). Die durchschnittliche Schneehöhe zwischen November und Mai liegt bei 1,22 m. Zwölf Abfahrten, darunter drei schwarze, sind in einer Gesamtlänge von fast 14 km präpariert. Markierte Loipen stehen im Gesamtumfang von 132 km zur Verfügung (einige unter Flutlicht). Skiverleih (220 NOK Tagesmiete) und Skischule (300 NOK für vier Unterrichtsstunden) gibt es auch.

Sommergäste hingegen finden Interessantes auf und im **Hartevatn-Fluss**, an dessen Ende der Ort liegt, in der Badeanstalt, bei Wanderungen auf und um den Hausberg oder im **Hovden Jernvinnemuseum**. Das Bergwerksmuseum versetzt den Besucher zurück in die Zeit, als Wikinger hier ihr Eisen schmiedeten, das sie aus den Mooren der Umgebung gewannen. Besonderer Clou: Das Museum kommt ohne Buchstaben aus; die Informationen (auch auf Deutsch) werden akustisch, visuell und selbst über den Geruchssinn (Kohlegerüche) übermittelt (15.6.–15.8. werktags 11–17 Uhr, Eintritt 20 NOK).

Information/Verbindungen/Adressen

• *Information* **HovdenFerie**, am Marktplatz, ✆ 37939630, ℻ 37939733. Ganzjährig Mo–Fr 8–17 Uhr, Januar–April und Juni–August zusätzlich Sa 9–13 Uhr, im Sommer auch So 10–14 Uhr.

• *Busverbindungen* Zehn Fernbusse stoppen täglich in Hovden: 2x nach Oslo (6 Std.) bzw. Bergen (5 Std.), 4x nach Arendal (6 Std.), 4x nach Haukeligrend (50 Min.) und Kristiansand (3,5 Std.).

• *Adressen* Das Touristenmekka bietet alles am Marktplatz konzentriert: **Post**, **Banken**, **Supermärkte**, **Tankstelle**, **Ärzte** (Notarzt, ✆ 37937333, Zahnarzt, ✆ 37938224), **Unfallstation** und **Apotheken**.

Hovden: Umweltfrevel im Urlauberparadies

Setesdal Karte S. 130

Übernachten/Essen & Trinken

• *Übernachten* **Hovden Vandrerhjem**, ☎ 37939543, 📠 37939818. Die von Juni bis Oktober geöffnete und vom Wanderverein betriebene JuHe-Pension am Fluss bietet 56 Betten in Mehrbettzimmern (140 NOK) und neuerdings auch EZ (250 NOK) und DZ (390 NOK).

Quality Høyfjellshotell, ☎ 37939600, 📠 37939611, www.hovdenhotel.no. Seit der Rundum-Erneuerung ist das 82-Zimmer-Hotel mit nächster Lage zu den Liften wieder top: Sauna, Schwimmbad, Restaurant und Tanzbar mit Kapelle. DZ 1280 NOK, EZ 950 NOK. Zudem sind 20 Hütten (mehrere Schlafzimmer, Küche mit TK-Schrank, Du/ WC) für je acht Personen im Angebot (ab 700 NOK).

Hovden Appartements, ☎ 37939606, 📠 37939788, www.hovden-appartements.no. 50 schmucke Hütten und gediegene Appartements vermietet das Unternehmen, das 2 km vom Zentrum Hovdens entfernt liegt. Für 2 Personen 630 NOK, für 4 Personen 850 NOK; alle behindertengerecht, mit mehreren Schlafzimmern, mit Du/WC, TV/ Telefon, mit Küche und Spülmaschine.

Hovdestøylen Hotell & Hyttetun, ☎ 37939552, 📠 37939655. Schönes Hotel, links am Ortseingang gelegen. 41 Hotelzimmer, 13 geschmackvolle Hütten für bis zu fünf Personen und sieben Lofts für bis zu acht Personen werden angeboten; zudem Schwimmbad, Saunen, verschiedene Restaurants, Tanzbar und Billardzimmer. DZ 1.240 NOK, EZ 7970 NOK

Hovden Høyfjellsenter, ☎ 37939501, 📠 37939529. Wie ein kleines Gebirgsdorf wirkt die Anlage mit 33 schicken Hütten (80 qm, bis zu neun Personen, ab 800 NOK), 11 kleinen Appartements (Du/WC, Miniküche, ab 500 NOK) und einem "Hostel für Selbstversorger" (24 einfachen, geschmackvollen Zweibettzimmern mit Etagenbetten ab 400 NOK).

• *Camping* **Hovden Fjellstoge**, ☎ 37939543, 📠 37939818, www.hovdenfjellstoge.no. Wintercamping, 50 Wohnwagenstellplätze, gute Sanitäranlagen und Hütten für zwei bis sechs Personen und 400 bis 800 NOK bietet der Platz, der 2 km vom Zentrum entfernt ist.

Lislefjødd Camping, ☎ 37939717. Der 5 km vom Zentrum entfernt liegende Wiesenplatz verfügt über Stellplätze und wenige, nicht wintertaugliche Hütten (ab 350 NOK).

• *Essen & Trinken* Neben den Hotel-Restaurants bietet Hovden noch:

Stakken, Hausmannskost am Mittag, à la carte am Abend, am besten aber eines der 24 verschiedenen Pizzagerichte.

Vertshuset, deftige Speisen und uriges Ambiente.

Baden/Sport

• *Baden* Für seltene Schlechtwettertage bietet sich das **Hovden-Badeland** an, eine künstlich angelegte, überaus pfiffige Badelandschaft mit Wasserfällen, Hindernisfluss, Rutschen und Whirlpools – tropisches Badevergnügen in Nordland. Täglich 11–19 Uhr, im Mai/Nov. geschlossen. Eintritt 145 NOK, Kinder 115 NOK.

• *Wandern/Kanufahren/Angeln/Golf/Rundflüge* Auch Sommerurlauber, denen der Waldfrevel nicht die Wanderlust verdorben hat, können die Lifte zu einfachen, markierten Wanderungen nutzen oder Kanus auf dem Hartevatn mieten bzw. in nahe gelegenen Bergseen angeln (Bootsverleih und Angelkarten in jedem Hotel und der Touristeninformation). Aber Herbst 2002 soll der 9-Loch-Golfplatz fertig sein (bis Redaktionsschluss noch keine Infos zu Preisen). Und Hubschrauber-Rundflüge ab 600 NOK lassen sich unter ✆ 91743023 bestellen.

Was haben Sie entdeckt?

Haben Sie eine besonders schöne Unterkunft auf Ihrer Reise durch Südnorwegen gefunden, einen aufregenden Wanderweg durch die unverfälschte Natur oder ein Lokal mit landestypischen Spezialitäten?

Wenn Sie Tipps und Informationen, aber auch Kritikpunkte haben, lassen Sie es uns wissen. Schreiben Sie an:

Hans-Peter Koch
Stichwort "Südnorwegen"
Michael Müller Verlag
Gerberei 19
91054 Erlangen
E-Mail: hpkoch@michael-mueller-verlag.de

Sjøsanden: jeder Sport bei jedem Wetter

Die Sonnenküste

Zwischen den Schärengärten der Südküste und dem Fjordland nördlich von Stavanger erstreckt sich flaches, fruchtbares Land. Das südwestlichste Stück Norwegen ist vom Tourismus bislang nahezu übersehen worden.

Dabei hat die Sonnenküste Urlaubern einiges zu bieten: Die schönsten und längsten Strände Norwegens zum Beispiel, die bisweilen stürmisch von der Nordsee umbraust werden, und ein für diese Breiten ungewöhnlich mildes Klima – kein Monat mit einer Mitteltemperatur unter 0° C.

Der Landstrich, der vielerorts eher an Dänemarks Küste als an Norwegen denken lässt, wird nur von der E 39 (auf alten Karten noch E 18) durchschnitten, die alle wichtigen Städte der Sonnenküste berührt und über die sich – als einziges Überland-Transportmittel – auch die Sørlandekspress-Busse von Kristiansand nach Stavanger quälen. Auto- und Zweiradtouristen, die ein wenig Zeit haben, ist deshalb die Nordseestraße RV 44 *(Nordsøvegen)* anzuraten. Da geht es ab Flekkefjord schmal, kurvig, hügelig an der Küste entlang – ungleich ruhiger und mit schönerer Aussicht als auf der viel befahrenen Europastraße. Für die 45 km bis Mandal jedoch gibt es zur E 39 keine Alternative.

Mandal

Viele zieht es in die südlichste Stadt Norwegens der Strände wegen. Doch das reiche Städtchen mit langer Geschichte hat mehr als Sandstrände zu bieten.

Die prachtvollen Holzhäuser am Marktplatz und in der Fußgängerzone, der Store Elvegate, und der kleine Hafen mit seinen ausladenden Lagerschuppen kommen vor allem während des **Schalentier-Festivals** Anfang August zur

Geltung. Dann wird in der Fußgängerzone ein 400 m langer Tisch aufgebaut, und alle Gäste dürfen gratis kosten. Jährlich reisen 40.000 nur für das mehrtägige, größte "Familienfestival Norwegens" an, Geschäfte und Gaststätten sind dann bis spät in die Nacht geöffnet, und eine Weltmeisterschaft im Krabbenputzen wird auch organisiert.

Sommerfrischler aber kommen der Natur wegen: Da ist zum einen der **Naturschutzpark Furulunden**, eine im 18. Jh. von einem schottisch-deutschen Gärtnergespann mit 100.000 Kiefern und Lärchen in eine Parklandschaft verwandelte sandige Heide, deren Spazierwege sich von der City bis zum Meer erstrecken. Dann natürlich der **Mandalselv**, auf dem einst Holz zur Verschiffung geflößt wurde und der durch Aussetzen von Jungfischen und Zugabe von Kalk inzwischen wieder zum ertragreichen Lachssrevier geworden ist. Und schließlich die Strände, von denen **Sjøsanden** der größte und schönste ist.

Information/Verbindungen/Adressen

- *Information* **TouristInfo**, direkt am Kai, Bryggegate 10, ✆ 38278300, ℻ 38278301, www.visitregionmandal.com. Juni–August Mo–Fr 11–17, Sa 11–14, So 14–17 Uhr. Verleih von Motor- und Ruderbooten sowie Fahrrädern. Organisation von Wanderungen und Schärenausflügen.
- *Busverbindungen* Vom Busbahnhof am Kai verkehren Überlandbusse stündlich nach Kristiansand (1 Std.) und 4x täglich nach Flekkefjord. Stündliche Abfahrten nach Lindesnes und zweistündliche zum Bahnhof nach Marnadal (30 Min.).
- *Zugverbindungen* Im Bahnhof Marnadal hält 2x täglich die Sørlandban nach Stavanger (1,5 Std.) bzw. Oslo (5 Std.).
- *Adressen* **Post** im modernen Kastenbau am Busbahnhof, **Banken** in der Hauptstraße Store Elvegate. Dort findet man außerdem **Apotheke**, **Supermärkte** und einen **Parktunnel** im Berg (geöffnet Mo–Sa 7–21 Uhr).

Übernachten/Camping/Essen & Trinken/Nachtleben

- *Übernachten* **First Hotel Solborg** , Neseveien 1, ✆ 38266666, ℻ 38264822. Das moderne Hotel am Stadtrand mit 66 gut ausgestatteten Zimmern bietet den Service eines guten Mittelklassehotels, vor allem aber alles für Angler: Im Angebot sind organisierte Touren (Lachs- und Hochseeangeln), und sogar ein Raum zum Fischausnehmen ist vorhanden. Und das bei interessanten Preisen. DZ 1.010 NOK, EZ 675 NOK

Tregde Feriesenter, ✆ 38268800, ℻ 38268689., www.feriesenter.com Die 32 Hütten (4.100 NOK/Woche) in Tregde (8 km östlich vom Stadtkern) liegen direkt am Meer und sind ideal für Petrijünger: 40 Mietboote, beheiztes Schwimmbad, gutes Restaurant und großer Kiosk.

Åvik Brygge, ✆ 38256716, ℻ 38259633. Auf dem Weg von Mandal nach Lindesnes liegen diese 15 Ferienwohnungen direkt am Meer. Bis zu sechs Personen haben Platz in den perfekt ausgerüsteten Appartements (4.100–5.000 NOK/Woche).

Korshamn Rorbuer, ✆ 38347233, ℻ 38347234. Die 27 Fischerhütten sind eigentlich nur typisch für die Lofoten. Doch die schmucke Anlage gegenüber vom Südkap entschädigt den architektonischen Frevel. Die sehr komfortablen, durchgehend holzgetäfelten Hütten (4-6 Betten, 800-1.200 NOK, Ruderboot im Preis inbegriffen) sind ein optimales Anglerquartier. Korshamn ist nur mit eigenem Gefährt zu erreichen (bei Lygndal nach Südwesten abbiegen, ausgeschildert).

• *Camping* **Sjøsanden Camping & Feriesenter**, ✆ 38261419, ℻ 38262779. Der schöne Platz am schönsten Strand bietet alles, was sich Camper wünschen: weicher Waldboden, Kiosk, Küche, Telefon, Restaurant, perfekt eingerichtete Wohnungen (ab 550 NOK) und nicht mehr ganz neue Hütten ab 400 NOK.

• *Essen/Nachtleben* **Sjøsternkroa**, Sjøsanden, direkt beim Hafen. Das sicher originellste Lokal weit und breit in Form eines Kutters mit Tauen, Masten und Ankern. Die Küche ist nicht überragend, aber ab 21 Uhr kann man in der Disko tanzen.

Lodsen, in der großen Kajüte am Kai schmeckt der Fisch noch frisch und kräftig. Dafür muss man aber auch kräftig zahlen.

Puben, nur Flüssiges gibt es in der "In"-Kneipe in der Fußgängerzone, der Store Elvegate 9, nahe dem Stadtmuseum.

Baden/Wandern

• *Baden* **Sjøsanden**, Norwegens größter und schönster Badestrand, schon mehrfach Austragungsort der Beachvolleyball-Meisterschaften, ist bei jedem Wetter überfüllt. Der kurze Fußweg zum mit Restaurant, Kiosk und Eisverkauf bestens ausgestatteten Strand ist überall im Ort ausgeschildert. Wem es an Sjøsanden zu voll ist,

Schalentiere "satt" beim Festival in Mandal

Karte S. 140

Stadtkirche vor den Toren der Stadt: Harmark-Kirke

sollte ein paar Schritte durch den 100 ha großen Furulunden-Stadtpark in Kauf nehmen. Dort findet sich etliche kleinere, weniger überlaufene, aber nicht weniger einladende Strände.

• *Furulunden-Wanderung* Norwegens erster Wanderweg, der behindertengerecht – und damit auch kinderwagengerecht – ausgebaut ist, startet am Sjøsanden-Strand und führt durch den Furulanden-Park. Der 4–7 km lange Weg kann durch verschiedene Verbindungswege beliebig verlängert oder verkürzt werden – alles ist perfekt ausgeschildert, sodass sich für jeden ein genussreicher Spaziergang von höchstens zwei Stunden ergibt.

Sehenswertes in Mandal und Umgebung

Stadtkirchen: Die große **Mandal Kirke** in der Fußgängerzone ist mit 1.800 Sitzplätzen die größte Holzkirche Norwegens. Die kleine **Harmark Kirke** aus dem Jahr 1613 liegt 10 km östlich des Stadtzentrums, gilt aber trotzdem als zweite Stadtkirche. Sehenswert ist sie wegen der ungewöhnlich klobigen Rundhölzer, die glücklicherweise auch die Restaurierung 1975 überstanden haben.

Öffnungszeiten **Mandal Kirke** im Juli Di–Sa 11–14 Uhr, **Harmark Kirke** im Juli nur Fr 12–14 Uhr.

Mandal Bymuseum: Das Stadtmuseum im Andorsengård, dem ältesten und größten Kaufmannshaus Mandals in der Fußgängerzone, ist spezialisiert auf volkstümliches Kunsthandwerk. In dieses Sujet passt auch die Bildergalerie norwegischer Maler im oberen Stockwerk – außer Arbeiten von *Amaldus Nielsen* und *Gustav Vigeland,* der unweit Mandals geboren wurde (s. u.), sind es vor allem Bauernszenen von *Adolph Tidemand,* die das kleine Museum sehenswert machen. Tidemand, dessen Büste den Marktplatz ziert, kam 1814 in Mandal zur Welt. Sein Geburtshaus findet sich in der Tidemandsgate (in der Nähe des Kais und der Touristeninformation).

Öffnungszeiten Juni–August Mo–Fr 11–17 Uhr, Sa 11–14 Uhr. Eintritt 20 NOK.

Galerie Gustav Vigeland: Im Geburtshaus des bedeutendsten Bildhauers Norwegens, der nach seinem Heimatort Vigeland heißt (Kreuzung RV 460/E 39), ist ein kleines Museum mit 80 Arbeiten des Künstlers eingerichtet worden. Ein Video über Vigeland und eine Textilausstellung sind ebenfalls im Programm.
Öffnungszeiten Juni–August Mo–Sa 11–16 Uhr, So 13–17 Uhr. Eintritt 20 NOK.

Lindesnes-Leuchtturm: Alles ist "südlichst" – der südlichste Strand bei **Sprangereid**, vor allem aber der südlichste Punkt des norwegischen Festlandes, der Leuchtturm von Lindesnes am **Südkap**. Mit 350 Jahren ist er das älteste Leuchtfeuer Skandinaviens und nach dem Vigeland-Park in Oslo die meistbesuchte Touristenattraktion des Landes. Zu sehen gibt's außerdem noch eine Galerie und verfallene Befestigungsanlagen aus dem 2. Weltkrieg, zum Genießen ein kleines, nicht ganz preiswertes Restaurant..
Öffnungszeiten/Anfahrt Juli u. August 9–21 Uhr, Eintritt 30 NOK (Kunstausstellung gratis). Stündlicher Bus ab Mandal, per Auto 27 km über die RV 460 nach Süden.

Lindesnes-Leuchtturm: Attraktion im Nebel

Halbinsel Lista

Den Tipp zum Trip auf die wild- und vogelreiche Halbinsel Lista verdanken wir Leser Klaus Peter Temmes aus Freiburg. Er berichtet begeistert von der Halbinsel, die sich zwischen **Lygndal** (wunderschöne Aussicht auf den gleichnamigen Fjord) und **Flekkefjord** in die Nordsee schiebt. Das kleine Paradies mit dem reichsten Reh- und Elchbestand Südnorwegens, mit tiefen Linden- und Eichenwäldern ist tatsächlich einen Abstecher wert. Abfahrt in Lygndal über die RV 43, an **Farsund** (hübsches Dorf mit hässlichem Aluminiumwerk) vorbei, zum Hauptort **Vanse** mit einem sehenswerten, kleinen Heimatmuseum und weiter zur Küste mit den Vogelschutzgebieten von **Havika** und **Steinodden** – der Abstecher kostet nicht mehr als zwei Auto- oder fünf Fahrradstunden. Belohnt wird man mit weiten Aussichten über dünenreiche Küsten, einsame Waldseen, fruchtbare Äcker und bewehrte Haufendörfer. Ein Ausflug in die unverfälschte Natur Norwegens.

Tour auf der "Nordseestraße"

Nordsjøvegen führt von Kristiansand bis Haugesund immer an der Küste entlang, doch wirklich sehenswert ist nur das RV-44-Stück von Flekkefjord über Egersund nach Stavanger. Die Straße ist zumeist schmal und kurvig – für Gespanne kaum geeignet –, und es geht häufig bergauf und bergab. Verschiedene Leser wie Jürgen Weinrebe weisen darauf hin, dass nur Radfahrer mit guter Kondition sich die Strecke zumuten sollten. Mini-Fjorde und versteckte Seen, aber auch windige Küstenstreifen und platte Landschaften in Jaeren machen die Tour zu einem abwechslungsreichen Erlebnis, das zudem viel geruhsamer als die Hetze auf der Europastraße ist. Auf dem Abschnitt zwischen Egersund und Stavanger sollten Sie **Grødalandstunet**, ein stimmungsvolles Freilichtmuseum nahe **Varhaug**, und den nahezu unbekannten Strand **Orrestranden** bei **Bore** nicht verpassen, beide schon im flachen **Jaeren**, der Kornkammer Norwegens, und beide schon an der Landstraße 507, die vor **Bryne** die RV 44 ablöst.

Flekkefjord

"Hollenderbyen" heißt das älteste Stadtviertel. Der Name erinnert an die Zeit, als der Holzexport in die Niederlande dem Ort zu Wohlstand verhalf.

Beim Stadtbummel, der im Hafen beginnt und vorbei an Lagerschuppen über die Dr. Krafts Gate in die "Holländerstadt" führt, fällt auf, dass Flekkefjord eine "Stadt mit acht Ecken" ist: Kirchturm, Musikpavillon und Springbrunnen sind achteckig und jeder zweite Erker der immer noch reichen Stadt auch. Selbst auf der Flekkefjord-Ausgabe des Norwegerpullovers ist das Oktagon zentrales Motiv. Doch trotz der Putzigkeit des Patrizier-Viertels: Die eigentliche Attraktion liegt jenseits der Stadtmauern und ist nur vom 180 m hohen Stadthügel **Nesheia** vollständig zu überblicken – die letzte **Schäreninsel Hidra** (s. u.) zwischen **Stols-** und **Listafjorden**. In zwei Dörfern leben in dichtgedrängten, hübsch-puppigen Holzhäusern nur 900 Menschen auf dem Inselchen. Das und die etwas mühsame Anfahrt erklärt, warum die stillen Badebuchten dieser Insel manchmal einsam, immer aber erlebenswert sind.

• *Information* **Turistkontor**, im Rathaus bzw. (nur im Sommer) in einem kleinen Büro in der Tollbudbryyga am Kai, ✆ 38322131, 📠 38322130, www.visit-flekkefjord.no. Juni–August Mo–Fr 10–18, Sa 10–15, So 12–17 Uhr, in der übrigen Zeit Mo–Fr 9–15 Uhr.

• *Busverbindungen* Am stillgelegten Bahnhof starten 2x täglich Busse nach Stavanger (2 Std.), Mandal (1,5 Std.) und Kristiansand (3 Std.).

• *Bootsausflüge* Am Kai liegt das Ausflugsboot "Alf", das zu Fjord- oder Schärenfahrten einlädt (Information im Turistkontor).

• *Adressen/Einkaufen* **Bank** in der Brogate und Elevgate, **Post** in der Parkagate 6, **Parken** südlich des Brogate-Zentrums, **Tankstellen** im Sunde Autosenter und im Raulivelen, **Supermarkt**, **Narvesen-Kiosk**, **Zeitungen**, **Frisör**, **Bäckerei** im Spor-2-Zentrum in der City.

• *Übernachten* **Grand Hotell**, Anders Beersgate 9, ✆ 38322355, 📠 38321167. Das In-

Flekkefjord: Stadt der acht Ecken

terieur hält nicht, was die erkerreiche Holzfassade in der stillen Gasse verspricht, denn drinnen sind die 22 Zimmer eher altbacken als antik. DZ 1.020 NOK, EZ 980 NOK

First Hotel Maritim, Sundegate, ☏ 38323333, 38323333, 38324312. Die Lage direkt am Fjord, das Terrassenrestaurant und die Aussicht von den gewaltigen Balkonen im obersten (dritten) Stockwerk allein rechtfertigen die leicht überhöhten Preise: DZ 1.199 NOK, EZ 1.099 NOK

• *Camping* **Egenes Camping**, an der E 39 vor Flekkefjord (ausgeschildert), ☏ 38320148, 38320111, www.egenes.no. Das Feriencenter bietet hübsche Ferienwohnungen ab 800 und Hütten ab 400 NOK an. Dazu Zelt- und Wohnwagenstellplätze. Rundum zu empfehlen.

Die Sonnenküste Karte S. 140

Sehenswertes

Flekkefjord Kirke: Die klobige, achteckige Kirche aus dem 19. Jh. steht dicht am Kai der Elvegate. Ihr Erbauer, *D. Lindstow,* war auch Architekt des Osloer Schlosses. Ihm vor allem ist das farbige Interieur zu verdanken.

Flekkefjord Museum: In einem Handelshaus des 18. Jh. hat ein privater Verein das kleine Heimatmuseum eingerichtet, in dem die Wahlsche Fayencen-Sammlung am ehesten sehenswert ist. Eine kleine Textil- und Möbelschau sowie eine Dokumentation der Beziehungen zu den Niederlanden runden das eher bescheidene Bild ab.

Öffnungszeiten Juni–August Mo–Fr 11–17, Sa/So 12–15 Uhr. Eintritt 30 NOK.

▸ **Insel Hidra**: 25 Minuten braucht man mit Bus und Fähre auf die Flekkefjord südlich vorgelagerte Insel. Man findet dort zwei kleine Dörfer mit Holzvillen und bescheidenen Fischerkaten, etliche Wanderwege am Ufer und erstaunlich große Wälder, ungeordnete Wikingerruinen und kaum markierte Grabhügel aus der Eisenzeit. Man kann angeln, spazieren gehen oder durch Befestigungsanlagen aus dem 2. Weltkrieg kriechen. Und natürlich kann man auf der nördlichsten Schäreninsel Norwegens auch baden; der beste Strand, **Sandvig**, liegt beim Dorf **Rasvag**, aber auch sonst gibt es etliche lauschige Badeplätze zwischen den Felsen.

Anfahrt/Fähre Über RV 456 6 km nach Süden und Kvellandstrand; die Fähre nach Lauvnes auf Hidra verkehrt stündlich, dauert zehn Minuten und kostet 58 NOK (Fahrer/Pkw) bzw. 17 NOK/Person.

Egersund

Das charmante Städtchen ist erst 200 Jahre alt. Besiedelt aber war der ideale Naturhafen schon weit vor der Jahrtausendwende.

Die Aussicht vom **Stadtberg Varberg** mit seinem Fernsehturm zeigt, welch günstiger Naturhafen mit Egersund an der Dalane-Küste entstanden ist. Durch das **Inselchen Eigerøy** (mit einem putzigen Leuchtturm) von der Nordsee abgetrennt, bietet die verschlungene Fjordlandschaft Tausende ruhiger Ankerplätze, was Segler heute wie vor 1.000 Jahren für diesen Standort einnimmt (Egersund wird schon in isländischen Sagen als Fischerplatz erwähnt). Und nicht nur Segler: Seit 1993 hat Egersund über den Terminal auf Eigerøy eine Fähranbindung ins dänische Hanstholm mit Anschluss an Bergen und gewinnt damit zunehmend Bedeutung als Einfallstor nach Westnorwegen und ins Fjordland.

Kleine Künstlerin am Torvet

- *Information* **Dalane & Sirdal Reiselivslag**, Gruset (am Busbahnhof), ☎ 51468233, 📠 51468220. Im Mai/Juni täglich 11–18 Uhr, im Juli/August Mo–Fr 8–20 Uhr, Sa/So 11–18 Uhr.
- *Zugverbindungen* Der Minibahnhof 1 km westlich des Zentrums ist 6x pro Tag Halt des Zuges Oslo–Kristiansand–Stavanger (fast eine Stunde nach Stavanger).
- *Busverbindungen* Mehrmals täglich gehen Lokalbusse nach Østerbrød (und damit zum Skadberg-Strand).
- *Fährverbindungen* Die Fähre Hanstholm–Egersund–Bergen legt zwischen Juni und August 6x täglich am Kai an (ansonsten nur 3x). In Richtung Bergen immer nur nachts oder früh morgens (Ankunft in Bergen zwischen 7 und 14.45 Uhr).
- *Adressen* **Post** gegenüber der Kirche. **Bank** in der Strandgate (Parallelstraße zum Kai). **Parken** am Kai, neben dem Busbahnhof, dem Taxistand und der Touristeninformation sowie am Ortseingang. **Tankstelle** am Jernbanveien im Hafen. **Krankenhaus**, ☎ 51468800. **Einkaufen** im Eger Stormarked (an der E-39-Durchfahrt im Zentrum).
- *Übernachten* **Eiger Motell**, Arsterdalen, ☎ 51490200, 📠 51492930. Im funktionalen Neubau am Ortsrand (Richtung Flekkefjord)

Klima-Folgen: der jährliche Anstrich ist ein Muss

werden 26 Zimmer mit Du/WC sowie Telefon/TV zu annehmbaren Preisen geboten. DZ 900 NOK, EZ 750 NOK.

Grand Hotell, Johan Feyersgate 3, ✆ 51491811, 📠 51493646. Stilvolles Eckhaus im Zentrum mit ebenso stilvollem Interieur (roter Klinker). 28 schmucke Zimmer mit Du/WC sowie Telefon/TV. DZ 1.050 NOK, EZ 880 NOK.

• *Camping* **Steisnes NAF Camping**, Tengsbru, ✆ 51494136, 📠 51494073. Der schattige Platz an der RV 44 (3 km vom Ortskern entfernt) bietet neben Zeltplätzen und 21 Hütten, zumeist mit Etagenbetten (ab 490 NOK), auch Angelscheine zum Lachsangeln.

Hauen Camping, Steinbakken, ✆ 51492379, 📠 51492377. 900 m vom Anlegeplatz der Dänemark-Fähre entfernt warten in einer geschützten Bucht mit Rasen 200 Zeltplätze und 10 Vier-Sterne-Hütten ab 450 NOK, Boot- und Kanuverleih, akzeptable Sanitäranlagen und Supermarkt.

• *Baden* in **Skadberg**, 10 km auf der RV 502 nach Nordwesten (Busanschluss), oder in **Ogna**, weitere 8 km auf der RV 44 nördlich.

Sehenswertes

Dalane Folkemuseum: Das Hauptgebäude des Bezirksmuseums im Stadtteil Sletteboe ist der ehemalige Sommerwohnsitz des Amtsrichters. In drei mächtigen Holzvillen wird ein Eindruck vom "Wohnen und Arbeiten" unterschiedlicher Berufsstände im 19. Jh. vermittelt. Zwei Außenstellen in **Lund** und eine in **Sokndalstrand** (RV 44) widmen sich Landwirtschaft bzw. Fischerei der letzten 200 Jahren im Dalane-Bezirk.

Öffnungszeiten Juni–August Mo–Sa 11–17, So 13–18 Uhr; Mai u. September nur So 13–17 Uhr. Eintritt 30 NOK, Kinder 15 NOK.

Egersund Fayencemuseum: Bis zu ihrer Schließung 1979 war die Porzellanfabrik größter Arbeitgeber Egersunds. Im Elganeveien (Nähe Bahnhof) ist diesem 130 Jahre lang wichtigsten Wirtschaftszweig der Stadt ein Museum gewidmet. Aus dem Fundus der alten Fabrik werden Tassen und Teller, Gussformen und die zur Gravierung nötigen Kupferplatten gezeigt.

Öffnungszeiten Mai–August Mo–Sa 11–17 Uhr, So 13–18 Uhr. Eintritt 20 NOK, Kinder 10 NOK.

Kvina: ein Fluss wie aus dem Bilderbuch

Kvinesdal

Schroffe Berge und zackige Felsen umschließen das sattgrüne Tal, das von Liknes an der Küste 30 km tief bis zu den Gruben von Knaben auf 1.000 m Höhe ins Land reicht. In Werbeprospekten kommt Kvinesdal nur am Rande vor. Ein Grund mehr, dem Gebirgstal einen Besuch abzustatten.

Wer – ob per Auto oder Bus – auf der E 39 zwischen Lyngdal und Flekkefjord unterwegs ist, durchquert **Knivesheia**, eine Ebene mit fischreichen Seen und weiten, flachen Wiesenflächen und ein Patchwork unterschiedlicher Grüntöne. Unversehens aber weitet sich das Tal der **Kvina**, der Fluss wird breit wie ein Fjord, und in der Ferne öffnet sich der Blick aufs Meer. "Utsikten" heißt dieser höchste Punkt der Straße (330 m) bezeichnenderweise, an dem das gleichnamige Hotel einen idealen Standort gefunden hat. Neben der Aussichtsterrasse ein Standbild des Mannes, nach dem das Tal benannt ist: *Tjodolf von Kivine,* ein im 9. Jh. berühmter Saga-Dichter, dem wir die Beschreibung der Schlacht von Hafrsfjord aus dem Jahr 872 verdanken.

Wer hinter **Liknes** (ehemals Kvinesdal), dem Hauptort des Tales, nach Süden abbiegt, wird in **Feda** am Ufer des gleichnamigen Fjords ein paradiesisch-farbiges "Küstenstädtchen im Binnenland" finden, das aus seinem einstigen Haupterwerb eine Touristenattraktion gemacht hat: Die Böttchereien spiegeln sich rot und weiß im blauen Fjordwasser, ihre kunstvoll in Handarbeit gezimmerten Fässer werden aber nicht mehr an holländische Händler, sondern nur noch an neugierige Touristen verkauft.

Gen Norden steigt das Tal gebirgig an. Via **Fjotland** und **Krågeland** gelangt man ins Gebirge von **Knaben** mit seinen 1.000 m hohen Felsen, wo einst das seltene Molybdän geschürft wurde (s. Kasten "Bergab mit dem Bergbau"). Aus den Direktionsgebäuden wurde ein Museum und aus den Bergarbeiterhäuschen wurden Ferienwohnungen, die Wintersportfreunden bis in den Mai hinein eine Unterkunft bieten.

Liknes

Ans Knie der Kniva schmiegt sich der Ort mit 50 Häusern und kaum mehr Einwohnern. Unter der Kniva-Brücke und neben dem Lebensmittelgeschäft Mega sollen Lachse (und manchmal auch Forellen) am ehesten anbeißen, sagt man. In Liknes angelt man tatsächlich von der Hauptstraße aus. Mittelpunkt des Ortes ist die achteckige Kirche in einem kleinen Park mit einer Gedenkstätte für Gefallene des 2. Weltkriegs; Hauptanziehungspunkt aber ist die **Badeanstalt Saronsdal**, die eine im Kvinesdal aktive Religionsgemeinschaft betreibt. Baden kann man allerdings auch ohne Gebetsbuch und Andacht, täglich im Sommer von 9 bis 18 Uhr geöffnet (25 NOK, Kinder 20 NOK).

- *Information* **Turistinfo**, am Marktplatz, ✆ 38351306. Von Juni bis August Mo–Fr 10–18, Sa 10–16, So 10–14 Uhr.
- *Busverbindungen für das ganze Tal* Die Kvina-Bilruter-Busse fahren 8x täglich nach Flekkefjord im Süden und bis nach Knaben im Norden jeden Talort an. Die Busse halten zwischen 7.30 und 20.25 Uhr am Marktplatz.
- *Wichtige Telefonnummern im Tal* **Arzt**, ✆ 38351314. **Polizei**, ✆ 38350522. **Feuerwehr**, ✆ 38350455. **Krankenhaus**, ✆ 38351950. **Pannendienst**, ✆ 94563222 oder 94563383.
- *Übernachten* **Rafoss Turisthotell**, ✆ 38350388, ✆ 38350966. Das 18-Zimmer-Hotel (Du/WC, Telefon/TV) bietet neben gediegenem Mittelklasseservice und -lokal (volle Schankgenehmigung) jede Menge Sportangebote: Angeln, Tennis, Bootsverleih. DZ 950 NOK, EZ 780 NOK. Über Ostern und Weihnachten geschlossen.

Utsikten Turisthotel, ✆ 38350444, ✆ 38350040. Das perfekt eingerichtete Hotel mit gutem Restaurant und einmaliger Aussicht liegt 7 km südöstlich von Liknes an der Europastraße und verlangt erstaunlich wenig Geld für seine 24 nordisch-nüchtern eingerichteten Zimmer (Du/WC, Telefon/TV). DZ 720-950 NOK, EZ 690 NOK.

- *Camping* **Saronsdal Ferie- og Fritidssenter**, ✆ 38350118. Mittelklassehütten (ab 300 NOK) sowie Zelt- und Wohnwagenstellplätze, gute Sanitäreinrichtungen und einen kleinen Supermarkt bietet das Unternehmen am Schwimmbad (östlich vom Zentrum).

Kvinesdal Karte S. 151

▸ **Kårgeland**: Der See schimmert tiefblau und verheißt guten Fang, der Schlepplift am eher flachen Hang verspricht Winterfreuden – ein Ort für gemächlichen Urlaub. Über die RV 465 geht es 27 km nach Kvinlog im Norden, dann auf der RV 42 Richtung Westen. 3 km weiter ist der Weiler Kågeland mit Bank, Tankstelle, Kro und Feriendorf erreicht. Nichts Spektakuläres erwartet den Besucher – nur Natur voller markierter Wanderwege, absolute Ruhe und ein für norwegische Verhältnisse recht kleiner See.

- *Übernachten* **Kågeland Kro**, ✆ 38355136. Der Landgasthof hat neben rustikaler Kost fünf Gästezimmer (300 NOK/Person) und einige einfache Hütten (350 NOK) im Angebot.

Kågeland Turistsenter, ✆ 38355136. Weit luxuriöser geht es in den sieben Hütten direkt am See zu. Massagebad und Swimmingpool sind Standard, geschmackvoll eingerichtete Zimmer mit bis zu sechs Schlafplätzen und eine hypermoderne Küche, dazu große Terrassen zum See und ein Boot für die Seefahrt gibt es ab 800 NOK.

- *Wintersport* Die Loipen sind naturgegeben, der Schlepplift für eine solide Piste eher bescheiden. Dennoch ist bei Schneesicherheit auf nur 450 m Höhe bis Mitte April rustikales Wintersportvergnügen garantiert.

▸ **Fjotland**: Der Weiler östlich und jenseits der RV 42 hat manch Erstaunliches zu bieten: das einzige private Wasserkraftwerk des Landes, das Martin Eftestol seit nun fast 30 Jahren betreibt, eine rechteckige Kirche aus naturbelassenem Holz sowie ein Heimatmuseum, das dem berühmtesten Künstler des Tales, *Per Eftestol,* gewidmet ist. Dessen Bauernmalerei schmückt nicht nur den 500-Kronen-Schein, sondern auch das kleine Museum, das irgendwann zu einer größeren Hofanlage ausgebaut werden soll (Juli u. August Sa/So 11–15 Uhr, Eintritt 20 NOK).

Knaben

In einer Autostunde von der Küste ins Hochgebirge – das bietet das Kvinesdal. Und im Gebirge am Talschluss wartet der verschlafene Bergwerksort, der einst eine richtige Stadt war und wahrlich geschäftigere Zeiten erlebt hat.

Zugegeben, der Begriff "Hochgebirge" ist etwas übertrieben. Die Berge sind gerade mal 1.000 m hoch, aber für den Reisenden, der auf Meeresniveau startet, ist es schon ein eindrucksvolles Erlebnis, nach 60 Minuten den Horizont verstellt zu finden. Mächtige Hänge, mit Grubeneingängen gelöchert und stillgelegten Fördertürmen gepflastert, umschließen den Ort, in dem alles etwas überdimensioniert scheint. Kein Wunder, denn noch vor 25 Jahren war Knaben eine zehnmal größere Bergarbeiterstadt. Über 2.000 Menschen arbeiteten in den einst 21 Gruben des Ortes, der heute keine 100 ständigen Bewohner mehr zählt. Nur über Ostern quillt Knaben über, denn die fünf zusammenhängenden Feiertage werden traditionell für den kollektiven Skiausflug genutzt. Bergarbeiterhäuser werden dann zu Ferienhäusern, und über die sanften Hänge wuseln Großfamilien mit Pulka und Rucksack.

Bergab mit dem Bergbau

Molybdän (griech. *molybdos* = Blei) wurde in Knaben seit 1880 gefördert. Schon im Altertum als Schmiermittel und Schreibmaterial (darum: Bleistift) genutzt, wird das seltene, silberweiße Schwermetall heute als Legierungsbestandteil für hochwertigen Stahl verwendet und ist damit u. a. für die Rüstungsindustrie interessant. Das bescherte dem Ort im Zweiten Weltkrieg eine dauernde deutsche Besatzung und immer wieder Luftangriffe der Alliierten; die Luftschutzanlagen sind noch heute zu besichtigen (gratis). Nach dem Krieg ging es bergab mit dem Bergbau, die Gruben warfen nicht mehr genug ab. Dennoch kam 1973 das Ende des letzten Stollens überraschend. Die zu diesem Zeitpunkt gerade fertig gestellte Schule nebst Schwimmbad wird heute als Landschulheim, die Büros als Museum genutzt. Und die neue Straße dient nur noch den Touristen.

Die Gruben Knaben I und II nordöstlich des Ortes sind übrigens nicht zu besichtigen (es führen aber schöne Wanderwege zu den alten Förderanlagen). Das bescheidene Direktionsgebäude hingegen ist als **Grubenmuseum** hergerichtet: Erzbrocken und Fördergerät, alte Pläne und genauso alte Fotos, Originalbüros und Wohnräume vermitteln einen Eindruck vom Leben und der harten Arbeit der Kumpel (Juli u. August Mi und Fr 11–14 Uhr, So 12–17 Uhr, Eintritt 10 NOK).

Sirdal/Kvinesdal
6 km
Lysebotn
Børsteinen
Ådneram
Sulskard
Fidjeland
Hunnefjell 1131
Sinnes
Svartevatn
Tjørhom
Solheim
Hunnedalen
Sirdal
Sirdalen
Tonstad
Kvinesdal
Risnes
Knabedalen
Kvina-gruver
Knaben-gruver
Knaben
42
Haughom
Sirdalsvatn
Handeland
Kvinlog
Moi
Sandvatn
Krakeland
Haddeland
Eiken
Skeie
Sira
Kvinesdal
Vatland
E 39
Flikka
Loga
Rafoss
Birkeland
43
Drangeid
Liknes
Snartemo
44
Flekkefjord
Abelnes
Feda
Kirkehamn
Rasvåg
Fedafjorden

Feda: Küstenstädtchen im Binnenland

• *Verbindungen* s. "Liknes/Verbindungen", S. 149.

• *Übernachten* **Knaben Landhandel**, ✆ 38355864. Der ehemalige Kolonialwarenladen ist die zentrale Adresse in Knaben. Hier gibt es ein kleines Informationsbüro, hier werden Appartements und Ferienhütten vermietet, man kann aber auch einkaufen und essen. Die Zimmer mit Platz für bis zu acht Personen kosten ebenso wie die einfachen, aber geräumigen Hütten 350 NOK pro Tag.

• *Wintersport* Das Skivergnügen in Knaben ist eher rustikaler Art. Noch gibt es keine Lifte, dafür zieht aber im Winter schon mal eine Rentierherde über die Dorfstraße. Skiwanderungen mit Fellen oder Langlaufskiern über die markierten und nur selten präparierten Sommerwanderwege sind angesagt.

Feda

Auf dem Rückweg vom Abstecher ins Kvinesdal landet die Stichstraße am südlichsten Talort, der ein wahres Schmuckstück ist.

Rot, weiß und ocker schimmern die schmucken Schifferhäuser im blauen Wasser des gleichnamigen Fjords, aber erst das Grün der bewaldeten Hänge macht die Farbkomposition komplett. Man überblickt das seit 200 Jahren unveränderte Städtchen von der Brücke der Europastraße. Wirklich idyllisch jedoch erscheint der Ort erst bei einem Bummel durch die Gassen oder am Ufer des Fedafjords, den sogar seegängige Schiffe befahren.

So fing um 1700 auch Fedas Geschichte an, als Kapitäne sich hier ihren Altersruhesitz bauten und verwundert entdeckten, dass auch noch Geschäfte zu machen waren. Holländische Plattboote landeten in Feda, luden erst Bauholz und später Fässer, denn die Böttcherei wurde mehr und mehr zum beherrschenden Wirtschaftszweig. Um 1890 gab es noch 12 Betriebe im Ort, die einzige heute noch erhaltene Werkstatt, **Bøkklerbua**, wird von einer Behinderteninitiative

betrieben und dient sowohl therapeutischen als auch touristischen Zwecken. Zwischen dem 15. Juni und dem 15. August (Mo–Fr 10–15, Sa 10–14 Uhr, Eintritt frei) demonstrieren Behinderte und nichtbehinderte Jugendliche interessierten Besuchern den gesamten Arbeitsgang von der Zubereitung der Bretter bis zur Lüftung der Fässer. Man riecht das frische Holz und fühlt sich zurückversetzt in die Zeit harter Handwerksarbeit.
Außer der Werkstatt entdeckt man beim Bummel zwischen den gepflegten Holzvillen eine winzige, gezimmerte Holzkirche, eine Bank, einen kleinen Lebensmittelhandel und eine Tankstelle.

- *Verbindungen* s. "Liknes/Verbindungen", S. 149.
- *Camping* **Svindland Camping**, ✆ 38352380. Der Drei-Sterne-Platz längs der E 39 ist 3 km vom Zentrum Fedas und 10 km von Flekkefjord entfernt. Er verfügt über 60 Zelt- und 50 Wohnwagenstellplätze sowie 16 Hütten von unterschiedlicher Güte (von Campingkocher bis Ausbauküche), Größe (zwei bis sechs Schlafplätze) und unterschiedlichem Preis (250–500 NOK). Die Sanitäreinrichtungen sind bestens, der Service (SB-Laden, Spielplatz, TV-Raum, Tel.) besser, als die Zahl der Sterne vermuten lässt.
- *Baden* Eine Stichstraße führt südlich von Feda um eine kleine Fjordbucht herum zum **Badeplatz Sandebukta**: Kein Luxusbad mit Umkleidekabinen und Eintrittsgeld, sondern ein hübsches Fleckchen Fjordufer, an dem an heißen Sommertagen geschwommen und geplanscht werden kann. Und am Wochenende schaut manchmal ein Würstchenwagen vorbei...

Sirdal

Sirdal
Karte S. 151

Das lang gestreckte Tal zwischen Setesdal und Stavanger ist kaum erschlossen und fast unberührt. Steile Hänge und tiefe Wälder um den 27 km langen Sirdalsee laden ein zum Jagen, Angeln, Wandern und Skifahren.

Gleichwohl nutzen viele Autofahrer das Tal bloß zur schnellen Passage zwischen Setesdal und Südküste bzw. Rogaland. Die noch neue Höhenstraße RV 45 mit über 1.000 m hohen Pässen zweigt zunächst kurz vor **Nomeland** im Setesdal nach Westen ab. Ab **Sulskard** fährt man dann weiter Richtung Süden, um über die *Sirdalsruta,* die RV 468, via Tonstad bei Flekkefjord oder Egersund die Südküste und die Europastraße 39 zu erreichen. Noch mehr Autotouristen aber machen die Tour von Süden her. Dann geht es über die RV 42 bis zum **Svartevatn** und über die RV 45 zurück ins Rogaland, wie man die Provinz um Stavanger nennt.

Der Ausflug von Süden nach Norden ist eindrucksvoller. Da erlebt man das Wechselspiel von üppigen Wiesen und Tieflandklima im unteren Teil des Tales und der kargen Vegetation des schon gebirgigen Nordens viel krasser; Trennungslinie ist das Nordende des Sirdalsees bei **Tonstad**, das zwar nur ein verschlafener Weiler, aber dennoch größter Ort des nur von 2.000 Menschen bewohnten Tals ist.

Noch sind es vornehmlich Norweger aus dem 100 km entfernten Ballungsraum Stavanger/Sandnes, die im abgeschiedenen Tal ihren Urlaub verbringen; meist handelt es sich dabei um Skiurlaub im Frühsommer. Wenn, je nach Schneelage, ab Ende Mai auch die oberen Talstraßen geöffnet werden (*Suleskardvegen* ins Setesdal und *Lysebotnvegen* gen Westen), erlebt man Skiwanderer, die in Turnhose oder Bikini dem späten Frühling entgegenloipen. Dann öffnen auch die zwei erst in den letzten Jahren erstellten Berghotels, dann werden die Skilifte der noch jungen Wintersportzentren von **Åndernam** und **Sinnes** in Betrieb genommen, dann erst beginnt die kurze Saison im Sirdal.

Spektakel im Sirdal

Im Sirdal fallen riesige Pferche auf – Sammelstellen für Schafe. Die Schafzucht, heute nur noch als Hobby betrieben, bildete über Jahrhunderte den Haupterwerb der Talbauern. Bis heute werden die Schafe am 20. Juni in die Berge geführt, wo sie in der ersten Septemberhälfte mühsam gesammelt und gen Tal in die Gehege getrieben werden, aus denen die Besitzer ihre Tiere dann wieder aussortieren. Der Schafabtrieb im Sirdal (2002 waren 42.000 Schafe auf den Beinen) lockt alljährlich auch Tausende von Touristen ins Tal. Für die meisten Schafe jedoch endet der für Touristen nur fotogene Trieb kurz darauf im Schlachthaus.

Tonstad

Das Haufendorf am Nordende des Sirdalvatnets kann mit einem Rekord aufwarten: Die Einwohner haben die höchste Lebenserwartung im ganzen Land.

Das hat sicher mit der reiner Luft zu tun. Kein Industriebetrieb verpestet die Umwelt, und weil es nur eine wenig befahrene Straße gibt, hält sich auch die Verunreinigung durch Autoabgase in Grenzen. Das hat aber vielleicht auch mit den geringen Immobilienpreisen vor Ort zu tun, denn dadurch kann sich jede Familie mindestens eine Hütte in den Bergen leisten, um dort auszuspannen und Leib und Seele zu pflegen. Und schließlich: Tonstadt liegt in einem abgelegenen Tal, das massiv von Oslo subventioniert wird, was sich in einer hervorragenden medizinisch-sozialen Infrastruktur niederschlägt – in Tonstad gibt es ein hochmodernes Krankenhaus, und die Gemeinde garantiert eine hundertprozentige Versorgung mit Kindergarten- und Altenwohnheimplätzen. Es lebt sich also gut in Tonstad. Das können auch die Touristen nutzen: Am kleinen, modernen Marktplatz findet man zwei Supermärkte, Post, Banken und mit "Tonstad Bakeri" ein gemütliches Bäckerei-Café.

- *Information* **Tonstad Turistinformasjon**, neben dem Hospital, ✆ 38370586. 15.6.–15.8. täglich 10–17 Uhr. Übers Jahr erhalten Sie Auskünfte bei **Sirdalsferie**, ✆ 38371390, ℻ 38371380.
- *Busverbindungen* 6x täglich zwischen 8.30 und 21 Uhr halten die Sirdalsruta-Busse am Marktplatz auf ihrem Weg zur Südküste (50 Min.) oder ins Setesdal (1,5 Std.).
- *Übernachten* **Ousdal Hotell**, ✆ 38370312. Die Pension am Ortsausgang bietet nur sechs einfache, aber preiswerte Zimmer an (ab 350 NOK/Person). Das Lokal serviert Hausmannskost.

Tondsbadli, ✆ 38370555. Oberhalb des Ortes (an der Hauptstraße ausgeschildert) vermietet die Kirchengemeinde sieben Hütten, vor denen einige sehr einfach, alle aber ausreichend sind. 200–400 NOK.

Sirdalsferie A/S, ✆ 38371390, ℻ 38371380. Das ganze Jahr über bietet das Unternehmen im gesamten Sirdal gute bis luxuriöse Hütten zwischen 400 und 1.200 NOK an.

Umgebung von Tonstand

Tonstad Kraftverk: Das größte der sieben Wasserkraftwerke (640.000 kW Leistung, 20 Jahre Bauzeit, 2 Mrd. NOK Baukosten) im Sirdal findet man auf der Tonstad gegenüberliegenden Seeseite. Aber man sieht nur die Verwaltungsgebäude, denn wie alle Sirdal-Kraftwerke ist auch das von Tonstad unterirdisch angelegt. Gewaltige Röhrensysteme transportieren das in fünf Stauseen im oberen Sirdal gesammelte Wasser durch die Berge nach Tonstad, wo die Wasserkraft in Strom umgewandelt wird. Pump- und Transformatoren-Stationen sind in haushohen Gewölben in den Berg eingelassen. Sie anzuschauen dürfte selbst Technikmuffel begeistern.

Öffnungszeiten werktags um 13.30 Uhr geführte Besichtigungen. Eintritt 45 NOK. Anmeldung bei der Turistinformasjon in Tonstad

Sirdalsvatnet: Der 27 km lange See ist schmal wie ein Fjord. Seine bewaldeten Ufer lassen immer wieder Platz für klitzekleine Badestellen. Außerdem kann man Kanus leihen, nach Forellen angeln oder auf Bibersafari gehen (Tickets und Verleih im Touristenbüro). Besonders attraktiv ist ein Ausflug zur kleinen Insel, auf der sich der Überlieferung zufolge Wikingerkönigin Astrid mit ihrem Sohn Olav Trygvason, der später ein sagenumwobener König wurde, monatelang vor Feinden versteckt hielt.

Sinnes

Der Ort am Svartevatn hat sich mit dem Nachbardorf Tjørhom zum Zentrum für Wintersport im oberen Sirdal entwickelt.

Vier Schlepplifte, 150 km gespurte Loipen, zwei Skischulen sowie Fahrten mit Pferde- und Hundeschlitten sind im Programm. Und Jahr für Jahr wachsen neue Hotels und Hüttenanlagen um den See und an der Straße, die durch das **Hunnedalen** (s. u.) nach Stavanger führt. Skiläufer im Winter und Angler im Sommer sind die Gäste, auf die man zählt. Entsprechend gibt es kein Hotel ohne Skikeller und keine Hütte ohne Küchenecke zum Schuppen der Fische. Das Hüttenangebot ist breit gefächert: Von Luxushütten mit Sauna und Fußbodenheizung bis zu Almhütten mit Öllampe und Toiletten nur im Freien reicht die Skala.

Sirdal
Karte S. 151

Information/Verbindungen/Übernachten/Camping

• *Information* **Sinnes Turistinformasjon**, im Zentrum, ✆ 38371276, 📠 38371275. 15.6.–15.8. täglich 10–18 Uhr. Übers Jahr erhalten Sie Auskünfte bei **Sirdalsferie**, ✆ 38371390, 📠 38371380.

• *Busverbindungen* 6x täglich zwischen 7.30 und 19 Uhr halten die Sirdalsruta-Busse an der Tankstelle auf ihrem Weg zur Südküste (1,5 Std.) oder ins Setesdal (1 Std.).

• *Übernachten* **Sinnes Gard**, ✆ 38371244, 📠 38371255. Ganzjährig geöffnet ist die Hüttenanlage längs der RV 45 mit Blockhäusern jeder Güte und Größe (40–90 qm) und Preisen zwischen 400 und 1.000 NOK.

Sirdal Bygg A/S, ✆ 38371317, 📠 38371338. Hütten mit bis zu 18 Übernachtungsplätzen hat das Unternehmen in und um Tjørhom (6 km südlich von Sinnes) im Angebot. Nicht immer auf dem neuesten Stand, immer aber urig sind die Blockhäuser in der Einsamkeit. Preise von 300–1.200 NOK.

Sageneset Feriesenter, Tjørhom, ✆ 38371300, 📠 51423811. Luxuriöse Hütten für sechs bis acht Personen, die ganzjährig jeden Komfort bieten (tolles Bad, Fußbodenheizung, perfekte Küche). 700-1.200 NOK.

Sinnes Fjellstue A/S, Tjørhom, ✆ 38371202, 📠 38371205. Mit 25 funktionalen Zimmern (Bad/WC, Telefon/TV) ist das Berghotel klein genug, um bei allem Komfort noch gemütlich zu sein. Ein erstaunlich gutes Restaurant, ein in jeder Hinsicht wärmendes Kaminzimmer und eine Kellerbar sorgen für Entspannung. DZ 1050 NOK, EZ 850 NOK.

Sirdal Høfjellshotell, Fidjeland, ✆ 38371122, 📠 38371101. 7 km nördlich von Sinnes bietet das Nobelhotel mit 100 Zimmern jeden erdenklichen Service (z. B. Schwimmbad und Panoramaterrasse) zu günstigen Preisen. DZ 920–1.240 NOK, EZ 610–770 NOK (Sommerpreise: 770 bzw. 540 NOK).

Sirdalsferie A/S, s. "Tonstad/Übernachten".

• *Camping* **Haugen Hytteutleie og Camping**, ✆ 38371283. 3 km nördlich von Sinnes und 300 m neben der RV 45 sind 20 Komfort-Hütten (ab 450 NOK) im Wald versteckt; außerdem 70 Zeltstellplätze. Der Betrieb bietet zudem Wanderungen und Safaris an (s. u.).

Lindeland Camping, ✆ 38371918. 15 km südlich von Sinnes und neben der RV 468 hat der einfache Rasenplatz neben Zeltstellplätzen auch sehr einfache Gästezimmer für 100 NOK im Angebot.

Wintersport/Wandern/Bibersafari

• *Wintersport* Man kann mit Pulka und Rucksack wandern oder in den Hügeln nördlich des Ortes abfahren, es gibt kilometerlange Loipen für Anfänger wie Könner, es gibt Snowboard-Hänge und Huskyrennen. Nur sollte man nicht zu viel vom Wintersport im Sirdal erwarten – einen Vergleich mit den Abfahrten im Gudbrandsdal oder in Hovden hält das Skigebiet um Sinnes nicht aus. Drei Schlepplifte, Tageskarten ab 250 NOK, zwei Skischulen: Kursgebühr ab 800 NOK/Woche; Loipenbenutzung gratis.

• *Bibersafari und Klammwanderung* Beim Campingplatz Haugen bieten Johnny und Heidi von **Sirdal Sport & Fristid** im Juli/August zwei aufregende Sporterlebnisse: Eine Klammwanderung am **Dorgefoss**, dem mit 35 m Fallhöhe höchsten Wasserfall im Sirdal, und eine nächtliche Bibersafari im Kanu. Beides recht teuer, aber unvergesslich. Auf Bibersafari geht es Di und Do ab 21 Uhr, 250 NOK/Erwachsene, 150 NOK/Kinder. Die Seilwanderung im Wasserfall findet immer statt, wenn vier Interessenten (Mindestalter 18) beisammen sind (450 NOK/Person). Anmeldung unter Mob.-Tel. 94293842.

▸ **Kvaevemoen**: Der Häuserhaufen 3 km nördlich von Sinnes besteht eigentlich nur aus einem Kro und einer Kapelle. Attraktion aber sind die Pferche, in denen jeden September die Schafherden immer in Gruppen zu tausend zusammengetrieben werden, damit die Besitzer ihre Tiere aussortieren können. Die Lkw-Rampen zum Abtransport der Tiere in den Schlachthof sind allerdings auch schon aufgebaut. Am ersten Septemberwochenende wird anlässlich des Schafabtriebs ein Volksfest organisiert: *Bygdedagene* mit Kunsthandwerksmesse und traditioneller Küche, mit Trachtentanz und Umzügen.

▸ **Hunnedalen**: Die schnellste Verbindung nach Stavanger ist die Fahrt über die RV 45, die bei Sinnes ins Hunnedalen abzweigt. Das Tal ist noch unberührter als das Sirdal und zählt gerade mal drei Dörfer. Die hügelige Straße durch das enge, 37 km lange Tal führt an etlichen Bergseen vorbei, von denen mehr als die Hälfte für die Energiegewinnung im Sirdal gestaut wurden.

Åndernam und Suleskar

Die beiden Feriendorfsiedlungen spezialisieren sich auf Wanderer und Loipenläufer, profitieren aber auch vom Durchgangsverkehr zum Lysefjord – Lysefjordveien ist Norwegens wohl atemberaubendste Serpentinenstraße, für Gespanne nicht geeignet.

Erst mit dem Bau der Staudämme in den 70er Jahre wurde **Sjerevassheia**, die Hochebene zwischen Sirdal und Setesdal, erschlossen. Heute kämpfen Naturschützer bereits um den Erhalt der Landschaft, in der Elche, Luchse und der südlichste Rentierbestand der Landes noch beinahe unbehelligt leben. Fast jeder

Sjerevassheia: Naturschützer kämpfen für die Heide

Lysefjordveien – in 27 Kehren 800 m tief hinab

Es beginnt ganz beschaulich, denn die nach Westen abknickende Landstraße schlängelt sich zunächst gemächlich durch bewaldete Höhen und kleine Gebirgsseen der Sirdals-Heide bis zum 900 m hohen Andersvatnet. Dann aber beginnt die vielleicht aufregendste Abfahrt Norwegens. Über 27 Kehren fällt die nur 3 m breite Straße 800 m tief zum Lysefjord ab. Dort wartet das originelle Restaurant "Adlernest" direkt über dem Fjord, dort wartet die Lysefjord-Fähre (s. S. 172), dort ist aber auch eine Wanderung zum Kjerag-Stein möglich – die 1,5 Wanderstunden zu dem spektakulären Zwillingsfelsen, zwischen dessen Säulen sich ein Felsbrocken wie ein Korken geschoben hat, werden mit einer großartigen Aussicht über den Fjord belohnt.

Bergsee wurde gestaut, drei kleine Kraftwerke entstanden, und die auf den ersten Blick imposanten Staumauern am **Rosskreppfjord** oder **Svartevass** haben die Umwelt nachdrücklich verändert. Der 400 m lange und 128 m hohe Svartevassdamm (s. u.) zählt zu den größten Staumauern des an Dämmen wahrlich nicht armen Landes; der Binnensee am Rosskreppfjord wurde im Zuge des Sina-Kvina-Energieprojekts zu einem Wasserreservoir, das fünfmal größer ist als der See im Naturzustand. Straßen, Rohre und Stromleitungen zerschneiden das Land, das sich mit der Gründung der Feriensiedlungen einen neuen Wirtschaftszweig erschlossen hat.

Vorsicht: Wildwechsel

• *Übernachten* **Sirdalsferie A/S**, s. "Tonstad/Übernachten".

Åndernam Hytteutleie, ✆ 38371135, direkt neben der Loipe und der Straße zum Lysebotn. Rustikalen Hütten ohne Bad (aber mit guten zentralen Sanitäranlagen). Einfache, doch ausreichend ausgerüstete Küchen. Zwischen 300 und 500 NOK.

• *Camping* **Suleskard Camping**, direkt an der wenig befahrenen Straße ins Setesdal, ✆ 38371138. Zehn neue Hütten mit Platz für bis zu neun Personen (ab 300 NOK) bietet der ansonsten einfach ausgerüstete Platz mit guten Sanitäranlagen und immerhin ausreichender Stromversorgung.

• *Ausflug zum Svartevassdamm* Oberhalb von Åndernam führt eine ausgeschilderte Erdstraße 12 km weit durch das unberührte **Ørnefjell** zum riesigen Svartevassdamm. Auf der 7 m breiten Dammkrone der 400 m langen Staumauer kann man umherspazieren und den 1,4 Mrd. qm großen Stausee bewundern. Das kleine Duge-Kraftwerk am Ende des Dammes ist für die Öffentlichkeit dagegen nicht zugänglich.

Stavanger bei Nacht: größte Kneipendichte des Landes

Stavanger

Stadt der Superlative – höchstes Pro-Kopf-Einkommen, größter Ausländeranteil, eine der ältesten Städte des Landes und gleichzeitig seine modernste. Eine große Kleinstadt mit einer gehörigen Portion Multikultur.

All das verdankt die viertgrößte Stadt Norwegens (107.000 Einwohner) dem Erdöl, das vor 35 Jahren 300 km südwestlich vor Stavanger in der Nordsee entdeckt wurde. Der Boom machte Stavanger zu einer Stadt mit zwei Gesichtern: Liebevoll renovierte Holzhäuser neben klotzigen Betonbauten, die Bohrinsel neben der Freizeitjolle, dunkelhäutige Techniker aus Tennessee neben pausbäckigen Jungen aus Jaeren. Solche Kontraste sind es, die Stavanger am **Boknafjord** spannend und erlebenswert machen.

Stadtstruktur

Bereits im 4. Jh. war das Boknafjord-Delta besiedelt; in **Ullandhaugard** am Stadtrand sind Spuren der Erstbesiedlung noch erhalten. Die Wikinger bauten um die Jahrtausendwende ihre Häuser dichter ans Wasser, an die **Vågenbucht**. Und da liegt Stavangers City noch heute: auf der Landzunge zwischen Vågen und Fjord, sodass alles Sehenswerte in einem halbstündigen Fußweg zu erreichen ist.

Mit der Industrialisierung im 19. Jh. dehnte sich die Stadt nach Norden und Westen aus. Und die Stadt wächst weiter: Versorgungsbasen für den Offshore-Betrieb entstehen in der Tanagerbucht und in **Dusavik**, neue Montageplätze für Bohrinseln werden gebaut, und es siedeln sich immer neue Ölkonzernen und Zulieferbetriebe an. Durch Eingemeindung (**Sandnes**, **Sola** und **Randaberg**) zählt der Großraum Stavanger heute über 250.000 Menschen. Wohnraummangel im Stadtgebiet und zunehmende Verstädterung des Südgürtels, immerhin Norwegens wichtigstes Landwirtschaftsgebiet in **Jaeren**, sind die Schattenseiten des kaum gezügelten Wirtschaftswachstums.

Stadtgeschichte

Strittig ist das Datum der Stadtgründung: Einige nennen das Jahr 1245, andere datieren sie auf 1125, weil zu diesem Zeitpunkt mit dem Dombau begonnen wurde, der die Ansiedlung von Kaufleuten und Handwerkern förderte (noch heute gilt Alt-Stavanger auf dem Westufer der Hafenbucht **Vågen** als besterhaltene Holzhaussiedlung im Norden). Fest steht in jeden Fall, dass der Fjordgürtel schon lange vor der Stadtgründung besiedelt war. Immerhin fand bereits 872 bei **Hafrsfjord** jene Schlacht statt, nach der Norwegen erstmals als Königreich geeint wurde. Das Denkmal "Schwerter in Stein" westlich der Stadt kündet von *Harald Schönhaar* und der historischen Schlacht.

Mit Verlegung des Bischofssitzes nach Kristiansand (1682) begann für Stavanger ein Schattendasein; um 1800 wohnten gerade 2.400 Menschen in der Stadt. Das änderte sich erst mit der Brislingfischerei (*brisling*, die "norwegische Sardine", gleicht der Sprotte hierzulande) und dem Aufbau einer leistungsfähigen Verarbeitungsindustrie. Um 1900 zählte die Stadt 14 Konservenfabriken und 30.000 Einwohner. 20 Jahre später waren es bereits 44.000 Menschen, und 80% aller Unternehmen waren direkt vor der Konservenindustrie abhängig. Stavanger gehört zu den ersten Industriestädten des Landes und wurde zum Zentrum der Arbeiter- und Gewerkschaftsbewegung. Dennoch standen Stavangers Chancen schlecht, sich gegen Bergen oder Oslo als Industriestandort zu behaupten, wenn nicht mit der Erschließung des **Ekofisk-Feldes** 1969 das goldene Zeitalter über Norwegen und Stavanger hereingebrochen wäre. Seit fast 30 Jahren ist Stavanger die "boomtown" ganz Skandinaviens. Die Stadt mit ihrer Werftindustrie, ihrer günstigen Hafen- und Verkehrslage (Flughafen **Sola** seit 1937) sowie ihrer Nähe zu den Nordsee-Ölfeldern bot sich als Zentrum der neuen Wachstumsbranche geradezu an.

Information/Verbindungen/Stadtverkehr

• *Information* **Destinasjon Stavanger**, ✆ 51859200, ✆ 51859202, www.visitstavanger.com. Januar–März Mo–Fr 9–16, Sa 9–14 Uhr; April–Mai Mo–Fr 9–17, Sa 9–14 Uhr; Juni–August täglich 9–20 Uhr; September–Dezember Mo–Fr 9–16, Sa 9–14 Uhr. Nach dem dritten Umzug in fünf Jahren hat das Infobüro in einem großen, weißen Haus am Eingang der Altstadt (gegenüber vom Fischmarkt) sein Domizil gefunden. Broschüren, darunter den informativen "Stavanger Guide" und das stets aktuelle Veranstaltungsprogramm "What's on in Stavanger", Souvenirs, Information zu Unterkünften und Vermittlung von Privatzimmern. Di und Do um 11 Uhr startet hier eine Altstadtführung.

Für Wanderer und Trekker ist das Büro der **Touristforening** in der Unterführung der E 18 (hinter dem Bahnhof, am Rogaland-Theater) hilfreich. Wanderkarten und -führer (auch auf Deutsch), Ausrüstung und Touren-Organisation sind hier zu bekommen. Werktags 10-16 Uhr (donnerstags bis 18 Uhr), am Wochenende geschlossen.

• *Flugverbindungen* Auf einem der ältesten Flughäfen Norwegens im 15 km entfernten **Sola** starten Clipper vornehmlich nach Übersee; nur wenige steuern von hier aus mitteleuropäische Ziele an (Kopen-

Hafenbucht Vågen: Alt und Neu beieinander

hagen, London, Amsterdam, keine Flüge in die Schweiz, nach Deutschland oder Österreich). Darüber hinaus werden innernorwegische Ziele angeflogen: 12x Oslo (50 Min.), 7x Bergen (35 Min.), 4x Trondheim (4 Std.) und Kristiansand S (50 Min.). 42x, in der Regel 3x pro Stunde, fährt der Flughafenbus (Flybussen) die 30-Minuten-Strecke nach Sola und zurück. Haltestellen: Fiskepiren und Atlantic Hotel. ✆ 81520000 (Braathens), 81003000 (SAS), 81001200 (Wideroe)

• Zugverbindungen Der bescheidene Hauptbahnhof liegt zentral am Stadtteich (Breiavatnet). Neben Kiosk, Cafeteria und Gepäckaufbewahrung gibt es am NSB-Schalter (✆ 81500888) einen **Fahrradverleih**: 50 NOK/Tag, 100 NOK/Woche. Züge fahren auch: nach Oslo (6x pro Tag, auch Nachtzug mit Schlafwagen, 8,5 Std.), nach Egersund und Kristiansand (1 bzw. 3 Std.) sowie nach Trondheim (10 Std.). Auf Oldtimer-Fans wartet im Bahnhof übrigens **"Hugin"**, eine hundertjährige Lok, mit der 1904 die Bahnstrecke Stavanger–Flekkefjord eröffnet wurde.

• Busverbindungen Neben dem Bahnhof der Busterminal mit internationalen Verbindungen (Dänemark und Hamburg) sowie Überlandbussen nach Süden und Westen: Sandnes, Kristiansand (sechs tägliche Busse, 4,5 Std.) und Oslo (11,5 Std.). Die Nordfahrt geht nicht ohne Insel-Hüpfen ab – reizvoll, aber teuer und langwierig: per Bus ins 12 km entfernte Mekjarvik (von 7-19 Uhr, alle 30 Min.), von dort per Fähre (Überfahrt gut 1 Std.) auf die Insel Karmøy und via Haugesund nach Bergen (täglich 5x, 5,5 Std.). Oder direkt per Fähre nach Tau und von dort via Sand in die Hardangervidda.

• Fährverbindungen Internationale Fähren verkehren nach Newcastle in England (Fähranleger unterhalb der Altstadt am Vågen). Verbindungen innerhalb Norwegens:

– **nach Tau**: An den Fiskepiren legt fast stündlich die Autofähre über den Idsefjorden ab (Überfahrt 22x täglich, 40 Min., Preis für Pkw und Fahrer 102 NOK, Person 29 NOK).

– **zur Insel Karmøy**: Die Fähren fahren von Mekjarvik los, das Sie per Bus erreichen (s. o.). Die Kaimauer des kleinen Fährhafens wurde übrigens 1999 mit den Überresten der *Brent Spar* verstärkt.. Die Überfahrt dauert 70 Min. und kostet 126 NOK für Fahrer/Pkw bzw. 39 NOK pro Person.

– **durch den Lysefjorden**: Die herrliche Dampferfahrt durch den 42 km langen Lysefjorden und am Preikestolen vorbei lohnt als Ausflug, aber auch als Verkehrsanbindung ins Setesdal. Sightseeing-Tour im Sommer täglich, sonst nur So 10.30 Uhr (210 NOK), Autofährverbindung nach Lysebotn am Ende des Fjords (einmal täglich, Fahrer/Pkw 250 NOK).

Stavanger Karte S. 162/163

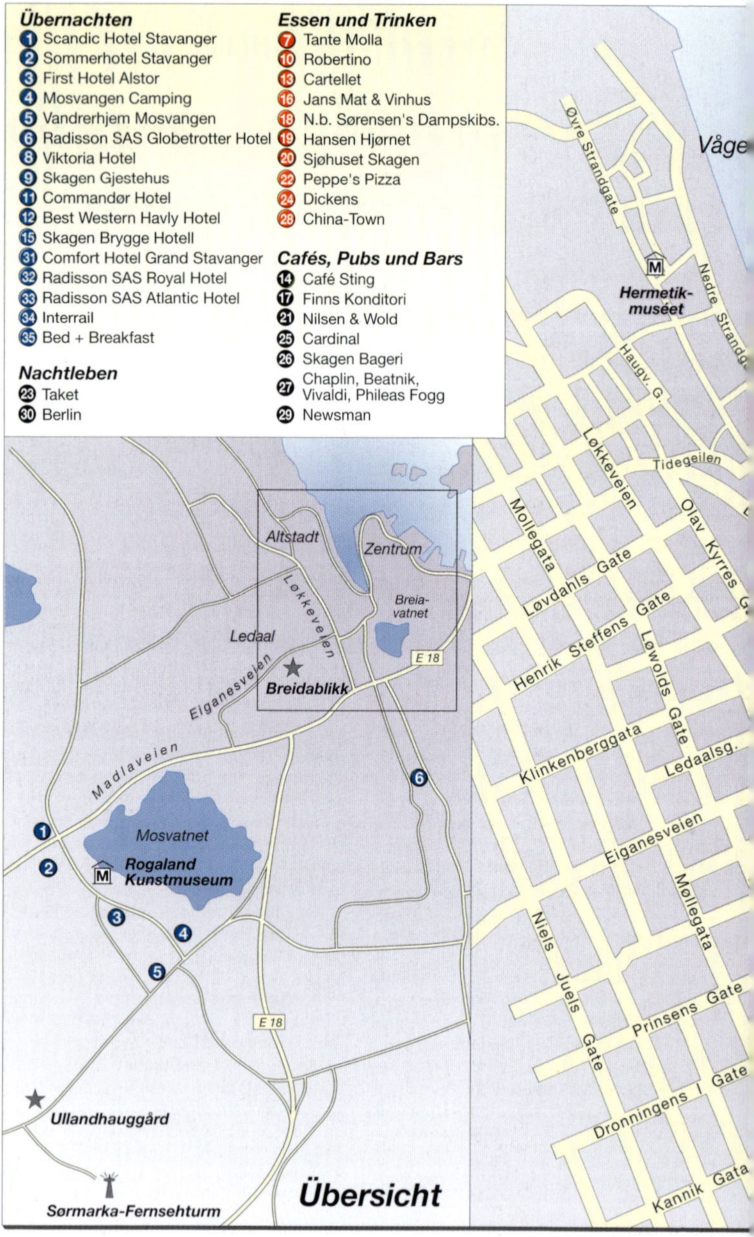
Übernachten
1 Scandic Hotel Stavanger
2 Sommerhotel Stavanger
3 First Hotel Alstor
4 Mosvangen Camping
5 Vandrerhjem Mosvangen
6 Radisson SAS Globetrotter Hotel
8 Viktoria Hotel
9 Skagen Gjestehus
11 Commandør Hotel
12 Best Western Havly Hotel
15 Skagen Brygge Hotell
31 Comfort Hotel Grand Stavanger
32 Radisson SAS Royal Hotel
33 Radisson SAS Atlantic Hotel
34 Interrail
35 Bed + Breakfast
Nachtleben
23 Taket
30 Berlin
Essen und Trinken
7 Tante Molla
10 Robertino
13 Cartellet
16 Jans Mat & Vinhus
18 N.b. Sørensen's Dampskibs.
19 Hansen Hjørnet
20 Sjøhuset Skagen
22 Peppe's Pizza
24 Dickens
28 China-Town
Cafés, Pubs und Bars
14 Café Sting
17 Finns Konditori
21 Nilsen & Wold
25 Cardinal
26 Skagen Bageri
27 Chaplin, Beatnik, Vivaldi, Phileas Fogg
29 Newsman
Altstadt
Zentrum
Løkkeveien
Breiavatnet
Ledaal
Eiganesveien
Breidablikk
E 18
Madlaveien
Mosvatnet
Rogaland Kunstmuseum
Ullandhauggård
Sørmarka-Fernsehturm
Übersicht
Øvre Strandgate
Vågen
Hermetikmuséet
Nedre Strandg.
Haugv. G.
Tidegeilen
Møllegata
Olav Kyrres G.
Løvdahls Gate
Henrik Steffens Gate
Løwolds Gate
Klinkenberggata
Ledaalsg.
Eiganesveien
Niels Juels Gate
Prinsens Gate
Dronningens Gate
Kannik Gata

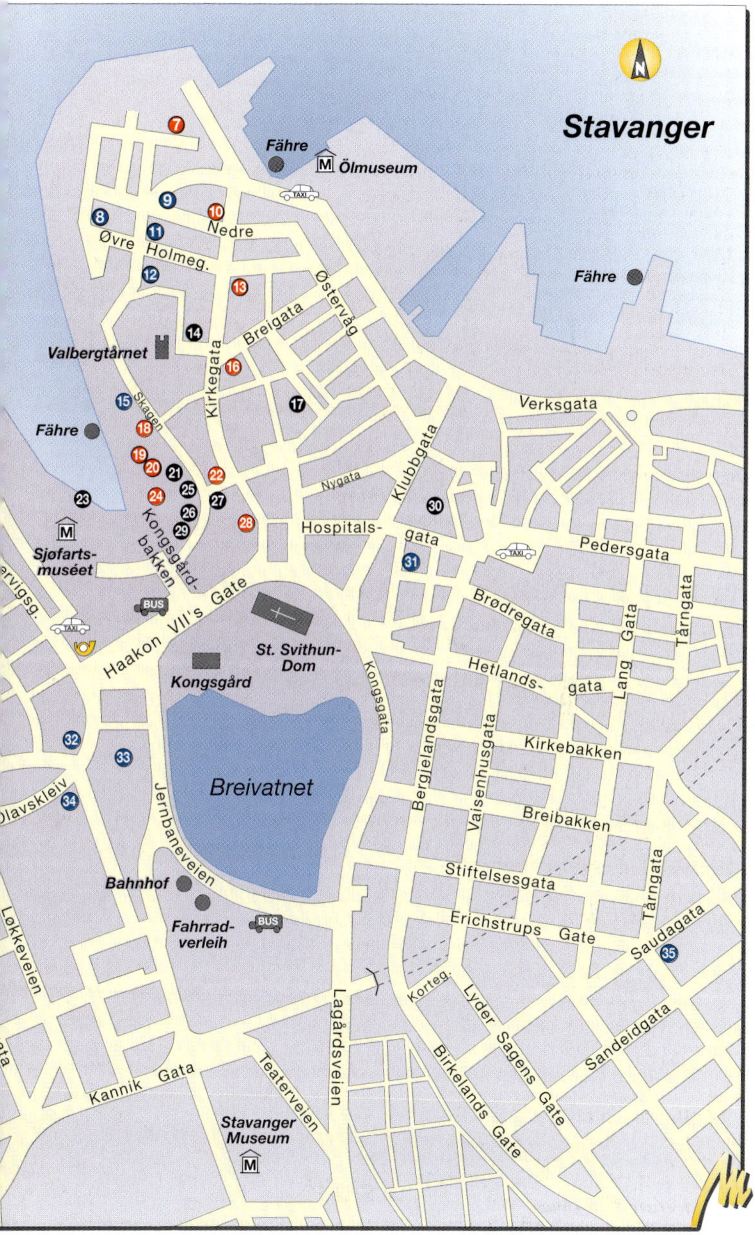

Stavanger
Karte S. 162/163

– nach Nedstrand: Die fast dreistündige Fahrt durch das Fjord-Delta nach Nedstrand am Vindafjord (Höhe Haugesund) kann für die Weiterfahrt nach Norden ebenso sinnvoll sein wie als bloßer Ausflug. 5x täglich, 222 NOK.

– nach Bergen: Vom Schnellboot-Terminal (nordöstliches Ufer der Halbinsel, dort auch Ticketverkauf und Gepäckaufbewahrung) rauscht der Flaggruten-Katamaran 8x täglich zwischen 7.20 und 20.30 Uhr in gut vier Stunden via Haugesund nach Bergen (keine Autofähre). Tickets ab 400 NOK

• *Stadtverkehr* Trotz seiner City-Enge verfügt Stavanger über 19 Buslinien mehrerer Gesellschaften (rote, blaue, gelbe, grüne Linien). Busse mit Doppelziffern verkehren im Stadtgebiet, mit Dreifachziffern auch außerhalb (alle Stadtbusse halten an der Haakon VII's Gate zwischen Dom und Post).

Taxi: Für Droschken ist die Stadt kein Geschäft, die meisten "Siddis", wie sich Stavangers Einwohner selber nennen, fahren in der Radfahrerstadt sowieso Fahrrad. In der Innenstadt gibt es gerade drei Taxistände (am Rogaland Kunstsenter, vor "Dickens" und bei der Post). ✆ 08000.

Adressen/Telefonnummern

• *Apotheken-Notdienst* Olav V's gate 11 (hinter dem Bahnhof), ✆ 51520607. Tägl. bis 23 Uhr.

• *Autovermietung* Für die teuerste Stadt im Lande gilt wie überall in Norwegen: Die Automiete ist gut 30 % teurer als zu Hause. Dennoch lohnen Preisverhandlungen gerade im Sommer, wenn die Geschäftsreisenden ausbleiben, z. B. bei **GT Service** (✆ 51419900), bei **Hertz** (✆ 51520000), oder bei **Avis**, Busterminal (✆ 51939360).

• *Autowerkstätten* an der RV 44 stadtauswärts.

• *Banken* am Domplatz und im Flughafen Sola.

• *Fahrradverleih* In der Radfahrerstadt verleiht sogar die Bahn NSB Fahrräder (s. o.). Zudem gehört es vielerorts zum Hotelservice, Fahrräder kostenlos an Gäste abzugeben, z. B. im Scandic Hotel oder in der Jugendherberge.

• *Gasflaschentausch* **AGA Progas**, Søylandsgate 20 (Richtung RV 44 stadtauswärts).

• *Gästehafen* Die Hafenmiete beträgt entsprechend der Schiffslänge 100–300 NOK. Duschen (30 NOK), Wäsche waschen (55 NOK) und frühstücken (90 NOK) kann man im Skagen Brygge Hotel; Anmeldung an der Rezeption (s. "Übernachten")

• *Gepäckaufbewahrung* im Schnellboot-Terminal (Mo–Fr 7.15–18 Uhr, Sa/So bis 12.30 Uhr) sowie im Bahnhof (7–22 Uhr, Sa bis 17 Uhr).

• *Katamaran-Dienst* **Flaggruten**, ✆ 51890211.

• *Notarzt* ✆ 51510202.

• *Parken* Es gibt fünf Parkhäuser im Innenstadtbereich – Bahnhof (Jernbanen), Jorenholmen, Posthuset, St. Olav und Valberget.

• *Post* Hauptpost in der Haakon VII's Gate (neben dem Breiavatnet). Hier kann Geld gewechselt werden, und gibt es einen Schalter für postlagernde Sendungen. Mo–Fr 8–17, Do bis 18 Uhr, Sa 9–14 Uhr.

• *Reederei* **Color Line**, ✆ 81000811.

• *Reinigung* **Sentralvaskeriet**, (Münzautomaten) in der Kongsgt 40.

• *Taxi* ✆ 080000.

• *Telesenter* Nygaten 13.

• *Zahnarzt* ✆ 51528452.

Übernachten/Camping (siehe Karte S. 162/163)

• *Übernachten in Stavanger* **Vandrerhjem Mosvangen (5)**, Henrik Ibsengate 21, ✆ 51872900, 📠 51870630. 30 Minuten Fußweg, 10 Autominuten vom Bahnhof zum Mosvatnet (Kannik Gata, hinter dem Bahnhof, dann E 39); per Buslinie 78 (einmal stündlich bis 23.40 Uhr, Stopp an der E 39), ansonsten fünf Buslinien via Eiganesveien (6x pro Std.). Die Jugendherberge heißt "Parkhotel" und ist wie ein Parkhotel. Hotel und JuHe, Frühstücks- und Aufenthaltsraum unter einem Dach – ein für Jugendherbergen nicht gerade üblicher Luxus. Das nur von Mai bis September geöffnete Wanderheim mit modernen Zwei- und Mehrbettzimmern liegt inmitten eines Parks am Mosvatnet, Bademöglichkeit und Campingplatz sind nur wenige Schritte entfernt. 145 NOK/Bett und 290 NOK/Person im EZ oder DZ (Nichtmitglieder plus 25 NOK).

"Bed + Breakfast" (35), Videkalsgate 1 a, ✆ 51562500, 📠 51562501. Klein, einfach und sauber sind die Zimmer in der ruhigen Pension unweit des Bahnhofs. Nicht alle mit Bad und WC. DZ 600 NOK, EZ 480 NOK.

Skagen Gjestehus (9), Nedre Holmegate 2, ✆ 51895585, 📠 51895586. Zentral am Hafen und dennoch ruhig in einer Seitengasse gelegen, bietet das Stadthotel renovierte Zimmer meist ohne Bad zu niedrigen Preisen. DZ 630 NOK, EZ 480 NOK (mit Frühstück).

Best Western Havly Hotel (12), Valberggate 1, ✆ 51896700, ✆ 51895025, www.havlyhotell.no. "Bei uns sparen Sie Geld im Schlaf" – der Werbespruch trifft für das einstige Missionshotel kaum zu. Immerhin sind die 42 vor kurzem erst renovierten Zimmer geräumig und haben TV und Telefon. DZ 1.050 NOK, EZ 950 NOK.

Commandør Hotel (11), Valberggate 9, ✆ 51895300, ✆ 51895301, www.commandor.no. Wenige Schritte weiter am Kai sind 30 Zimmer (die unterm Dach sind gemütlich) zu günstigen Preisen im Angebot. DZ 950 NOK, EZ 795 NOK.

Comfort Hotel Grand Stavanger (31), Klubgate 3, ✆ 51201400, ✆ 51201401, www.choice.no. Sehr zentrales, aber leider auch lautes 132-Zimmer-Hotel. Ideal für Geschäftsreisende, für die Sondertarife angeboten werden. Für alle anderen: DZ 1.150 NOK, EZ 1.050 NOK.

First Hotel Alstor (3), Tjensvollveien 31, ✆ 52044000, ✆ 52044001, www.firsthotels.com. Die Fassade ähnelt einer Kaserne, drinnen aber entpuppt sich Alstor als geschmackvolles Hotel mit feinstem Service: Bar, Restaurant, Schwimmbad, Tennisplatz. Alle 80 Zimmer mit Du/WC und TV/Telefon. Lage am Mosvatnet und Aussicht sind zusätzliche Argumente. DZ 1.650 NOK, EZ 1.450 NOK.

Scandic Hotel Stavanger (1), Eiganesveien 181, ✆ 21614300, ✆ 21614311, www.scandic-hotels.com. Gleich neben dem Alstor warten 153 gemütliche Zimmer (Du/WC und TV/Telefon) auf zahlungskräftige Gäste. Auch hier zählen ein gar nicht mal übles Restaurant, eine Bar, Sauna, Swimmingpool und Fitnessraum zum Service. Auch Gratisverleih von Fahrrädern. DZ 1.375 NOK, EZ 1.175 NOK

Radisson SAS Globetrotter Hotel (6), Lagårdsveien 61, ✆ 51762000, ✆ 51762001, www.radissonsas.com.. Oberhalb des Bahnhofs bietet das Vier-Sterne-Hotel eine stadtbekannt gute Küche. Das macht die Lage an der stark befahrenen Straße wett. DZ 1.525 NOK, EZ 1.145 NOK.

Viktoria Hotel (8), Skansegaten 1, ✆ 51867000, ✆ 51867001, www.victoria-hotel.no. Der altehrwürdige Kasten am Hafen mit famoser Aussicht hat 170 Zimmern, ein gutes Restaurant, eine schicke Bar und empfehlenswerte Frühstücksbüfetts. Alle geräumigen Zimmer haben Du/WC sowie Telefon/TV und werden im Sommer günstig vermietet. DZ 1.595 NOK, EZ 1.345 NOK (Sommerpreise: 870 bzw. 750 NOK).

Radisson SAS Atlantic Hotel (33), Olav V's Gate 3, ✆ 51761000, ✆ 51761001. Das Hochhaus am Stadtteich in unmittelbarer Nähe zum Bahnhof wirbt mit seiner Kinderfreundlichkeit; im Sommer zahlen Eltern und zwei Kinder nur 850 NOK. Und das lohnt sich in dem eleganten Hotel, das sonst gepfefferte Preise verlangt. DZ 1.445 NOK, EZ 1.245 NOK (Sommerpreise: 750 bzw. 650 NOK).

Skagen Brygge Hotell (15), Skagenkaien 28-30, ✆ 51850000, ✆ 51850001, www.skagenbryggehotell.no. Nicht nur der Name lässt an Bergen denken, die Speicherhausbauweise des direkt am Vågen gelegenen Edelhotels schafft anheimelnde Geborgenheit. Das Haus nennt sich entsprechend "Charmehotel" und verlangt charmante Preise. DZ 1550, EZ 1450 NOK

Radisson SAS Royal Hotel (32), Løkkeveien 26, ✆ 51766000, ✆ 51766001. Das teuerste Hotel der Stadt, womöglich des ganzen Landes. Das einstige, fünfsternige "Royal Hotel" ist nach Übernahme durch den Luftfahrtkonzern luxuriöser, pompöser, auch geschmackvoller geworden. DZ 1.885 NOK, Suite 4.200 NOK, EZ 1.585 NOK.

• *Übernachten außerhalb* **Sola Strand Hotel**, Sola, Axel Lundveien 27, ✆ 51943000, ✆ 51943199, www.sola-starndhotel.no. Das 80 Jahre alte, ungemein stilvolle Hotel liegt direkt an einem der schönsten Strände des Landes, 16 km vom Zentrum, aber nur 3 km vom Flughafen entfernt. Es bietet jeden erdenklichen Service: ein gutes Restaurant, Nichtraucherzimmer, Sondereinrichtungen für Behinderte. DZ 1.485 NOK, EZ 995 NOK

Airport Hotell, Sømmevn. 1, Lufthavn, ✆ 51656600, ✆ 51656215. Dreistöckiger Betonkasten nur 1 km vom Sola-Strand entfernt (2 km vom Flughafen und 15 km vom Zentrum). Feiner Service, funktionale Ausstattung. DZ 1.495 NOK, EZ 1.295 NOK .

• *Für Jugendliche* **Sommerhotel Stavanger (2)**, Madlamarkveien 6. Buslinien 70, 71, 78, 79 bis Station Madlamark. Das 5 km vom Ortskern entfernte Studentenheim steht während der Ferien jugendlichen Besuchern offen. Die karg-modern eingerichteten Zimmer kosten immerhin 450 NOK mit Frühstück (Bistro im Haus).

KFUM (Interrail Point), Rektor Berntsensgate 7, ✆ 51532888. Nur unwesentlich billiger als das Vandrerhjem, aber im Zentrum: 120 NOK pro Kopf und Nacht.

Stavanger Karte S. 162/163

• *Camping* **Mosvangen Camping (4)**, Tjensvoll 1, ✆ 51532971, www.mosvangencamping.no (Anfahrt wie Jugendherberge). Der Campingplatz liegt am See neben dem Vandrerhjem und ist trotzdem stadtnah. Unter weit ausladenden Bäumen ist Platz für 150 Zelte und Wohnmobile. Es gibt 19 Hütten (ab 350 NOK) und eine Cafeteria. Allerdings viel zu wenige und schlechte Sanitäranlagen. Mai-August geöffnet.

Ølbergstranden, Ølberg, Havnesveien 101, ✆ 51654900, Schöner Camping neben dem Fischerhafen von Ølberg (E 39, dann RV 510, 15 km südlich von Stavanger bei Sola). Der nur von Mai bis August geöffnete Platz liegt in den Dünen, hat gute Sanitäranlagen, ist leider nur mit eigenem Fahrzeug erreichbar. Zudem gibt's 16 piekfeine Hütten (500–700 NOK).

Kongeparken Camping, ✆ 51617576, ✆ 51617510. In Ålgard (30 km vor den Stadttoren) in der Nähe des Erlebnispark Kongeparken. Der ganzjährig geöffnete Wiesenplatz (300 m neben der E 39) verfügt auch über 27 Hütten ab 400 NOK.

Essen & Trinken/Nachtleben (siehe Karte S. 162/163)

> Wenn Sie "richtig" essen gehen wollen, werfen Sie auch einen Blick auf die Rubrik "Übernachten", denn oft haben die dort aufgeführten Hotels durchaus ansprechende Restaurants zu bieten.

• *Restaurants* **Dickens (24)**, Skagenkaien 6. Der Pub am Hafen, einst "In"-Treff in Stavanger, ist immer noch urgemütlich, auch wenn neue Besitzer in das Fachwerkhaus mit riesiger Theke und Folkmusik eingezogen sind. Geblieben ist das Pizza-Büfett (80 NOK), Tacos kosten 50 NOK.

Peppe's Pizza (22), Kirkegate 2. In der Fußgängerzone bietet Norwegens populärste "Futterkette" die Kingsize-Pizza für 95 NOK an.

China-Town (28), Skagen 14. Das verschachtelte Lokal serviert Chinakost zu noch annehmbaren Preisen.

Hansen Hjørnet (19), Skagenkaien 18. Nur von Juni bis August ist das "Sommerrestaurant" geöffnet. Dann aber lohnt sich der kleine Imbiss unter freiem Himmel am Hafenkai.

Sjøhuset Skagen (20), Skagenkaien 16, ✆ 51895180. In dem restaurierten Lagerhaus tafelt man unter hübschen Segelschiffmodellen erlesenen Fisch der oberen Preisklasse.

Robertino (10), Nedre Holmegate 14, ✆ 51895099. Der typische Italiener im Zentrum kocht lecker, verlangt aber überdurchschnittliche Preise: Spaghetti Bolognese 88 NOK, Lasagne 98 NOK, Fleischgerichte 175–205 NOK.

Tante Molla (7), Salvågergate (hinter Kirkegata). Die wohl beste Fischsuppe des Landes gibt es im Bistro für angemessene 67 NOK. In Tantchens guter Stube im 1. Stock kann man famos faulenzen und lecker essen (z. B. Waffeln für 25 NOK oder Spaghetti "al dente" zu 55 NOK). Mo–Fr 10–17, Sa 10–19, So 10–15 Uhr.

N.b. Sørensen's Dampskibsexpedition (18), Skagen 26, ✆ 51891270. Wer es edel und dennoch ursprünglich liebt, ist im Schifferlokal mit dem schwierigen Namen richtig. Die Küche in Stavangers typischstem Lokal ist teuer und nicht eben toll – der Gast zahlt fürs Ambiente.

Cartellet (13), Øvre Holmegate 8, ✆ 51896022. Nouvel Cuisine im besten Restaurant der Stadt. Im gemütlichen Keller müssen Sie 280 NOK für das Elchfilet und noch 115 NOK für die Fischsuppe zahlen – das sind die einzigen norwegischen Spezialitäten auf der Speisekarte.

Jans Mat & Vinhus (16), Breitorget, ✆ 51894799. Im Wettstreit mit "Cartellet" um das Prädikat "beste Schlemmeradresse der Stadt". Wer tief ins Portemonnaie greift, wählt das Tagesmenü, das viermal im Jahr wechselt.

• *Cafés* **Skagen Bageri (26)**, Skagen 18. Kaffee satt und leckeren Kuchen bietet das gemütliche Bäckerei-Café.

Finns Konditori (17), Sølbergate 2. Im Kulturhaus mit Kino, Lesesaal und Kinderspielzimmer ein Lokal für kleine Gerichte.

Pubs/Bars/Nachtleben (siehe Karte S. 162/163)

• *Pubs/Bars* **Newsman (29)**, Skagen 14. Die Wände des Journalistentreffs sind mit Zeitungsseiten der letzten 50 Jahren tapeziert, auf den Lesepulten liegen aktuelle Blätter aus aller Welt aus (leider keine deutschsprachigen): Hier lässt sich an der Bar oder an Separee-Tischen mit Stavanger "Tou Pils" vielsprachig ein Abend verplaudern...

Chaplin, Beatnik, Vivaldi, Phileas Fogg (27), vier hübsche Kneipen neben und gegenüber von Newsman im Fußgängerbereich Skagen. Im Vergleich zu Newsman aber nur zweite Wahl.

Nilsen & Wold (21), Skagen 42. Altertümliches Wirtshaus mit winzigem Restaurant, zwei Bars und Kro – Charme on the rocks.

Cardinal (25), Skagen 21. Ein Pub für kleine Gerichte und noch kleinere Tagesmenüs.

Café Sting (14), Valbergjet 3. Gemütlich Kneipe in der Nähe des Valbergturms. Geboten werden kleine Gerichte, nette Ausstellungen und Musik der 70er Jahre. Im Sommer werden Tische rausgestellt. Wenn Sting um 2 Uhr nachts schließt, macht der Nachtklub im Keller noch weiter.

• *Nachtleben* **Café Garagen**, Strandkaien. Rock und Blues, manchmal auch live, im beliebtesten Schuppen der Stadt.

Berlin (30), Lars Hertervigsgate 5. Von 22 bis 4 Uhr morgens bietet der schrägste Nachtklub der Stadt echten Disco-Sound.

Taket (23), Strandkaien. 22 Jahre muss man sein und bis spät abends warten, um hier zu tanzen. Mi–Sa 22–4 Uhr, Di und So 24–4 Uhr, Mo geschlossen.

Einkaufen

Die ältesten und größten Einkaufszentren begründen Stavangers Ruf als beste, aber auch teuerste Einkaufsstadt Norwegens.

Arkaden: Über zwei Häuserblocks erstreckt sich das Zentrum mit 40 Geschäften und Restaurants an der Klubgata, in dem Sie sich von Kopf (zwei Frisöre) bis Fuß (fünf Schuhgeschäfte) versorgen lassen und zwischendurch Pause im Café machen können. 10–20 Uhr, Sa bis 16 Uhr.

Kirkegata: Die Einkaufs- und Flaniermeile der Stadt zwischen Dom und Hafen mit Skizentrum und Souvenirshop, Blumenladen und Boutique – die zwei Gesichter Stavangers auf einem Kilometer. 9–17, Do 19, Sa 15 Uhr.

Kvadrat: Norwegens größtes Einkaufszentrum liegt außerhalb von Stavanger, und zwar an der E 39 auf dem Weg nach Sandnes (im Foyer ein Infostand für Touristen). 160 Geschäfte auf zwei Etagen. 10–20 Uhr, Sa bis 18 Uhr.

Ein **Gemüsemarkt**, auf dem es auch Blumen und frisches Obst gibt, findet täglich rund ums Kielland-Denkmal im Zentrum von Stavanger statt. Ein eher bescheidener **Fischmarkt** wird täglich am Vågen abgehalten.

Sehenswertes im Zentrum

St. Svithun Dom: Die Domkirche nördlich des Stadtteiches gilt neben dem Trondheimer Nidarosdom als bedeutendste Kirche Norwegens. Mit dem Bau der dreischiffigen Basilika wurde 1125 im romanischen Stil begonnen, nach einem Brand 1272 kamen gotische Elemente hinzu, und ein weiterer Umbau im 19. Jh. machte den Stilmischmasch (drinnen Barockschnitzereien) perfekt. Gleichwohl wird der Dom als einzige Kirche des Landes mit mittelalterlicher Grundstruktur gepriesen.

Öffnungszeiten 15.5.–15.9. 11–18 Uhr; 16.9.–14.5. Mi–Sa 10–15 Uhr, . Do 11.15 Uhr Orgelkonzerte, So 11 Uhr Hochamt, täglich 8.15 Uhr Morgenmesse.

Kongsgård: Neben dem Dom liegt die einstige Bischofs- und spätere Königsresidenz, die seit fast 200 Jahren als öffentliches Gymnasium genutzt wird. Deshalb kann das Gebäude auch nicht offiziell besichtigt werden – inoffiziell lohnt es aber auch nicht...

Valbergtårnet: Ein Aufstieg auf den ehemaligen Brandwachturm mitten im Stadtzentrum (gleich hinter dem Kai zwischen Kirkegata und Brygge-Hotel) lohnt wegen des weiten Rundumblicks über City und Hafen. Im Erdgeschoss ist ein gewerbliches Kunstgewerbezentrum eingerichtet.

Öffnungszeiten Mo–Fr 10–16 Uhr, Do bis 18 Uhr, Sa 10–14 Uhr. Eintritt 20 NOK. Das Kunstgewerbezentrum hat dieselben Öffnungszeiten (Eintritt frei).

Stavanger Museum: In der Muségata 16 (gleich hinter dem Rogaland-Theater) hat nach langer Umbaupause das Stadtmuseum wieder eröffnet. Die gelungene Präsentation der 873-jährigen Stadtgeschichte ist nur ein Teil der Museumsleistung. Auch die zoologische Ausstellung ist sehenswert.

Öffnungszeiten 15.6.–15.8. täglich 11–16 Uhr, sonst nur So 11–16 Uhr. Eintritt 30 NOK, Kinder 20 NOK.

Arkeologisk Museum: Das in jeder Hinsicht moderne Archäologiemuseum wurde 1998 in einem futuristischen Bau in der Peder Klowsgata 30 (drei Straßenzüge westlich vom Stavanger Museum) eröffnet. 15.000 Jahre Geologiegeschichte sowie 1.000 Jahre Kulturgeschichte des Rogalandes werden in Modellen und Videos sowie Computersimulationen demonstriert. Dazu gibt's kindergerechte Mitmach-Aktionen, eine für jedermann zugängliche Bibliothek, einen Buchladen mit auch deutschsprachigen Fachbüchern und ein niedliches Café.

Öffnungszeiten 1.6.–31.8. Di–Fr 11–17 Uhr, Sa/So 11–16 Uhr, sonst nur Sa/So 11–18 Uhr. Eintritt 20 NOK, Kinder 10 NOK.

Norsk Oljemuseum: Ein "dynamisches Museum" verspricht der Prospekt. Tatsächlich macht schon der futuristische Bau des neuen Öl-Museums am Fährhafen neugierig. Und drinnen werden sehr anschaulich 4.500 Millionen Jahre (!) Erdöl-Geschichte präsentiert: wie es entstand, wie es gefördert und transportiert wird, was aus Öl produziert und raffiniert wird und welchen Reichtum es über Norwegen und vornehmlich Stavanger gebracht hat. Trotz des hohen Eintrittsgeldes anschauenswert.

Öffnungszeiten: Juni–Aug. täglich 10–19 Uhr; Sept.–Mai Mo–Sa 10–16, So bis 18 Uhr, Eintritt 75 NOK, Kinder 35 NOK.

Ledaal: Von Zentrum aus führt ein 15-Minuten-Spaziergang zum Eiganes-Park und Kielland-Geburtshaus Ledaal (Eiganesveien 45). Das Patrizierhaus der berühmten Geschwister (*Kitty Kielland* war Malerin, Bruder *Alexander* Schriftsteller und 1892 Bürgermeister), ein drinnen wie draußen schmucker Empirebau, dient der Königsfamilie derzeit als Stadtresidenz. Wenn die gehisste Flagge die Anwesenheit des Monarchen anzeigt, ist das Haus für das Publikum gesperrt.

Öffnungszeiten wie Stavanger Museum. Eintritt frei.

Breidablikk: Wenige Meter nebenan (Eiganesveien 40 a) das puppenhafte Herrschaftshaus des Reeders *Berentsen* in einem pompösen Park. Prachtvoller Wohlstand der Jahrhundertwende, drinnen und draußen schön anzuschauen.

Öffnungszeiten ebenfalls wie Stavanger Museum. Eintritt frei.

Gamle Stavanger: Das Viertel links der Vågenbucht mit 150, teilweise sogar 200 Jahre alten Holzhäusern ist kein Museumsdorf, sondern ein bewohnter Stadtteil mit Milchmann, Museum und Müllabfuhr. Zwischen Nedre und Øvre Strandgate lebten einst Brisling-Fischer und Handwerker, arbeiteten Einsalzer und Händler. Das ehemalige Zollhaus (Nedre Strandgate Nr. 49) ist ebenso erhalten wie das Kaufmannshaus (Nr. 17-19), das heute das Seefahrtsmuseum beherbergt.

• *Museen* Von der großen Zeit Stavangers zeugt auch das einzige Konservenmuseum der Welt in der Øvre Strandgate Nr. 88 mit dem uns putzig anmutenden Namen **Norsk Hermetikmuseet**. "Queen Maud" und "Mr. Norway" heißen einige der ausgestellten Konserven. Noch interessanter jedoch die Stanz- und Werkzeugmaschinen, mit denen einst Dosen für die ganze Welt geformt wurden. In dem kleinen, vergnüglichen Museum werden am ersten Sonntag eines jeden Monats (nur für Touristen) auch noch Sprotten geräuchert. 15.6.–15.8. 11–14 Uhr, sonst nur sonntags 11–16 Uhr. Eintritt 30 NOK, Kinder 20 NOK.

Sjøfartsmuseet: In dem stilsicher restaurierten Kaufmannshaus (Nedre Strandgate 17-19) an der Vågen-Bucht (unweit des Touristenbüros) ist das informative Schifffahrtsmuseum untergebracht. Die Seefahrtsgeschichte Stavangers vom Heringshafen zur Ölmetropole wird liebevoll und ungemein interessant dokumentiert. Öffnungszeiten und Eintritt wie Konservenmuseum.

Gamle Stavanger: Wohnen im Museum

Stavanger
Karte S. 162/163

Sehenswertes außerhalb des Zentrums

Rogaland Kunstmuseum: Wen die neuere Malerei Norwegens interessiert, ist in der gläsernen Kuppel in der Tjensvollveien 6 richtig (1.500 Gemälde vom frühen 19. Jh. bis zur Gegenwart, besonders erwähnenswert die Hafsten-Sammlung mit 208 Gemälden). Auch das Museumscafé lohnt die mühsame Anfahrt.

Öffnungszeiten/Anfahrt Di–So 11–16 Uhr. Eintritt 50 NOK, Kinder 30 NOK. 30 Min. Fußweg Richtung Mosvatnet; Autofahrer 10 Min. auf der E 39 gen Süden; per Buslinie 78 bei der Station Tjensvollveien aussteigen.

Sørmarka-Fernsehturm: Noch weiter Richtung Sandnes (Fußweg ab Mosvatnet 45 Min., Ausschilderung "Ullandhaug") steht der Turm inmitten von Wanderwegen und Picknickbänken. Gute Aussicht über Stavanger, das flache Jaeren und den Fjord.

Ullandhauggard: 1.600 Jahre ist der restaurierte Siedlungsplatz (knapp einen Kilometer neben dem Fernsehturm) mit drei Längshäusern alt – Beleg für die älteste Besiedlung Norwegens. Die Wikinger bauten hier schon Buchweizen und Flachs an. Ganz in der Nähe der **Botanische Garten Ullandhaug**, der immerhin einen geruhsamen Spaziergang oder ein gemütliches Picknick wert ist.

Öffnungszeiten Botanischer Garten Juni–August 12–17 Uhr, sonst nur sonntags zur selben Zeit. Eintritt frei.

Umgebung von Stavanger

▸ **Sandnes**: Mehr noch als das 15 km nördlicher gelegene Stavanger ist Sandnes eine Stadt für Radfahrer. Überall Fahrradwege, kein Verkehrsschild ohne Tipps für Radler, und fast jedes Wochenende finden Fahrradrennen statt. Außerdem ist hier Norwegens einzige Fahrradfabrik ansässig, die hundert Jahre alte Øgländ DBS, die auch ein originelles Betriebsmuseum unterhält. Ansonsten hat das Industriestädtchen am Ende des Gandsfjorden außer fünf Hotels, einem Campingplatz und etlichen Lokalen kaum Touristisches zu bieten. Die meisten Fremden zieht es ohnehin zu *Kvadrat,* Norwegens größtem Einkaufszentrum vor den Toren der Stadt an der E 39 (s. "Stavanger/Einkaufen"), in dem auch das Touristenbüro einen Informationsstand unterhält.

• Öffnungszeiten Øglândmuseet Das Museum in der Fabrik (Holbergsgaten 16) ist während der Betriebsszeit geöffnet (ca. 9–17 Uhr mit langer Mittagspause). Anmeldung über ✆ 51660462 sinnvoll. Eintritt frei. • Anfahrt vor dem Bahnhof am Hafen links abbiegen.

Freizeitspaß rund um Stavanger

Erlebnispark Kongeparken: Gerade für Kinder (oder Erwachsene mit kindlichem Spielsinn) ist dieser Erlebnispark gedacht, der nach dem Pariser Disneyland der größte in Europa ist. Jahr für Jahr gibt es neue Attraktionen; besonders zugkräftig sind derzeit der Dino-Park, der Boot-Skooter und der 80 m hohe Troll-Riese. Klassiker ohne Verfallsdatum sind das Riesenrad, die Rollschuhbahn, der Kinderzirkus und die Modellstadt. 15.5.–30.9. täglich 10–18 Uhr. Eintritt 130 NOK, Kinder 110 NOK; zusätzliche Aktivitäten kosten zusätzlich Geld. Kongeparken liegt an der E 39 bei Ålgård (gut 30 km südlich von Stavanger).

Havanna Badeland: Gleich nebenan Skandinaviens größte Badelandschaft mit Wellenbecken, Wasserfall und Wasserkanonen, mit römischem Bad, Solarium und Salzwasserbassin sowie gepfefferten Eintrittspreisen. täglich 10–20 Uhr. Eintritt 110 NOK, Kinder 80 NOK.

▸ **Sola**: Drei Blickfänge bietet das 18.000-Einwohner-Städtchen (15 km südwestlich von Stavanger gelegen, zu erreichen über die RV 510): Flughafen, Golfplatz und **Solasanden**, mit 2,5 km längster Sandstrand der Stavanger-Küste. Zwischen flachen Dünen, behütet vom Rettungsdienst und versorgt mit Kiosk und Toiletten, lässt sich ein abwechslungsreicher Badetag mit Schwimmen, Surfen und Beachvolleyball verbringen, wenn, ja wenn die Flugzeuge nicht gerade die Anflugschneise über dem Strand benutzen. Diese Einschränkung gilt auch für den Golfplatz am Strand (✆ 51698883). Allerdings bietet der Flughafen neben lärmenden Clippern auch ein Museumserlebnis: **Flyhistorisk Museum** zeigt 25 Flugzeugtypen im Original.

Öffnungszeiten Museum Juni/Juli täglich 12–16 Uhr. Eintritt 30 NOK, Kinder 10 NOK.

▸ **Ryfylke-Inseln**: Die vier Inseln **Kvitsøy, Rennesøy, Finnøy** und **Mosterøy**, kaum 40 km nördlich vor Stavanger, sind bloß die Hauptinseln von über 30 Eilanden im Boknafjord. Hunderte windgeschützter, sandiger Buchten und verwinkelter, verkehrsarmer Meerengen machen die Ryfylke-Inseln zum Eldorado für Schwimmer, Surfer und Segler. Außerdem gelten sie als "Tomateninseln" Norwegens, Finnøy z. B. scheint wie mit Gewächshäusern zugepflastert.

Kunst am Solastranden, am längsten Strand der Stavanger-Küste

Die Wiege des Gemüseanbaus aber liegt mit dem **Utstein-Kloster** auf Mosterøy. Als Augustinerkloster in der zweiten Hälfte des 13. Jh. gegründet und noch im Mittelalter von Mönchen zum Zentrum der Obst- und Gemüsekultur des Nordens gemacht, dient Utstein derzeit als Konferenz- und Seminarzentrum (außerhalb der Konferenzen wird das Haus auch als Hotel genutzt; Anfragen unter ✆ 51720100 oder www.UtsteinKlosterHotell.no). Dennoch wirkt die Abtei auch heute noch wie ein mittelalterliches Kleinod, das immer einen Ausflug wert ist (sehenswert vor allem die Kanzel von *Lauritz Snekker* aus dem Jahr 1623, die dänischen Wandmalereien von *Gottfried Hendschei* sowie die kunstvollen Portale und Fenster).

Stavanger Karte S. 162/163

• *Öffnungszeiten Utstein-Kloster* April–Oktober So 12–17 Uhr (vom 1.5.–15.9. auch Di–Sa 10–16 Uhr). Gottesdienste So 11 Uhr, Konzerte (Jazz, Folk oder Kammermusik) So 16 bzw. 18 Uhr. Eintritt 35 NOK, Kinder 10 NOK.

• *Verbindung zum Utstein-Kloster* Busse ab Stavanger Di–Fr 9.15, 12.15, 15.45, 16.15 Uhr; Rückfahrt 15.05 und 16.05 Uhr. Sa hin 8.15 und 13.15 Uhr, So 12.15 und 15.15 Uhr; Rückfahrt Sa 14 Uhr, So 13.05 und 16.05 Uhr.

• *Anfahrt mit dem Pkw* Mosterøy und Rennesøy sind über zwei Unterseetunnel, gemeinsam Rennfast (Maut: 45 NOK) genannt, ab Randaberg zu erreichen. Nach Kvitsøy fährt von Mekjarvik eine Fähre (29x pro Tag, 25 Min. Überfahrt, Fahrer/Pkw 90 NOK). Eine weitere Fähre setzt von Hanasand auf Rennesøy nach Finnøy über (20x pro Tag, 15 Min. Überfahrt, Fahrer/Pkw 75 NOK).

Lysefjord

Der südlichste Fjord, der diesen Namen wirklich verdient – unverbrauchte Natur, einsame Höhen, unzugängliche Ufer, winzige Fischerboote und waghalsige Möwen, sonst nichts.

Die steilen Ufer des Fjords, der sich 42 km tief ins Rogaland schneidet, lassen weder für Ortschaften noch für Straßen Platz; mit **Forsand** und **Oanes** am

Fjordeingang sowie **Lysebotn** an seinem Ende gibt es nur drei klitzekleine Häuseransammlungen. Touristen, die nicht eigens wegen der Besucherattraktion Preikestolen (s. u.) anreisen, halten sich daher in der Regel nicht lange in dieser Gegend auf und rauschen anderen Ferienzielen entgegen (die Weiterfahrt wird durch die im Mai 1998 eröffnete, 640 m lange **Lysefjordbrua**, die den Fjord nördlich von Forsand überspannt, erleichtert). Dabei hat der Fjord auch neben Preikestolen Interessantes zu bieten:

Da ist z. B. **Landa**, das erste in Norwegen freigelegte vorgeschichtliches Dorf bei Forsand. Überreste von 250 Häusern, erbaut zwischen 1500 vor und 600 nach Chr., werden in mühevoller Kleinarbeit seit 1990 restauriert und sind teilweise bereits zu besichtigen. Der Besuch ist nicht nur für geschichtsinteressierte Erwachsene lohnenswert; auch Kinder finden ihre Freude an Tiergehegen oder szenisch dargestellten Wikingermärchen.

Ebenfalls einen Stopp wert ist das jüngste Fjord-Info-Center bei **Oanes** auf dem Forsand gegenüberliegenden Ufer. **Lysefjordsenteret** ist ein ultramoderner Betonbau auf der Landzunge zwischen Ort und Fjord mit Videoshow, unvermeidlichem Souvenirshop und überteuertem Restaurant. Aber auch mit einer anschauenswerten Lachsfarm und ausprobierenswerten Badeplätzen.

Zu erwähnen ist schließlich noch die Tour mit der Fähre nach Lysebotn am Fjordende. Man kann sie entweder mit der Weiterfahrt auf der atemberaubenden Serpentinenstraße **Lysefjordveien** (27 Haarnadelkurven auf 4 km) ins Sirdal bzw. ins Setesdal kombinieren oder mit der Besteigung der **Kjerag-Felsen** am Fjordende, die für viele noch weit spektakulärer sind als Preikestolen.

• *Öffnungszeiten* **Landa**, April–September täglich 11–16 Uhr. Eintritt 30 NOK, Kinder 20 NOK. Eingang hinter dem Kulturhaus von Forsand.

Lysefjordsenteret, Juni–August 10–20 Uhr, September–Oktober 11–17 Uhr, November–Dezember 11–16 Uhr. Eintritt 50 NOK, Kinder 30 NOK.

• *Anfahrt* Von Stavanger aus über die E 39 südwärts und über die RV 13 ostwärts nach Lauvik, dort die Fähre nach Oanes nehmen (alle 30 Min., 20 Min. Überfahrt, 37 NOK Pkw/Fahrer, 16 NOK/Person). Ab Oanes über die neue Brücke nach Forsand.

• *Lysefjord-Schiff* per Sightseeing-Schiff ab Stavanger täglich 10.30 und 14.30 Uhr bis Preikestolen (210 NOK/Person). Mit der Fähre ab Stavanger Mo 16, Di 10, Fr 16, Sa 10 und So 12 Uhr via Lauvik und Forsand nach Lysebotn (Fahrtdauer ca. 4 Std.; Pkw/Fahrer 240 NOK, 105 NOK/Person).

• *Übernachten* **Lysefjord Hyttegrend**, Oanes, ✆/℻ 51703874. Acht Hütten mit bis zu sechs Schlafzimmern, Küche, Bad/WC ab 400 NOK.

▶ **Preikestolen**: Die Fjellkante fällt messerscharf 600 Meter tief in den Lysefjord, unten der schnurgerade Fjord mit Blick bis zum Meer, oben nur Wolken und vorwitzige Möwen, dazwischen eine Wasserstraße wie aus dem Bilderbuch mit 1.000 m hohen, bewaldeten Steilwänden. Auf der ungeschützten, handballfeldgroßen Plattform tummeln sich die Besucher bei jedem, häufig auch schlechtem Wetter. Nur wenige trauen sich robbend an den Rand, abgeschreckt nicht nur vom Abgrund, sondern auch von mannstiefen Spalten im Plateaufels. Wer sich trotzdem hierhin wagt, genießt die weite, farbenprächtige Aussicht und dem schauerlichen Abgrund – Norwegens vielleicht aufregendste, sicher aber meistfotografierte Naturschönheit.

Nervenkitzel: Blick auf Preikestolen und Lysefjord

Um diese Touristensensation zu erreichen, müssen Sie allerdings wandern: Zwei Stunden mindestens dauert die Tour, bergauf und durch unwegsames Gelände. Doch die Anstrengung lohnt, denn Preikestolen ist geradezu Sinnbild norwegischer Landschaft – ständig wechselndes Wetter bei immer faszinierender Farbe, Schwindel erregende Steilwände mit atemberaubenden Aussichten.

• *Anfahrt* Von Stavanger aus über die E 39 südwärts und über die RV 13 ostwärts nach Lauvik, dort die Fähre nach Oanes (alle 30 Min., 20 Min. Überfahrt, 37 NOK Pkw/ Fahrer, 16 NOK/Person). Dann weiter über die RV 13 nach Norden, um bei Botne der ausgeschilderten Straße zum Preikestolen zu folgen. Alternative: Sie fahren ab Stavanger mit der Fähre nach Tau, die am Fiskepiren fast stündlich ablegt (22x täglich, 40 Min. Überfahrt, 77 NOK Pkw/Fahrer, 25 NOK/Person). Dann ebenfalls auf der RV 13, aber nach Süden, bei Botne abbiegen. Ab Tau verkehrt auch 3x täglich (9.05, 10 und 15.17 Uhr, Fahrpreis 45 NOK, Kinder 23 NOK) ein Bus zur Preikestolhytta und zurück (Anschluss an die Fähre).

• *Übernachten* **Preikestolen Camping**, ✆ 51749725, www.preikestolencamping.com. Der neue Platz an einem kleinen Bach direkt an der Abfahrt zum Preikestolen ist bestens ausgerüstet (große, gute Sanitäranlagen, Waschmaschinen, Laden) und, wie Leserin Josefine Lautenschlager findet, ungemein sauber. Neben Zeltplätzen werden Hütten vermietet (ab 350 NOK).

Preikestolhytta, ✆ 97165551, ✆ 90215551, www.preikestolhytta.no. Die Jugendherberge am Refsvatnet liegt unmittelbar am Startpunkt zur Preikestolen-Wanderung. Neben normalen JuHe-Unterkünften (150 NOK/Bett, 370 NOK/DZ) gibt es ein ganz gutes SB-Restaurant und drei kleine Hütten (ab 400 NOK).

Wandertour auf den Preikestolen

Die 3 km lange Wanderung ist kaum unter 2 Stunden zu schaffen, denn 350 Höhenmeter schwieriges Gelände müssen überwunden werden.

Das Ganze ist kein Spaziergang: Wanderschuhe, Regenzeug und Teleskopstangen sind anzuraten, für Kinder ist der Weg schwer zu bewältigen. Dennoch ist die Strecke ständig überlaufen – jährlich wandern 90.000 Besucher über diesen Weg zur Felsenkanzel, die schon deshalb nicht zu verfehlen ist.

Der Startpunkt der Wanderung liegt 30 m hinter der **Preiekstolhytta** – ein steiler, ausgeschilderter Weg steigt rechts der Straße bergauf. Durch tiefen Wald führt der zunächst gut ausgebaute Pfad, der mit rotem "T" und bisweilen mit Steinmännchen markiert ist, eine halbe Stunde stetig bergauf, bis ein erster Höhenrücken erreicht ist. Ebenerdig, aber durch morastigen Wald verläuft der jetzt gesicherte Weg über Bohlenpfade zur **Urskar-Höhe** (418 m).

Es folgt ein nur noch leichter Aufstieg durch eine felsige Mulde, der zum **Neverdalsskaret-Pass** führt. An einem kleinen See vorbei (532 Höhenmeter sind erreicht) macht der nun schwerer erkennbare Weg einen weiten Bogen über glatten Felsuntergrund. Der letzte kurze, aber steile Anstieg wird durch Treppen und Geländer erleichtert. Nach knapp zwei Wanderstunden erreicht man auf glattem Fels das Ziel auf 597 m Höhe. Zurück kann man nur denselben Weg – mit Rast braucht man also etwa fünf Stunden für die gesamte Wanderung.

Spaziergang rund um den Refsvatnet

Der leichte Drei-Stunden-Spaziergang rund um den See, an dem die Preikestolenhytta liegt, führt in typische Norwegen-Landschaft.

Verschlungene, manchmal morastige Uferwege (daher sind Wanderstiefel nötig), ein mächtiger See (daher das Badezeug nicht vergessen) und unberührte

Refsvatnet: nordische Landschaft pur

Natur; Sie werden auf dem langen Spaziergang niemanden, höchstens etliche Schafe und mit viel Glück Elche treffen: Norwegen-Natur pur.

Unterhalb der Jugendherberge führt der Weg zum Seeufer, an dem Sie nach links abbiegen. Zunächst über Sandstrand, dann aber bald durch dichten Wald führt der bergige Pfad zum **Torsnes-Hof**. Das kleine Gehöft war bis 1962 noch bewirtschaftet, jetzt nutzen es Pfadfinder, die auf dem Gelände auch ein neues Haus errichtet haben.

Hinter dem Hof geleitet Sie der Weg durch Birkenwälder, über kahle Höhenrücken und ein kleines Moor zum **Refsana-Bach**, der den See speist. Im folgenden Streckenabschnitt durch abgeholztes Gelände passieren Sie den Scheitelpunkt des Sees und **Lenne**, die Endstation der alten Seilbahn vom Lysefjord herauf (vor dem Bau der Straße zur Preikestolenhytta 1961 wurden die Menschen am Refssee über diese Seilbahn versorgt). Durch nun leichtes Gelände schlängelt sich der Uferweg unterhalb des 456 m hohen **Gryteknuten** zur Hütte zurück.

Ryfylke

Das "norwegischste" Stück Südnorwegens, denn hier fängt Fjordland an. Die eiszeitlichen Trogtäler, die sich später mit Meerwasser füllten, überspannen den Landstrich wie ein Spinnennetz. Vom Lysefjord im Süden bis zum Saudafjord im Norden sind es gut ein Dutzend Meeresarme, die sich über 80 km weit bis zu den Höhen der Hardangervidda ins Land schieben.

Dem einen erscheint die mitreißende Landschaft mit dem aufregendem Farbenspiel unwiderstehlich, andere sind angesichts donnernder Wasserfälle und schwindelnder Abgründe eher ängstlich. So oder so: Die tausend Meter tiefen Fjorde mit Felsenufern aus schwarzem, nassen Gestein lassen niemanden unberührt.

Man erreicht Ryfylke am besten per Auto über die RV 13. *Ryfylkvegen,* im nördlichen Teil sehr eng und sehr abenteuerlich, für Wohnwagen stets gesperrt und im Winter mitunter auch für andere Fahrzeuge, verbindet **Stavanger** via **Forsand**, **Tau**, **Hjelmeland** und **Sand** mit dem Gebiet des Hardanger-Fjords. Zu Beginn der Route kommt man allerdings um eine Fährpassage nicht herum. Drei Möglichkeiten stehen zur Wahl: Entweder man fährt von Stavanger über die E 39 südwärts, dann über die RV 13 ostwärts nach **Lauvik** und nimmt dort die Fähre nach **Oanes/Forsand** (alle 30 Min., 20 Min. Überfahrt, 45 NOK Pkw/Fahrer, 19 NOK/Person). Oder man steigt in Stavanger direkt in die Autofähre nach **Tau**, die an den Fiskepiren fast stündlich ablegt (Überfahrt 40 Min., 89 NOK Pkw/Fahrer, 27 NOK/Person). Die dritte Möglichkeit, mit der man die meisten, aber auch schönsten Straßenkilometer spart, ist die Fährpassage **Stavanger–Sand–Sauda** (nicht immer als Autofähre, 5x täglich im Sommer, 2 bzw. 2,5 Std. Überfahrt, 175 NOK/Person bis Sand, 225 NOK/Person bis Sauda).

Mühsamer und zeitaufwendiger als die Anreise mit dem Auto ist die Fahrt im Überlandbus. Ab Stavanger werden alle Orte der Region angefahren, ab Hjelmeland und Sand gibt es sogar eigene Buslinien. Aber auch ab Oslo oder Kristiansand bestehen Busverbindungen nach Ryfylke (über Hardangervidda bzw. Setesdal/Sirdal).

Hjelmeland

Der Ort, der am Schnittpunkt von vier Fjorden liegt, ist wenig spektakulär. Hjelmsland ist "nur" Fährhafen und Einkaufsziel, die meisten Unterkünfte liegen außerhalb und sind hübsch einsam.

Ein Erlebnis ist dagegen die Anfahrt ab Tau. Am fjordähnlichen **Tysdalvatnet** entlang geht es zum **Fisterfjord**, der den Reisenden nach Hjelmeland begleitet. Man kommt hoch über dem Ort an, wo sich ein unvergesslich weiter Blick bis hin zu den Höhen der **Vidda** eröffnet. Man sieht Wasserfälle, die ihren Schleier über die Felsen versprühen, Wasserstraßen, durch die kleine Fischerboote tuckern, und Felswände, die trotz des gleißenden Sonnenlichts dunkeldüster schimmern.

• *Information* **Tourist Office**, ✆ 51759510, 📠 51750783, www.ryfylke.com. Das kleine Büro am Fährkai ist zwischen Juni und August Mo–Fr 8–19 und Sa/So 10–19 Uhr geöffnet. Sonst nur Mo–Fr 8–15.30 Uhr.

• *Busverbindungen* 6x täglich verkehrt vom Fährkai ein Bus via Tau nach Stavanger. Die Busse nach Norden starten in Nesvik auf der gegenüberliegenden Fjordseite. Um dorthin zu kommen, muss man die **Fähre** über den Jøsenfjord benutzen. 15 Minuten Überfahrt, 22x täglich, 42 NOK Pkw/Fahrer, 19 NOK/Person.

• *Adressen* Direkt am Hafen findet man Bank, Post, Telefonhäuschen, SB-Laden, Toiletten, Tankstelle und Gasauffüllstation.

• *Übernachten* Hotel **Nøkling**, ✆/℻ 51750230. Die 20 Zimmer in dem mächtigen Holzbaukomplex am Fjord sind die einzigen Hotelzimmer weit und breit. Da es auch ein Restaurant, Hütten, eine Campingwiese und einen Bootsverleih gibt, darf man nicht meckern. DZ 650 NOK, EZ 450.

Breivik Fjordhytter, ✆ 51752957, ℻ 51752964. In Hütten (für jeweils sechs Personen) und einem renovierten Haus (acht Personen) lässt sich auf der Insel Randøy (Zufahrt per Autobrücke) in Luxus (Angelgeräte, Boot, Kamin, TV, Waschmaschine, Geschirrspüler) Urlaub ab 3.000 NOK pro Woche verleben.

Høiland Gard, ✆ 51752608, 📠 51752775. Drei restaurierte Ferienhäuser mit insgesamt 30 Schlafplätzen bietet der Hof im 15 km südlich von Hjelmeland gelegenen Årdal an. Frühstück in der Scheune, jeden Dienstag Backtag und Angelrechte im Årdalselva sind neben dem Preis (2.500 NOK/Woche) Argumente für die Ferien auf dem Bauernhof.

• *Camping* **Tysdal Camping**, ✆ 51752434. Der Rasenplatz am Ende des Tysdalvatnet bei Årdal hat 50 Stellplätze, fünf einfache Hütten (300 NOK) und einen eigenen Strand in großartiger Umgebung.

Fister Camping, ✆ 51752202. In einer sonnigen, geschützten Bucht am Fisterfjord (5 Kilometer südlich) liegt der kleine Platz mit hervorragenden Sanitäranlagen, mit Kiosk, Kabel-TV und Gemeinschaftsküche. Und drei DZ (400 NOK) stehen im Haupthaus zur Verfügung.

Sehenswertes Hjelmeland und Umgebung

Aksel Hanson Fabrik/Spinneriet: Der seit 100 Jahren unveränderte Jaer-Stuhl ist in Norwegen so etwas wie der Thonetstuhl in Mitteleuropa – ein Klassiker unter den Sitzmöbeln, der in der Aksel Hanson Fabrik in Hjelmeland hergestellt wird. Man kann die Möbelfabrik im Dorfzentrum besichtigen, man kann aber auch Spinneriet, die Spinnerei, besuchen: ein restauriertes Industriegebäude mit Kunstgewerbeausstellung, in der es eine eigene Abteilung für Jaer-Stühle gibt. Kaffee und Waffeln kann man ebenfalls bekommen – lecker und preiswert.

Öffnungszeiten **Spinneriet**, Juni–August Mo–Fr 11–16, Sa 10–13.30, So 13–17 Uhr. **Aksel Hanson Fabrik**, Mai–August Mo–Fr 9–15.30 Uhr. Eintritt jeweils frei.

Vigatunet: Nur 4 km südwärts auf der Straße am Fjordufer findet sich der Originalhof aus dem 16. Jh., wo es sogar einige Wikingergräber zu besichtigen gibt. Und gleich nebenan ein historischer Garten mit 133 uralten Obstbäumen, an denen insgesamt 66 verschiedene Apfel- und Birnensorten gedeihen. Und probieren darf man auch.

Öffnungszeiten Ende Juni bis Mitte August Di, Do, Sa, So 13–17 Uhr. Eintritt 40 NOK, Kinder 20 NOK.

Årdal Kirke: Im 17. Jh. wurde das Kirchlein in drei Stufen gebaut – noch heute sieht man der Renaissancekapelle die Etappenbauweise an. Es wurde angebaut, wann immer die Gemeinde wuchs. Wie ineinander geschoben wirken die drei roten Holzhäuser und der viereckige Turm im 15 km südlich von Hjelmeland gelegenen Dörfchen Årdal (auf der RV 13 zu erreichen). Besonders eindrucksvoll die üppigen Deckenmalereien und die Schnitzereien in den ersten Stuhlreihen, die den wohlhabenden Gemeindemitgliedern vorbehalten waren. Gottesdienste finden in der nur noch im Sommer geöffneten Kirche nicht mehr statt – dafür gibt es die 1918 gebaute, weiße Kirche nahebei.

Führungen Zwischen Ende Juni und Mitte August gibt es kostenlose Führungen Mo–Sa 11–15, So 13–17 Uhr. Auch außerhalb dieser Zeiten ist die Kirche zugänglich.

Sand

Das Städtchen liegt inmitten eines Landstrichs voller Schluchten und einsamer Seen, voller Wasserfälle und versteckter Fjorde. Ein noch unentdecktes Stück üppiger Natur.

Die landschaftlich eindrucksvolle Fahrt auf der RV 13 von Hjelmeland nach Sand, das zu Gemeinde Suldal gehört, führt zunächst am klitzekleinen **Erfjord** vorbei. Der Fjord liegt so verborgen, dass er als unauffälliges "Zwischenlager" für die *Brent Spar* wie geschaffen schien. Um die Entsorgung der Bohrinsel war es zwischen Shell und Greenpeace 1995 in der Nordsee fast zu einer Seeschlacht gekommen. Bis Ende 1998 rostete die Brent Spar dann im Erfjord, wurde aber im Winter 98/99 zerschnitten und als Kaifundament im Fährhafen Mekjarvik verbaut..

Weiter geht es Richtung **Tysefjord**, über den sich die bis dahin tunnelreiche Straße über eine eindrucksvolle Hängebrücke schwingt. Man fährt vorbei an der Halbinsel **Jelsa** und dem **Lovravatnet**, Norwegens einzigem See mit Süßwasserschollen, und schlängelt sich schließlich durch schmale Schluchten, die der Straße kaum Platz lassen. Dann taucht unversehens der **Suldalslågen** auf, an dessen Mündung in den **Sandsfjord** das Zentrum von Sand liegt. Der wahrscheinlich lachsreichste Fluss Südnorwegens gibt immerhin Exemplare bis 15 kg frei; im 18 km entfernten **Suldasee** findet zudem immer Mitte Juli ein Angler-Festival statt.

Information/Verbindungen/Adressen

• *Information* **Suldal Turistkontor**, ✆ 52797284, 📠 52797197. An der RV 13 kurz vor Sand. 15.6.–15.8. täglich 10–18 Uhr, sonst Mo–Fr 10–15.30 Uhr.

• *Busverbindungen* 6x täglich nach Sauda (mit Anschluss zum Hardangenfjord und sogar Oslo, 11,5 Std.) und 6x täglich nach Nesvik (mit Anschluss nach Stavanger). Die Busse starten im Fährhafen.

• *Fährverbindungen* Die kleine Fähre Sand–Ropeid (wichtig zur Weiterfahrt nach Sauda) überquert 27x täglich den Sandsfjord (Überfahrt 10 Min., 35 NOK Pkw/ Fahrer, 15 NOK/Person).

• *Adressen* **Bank**, **Post**, **Kro**, **Supermarkt** – alles in der Gata, der Hauptstraße hinter dem Hafen. Ein weiterer Supermarkt neben dem Turistkontor, **Tankstelle** in Bergekrossen vor der Stadt.

Übernachten/Camping

• *Übernachten* **Lakseslottet Lindum**, Suldalsosen, ✆ 52799161, 📠 52799495, www.lakseslottet.no. Im ehemaligen Gutshof "Lachsschloss", 12 km östlich von Sand, werden 22 gemütliche Zimmer (Du/WC) sowie 17 Hütten, zum Teil sehr komfortabel ausgestattet, und 25 Campingstellplätze in wunderschöner Lage angeboten. DZ 900 NOK, EZ ab 550 NOK, Hütten 450–700 NOK.

Ryfyklerosa, Vasshus, ✆ 52799812. Ferien auf dem Bauernhof nahe Gullingen. Man kann nicht nur ruhig wohnen (sechs Betten, WC, Bad, Waschmaschine, Küche im Ferienhaus), man kann im nahen Fluss angeln, der Hofbesitzerin Anne Galland bei ihrer Rosenmalerei zuschauen und die Endprodukte kaufen. Zudem gibt es eine einsame, einfache Almhütte ohne Wasser und Strom, die man auch mieten kann. Ferienhaus 3.000 NOK/Woche.

OSA-Bu, ✆/📠 52799260. Die Familienpension der Familie Fisketøn ist etwas für Naturliebhaber, denn sie liegt direkt am Suldalsvatnet (26 km von Sand in Suldasosen). Der Jensa-Hof ist in eine Bed-&-Breakfast-Pension mit drei großen Hütten umgewandelt worden. DZ 600 NOK, Hütte ab 480 NOK.

Ryfykle Turisthotel, ✆ 52797207, 📠 52797437, ryfylketuristhotel.no. Von draußen postmodern-schick, von innen edel-geschmackvoll präsentiert sich das neue 48-Zimmer-Hotel direkt am Fjord. Das behindertengerechte Haus verfügt über ein gutes Restaurant, eine kleine Bar und ein nerviges, allabendliches Tanzvergnügen. DZ 1.050NOK, EZ 920 NOK

• *Camping* **Ølmedal Camping**, ✆ 51438242. Der schöne Waldplatz im Vikedal, 17 km nordwestlich von Sand an der RV 46 und nur über die Fähre Sand–Ropeid zu erreichen, bietet jeden Service in ausreichender Qualität (Tankstelle, Spielplatz, Bootsverleih, Kiosk und Cafeteria) sowie sechs Drei-Sterne-Hütten (450 NOK).

Ryfylke
Karte S. 177

Fjordfahrten

Mit der 8,5 m langen "Sølvkroken" werden Angeltouren auf dem **Sandsfjord** für sechs Personen durchgeführt. Eher auf Sightseeing ist der Oldtimer "Suldal" eingestellt, der bis zu 50 Passagiere über den **Suldalsee** schippert – Tickets sowie Angellizenzen beim Suldal Turistkontor in Sand.

Sehenswertes

Lachsstudio: Das älteste Lachsstudio Norwegens liegt unmittelbar vor dem Wasserfall **Sandsfossen** und wenige Gehminuten vom Zentrum entfernt. Durch Fenster kann man beobachten, wie Lachse den Wasserfall als Treppe auf ihrem Weg zu den Laichgebieten an der Quelle nutzen. Nur regnen darf es nicht, dann nämlich kann man im trüben Wasser gar nichts mehr erkennen. Überdies gibt es eine bescheidene Ausstellung über die Geschichte des Lachsfangs im Suldal – interessant der Einfluss englischer Lords auf die Kommerzialisierung dieses Gewerbes.

Öffnungszeiten 15.6.–15.8. 10–18 Uhr, 16.8.–15.9. 12–16 Uhr. Eintritt 30 NOK.

Fargeriet: Eigentlich nur ein gemütliches Café in der Hauptstraße, der Gata, kurz vor dem Fähranleger. Dahinter verbirgt sich aber eine von Sander Bürgern vor einem Jahrzehnt schon initiierte Anti-Drogen-Kampagne, die in der einstigen Färberei einen heimeligen Jugendtreff eingerichtet hat. Dort wird leckerer Kuchen und manches mehr serviert. Mittlerweile kümmert sich die Initiative um kranke Kinder in Rumänien – ein Teil Ihrer Rechnung wird als Spende für diese Hilfe verwendet.

Nesajøhuset: Das restaurierte Hauptgebäude des **Ryfylke-Regionalmuseums**, einst ein Materialschuppen für Fischer, steht so dicht am Wasser, dass man es nur im Boot passieren kann (aber der Eingang ist auf der Landseite). Und Wasser spielt auch die Hauptrolle in der Ton-Dia-Show der Ausstellung "Sand, eine Stadt am Fjord". Außerdem finden in der Museumsgalerie regelmäßig Ausstellungen regionaler Künstler statt.

Öffnungszeiten Mo–Fr 9–15 Uhr, Juli/August auch Sa/So 12–16 Uhr. Eintritt 40 NOK, Kinder 20 NOK.

Umgebung von Sand

▶ **Suldal**: Das Tal östlich von Sand, von der abenteuerlich schmalen, tunnelreichen RV 13 weiterhin erschlossen, hat unvergessliche Natureindrücke zu bieten – unvergleichlich z. B., wie sich der 1.400 m tief eingegrabene Fluss auf 12 km Länge zum waldumrandeten **Suldasvatnet** schlängelt. Darüber hinaus gibt's eine ganze Reihe von Sehenswürdigkeiten zu bewundern: das **Gräberfeld Ritland** z. B. mit rund 50 Grabhügeln aus der Eisenzeit (8 km hinter Sand) oder das **Lachszentrum Lindum** (siehe "Übernachten"), in dem der britische Lord Sibthorp 1885 den Lachsfang als Urlaubervergnügen erfand (16 km hinter Sand), oder die Häuseransammlung **Kolbeinsvik** mit einem niedlichen Freilichtmuseum und einem Kraftwerk, das besichtigt werden kann (22 km hinter Sand).

• *Öffnungszeiten* **Heimatmuseum Kolbeinstveit**, Mitte Juni bis Mitte August täglich 12–16 Uhr, Eintritt 30 NOK, Kinder 15 NOK. **Kraftwerk Hylen**, Führungen Juli/August täglich 13 Uhr, Eintritt 20 NOK, Kinder 10 NOK.

Jelsa-Kirke: einzige Privatkirche des Landes

▸ **Jelsa**: Die Landzunge, über die RV 517 nach 30 endlosen Kilometern und vorbei an einem hässlichen Kieswerk erreicht, ist ein Stück unberührter Natur, das vom Tourismus bislang übersehen wurde. Der gleichnamige Ort am Ende der Halbinsel ist für sich genommen ein kleines Museum mit Norwegens einziger Privatkirche, einem sehenswerten Renaissancebau aus dem Jahr 1647, und einem winzigen Schulmuseum, das von Juni bis August ganztägig und kostenlos besucht werden kann.

Sauda

Ein Ort mit zwei ganz unterschiedlichen Gesichtern: Das Städtchen zwischen grünen Hängen und die Zinkgruben nebst Verhüttungswerk zwischen hässlichen Schloten.

Im Volksmund heißt die RV 520, die durch zwei Tunnels und wie auf einem Sims am **Saudafjord** entlang 26 km von Ropeid nach Sauda führt, die "Dollar-Straße". Denn es war US-amerikanisches Geld, mit dem 1915 die Trasse zum Sauda-Schmelzwerk Elkem Mangan gebaut wurde – heute eines der größten Eisenlegierungswerke der Welt. 800 Menschen sind im einen Kilometer vor der Stadt gelegenen Werk beschäftigt und noch einmal so viele in den vier Wasserkraftwerken, die im Umkreis von 50 km das Saudawerk mit Strom versorgen.

Die Industrialisierung vor 100 Jahren hat aus dem beschaulichen Sauda, von dem immer noch charmante Reste geblieben sind, einen Industrieort mit über 5.000 Einwohnern gemacht. Mit dem Vorteil, dass der Reisende hier wirklich alles kaufen und in jeder Preisklasse wohnen kann.

• *Information* **Tourist-Information Sauda**, ☎ 52786240, 📠 52786247, E-Mail: sauda@online.no. Ganzjährig und täglich von 10–18 Uhr geöffnet.

• *Busverbindungen* 6 tägliche Busse der Suldag Billlag verbinden mit Haugesund und erledigen den bescheidenen Ortsverkehr. Zudem Überlandbusse nach Ropeid (mit Anschluss nach Stavanger) und via Røldal zur Hardangervidda und nach Oslo (knapp 11 Std.). Haltestelle: Kyrkegata.

• *Adressen* Apotheke, Rimi-Supermarkt, Fotogeschäft, Bank, Zeitungen – alles in der Rådhusgata.

• *Übernachten* **Kløver Hotel & Kafe**, Skulegate 1, ☎ 52782633, 📠 52783744. Die kürzlich renovierte Pension im Zentrum mit 14 Zimmern (Du/WC, Telefon/TV) ist für nur eine Nacht das Preiswerteste weit und breit. DZ 750 NOK, EZ 650 NOK **Oysteinbu Bed. & Breakfast**, Hellandsbygd, ☎ 52780634. Der Name für die kleinen Blockhaus-Hütten (16 km nördlich von Sand an der RV 520) ist irreführend, denn die komfortablen Acht-Personen-Hütten sind auch hier auf Selbstversorger ausgerichtet. Ab 2.000 NOK/Woche.

Sauda Turistsenter, Saudasjøen, ☎ 52785900, 📠 52785901. Am Fjordufer südwestlich von Sauda liegt diese mit allen Schikanen versehene Anlage: Tankstelle, Kiosk, Spielplatz und Badeanlage sowie vorbildliche sanitäre Anlagen, 24 Vier-Sterne-Hütten (ab 500 NOK), eine Gemeinschaftsküche und 70 Stellplätze für Wohnwagen.

Sauda Fjord Hotel, Saudasjøen, ☎ 52781211, 📠 52781558. Eines der schönsten Hotels Norwegens liegt südwestlich vom Stadtkern am Fjord. Das 1914 gebaute weiße Prachthaus zählt zu den "Romantischen Hotels" des Landes und bietet neben exquisitem Komfort vor allem eine fantastische Aussicht auf Fjord, Berge und Wasserfälle. DZ 1.100 NOK, EZ 900 NOK (Ermäßigung mit Fjordpass).

Sehenswertes Sauda und Umgebung

Sauda Museum: Ein spaßiges Museum im Stadtzentrum, das technische Errungenschaften an Heim und Herd darstellt – man fragt sich, warum gerade in Sauda? Sei's drum: Es gibt eine Strickstube und einen Friseursalon aus längst vergangenen Zeiten zu sehen, man erfährt Lehrreiches zu Heizungs- und Kommunikationsproblemen, zur Haut- und Haarpflege.

Öffnungszeiten Sa 10–13 Uhr. Eintritt 30 NOK, Kinder 15 NOK.

Fagerheim-Sammlung: Die ständige Ausstellung in der Sauda-Halle (Ortsmitte) zeigt mehr als 100 Holzarbeiten von *Ola Fagerheim*. Häufigstes Motiv sind Bauernszenen aus einem westnorwegischen Dorf der Jahrhundertwende. Auch ein Modell des Hofes Tveit Tunet (s. u.) ist in der Schau zu bewundern.

Elkem Mangan Sauda: Das riesige, 80 Jahre alte Werk vor den Stadttoren kann im Sommer besichtigt werden; die einstündige Führung über das Werksgelände wird durch eine Einführung in die Firmengeschichte abgerundet. Gleich nebenan ein **Industriearbeitermuseum**, in dem Lebens- und Arbeitsbedingungen von 1920 denen von 1960 gegenübergestellt werden. Und drum herum die Arbeitersiedlung Åbøbyen aus dem Jahr 1920, in der Sie kostenlos und nicht an Öffnungszeiten gebunden herumspazieren können.

Werksführungen, 15.6.–15.8. Mo–Fr 11.30 Uhr, Eintritt frei. **Museum**, ganzjährig nach Vereinbarung – im Anschluss an die Besichtigung, Eintritt 20 NOK, Kinder 10 NOK.

Zinkgruben Allmannajuvet: Knapp 9 km vor Sauda kann man die stillgelegten Zinkgruben besuchen. Zunächst muss man auf dem alten Grubenweg am Felshang oberhalb des Storelva-Flusses entlang zu den Gruben wandern, dann geht es eine Stunde durch die kühlen, dunklen und feuchten Grubengänge (Anorak nicht vergessen). Aber nicht allein die Feuchtigkeit, sondern schon die Vorstellung, in dieser unwirtlichen Umgebung zehn Stunden pro Tag schwer arbeiten zu müssen, lässt jeden frösteln.

Führungen im Juli täglich 14 Uhr. Eintritt 40 NOK, Kinder 20 NOK.

Autotour auf der Røldal-Straße

Die Passstraße (RV 520) zwischen **Sauda** und **Røldal** ist wohl die aufregendste Straße in Südnorwegen. Streckenführung, Höhe, Luft, Landschaft – alles ist dramatisch. Man überquert zwei Stauseen, einen davon direkt auf der Staumauer, man steigt in Serpentinen auf über 1.000 m Höhe, wo die Luft selbst in sonnigen Sommern schneidend kalt ist, man fährt vorbei an kristallklaren Bergseen, und hinter jeder Kehre eröffnen sich neue, weite, atemberaubende Aussichten. Nur während des Steuerns sollte man diese Ausblicke nicht genießen, denn die Straße ist so eng, dass Wohnwagen nur selten ohne Rangieren die Kurven schaffen – für Gespanne ist die Trasse ohnehin verboten, und von Mitte Dezember bis Mitte Mai ist die Røldal-Straße für alle Fahrzeuge gesperrt. Bei **Håra** wird nach einer letzten steilen Abfahrt die Europastraße 134 erreicht – nach links geht's zum Hardangefjord, nach rechts zur Hardangervidda und weiter nach Telemark.

Jonegarden/Tveit Tunet: Die Höfe in den Dörfern **Hustvei** bzw. **Saudasjøen** stammen aus dem 17. und 19. Jh. Jonegarden ist mit einem Naturlehrpfad zum Wasserfall **Kvednafossen** kombiniert, auf dem man Mühle, Sägewerk und einen Korntrockner bestaunen kann. Tveit Tunet beschränkt sich auf die Darstellung des häuslichen Bauernlebens vor 100 Jahren; die eigentliche Attraktion dieser Anlage ist die Fjord-Aussicht vor der Haustür.

• *Öffnungszeiten/Anfahrt* **Jonegarden** ist von Mitte Juni bis Mitte August Di, Do, Sa, So 12–16 Uhr geöffnet. Eintritt 20 NOK, Kinder 10 NOK. RV 520 Richtung Haugesund, 13 km vor Sauda. **Tveit Tunet**, Führung und Eintritt nach Vereinbarung mit Tourist-Information Sauda. 8 km südlich von Sauda (RV 520).

Ryfylke
Karte S. 177

Was haben Sie entdeckt?

Haben Sie eine besonders schöne Unterkunft auf Ihrer Reise durch Südnorwegen gefunden, einen aufregenden Wanderweg durch die unverfälschte Natur oder ein Lokal mit landestypischen Spezialitäten?

Wenn Sie Tipps und Informationen, aber auch Kritikpunkte haben, lassen Sie es uns wissen. Schreiben Sie an:

Hans-Peter Koch
Stichwort "Südnorwegen"
Michael Müller Verlag
Gerberei 19
91054 Erlangen
E-Mail: hpkoch@michael-mueller-verlag.de

Karmøy und Haugesund

Die "Saga-Insel" Karmøy nordwestlich von Stavanger im Karmsund ist zwar die am dichtesten besiedelte Insel des Landes, aber was heißt das schon im bevölkerungsarmen Norwegen? Auch hier finden sich einsame Strände und Seen, reiche Fischgründe und etliche kleine, hübsche Hafenstädtchen.

Haugesund, größte und wichtigste Stadt zwischen Stavanger und Bergen, liegt streng genommen auf dem Festland. Das aber ist wie eine Grachtenlandschaft von Fjorden zerschnitten. **Karmsund**, immerhin die verkehrsreichste Wasserstraße Norwegens, **Sira-**, **Urter-** sowie **Etnefjord** und viele Meeresarme mehr zerfräsen das Festland; man merkt häufig nicht, ob man noch auf der Insel oder schon auf festem Land ist. Zumal Karmøy im Norden über die 650 m lange Karmsundbrücke mit dem Festland und Haugesund verbunden ist.

Die Anfahrt von Süden hingegen ist mit einer Fährfahrt verbunden. Gut eine Stunde braucht die Autofähre – mit über einer Million Passagieren pro Jahr die verkehrsreichste Inlandfähre Norwegens – von **Mekjarvik** vor Stavanger nach **Skudenshavn** an der Südspitze von Karmøy.

• *Fähre Mekjarvik–Skudeneshavn* Mekjarvik erreichen Sie ab Stavanger per Bus (s. "Stavanger/Verbindungen", S. 161) oder mit dem Pkw 10 km Richtung Norden über die E 39. Die Überfahrt (6x täglich) dauert etwas über eine Stunde und kostet 210 NOK für Fahrer/Pkw bzw. 79 NOK pro Person.

Skudeneshavn

Norwegens wahrscheinlich besterhaltene Kleinstadt, zumindest erhielt sie 1996 einen entsprechenden Preis.

Genau 125 Wohn- und 98 Lagerhäuser, alle weiß getüncht und fast alle von Blumengärten umringt, gruppieren sich oberhalb des Hafenbeckens. Besonders prächtig wirkt dieses Wechselspiel der Farben – strahlend weiße Häuser, blaues Meer, blauer Himmel und dazwischen Blumenpracht in jeder Schattierung – an sonnigen Julitagen. Dann versammeln sich zudem alljährlich große und kleine, alte und nachgebaute Windjammer zur größten Windjammerparade Westnorwegens, dem **Skude-Festival**.

• *Information* **Karmøy Turist Office**, ✆ 52827222, 📠 52857360. Das kleine Büro am Hafen ist nur im Sommer geöffnet: von Juni bis Mitte August Mo–Sa 9–18 Uhr, So 12–18 Uhr; zweite Augusthälfte Mo–Sa 10–15 Uhr.

• *Übernachten* **Norneshuset**, ✆ 52827262. Das schmucke Häuschen direkt am Wasser wurde, man glaubt es kaum, 1837 von Riga nach Karmøy verpflanzt. Die Einrichtung der fünf einfachen Zimmer ist nicht ganz so alt, wenn auch ein wenig angestaubt. DZ 550 NOK, EZ 460 NOK.

Skudenes Lighthouse, ✆ 52828691. Zum Leuchtwärterhäuschen muss man fünf Minuten Boot fahren – das Schiff aber ist im Mietpreis enthalten. Ansonsten: zwei Häuschen auf dem Meeresfelsen, drei Schlafzimmer, Platz für max. 12 Personen, Küche, Du/WC. 3.000 NOK/Woche.

Lie's Appartements, ✆ 52828894. Drei Appartements mit weiter Aussicht über Meer und Hafen. 40 qm, Küche, Bad, WC, Terrasse und Platz für vier Personen. 2.500 NOK/Woche.

• *Baden* Die Badebucht am Ortsrand heißt **Åkrasanden** (am Hafen ausgeschildert). Von Felsen gegen allzu hohen Seegang geschützt, ist der 500 m lange Sandstrand ideal auch für Kinder, zum Surfen oder zum Picknick.

Karmøy: stille Wasser, versteckte Buchten

Schmuckes Skudeneshaven

Sehenswertes

Maelandgåden: Das kleine Stadtmuseum in der Sjørgate (ausgeschildert) besteht aus einem Krämerladen von 1840 mit Bielefelder Registrierkasse und anderen Kaufmannsutensilien, einer winzigen, fast ebenso alten Schmiede und einem Lagerhaus. Putzig anzusehen und für die ganze Familie empfehlenswert.

Öffnungszeiten Juni–August Mo–Sa 11–17 Uhr, So 13–16 Uhr. Eintritt 30 NOK. Führungen auch auf Deutsch.

Søragada galleri: Aquarelle, Stiche und Ölbilder – vornehmlich von einheimischen Künstlern und mit einheimischen Motiven – kann man in der Galerie von Kai Garred gleich neben dem Museum anschauen und kaufen.

Öffnungszeiten Di–Fr 10–16 Uhr, Sa 10–13 Uhr, Mitte Juli bis Mitte August geschlossen.

Åkrehamn

Im größten Inselort an Karmøys Westküste dreht sich alles um den Fischfang. Neben den Fabriken gibt's ein einschlägiges Museum und ein Fischerei-Festival.

Åkra, wie Einheimische ihr Fischerdorf nennen, "ist auf Fischgräten gebaut", behauptet der Volksmund. Tatsächlich begann die große Zeit des 3.800-Einwohner-Städtchens in den ersten 20 Jahren des vorvorigen Jahrhunderts, in der großen Zeit der Heringsfischerei. Aber immer noch fahren Fischer vom kleinen Hafen zwischen den drei Landzungen, auf denen Åkra liegt, aufs Meer hinaus, um Nachschub für die Krabbenverarbeitungs- und Fischölbetriebe im Ort zu beschaffen. Und immer noch werden immer am dritten Juliwochenende die "Fischerei-Tage" mit Jahrmarkt und Budenzauber, mit nächtlichem Tanz unter freiem Himmel und Fischauktion gefeiert. Nicht zu vergessen das **Fischereimuseum Grunneviken**, wo Angelgeräte in kleinen Bootshäusern, ein historisches Ausrüstergeschäft sowie zahlreiche, alte Fotos die Geschichten aus dem Fischerleben in Rogaland erzählen. Klein, arg unsystematisch, aber sympathisch (täglich 14–18 Uhr, Eintritt frei, Führungen nach Vereinbarung unter ✆ 52816065).

• *Übernachten* **Sjøens Fishing Holiday**, ✆ 52851522. Direkt am Hafen zwei Appartements in einem zweistöckigen Holzhaus. Je 80 qm, 7 Schlafplätze, Bad, Küche, Boot inkl. 2.700 NOK/Woche.

Hedleholmen Holidaycenter, ✆ 52850750, ✆ 52851811. Die vier Häuschen am Meer sind außen rustikal und innen elegant. 85 qm, Küche, Bad, Sauna – alles auf dem neuesten Stand. 3.100 NOK/Woche.

Ferkingstad Rorbucamp, ✆ 52820546. Die Stelzenhäuser im Hafen von Ferkingstad (10

Karmøy und Haugesund
Karte S. 187

km südlich von Åkra) sind ganz auf Angler eingestellt: Boot, Fischzerlegeraum, ansonsten 2 Schlafzimmer, Bad, Küche, 60 qm. Ab 3.200 NOK/Woche.

- *Baden* Wie schon in Skudeneshavn heißt auch hier der Badestrand im Süden des Ortes **Åkrasanden**. Der Sandstrand in einer geschützten Bucht ist über die Hauptstraße leicht zu erreichen. Parkplätze, Toiletten und ein Surfbrettverleih (70 NOK/Std.) stehen zur Verfügung.

Kopervik

Auch dieses Dorf verdankt seine Entstehung dem Wirtschaftsboom der Heringsfischerei im 19. Jahrhundert. Heute ist die Seefahrt fast nur noch für Touristen da – Marina, Hochseeangeln und Tauchen sind die Attraktionen.

Doch davon allein kann der Ort nicht leben, und so wundert es nicht, dass 1.400 der fast 4.000 Einwohner in den Karmøy-Fabriken nördlich von Kopervik beschäftigt sind. Norsk Hydro unterhält hier das größte Aluminiumwerk Europas – Platten, Rohre und Drähte in einem Gesamtvolumen von 160.000 t verlassen jährlich die Werkshallen.

Doch davon merkt man gottlob in Kopervik wenig. Die Altstadt an der Hafenbucht **Vågen** – an sich schon größte Sehenswürdigkeit im Ort – ist nur von wenigen Neubauten durchsetzt, die vom Yachthafen aus nicht einmal auffallen. Eher auffallend ist die Lotsenstation am Hafeneingang, Zentrum des Lotseneinsatzes im Fjordgewirr zwischen Stavanger und Haugesund.

• *Information* **Turist Office**, ✆ 52857500, ✆ 52857360. Das Infobüro ist klein, aber ganzjährig Mo–Fr 9–15 Uhr geöffnet.

• *Übernachten* **Karmøy Folkehogskule**, ✆ 52855050, ✆ 52855040. Die nur von Juni-August für Feriengäste offen stehende Schule vermietet EZ zu 375 NOK und DZ für 450 NOK.

Sea Fishing Holiday, ✆ 52851522. Das Fischerhäuschen am Meer ist 90 qm groß, hat fünf Betten in zwei Schlafzimmern und ist rustikal, aber dennoch modern eingerichtet; ein 15-Fuß-Boot ist im Preis von 3300 NOK/Woche inbegriffen.

Hendersons Karmøy Hotel, ✆ 52850400, ✆ 52853385. Das 50-Zimmer-Hotel, zwei Straßenzüge hinter dem Kai, bietet Restaurant, Bar und Disko und organisiert Angel- sowie Wanderausflüge. EZ 840 NOK, DZ 1040 NOK

• *Hochseeangeln* MS "Stmøstakk" und MS "Stavern" heißen die seegängigen Schiffe, die nur im Sommer täglich zum Hochseeangeln oder zum Barbecue auf einer der Inseln im Karmsund auslaufen. 50 bzw. 30 Passagiere fassen die Boote, die man für 2.500 oder 1.500 NOK pro Drei-Stunden-Törn auch ganz alleine chartern kann. Tickets und Infos gibt's beim Turistbüro. Oder über Einar Maeland für MS "Stavern" (✆ 52852324) bzw. Torje Garvik für MS "Stmøstakk" (✆ 52851362).

• *Tauchen* Wracks aus dem 2. Weltkrieg und sogar gesunkene Schiffe aus dem Mittelalter, dazu eine für nördliche Breiten erstaunliche Unterwasserfauna bieten 20 verschiedene Tauchziele im Karmsund und der Nordsee. Die Trips des Sport Diving Clubs schließen Verleih der Ausrüstung und Service ein. Information bei **Karmøy Sport Diving Club**, ✆ 52815054.

▸ **Vedavågen**: An der Mündung der Hafenbucht und nur 4 km nordwestlich von Kopervik liegt der kleine Ort mit dem **Karmøy-Fischereimuseum**, das die jüngere Fischereigeschichte (ab ca. 1950) dokumentiert und Salzwasseraquarien unterhält. Womöglich interessanter, auf jeden Fall kostenlos, ist ein Besuch der Fischerhütten von **Solhålå** wenige Schritte nordwärts. Die Originalhütten aus dem 19. Jh. sind unverschlossen und für jedermann jederzeit zugänglich.

Öffnungszeiten Fischereimuseum Juni–August Mo–Fr 11–15, Sa/So 14–18 Uhr. Eintritt 40 NOK, Kinder 20 NOK.

Avaldsnes

Wenn von der "Saga-Insel" Karmøy die Rede ist, ist dieses Städtchen gemeint, denn hier war der erste Königssitz Norwegens. Doch die Zeugen der Geschichte reichen noch weiter bis in die Eisenzeit zurück.

Die auffälligste Sehenswürdigkeit allerdings ist viel jünger: die massige romanische Olavskirke, mit deren Bau 1250 begonnen wurde. Auch sie ein (allerdings nachempfundener) Wikingerbau wie das Wikingerhaus auf **Bukkøy** oder die Hünengräberanlage Rehaugene bei **Bø**. Alle Gebäude werden von den geschichtsbewussten Norwegern einbezogen, wenn sie im Juni ihr großes Wikingerfestival im alten Königshof von *Harald Schönhaar* in Avaldsnes feiern, zu dem regelmäßig sogar Wikingervereine aus dem In- und Ausland anreisen: Saga-Aufführungen, Umzüge, Wettkämpfe, Essen unter freiem Himmel – alles auf Wikingerart.

Wikinger-Leben in Avaldsnes

• *Information* **Karmøy Turist Office**, ✆ 94603791. Das kleine Büro im Rathaus ist nur von Anfang Juni bis Mitte August besetzt. Mo–Fr 11–18 Uhr, im August auch So 12–18 Uhr.

• *Übernachten* **Middvik Feriesenter**, ✆ 52842849, 📠 52842849. Hütten und Appartements mit Bad, mindestens zwei Schlafräumen, voll eingerichteter Küche und einer Ecke zum Fischausnehmen bietet das Unternehmen zu angemessenen Preisen an. Ab 2.400 NOK/Woche.

Hendersons Airport Hotel, ✆ 52842500, 📠 52842650. Das 4 km vom Flughafen entfernt gelegene kleine, aber feine Hotel ist mit allem Komfort ausgestattet (Airport-Shuttle 8-21 Uhr): Restaurant, Bar und 30 edle Zimmer (Du/WC, TV/Telefon). DZ 1.050 NOK, EZ 950 NOK.

Sehenswertes Avaldsness und Umgebung

Olavskirke: Das Aufregendste an der romanischen Steinkirche neigt sich von außen der Kirchenwand zu: Der 6,5 m hohe Bautastein *Jungfrau Marias Nähnadel* soll, so die Legende, erst am Tag des Jüngsten Gerichts die Kirche berühren (die Spitze des Bautasteins, so nennt man Gedenksteine ohne Inschrift, hat man aber vorsichtshalber während der Renovierung abgeschlagen). Ansonsten ist die dreischiffige Kirche aus dem Jahr 1250, die im Mittelalter zu den größten Landeskirchen zählte und 1928 umfassend renoviert wurde, nicht sonderlich anschauenswert.

Öffnungszeiten Juni bis Mitte August Mo–Sa 11–18, So 13–18 Uhr. Di und Do 13.30 "Musik und Meditation", dann 10 NOK Eintritt (Kinder frei).

Wikingerhaus von Bukkøy: Eine Viertelstunde Spazierweg von der Olavskirche entfernt ist das Wikingerlanghaus von Bukkøy zu besichtigen. Das 1995 rekonstruierte Haus zeigt nicht nur das Alltagsleben der Wikinger, ihre Kinderspiele und Kochkünste, man kann auch den Heldensagen lauschen oder ein richtiges Wikingerschiff erkunden.

Öffnungszeiten Mitte Juni bis Mitte August Fr-So 12-18 Uhr. Eintritt 40 NOK, Kinder 20 NOK.

Hünengräber bei Bø: Nordwestlich von Avaldsnes (1 km auf der Reichsstraße) erheben sich auf dem "Rehhügel" Reheia in einer Reihe sechs Hünengräber aus der Eisenzeit. Bis zu 7,5 m hoch und 30 m lang ist die Anlage namens Rehaugene.

Karte S. 187

Gruvemuseum von Visnes: Wer das Museum im 4 km von Avaldsnes gelegenen Visnes besucht, erfährt als Erstes, dass das Kupfer der New Yorker Freiheitsstatue aus den hiesigen Gruben stammt. Dass im vorigen Jahrhundert (die Gruben waren von 1865 bis 1972 in Betrieb) 3.000 Menschen in den Bergwerken arbeiteten, erfährt man dagegen eher nebenbei. Auch sonst ist das kleine Grubenmuseum, das Maschinen und Werkzeuge sowie die Reste einer Schmelzhütte zeigt und im einstigen Direktionsgebäude ein romantisches Café betreibt, eher ungeordnet.

Öffnungszeiten Mitte Mai bis Mitte August Mo–Sa 12–18 Uhr; im April, September und Oktober So 12–18 Uhr. Eintritt 35 NOK, Kinder 10 NOK.

Erstaunliches und Lehrreiches bietet hingegen das **Lyngsenter** gleich nebenan. Dort erfährt man, was die Küstenbewohner über die Jahrhunderte mit Heidekraut (= *lyng*) angefangen haben – manches davon lässt sich im angeschlossenen Souvenirladen auch kaufen.

Öffnungszeiten Mai–August Mo–Fr 10–18 Uhr, Sa/So 12–18 Uhr; September–April Mo–Fr 9–16 Uhr. Eintritt 20 NOK, Kinder 10 NOK.

"De fem dårlige Jomfruer": Die fünf Bautasteine am Brückenfuß der 650 m langen Karmsund-Brücke (auf der Festlandsseite gen Haugesund) nennt der Volksmund "die fünf törichten Jungfrauen". Die Steinmonumente stammen wahrscheinlich aus der Zeit der Völkerwanderung und waren, so wird vermutet, Teil eines Kalenders.

Haugesund

Die mit 31.000 Einwohnern größte Stadt zwischen Stavanger und Bergen ist ihrer Schifffahrtstradition treu geblieben.

Doch nicht mehr Fischfang oder Werften bestimmen das Leben in Haugesund – heute ist die Off-shore-Industrie beherrschender Wirtschaftszweig. Gigantische Bohrplattformen liegen zum Überholen im Karmsund, moderne Versorgungsschiffe streben dem Meer zu, riesige Kräne gehören zum Stadtbild.

Über die Grenzen Norwegens hinaus ist Haugesund zudem als *die* nordische Filmstadt bekannt. Alljährlich im August wird hier der Amanda-Preis verliehen, der so etwas wie ein skandinavischer Oskar ist. Dann lebt das Städtchen eine Woche lang vom Flair der großen weiten Kinowelt.

Für Norwegen untypisch: Die Stadt verscheucht die Autofahrer nicht – Parken in Haugesund ist ungewöhnlich unproblematisch, z. B. auf den riesigen Parkplätzen gegenüber dem Busbahnhof.

Information/Verbindungen/Adressen

• *Information* **Turistkontor**, am Smedasundkai 90 (2. Stock), ✆ 52725055. Das Büro ist klein, aber ganzjährig Mo–Fr von 9–17 Uhr geöffnet.

• *Flugverbindungen* Vom Flughafen auf der Insel Karmøy (13 km südlich) starten Jets nach Oslo (5x täglich), Fagernes (2x täglich) und Bergen (2x täglich).

• *Busverbindungen* Vom Busbahnhof Flotmyr (Cafeteria, Toiletten, Kiosk und Schließfächer) fahren drei Buslinien 4x täglich via Telemark, Südküste und Hardangervidda nach Bergen (1,5 Std.) und Oslo (10 Std.). Außerdem Regionalbusse nach Sauda (3x täglich, 2,5 Std.) und Skundenshavn (10x täglich 1,5 Std.).

• *Fährverbindungen* Neben der Fähre Newcastle–Bergen, die 1x täglich in Haugesund festmacht, legt das Küstenpassagierschiff (keine Autofähre) auf seiner Fahrt von Stavanger (1,5 Std.) nach Bergen (2,5 Std.) 8x täglich direkt am Smedasundkai an.

• *Adressen* **Post** gegenüber der Kirche (Torgate 10), **Banken** in der Haraldsgata, **Apotheke** in der Kirkegate, **Polizei** und **Fundbüro** in der Haraldsgata, **vinmonpolet** in der Kirkegate 212, zwei **Supermärkte** in der Haraldasgate, **Narvesen-Kiosk** (int. Presse) am Busbahnhof, **Wäscherei** in der Kvalamarka (Nähe Rathaus).

Übernachten/Camping

• *Übernachten* **Hendersons Park Hotel**, Østadveien 1, ✆ 52712000, ℻ 52711775. Der Name täuscht, denn das Hotel hat nur Mittelklassestandard. Jedes der 90 Zimmer verfügt über Du/WC und TV/Telefon und der Service ist okay. DZ 990 NOK, EZ 6 890 NOK.

Hotel Neptun, Haraldsgata 207, ✆ 52865900 ℻ 52865901. Das fast sterile Betongebäude kann mit Gemütlichkeit kaum werben. Und mit den Preisen für 45 nüchterne Zimmer auch nicht. DZ 1.200 NOK, EZ 1.050 NOK .

Rica Maritim Hotel, Åsbygate 3, ✆ 52863000, ℻ 52863001. Schön ist der Sieben-Etagen-Bau kaum, aber die 220 eleganten Zimmer können sich sehen lassen. Auch ansonsten hat das Haus Vorteile: toller Blick, zentrale Lage, Der neue Besitzer allerdings hat kräftig renoviert und kräftig die Preise erhöht: DZ 1.475 NOK, EZ 1.255 NOK

Comfort Home Hotel Amanda, ✆ 52808280, ℻ 52728621. Das vom Preis-Leistungs-Verhältnis empfehlenswerte Hotel am Smedasund 93 bietet 62 angenehme Zimmer und das Abendessen inklusive. DZ 1.425 NOK, EZ 1.255 NOK.

• *Camping* **Haraldshaugen Camping**, ✆ 52728077, ℻ 52728077. Am Haraldshaugen-Denkmal liegt dieser Drei-Sterne-Platz mit nur 40 Stellplätzen für Wohnwagen und 23 Hütten, die zwischen "primitiv" und "edel" und preislich zwischen 400 und 800 NOK pendeln.

Grindafjord Naturcamping, ✆ 52775740, ℻ 52775212. Der ganzjährig geöffnete Vier-Sterne-Platz liegt 17 km östlich von Haugesund an der RV 515 und direkt am Fjordufer. Kanuverleih, Tennisplatz, Angel- und Reitgelegenheit sowie 13 perfekt ausgerüstete Hütten ab 500 NOK.

Essen & Trinken

Captain's Saloon, Skoldevegen 1. Das urige Steakhouse hinter dem Busbahnhof bietet reelle Fleischgerichte zu leicht überdurchschnittlichen Preisen.

China Garden, Haraldsgt. 70. Wie überall beim Chinesen schmeckt die Frühlingsrolle auch hier in der Hauptstraße.

Skipperstua, Strandgate 178. Das Fischrestaurant am Hafen bringt allzeit frischen, leckeren Fisch zu auch hier hohen Preisen auf den Tisch.

Dolly Simple's Pizza, Strandgt. 161. Die preiswerte Alternative gleich nebenan: Pizza und Pasta zu zivilen Preisen.

Sehenswertes

Rådhuset: Das pinkfarbene Rathaus ist ein Schmuckstück, denn als der Reeder Knut Knudsen das Haus für seine Heimatstadt 1931 bauen ließ, wurde an nichts gespart: Jeder Saal, jedes Büro ist eine kleine Kunstlandschaft, unzählige Bilder, Schnitzereien und Stuckaturen wurden von den besten Handwerkern des Landes gefertigt – ein wahrlich einmaliger Arbeitsplatz für Kommunalbeamte. Zusammen mit dem großen, ebenfalls kunstvollen Park steht das Rathauspalais seit 1949 unter Denkmalschutz.

Führungen Juni August Mo, Mi, Fr 13 Uhr.

Karmsund Folkemuseum: In der alten Meierei im Stadtzentrum befindet sich das Haupthaus des Regionalmuseums, das über insgesamt zehn Außenstellen (darunter das ebenfalls sehenswerte **Dokken-Milieu-Museum** auf der dem Zentrum vorgelagerten Insel Hasseløy) verfügt. Im Haupthaus (Skårgate) gibt es große Landwirtschafts- und Schifffahrtsabteilungen zu sehen, aber auch Kramladen, Schusterwerkstatt und Klassenzimmer aus dem 19. Jh. Das kleine Freilichtmuseum Dokken widmet sich den Arbeits- und Wohnverhältnissen der Heringsfischer zur damaligen Zeit.

Öffnungszeiten **Hauptmuseum**, Mo–Fr 10.30–14 Uhr. **Dokken**, Mo–Fr 12–17, So 12–17 Uhr. Eintritt jeweils 40 NOK.

Haraldshaugen: 1,5 km nördlich des Zentrums liegt eines der wichtigsten und größten norwegischen Nationaldenkmäler. Auf dem "Haraldshügel" ist *Harald Schönhaar* seit 930 begraben; die 29 Obelisken um den Zentralblock stehen für die 29 Stämme, die Harald einst einte, um das erste Königreich Norwegen zu schaffen, zu dessen Herrscher er sich ausrief. 1872 wurde die bombastische Gedenkstätte anlässlich der 1.000-Jahr-Feier errichtet und ist seitdem Wallfahrtsort aller nationalbewusster Nordländer.
75 m entfernt der Kreuzhügel **Krosshaugen**. Das Steinkreuz auf dem einstigen Thingplatz stammt wahrscheinlich aus dem Jahr 998 und symbolisiert die Taufe heidnischer Bauern; womöglich wurden hier auch Gottesdienste abgehalten.

Shopping in Haugesund: überall Norweger-Pullover

Hårteigen: höchster Gipfel der Hardangervidda

Hardangervidda

Europas größtes Hochplateau im Norden Telemarks ist gleichzeitig Norwegens größter Nationalpark und beliebtestes Wandergebiet. Mit 9.000 qkm ist die Ebene (vidda = Weite) dreimal größer als das Saarland und 30x so groß wie der Bayerische Wald. Ein Eldorado für naturverliebte Trekker und hartgesottene Skiläufer.

Die seen- und moorreiche, fast baum- und strauchlose Ebene liegt 1.200 bis 1.400 m hoch und wird nur durch wenige, aber ungemein markante Gipfel überragt. Dazu zählen der **Hårteigen** (1.691 m) und der **Hallingskarvet** (1.933 m) im Westen oder Gletscher wie der **Hardangerjøkulen** (1.876 m) im Norden.
Im Osten flacht die Vidda ab, während sie im Westen gebirgig-steil ins Fjordland abfällt. Mächtige Wasserfälle, darunter mit dem **Vøringsfossen** der spektakulärste des Landes, prägen das Landschaftsbild. An den Abhängen sammeln sich Wolken der atlantischen Tiefausläufer, was der West-Vidda fast stetigen Regen und im Winter gewaltige Schneemassen beschert (5 m sind keine Seltenheit). Das Thermometer klettert selbst im Sommer selten über 10° C, und der häufig heftige Wind lässt das Wetter noch garstiger erscheinen.

Trotz der unwirtlichen Witterung wachsen auf der Hardangervidda 450 Pflanzenarten, 100 davon endemisch. Außerdem leben hier 28 Säugetierarten, darunter gut 10.000 wilde Rentiere. Im Gebiet von **Sandhaug** und Haukeli hat man am ehesten Aussichten, die flinken Tiere vor die Linse zu bekommen, allerdings nicht zwischen dem 20. August und dem 30. September. Dann nämlich ist Jagdsaison, und die scheuen Rens sind noch vorsichtiger als ohnehin schon.

Karte S. 195

Dass das 9.000 qkm große Hochfjellplateau, das vor 12.000 Jahren eine Eislandschaft war, bei Wanderern und Skiläufern derart beliebt ist, hat auch mit der vortrefflichen Verkehrsanbindung zu tun: an ihrer südlichen Grenze verläuft die E 134, im Norden die E 7 und die Bahnlinie Oslo–Bergen. In ihrem Kerngebiet ist die Hardangervidda aber ein noch unberührtes, straßenloses Naturreservat.

▸ **Wandern in der Hardangervidda**: Die Hochfläche ist übersät von Seen und Sümpfen, die durch Wasserläufe miteinander verbunden sind, welche wiederum auf insgesamt 40 Brücken und Stegen überquert werden können. Die Brücken sind Teil eines 1.200 km langen Wegenetzes, das ideal für mehrtägige Wandertouren ist. Es basiert auf alten Routen *(slepene)* der Hirten und Händler, die an den tiefen Furchen auf dem Moränenuntergrund noch gut zu erkennen sind. Ebenfalls aus vorigen Jahrhunderten stammen die Steinhaufen am Wegesrand *(varpen)*, die als Wegweiser dienen. Und auch die Überreste primitiver Unterstände sind aus einer Zeit, als Fremdenverkehrsvereine aus Bergen und Drammen sich noch nicht um Touristen sorgten. Heute stehen 35 Hütten (davon 25 bewirtschaftete) mit über 1.000 Betten zur Verfügung, die im Abstand einer Tageswanderung zu erreichen sind. Schlüssel für verschlossene Hütten gibt es nur für DNT-Mitglieder in benachbarten bewirtschafteten Hütten (s. "Unterwegs in Südnorwegen", S. 26). Die Rückfahrt ist per Bahn oder Bus gut zu organisieren. Die beliebtesten Wanderungen:

Die Ost-West-Durchquerung: Die klassische Route von Rjukan nach Kinsarvik ist 137 km lang und in acht Tagen zu schaffen.

Die Nord-Süd-Durchquerung: Auch für diese Tour von Finse nach Haukeliseter muss man als geübter Wanderer bei einem Tagesmittel von sechs Stunden sieben bis acht Tage veranschlagen (die Route wird auch als Skiwanderung genutzt).

Die "Britische Route": Für den Weg von Finse nach Aurland brauchen trainierte Wanderer vier bis fünf Tage. Benannt ist die Tour nach dem britischen Lord Garvagh, der vor 90 Jahren von seiner Hütte bei Finse aus etliche Pfade erkundete.

Die Fillefjell-Route: Für die Tour von Haugastøl nach Nystova muss man mit sechs Wandertagen rechnen.

Skiwanderungen: Ab Geilo, Ustaoset und Finse sind Tagestouren auf markierten Loipen möglich. Als Mehrtagestour empfiehlt sich außer der Nord-Süd-Durchquerung der Weg von Ustaoset nach Haugastøl, den auch Ungeübte in vier Tagen schaffen.

Wandertipps

Vergessen Sie die **Gummistiefel** nicht: Gerade abseits der markierten Wege ist es oft morastig, und auch plötzliche Regenschauer sind auf der Hochebene nicht selten. Packen Sie **wärmende Kleidung** ein: Die Quecksilbersäule steigt selbst im Sommer selten über 10°, und der Wind auf der baumlosen Ebene kann durchdringend sein. Planen Sie Ihre **Proviantration** sorgfältig, damit Sie nicht zu viel mitschleppen. Fast alle Hütten, die Sie anlaufen, haben – wenn sie nicht bewirtschaftet sind – ein Vorratslager, aus dem Sie sich bedienen können. Dazu und zur Routenplanung (Wegezustand, Hüttenschlüssel usw.) brauchen Sie vor Beginn Ihrer Wanderung aktuelle DNT-Informationen (s. "Sport/Bergwandern", S. 35).

Haukeligrend

Der Ort ist Verkehrsknotenpunkt, denn hier trifft die Europastraße 134 mit den Reichsstraßen 9 ins Setesdal und 37 nach Nordtelemark zusammen.

Haukeligrend besteht im Wesentlichen aus Läden, Hütten und der letzten Tankstelle vor dem Fjordland. Über den wenigen Hausdächern erhebt sich mit dem **Berunuten** (1.287 m) die häufig noch im Sommer schneebedeckte erste Höhe der Hardangervidda. Trotz aller Geschäftigkeit lässt der Ort etwas von der Majestät der großartigen Natur direkt hinter dem letzten Haus erahnen.

- *Information* **Haukeli Turist Information**, ✆ 35070367, 📠 35062630. Im Haukeli Motell (s. u.), vom 20.6. bis Mitte August täglich entsprechend der Öffnungszeit des Hotels.
- *Busverbindungen* Durch drei Überlandlinien ist die Anbindung perfekt: 2x täglich wird die Südküste via Setesdal bedient (Zielorte: Arendal oder Kristiansand), 2x pro Tag hält zudem der Bus von Oslo (7 Std.) nach Bergen (6 Std.), der quer durch Telemark und Fjordland düst (um Ostern gibt es Sonderbusse).
- *Adressen* Im Haufendorf liegt alles im Einkaufszentrum beisammen: **Post**, **Polizei**, **Apotheke**, **Supermärkte**, **Sportläden**, **Tankstelle** und **Telegrafenamt**.
- *Übernachten* **Botn Skystasjon**, ✆ 35070535, 📠 35070583. Das sehr hübsch zwischen zwei Seen, aber unmittelbar an der Straße (5 km westlich von Haukeligrend) gelegene Hotel vermietet neben einfachen Zimmern 20 ansprechende Hütten zu 400–700 NOK. DZ 700 NOK, EZ 550 NOK.

Hardangervidda Karte S. 195

Haukeliseter: Nansens Trainingslager für Polarreisen

Haukeli Motell, Edland, ✆ 35070214, 📠 35070488. Das Hotel an der Hauptstraße mit Pub und Restaurant ist idealer Anlaufpunkt für Busreisen. Wen der damit verbundene Trubel nicht stört, findet 22 sachlich möblierte Zimmer sowie einen Pub mit Restaurant im stilvollen Holzhaus. DZ 950 NOK, EZ 4800 NOK.

Vågslid Høgfjellshotel, Vågslid, ✆ 35070585, 📠 35070572. Modern und durch seine Grasdächer erkennbar, besticht das Hotel in Telemarks höchst gelegenem Ort (6 km westlich von Haukeligrend) durch Lage und Preis, verliert aber bei Küche und Service. DZ 980 NOK, EZ 780 NOK. Mai und Oktober geschlossen.

Haukeliseter Fjellstue, ✆ 35062277, 📠 35062778. Noch schönere Aussicht, noch hübschere Hütten, aber weitere 5 km gen Westen. Die in ganz Norwegen berühmte Anlage ist eine vom Wanderverein Stavanger betriebene Hüttensiedlung mit 120 Jahre alten, kunstvoll verzierten Holzhäusern, in denen sich schon Fritjof Nansen auf seine Expeditionen vorbereitete. Für einen solchen Ruf, der bekanntlich "Geld wert" ist, sind die Preise für die 42 urigen Zimmer erstaunlich niedrig. DZ 840 NOK, EZ 620 NOK (mit Frühstück).

• *Camping* **Velemoen Camping**, Edland, ✆ 35070109, 📠 35070215. Der nur kleine Zwei-Sterne-Platz bietet ausreichenden Service und 14 gute Hütten ab 350 NOK an. 15.5.–15.9. geöffnet.

Tallaksbru Camping, ✆ 35070172. Am Abzweig der Setesdal-Straße liegt dieser Zwei-Sterne-Platz am Flussufer. Sein Plus sind zehn grasgedeckten Drei-Sterne-Hütten, die ab 450 NOK zu mieten sind.

Umgebung von Haukeligrend

▸ **Haukeliseter**: Die nur von außen altertümliche Hüttenanlage liegt 27 km westlich von Haukeligrend an der E 134. Seit ihrem Bau 1873 ist sie viel gerühmter Inbegriff norwegischen Wandervergnügens (s. o. "Haukeligrend/ Übernachten"). Inmitten waldloser Hügel, an einem kleinen See und im Schnittpunkt verschiedener Wanderrouten ist die vom Wanderverein Stavanger betriebene Anlage idealer Ausgangspunkt für Winter- und Sommertouren (das Loipenge-

biet Haukelifjell liegt nordöstlich gleich vor der Hüttentür, und an der Rezeption gibt es Angelscheine für 70 Gebirgsseen im Umkreis von 5 qkm).
Selbst Autotouristen bietet der Trip nach Haukeliseter noch Kicks: Von Haukeligrend aus geht es durch den 1600 m langen **Prestegårdtunnel** (oder auch über eine rechts abzweigende, landschaftlich großartige Umgehungsstraße) ins wildromantische Haukeliseter. Und 3 km hinter der Hüttenanlage zweigt die Höhenstraße **Midtfjellsvollen** in westlicher Richtung ab – eine 7 km lange, ungemein reizvolle Alternative zur Europastraße. Allerdings ist die Panoramastraße häufig noch im Hochsommer schneeverweht und unpassierbar (Gespanne sollten die Straße ohnehin meiden).

▸ **Røldal**: Egal, ob via Europastraße oder Midtsfjellsvollen – über enge Kehren geht es 24 km westlich von Haukeliseter von 1.000 auf 400 m ins enge Røldal hinunter. Im gleichnamigen Dorf am gleichnamigen See kann man sich eine kleine Stabkirche aus dem 13. Jh. ansehen, deren Kruzifix im Mittelalter Wunder wirkende Heilkräfte nachgesagt wurden (bis ins 16. Jh. war Røldal das "Lourdes Norwegens"). Neben der Kirche sind, allerdings nur in schneeloser Zeit, einige Hünengräber aus der Eisenzeit zu entdecken.

Bergensban – ein Eisenbahngenuss

Europas längste und höchste Gebirgszugstrecke ist ein Muss nicht nur für Eisenbahnfans. Die Sieben-Stunden-Strecke von Oslo nach Bergen (7x täglich) fängt harmlos an, doch die zunächst öde, dicht besiedelte Landschaft wird bereits im Hallingdal abgelöst von einem Gefilde dichter Wälder und ruhiger Seen, die bald in die tundragleiche Hochfläche der Hardangervidda übergeht. Dabei führt die Strecke immer wieder durch Tunnels und über Brücken. Unterbrochen wird sie auf niedlichen Bahnhöfen: Gol, Torpo und Geilo sind die ersten auf dem Plateau. Dann aber verlässt die Bahnstrecke den Lauf der Straße und biegt in das unzugängliche Hallingskarvet ein, klettert auf über 1.200 m und erreicht auf dem höchsten Streckenpunkt das straßenlose Finse. Weiter geht es über die kilometerweit überschaubare Ebene, bis unversehens die Bahnstrecke an der Westkante der Hardangervidda ins Fjordland nach Bergen abfällt. Alle Facetten norwegischer Natur erleben Sie auf dieser unvergesslichen Bahnfahrt in nur einem halben Tag.

Finse

Das nur per Eisenbahn zu erreichende 300-Einwohner-Dorf am Finsesee ist nördliches Einfallstor zur Hardangervidda und Traumziel für Skilangläufer und Wanderer, die zum Hardangerjøkulen laufen, dem Gletscher der Ebene.

An den fünf freien Ostertagen quillt das unter naturverliebten Norwegern legendäre Örtchen über: Hundeschlitten mit aufgeregten Huskies und Großfamilien mit Pulkas für Kleinkinder, Wandergruppen auf Schneeschuhen und nur wenige Skifahrer auf Abfahrtsbrettern mit untergeschnallten Fellen strömen aus dem Zug und sind nach wenigen Minuten in den Schneeweiten, die das Dorf fast verdecken, verschwunden. Auf dem Programm steht die mehrtä-

Hardangervidda Karte S. 195

Finse: Norweger haben nie genug vom Schnee

gige Wandertour durch die verschneite Einöde. Nach jeder Tagesroute aber wartet eine häufig luxuriöse Berghütte auf die müden Wanderer – Abenteuer mit Rückversicherung.

Ansonsten gibt's in Finse nichts weiter als eine Hand voll Hütten (Vermietung, ✆ 56526711), einen kleinen Laden, eine DNT-Unterkunft (✆ 56526732), einen Bahnhof mit kleinem Bahnmuseum (von Juni bis September täglich von 11 bis 19 Uhr geöffnet) und ein Hotel mit dem einzigen Restaurant im Ort.

- *Verbindungen* s. Kasten "Bergensban".
- *Übernachten* **Finse 1222**, ✆ 56527100, 56526717. Das 60-Zimmer-Hotel vermietet auch winterfeste Hütten (s. o.) und Appartements mit Küche. Ansonsten fällt an dem Mittelklassehotel nur seine ungewöhnlichen Öffnungszeit auf: Es ist das ganze 4. Quartal im Jahr geschlossen. DZ 1.450 NOK EZ 900 NOK.

Wandertour: Drei Gipfel in zwei Tagen

Die 35 Hütten auf der Hardangervidda, immer im Abstand einer Tagesroute, geben den Wanderrhythmus vor; es gibt mithin kaum kurze Routen auf der Hochebene. Dieser Wandervorschlag schließt eine Übernachtung ein – Sie können aber auch nach dem ersten Anstieg umkehren und haben dann eine pralle Tagestour hinter sich.

Die 28-Kilometer-Etappe des ersten Tages dauert in voller Länge gut sechs Stunden, denn mehrere Anstiege, darunter ein steiler, warten auf die Wanderer. Sie starten am Ostende des **Finsesees**, überqueren den See auf einem Damm und steigen in sudöstlicher Richtung gemächlich den **Hansbunut** (1.476 m) hinauf, wobei drei Wasserläufe gekreuzt werden. Wenn Ihnen dieser Anstieg ausreicht und Sie wieder umkehren, werden Sie nach der Rückkehr eine Fünf-Stunden-Tour absolviert haben.

Wer weiter will, folgt der markierten Route zum **Hansbunutsee** hinab, an dessen Nordufer der Weg entlangführt. Nun folgen zwei Aufstiege – zuerst zum **Jøkleelvi**, dann steiler auf den **Krobuhalsen**. Beim Abstieg zwischen zwei kleinen Seen finden Sie eine Brücke, hinter der Sie auf die Larsbu-Jagdhütte stoßen; dann noch ein kleiner Kamm und das Tagesziel **Kraekkja-Turisthytte** ist erreicht (die zweistöckige DNT-Hütte auf 1.160 m Höhe ist bewirtschaftet und vermietet 85 Schlafplätze). Am nächsten Tag gibt es zwei Möglichkeiten: Sie gehen den gleichen Weg zurück und passieren erneut die drei Gipfel, oder Sie folgen der Erdstraße zur Bahnstation **Haugastøl** (12 km, 2,5 Std.), von der aus Sie den Zug für die Rückfahrt nach Finse nutzen können. (Falls Sie auf den Geschmack gekommen sein sollten, lässt sich der Weg über zwei weitere Wandertage bis nach Geilo fortsetzen.)

Geilo

Der Wintersportort am Ende des Numedals ist die nordöstliche Pforte zur Hardangervidda. Aber mittlerweile muss man nicht mehr in die weite Einöde der Vidda hinaus, um in Geilo seinen Urlaubsspaß auch im Sommer zu haben.

Die Neubausiedlung mit 3.000 Einwohnern ist nur für Touristen da: 4.000 Hotelbetten, unzählige Ferienhütten, 18 Skilifte, nahezu 50 Pisten aller Schwierigkeitsgrade und sage und schreibe 500 km präparierte Loipen machen den Ort am Ustesee zum "Zermatt Norwegens". In Geilo (sprich *Jälo*) geben die nordischen Wintersportler den Ton an; neben schier grenzenlosen Tourenmöglichkeiten kann man auf gut 100 km geräumten Wegen winterwandern, man kann Eis laufen, eisstockschießen, es gibt Pferde- und Hundeschlittenfahrten.

Dennoch versucht sich das 800 m hoch gelegene Geilo auch als Sommeridylle zu etablieren. Angler, Kanuten, Reiter und Radfahrer finden mittlerweile zahlreiche Angebote, sodass die Wintersporthochburg auch im Sommer nicht leer steht.

Außer der touristischen Infrastruktur hat Geilo nicht sonderlich viel zu bieten. Zu erwähnen ist lediglich das Holzhaus-Ensemble **Geilojordet** im Zentrum des Ortes, das aus Bauernhäusern und Katen des 17. und 18. Jh. besteht, die aus dem nahe gelegenen Hallingdal stammen. Ein echtes Freilichtmuseum ist die noch im Aufbau befindliche Lage allerdings nicht, auch wenn man die schmucklosen Häuschen von innen anschauen kann (nur im Juli von 11–17 Uhr, Eintritt und Führungen kostenlos).

Information/Verbindungen/Adressen

- *Information* **Turistkontor**, im Geschäftszentrum an der Hauptstraße. ✆ 32095900., ℻ 32095901, www.geilo.no, Mo–Fr 8.30–21, Sa/So–17 Uhr, im Winter Mo–Fr 8.30–16 Uhr, Sa bis 14 Uhr.
- *Zugverbindungen* Geilo ist Mittelpunkt der Bergensban, liegt also exakt auf halber Strecke zwischen Oslo und Bergen (jeweils 3,5 Stunden entfernt). Vier Züge in beide Richtungen passieren den Ort täglich.
- *Busverbindungen* Zu Weihnachten und Ostern verkehren Direktlinien von Oslo nach Geilo. Ansonsten: 2x täglich über die Hardangervidda bis Eidfjord sowie mehrmals täglich nach Dagali und zum Ustesee.
- *Adressen* **Bank**, **Sportgeschäft**, **Supermarkt** – alles im Ladenzentrum neben der Texaco-Tankstelle. **Post** neben dem Ro-Kro-Lokal, dort auch ein **Telefonladen**. **Taxis** vor dem Bahnhof.

Karte S. 195

Geilo: ein Dorf nur für Touristen

Übernachten/Camping/Essen & Trinken

• *Übernachten* **Geilo Vandrerhjem**, ☏ 32087060 ✆ 32087066,. Die vom 1.1.–30.4. sowie 1.6.–30.9. und 1.11.–23.12. geöffnete Jugendherberge an der Durchgangsstraße vermietet DZ und Einzelbetten. Bett 150 NOK, DZ 450 NOK.

Ro Hotell, ☏ 32090899, ✆ 32090785. Das zentrale Motel mit einem lärmigen Imbiss (s. u.) zählt noch zu den preiswerten Unterkünften im teuren Geilo. DZ900 NOK, EZ 600 NOK.

Haugen Hotell, ☏ 32090644, ✆ 32090387. Einfach, aber ausreichend, vor allem jedoch leidlich preiswert sind die 45 Zimmer im ganzjährig geöffneten Zentrumsho☏ DZ 800–1200 NOK, EZ600-1.100 NOK.

Geilo Hotel, ☏ 32090511, ✆ 32091730. Das gemütliche Gebirgshotel – zwar im Zentrum, doch nur wenige Meter vom Lift entfernt – könnte aus der Schweiz entliehen sein; das gilt gleichfalls für Komfort und Preise. EZ 850 NOK, DZ 1.250 NOK.

Quality Vestlia Hotell, ☏ 32090611, ✆ 32091689. Da stimmt alles: 160 gemütliche Zimmer, ein hervorragendes Restaurant, ruhige Lage, tolle Rundumaussicht, famoser Service (z. B. Verleih von Kanus und Fahrrädern sowie Verkauf von Angelkarten) und dann noch annehmbare Preise. DZ 1.300 NOK, EZ 110 NOK.

Highland Hotel, ☏ 32090600, ✆ 32091680., www.highland.no Das größte Hotel am Ort ist nicht das teuerste und bietet doch alles. DZ 1.450 NOK, EZ 1.250 NOK

Dr. Holms Hotel, ☏ 32095700, ✆ 32091620, www.drholms.com. Von draußen ein Jahrhundertwendegutshof, drinnen ein elegantes, fast vornehmes Hotel. DZ 1.650 NOK, EZ 1.250 NOK .

Bardøla Høyfjellshotell, ☏ 32090400, ✆ 32091679. Aus der Familienpension ist ein edles Berghotel mit allen Extras (Hallenbad, Tennishalle, Disko) geworden. DZ 1.800 NOK, EZ 350 NOK.

Bakkegaard Appartement, ☏ 32090000, ✆ 32090192., www.ski/info/geilobakkegaard.no Zwischen 500 und 990 NOK kosten die Wohnungen, in denen an der Hauptstraße bis zu fünf Personen logieren können.

Geilo Apartment, ☏ 32098300, ✆ 32091179. 70 Ferienhäuser und -wohnungen vermietet das Unternehmen im ganzen Ort während des ganzen Jahres zu Preisen von 700–1.800 NOK.

• *Camping* **Solli Sportell**, ☏ 32091111, ✆ 32091560. Immerhin 76 Hütten unterschiedlicher Qualität und Preise (500–1.200 NOK) sowie 65 Zelt- bzw. Wohnwagenstellplätze vermietet das perfekt ausgerüstete Zentrum. Und obendrein noch Hotelzimmer. DZ 110 NOK, EZ 700 NOK (Sommerpreise: 620 bzw. 510 NOK).

Oen Turistsenter, ✆ 32088454. 200 m vom Bahnhof entfernt gelegen, bietet das Ferienzentrum 29 Ferienhütten von einfach bis edel, von 400 bis 1.200 NOK. Darüber hinaus 50 Zeltstellplätze und perfekte Infrastruktur mit Supermarkt, Disko und Schwimmbad.

Geilo Camping og Hytter, ✆ 32090733, ✆ 32091156. Der einfache Platz mit 200 Zelt- und 45 Wohnwagenstellplätzen verfügt über 21 teils luxuriöse Hütten für 750 NOK.

• Essen & Trinken **Torvtaket**, preiswerte Pizzen im Geschäftszentrum.

Ro Kro, Kantinencharme, Kantinengerichte und Kantinenpreise (Menü ab 110 NOK).

Alpin Café & Grill, alles wirkt rustikal in dem Lokal am Bahnhof, nur das Essen nicht. Das ist international und nicht einmal teuer. Menü ab 130 NOK. Mo geschlossen.

Le Monarque, das Edelrestaurant in Dr. Holms Hotel (s. o.) macht seinem Namen alle Ehre – in jeder Hinsicht überdurchschnittlich.

Skifahren

März/April ist die ideale Zeit zum Skilaufen in Geilo – Ausnahme: die Osterwoche, denn während der fünf (!) freien Tage ist dann ganz Norwegen auf Brettern und besetzt jedes freie Bett. Aber das sollte für Touristen kein Problem sein, denn bis in den Mai hinein ist Geilo schneesicher, die Tage sind dann überdies länger und nicht mehr so kalt wie im langen Winter.

• Ski alpin Geilo wartet mit zwei Skizentren auf, eines an jedem Ufer des **Ustevatn**, per Skitaxi miteinander verbunden. Das größere der beide Areale erstreckt sich über mehrere Gipfel oberhalb des Ortes – der **Gullsteinhovda** (1.109 m) mit vier mittelschweren bis schweren Abfahrten und der **Geilohovda** (1.082 m) mit einem Dutzend abwechslungsreicher Wedelstrecken, von der harmlosen Anne-Loypa bis zur tiefschwarzen Ola-Loypa.

Das **Vestilia-Skisenter** auf der anderen Seeseite bietet zehn familienfreundliche Waldabfahrten. Alle Strecken beginnen an der Bergstation und finden an der Talstation wieder zusammen. Könner bevorzugen die Directissima unterhalb der Lifte, Anfänger wählen die weit ausholende Bjørne-Loypa.

• Langlauf Auch Loipenfans nutzen die Lifte, denn der Großteil schöner Touren startet auf dem Kamm des **Geilohovda**, z. B. die Loipe zum **Hallingskarvet** (1.933 m, hin und zurück 15 km) oder die Tour zum, auf oder um den **Ustetind** (1.376 m). Eine anschauliche Skitourenkarte erhält man im Turistkontor.

• Preise Es gibt drei Skischulen in Geilo (Wochenkurs ab 71.000 NOK), Skiverleih (z. B. bei **Geilo Sport**: Langlaufausrüstung 400 NOK/Woche, Alpinausrüstung 650 NOK/Woche) und Skipässe (im Turistkontor: Tagespass 250 NOK, Wochenpass 1050 NOK).

Weitere Sportmöglichkeiten

• Angeln Keine tollen Möglichkeiten, aber machbar im **Ustedalsfjord** – Angelkarten auf Campingplätzen, im Vestlia Hotell sowie im Turistkontor.

• Kanufahren Auch für nicht geübte Fahrer ein Vergnügen auf dem langen, streckenweise schönen und unproblematischen Ustedalsfjord. Verleih (250 NOK/Tag) im **Vestlia Hotell**. Auch Raftingtouren sind zwischen dem 15.5. und dem 30.9.im Angebot (650–850 NOK). Information unter ✆ 32093820.

• Orientierungslauf Querfeldeinrennen nach Karte werden vom örtlichen Sportverein zwischen Juli und September organisiert. Die Rundkurse zwischen 2 und 7 km werden wöchentlich neu festgelegt. Karten gibt es beim Turistkontor.

• Radfahren Schön, aber stressig, weil es zu der stark befahrenen und tunnelreichen RV 7 Richtung Eidfjord kaum eine Alternative gibt. Fahrradverleih im **Vestlia Hotell** und im **Intersport-Shop** (220 NOK/Tag).

• Reiten Das Turistkontor vermittelt geführte Reittouren zweier Anbieter. Wochentrips über die **Hardangervidda** mit Übernachtungen in DNT-Hütten oder auch Tagestouren um den **Ustevatn** (zwischen 500 und 6.000 NOK).

• Tennis Spielmöglichkeiten in den Hotels Bardøla und Vestlia.

Hardangervidda Karte S. 195

• *Wandern* Überall und in jeder Größenordnung möglich (sehr empfehlenswert ist "Tur- og Fritidskart", erhältlich beim Turistkontor). Zum Beispiel: Ein längerer Spaziergang zum **Ustevatn** (2 Std.), zur **Tuvaseter** (5 Std.) oder zur **Prestholdseter** (3 Std.). Besonders beliebt sind **Gletscherwanderungen**, die zwischen Juli und September immer Di, Do und Sa angeboten werden. Informationen und Tickets (zwischen 495 und 695 NOK pro Tour) beim Turistkontor.

Ausflüge zu den Wasserfällen

Die Fahrt zu Norwegens spektakulärsten Wasserfällen lässt sich – vom Turistkontor organisiert – per Bus oder individuell per Mietwagen bzw. Mietrad machen. Allerdings sind es knapp 80 km bis zum **Vøringfossen.**

18 km vor Eidfjord am Einstieg des Abstiegs durch das Måbøtal fällt Norwegens fünfthöchster und spektakulärster Wasserfall 145 m tief ins Tal. Über eine Nebenstraße (1 km hinter Fossli) gelangen Sie an die Kante des Vorigfossen, von dem einige Betrachter derart beeindruckt sind, dass sie ihn flugs und falsch zum größten Wasserfall Skandinaviens erklären.

Wen der Vøringfossen am Taleingang Lust auf noch mehr Wasserfälle gemacht hat, fährt in Saebø (auf einigen Karten auch "Øvre Eidfjord") an der Mündung des Bjoreia in den Eidfjord 7 km auf einer engen Nebenstraße nach Hjølmo, um dort zunächst den **Vedalsfossen** (mit 650 m nun wirklich Norwegens größter Wasserfall) und später den **Valurfossen** (272 m hoch) zu erleben. Dafür braucht man aber gute Nerven (als Autofahrer) und gute Wanderschuhe (als Läufer nämlich muss man die letzten 30 Minuten von Hølmoberget nach Viveli wandern, um dort auf den Valurfossen zu treffen).

Umgebung von Geilo

▸ **Hol**: Das 12 km nördlich von Geilo gelegene Dörfchen hat zwei Besonderheiten zu bieten: Eine 700 Jahre alte Stabkirche (samt Thinghaus), die allerdings wegen verschiedener Umbauten nicht mehr als typisch gelten kann. Dennoch ist sie sehenswert, schon allein wegen ihrer wundervollen Lage am **Holsfjord**. Zweite Besonderheit ist das Heimatmuseum, das in 17 historischen Holzbauten und einem Ausstellungsgebäude mithilfe vieler Exponate einen lehrreichen Einblick in 500-jährige Bauernkultur vermittelt.

Öffnungszeiten Kirche und Museum jeweils Juni und August 11–16, Juli 11–17 Uhr. Eintritt 40 NOK, Kinder 20 NOK.

▸ **Hytter-Siedlung Ustaoset**: Um den 10 km langen Ustevatn im Südwesten Geilos mit seinen zerklüfteten Ufern und mit herrlicher Aussicht auf die zwei Hardanger-Gipfel **Ustetind** (1.376 m) im Süden und **Hallingskarvet** (1.933 m) im Norden gruppiert sich Norwegens größte Hytter-Siedlung. Für die Bewohner der fast 1.000 Hütten bietet der See ideale Urlaubsbedingungen. Man kann angeln, an einem ausgebauten Strand sogar baden, Ruderboot oder Kanu leihen oder einfach um den See herumwandern.

Wandertour: Auf den Folarskard-Pass

Von Haugastøl, das unschwer per Bahn oder Auto zu erreichen ist, führt die Acht-Stunden-Wanderung auf eine der höchsten Höhen der Hardangervidda. Eigentlich die Hälfte der ersten Tagesetappe einer Acht-Tage-Wanderung nach Tynkreysset, schlagen wir die Route als anstrengende Tagestour vor.

Die Wanderung startet am Haugastøl-Bahnhof und ist als Weg nach **Raggsteindalen**, einer bewirtschafteten Hütte im Massiv des Hallingskarvet, ausgeschildert. Sie folgen der Bahnhofsstraße aufwärts bis zur ersten Kurve und bie-

Wandern in der Vidda: ob jung, ob alt – fit muss frau sein

gen dort in nördlicher Richtung auf dem markierten Weg ab. Bergauf geht es auf ein Plateau, das in östlicher Richtung (am Tjørngravtjørnsee entlang) passiert wird.

Der Anstieg wird merklich steiler, je näher das längst sichtbare **Hallingskarvet-Massiv** rückt. Ziemlich anstrengend zieht sich der Weg vorbei an **Bjørnebu** und dann am Westhang der Bjørnebu-Höhen weiter aufwärts, bis neben dem steil aufragenden **Folarskardnut** (1.933 m) – 300 m tiefer – der gleichnamige Pass erreicht ist. Der Scheitelpunkt der Wanderung ist eine winzige, unbenutzte Hütte, die Lord Garvagh 1880 bauen ließ, um von hier aus auf Rentierjagd zu gehen. Nach gut vier Wanderstunden ist die Hütte ein geeigneter Rastplatz, bevor man auf derselben Route in drei Stunden wieder nach Haugastøl zurückwandern kann.

Telemark-Traum: Wasser, Wald und Zweisamkeit

Telemark

Vom Skagerrak bis zur Hardangervidda reicht Norwegens Kernland. Gäbe es noch Fjorde in diesem Landstrich, Telemark wäre Norwegen im Kleinformat. So aber bleibt die liebliche, kontrastreiche Landschaft mit Seen und Wäldern, mit Bergen und Fjells das Schmuckstück im Landessüden.

Wer Telemark sagt, denkt an Skilauf und den berühmten Telemark-Schwung. Aber die abwechslungsreiche, an das Voralpenland erinnernde Landschaft mit der größten Stabkirche des Landes und dem längsten Kanal Norwegens ist weit mehr als nur die Wiege des Wintersports. Jede der 25 Städte ist zur Urlauberhochburg ausgebaut, jedes Dorf wartet mit Höhepunkten auf: **Morgedal** mit seinem Skimuseum, **Kongsberg** mit Silberminen und **Dalen** mit dem vielleicht originellsten Hotel des Nordens.

Der mit 15.000 qkm größte Bezirk Südnorwegens ist traditionell ein reiches Land. Wertvolle Bodenschätze, die vor Ort verarbeitet wurden, und riesige Wälder, deren Holz in alle Welt verschifft wurde, haben Telemark seit jeher zur Schatzkammer des Landes gemacht, was immer noch an den kunstvollen Trachten der Einheimischen abzulesen ist. Heute wird das Geld mit den Touristen verdient, die im Winter zum Skilaufen und im Sommer zum Wandern kommen – Telemark hat immer Saison.

Dazu verhilft die vortreffliche Verkehrsanbindung: Die Bergensban, die erlebenswerte Eisenbahn von Oslo nach Bergen (s. Kasten S. 197), durchschneidet das Land und hält an jedem größeren Bahnhof. Dazu gibt's zwei Europastraßen und ein Dutzend gut ausgebauter Reichsstraßen, über die man jeden Ort

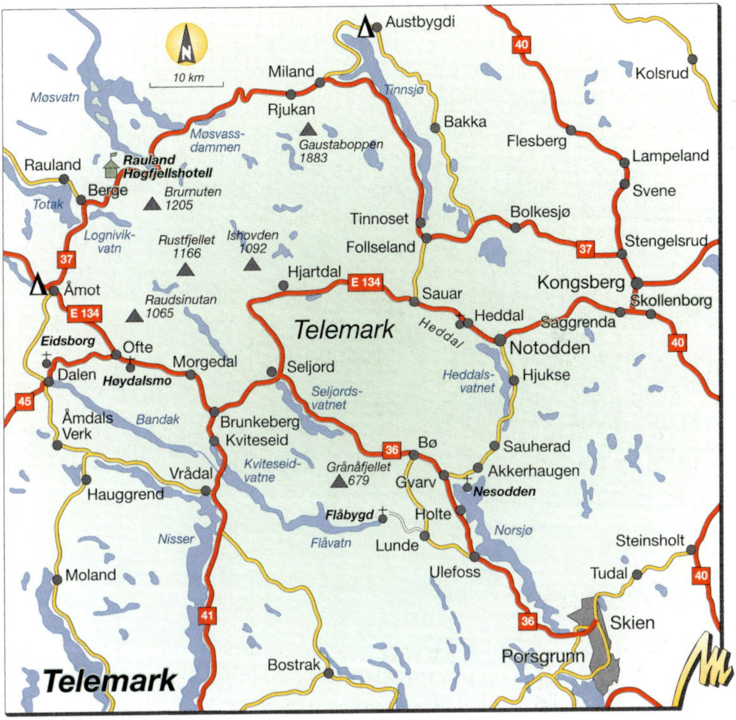

und jedes noch so entlegene Wandergebiet erreichen kann. Und wem das alles zu flott und geschäftig ist, der kann auf Oldtime-Steamern über den **Telemark-Kanal** den gesamten Landstrich geruhsam durchschippern.

Rauland

Das Raulandfjell markiert die Grenze zwischen den waldigen Höhen Telemarks und der baumlosen Hardangervidda. Und inmitten der eindrucksvollen Ebene liegt zwischen den Seen Totakvatn, Lognivikvatn und Møsvatn der Ort mit dem eigentümlichen Namen "Rote Erde".

Raudi, rote Erde im eisenhaltigen Moorland, findet man selbst heutzutage noch; im Mittelalter aber war das Moorerz für die Rauländer Erwerbszweig Nummer eins. Aus jener Zeit stammen noch viele der mächtigen, mit Schnitzereien und Schmiedeeisen ausgeschmückten Bauernhöfe, die man in Rauland selbst, aber auch schon während der Anreise über die Reichsstraße 37 zu sehen bekommt. An der Panoramastraße Telemarks, die bei **Åmot** (eine ereignislose Häuseransammlung) die Europastraße 134 verlässt, um im weiten Bogen via Rauland und **Rjukan** die Mitte Telemarks zu erreichen, stehen sie nach alter Sitte trutzig im Geviert: ein *Stabbur* (ein Schuppen auf Stelzen) neben

Telemark
Karte S. 205

dem Stall und gegenüber von Wohn- und Gesindehaus, dazwischen etliche kleine Vorrats- oder Lagerhäuser. Manche dieser reichen Bauernhöfe bestehen aus zehn und mehr Häusern, manche sind 500 und mehr Jahre alt; das älteste Gebäude der Gegend ist ein Stabbur von 1325 auf dem Nigardshof in **Raulandsgrend** am Totakvatn.

Ansonsten hat das 1.500-Einwohner-Dorf Rauland außer einer Kirche, die nicht einmal im Ortsgebiet liegt, wenig zu bieten. Macht aber nichts: Die Urlauber kommen ohnehin der Landschaft wegen, in der man angeln, Ski fahren, wandern, an der man sich aber nie satt sehen kann.

Information/Verbindungen/Adressen

• *Information* **Rauland Tourist Information**, im Raulandhuset im Dorfzentrum hinter dem Supermarkt. ✆ 35062630, ✆ 35062631, www.rauland.org. Ganzjährig Mo-Fr von 8.30–16 Uhr geöffnet, Juni–August bis 18 Uhr. Hier kann man Fahrräder leihen sowie Angelkarten und Tickets für geführte Wandertouren kaufen.

• *Busverbindungen* 8x täglich nach Rjukan (dort umsteigen in den Fernbus nach Oslo) und via Åmot nach Haukeligrend (mit Weiterfahrt ins Hardangergebiet). Bushaltestelle in der Haupt- und Durchgangsstraße, Avd. Øtre Vinje.

• *Adressen* **Bank**, **Tankstelle**, **Post** und kleiner **Supermarkt** ebenfalls in der Hauptstraße.

Übernachten/Camping

• *Übernachtung* **Austbø Hotel**, ✆ 35073425, ✆ 35073106. Das Traditionshotel in Austbøgrend (2 km von Rauland in Richtung Rjukan) bietet neben 70 Betten in erst jüngst renovierten Zimmern zwei Besonderheiten: eine famose Aussicht über den Tansvatn und ein geschmackvolles Interieur in gelungener Mischung aus alter und neuer Kunst. DZ 950 NOK, EZ 725 NOK.

Alpina Apartments, ✆ 35073555, ✆ 35073491. Direkt an der Alpinpiste liegt dieses geschmackvolle Apartmenthotel mit Sauna, Cafeteria, Bar und Waschküche. Die 34 Wohnungen mit 2-8 Betten und 1-2 Schlafzimmern kosten 700–950 NOK/Tag.

Rauland Høfjellhotel, ✆ 35063100, ✆ 35063577. Nicht besonders groß ist das Vier-Sterne-Hotel (93 Zimmer), das 12 km von Rauland in Richtung Rjukan auf 1.000 m Höhe liegt. Das Haus verfügt wie ein Sporthotel über Pool, Fitnessraum und Sauna, aber auch über ein weithin gerühmtes Restaurant sowie über 14 bestens ausgestattete Hütten im näheren Umkreis des Hotels. DZ 1.050 NOK, EZ 890 NOK, Hütten 670–920 NOK/Tag.

Farhovd Hyttegrend, ✆ 35073690, ✆ 35073691. Sechs sehr schön eingerichtete Hütten, teils mit Sauna, alle aber mit großartiger Aussicht auf das Raulandfjell. 9 km von Rauland in Richtung Rjukan. 4.200–9.200 NOK/Woche bei Platz für bis zu acht Personen pro Hütte.

Rauland Feriesenter, ✆ 35073460, ✆ 35073488. Die elf Hütten (6 km in Richtung Rjukan) mit Platz für sechs bis zehn Personen sind komplett ausgestattet (Küche, TV, Du/WC). 6.000–13.000 NOK/Woche.

Leirbekk Hyttutleie, ✆ 35073460, ✆ 35073488. Wahre Häuser mit Platz für 20-Personen-Gruppen sind im Angebot, aber auch gemütliche Hütten für sechs Personen. Allen gemeinsam ist der hohe Standard (Du/WC, TV/Radio, Sauna) und der relative hohe Preis. 6.000–16.000 NOK/Woche.

• *Camping* **Rauland Camping**, ✆ 35073217. Neben 250 Zeltstellplätzen bietet der einfache Platz in Raulandsgrend auch Hütten (ab 450 NOK), Wohnwagenstellplätze und einen Kro.

Skifahren/Reiten/Kunsthandwerkkurse

• *Skifahren* Das Raulandfjell verfügt über zwei Alpinsenter in Ortsnähe: **Rauland Alpinsenter** (zweii Lifte, vier Abfahrten) westlich des Ortes und das **Skisenter** (ein Lift, eine Abfahrt) im Norden. Zudem gibt es viele gespurte Loipen vornehmlich an den Seeufern und sogar eine Sprungschanze. Für Alpin-Fans ist Rauland allerdings nicht gerade ideal; die Abfahrten reichen gerade mal für ein ruhiges Abschwingen nach ei-

Ferien im Feriesenter: schneesicheres Skiparadies

nem Langlaufvormittag. Für Freunde abwechslungsreicher Loipen hingegen ist Rauland eine gute Adresse – Sie haben die Wahl zwischen zwei Dutzend Spuren von drei bis 30 km Länge und von kinderfreundlich-leicht bis anspruchsvoll.

• *Reiten* 40 gutmütige Reitpferde warten im **Rauland Ridesenter** auf Urlaubsreiter, dazu eine Reithalle und zwei große Trainingsplätze. In den Kalenderwochen 25-35 werden regelmäßig Reitsafaris organisiert; man kann aber auch selbsttätig Pferde ausleihen und privat auf Erkundungstour gehen. ✆/℡ 35062630, Preise zwischen 450 NOK (Leihpferd/1 Std.) bis 2.200 NOK (Weekend-Safari/Person).

• *Wildnis-Ausflüge* Per Kanu in die Wildnis, Übernachtung im Samenzelt, Bogenschießen und Lagerfeuer-Romantik – solche Zwei-Tage-Trips für 350 NOK veranstaltet das Skisenter im Sommer, ✆ 40237747.

• *Kunsthandwerkkurse* Auf halben Weg zwischen Rauland und Raulandsgrend liegt die **Akademiet**, eine Art Volkshochschule für Kunsthandwerk. 40 verschiedene Sommerkurse finden jeden Juli statt – von Rosenmalerei bis zur Buchbinderei, vom Patchwork bis zu Silberarbeiten reicht das jährlich neue Kursangebot. Die Wochenkurse dauern von Montag bis Freitag, kosten unterschiedlich von 800 bis 3.200 NOK und können mit einer Übernachtung in einem der 85 Zimmer der Akademie kombiniert werden. ✆ 35073292, ℡ 35073530, E-Mail: raulandsakademiet@online.no.

Ausflug nach Falkeriset

Der Höhenzug zwischen Totakvatnet und Møsvatn mit dem Gipfel **Falkenut** (1.096 m) bietet weite Aussichten über die Seen und das Raulandfjell. Ein leichter, am Markt erstmals ausgeschilderter Pfad führt auf den Kamm, der seinen Namen von Falkenfängern hat, die im 16. Jh. aus ganz Europa anreisten, um in der Höhe die damals begehrten Jagdvögel zu fangen und abzurichten.

Sehenswertes in Rauland und Umgebung

Rauland Kunstmuseum: Die Sammlungen des Rauländer Künstlerpaars *Dyre Vaa* und *Knut Skinnarland* werden im Ortszentrum gezeigt. Über 100

Telemark
Karte S. 205

Myllarheimen: Targeirs Ururenkel spielt die Fiedel

Skulpturen, Gemälde, Holzschnitzereien und Zeichnungen des Paares selbst und anderer Künstler aus der Gegend gibt es zu sehen; jeden Sommer werden zudem wechselnde Sonderausstellungen organisiert.
Öffnungszeiten 20.6.–30.8. täglich 10–18 Uhr. Eintritt 30 NOK.

Rauland Kirke: Das hübsche, dreischiffige Holzkirchlein ist erst 200 Jahre alt und steht am Ufer des Totakvatnet, damit Gläubige entfernter Gehöfte leichter per Schiff zum Gottesdienst kommen konnten. Von der Stabkirche aus dem 13. Jh., auf deren Fundament die Kirche ruht, sind nur zwei Kruzifixe und der schmiedeeiserne Türriegel geblieben.
Öffnungszeiten Juni–September Mo–Sa 11–15 Uhr.

Heimatmuseum Oefjell: Das Dorfmuseum liegt 18 km südöstlich von Rauland und basiert auf der Sammlung des örtlichen Kaufmanns *T. O. Trovatn,* der vor 100 Jahren Volkskunst, Arbeitsgeräte, Jagdwaffen, Rosenmalereien und Silberschmuck zusammentrug und seine Exponate schon damals in einem ungewöhnlichen Natursteinhaus präsentierte. Seitdem haben sich nur die Öffnungszeiten geändert...
Öffnungszeiten Mitte Juni bis Anfang August Mo-So11–18 Uhr. Eintritt 40 NOK, Kinder 20 NOK.

Myllarheimen: An der RV 362 von Haukeligrend nach Rauland fällt 8 km westlich von Rauland das überdimensionierte Denkmal eines Fiedlers auf. Es zeigt *Targeir Asgurdson,* genannt "Myllarguten". Der Spielmann war neben *Ole Bull* im vorigen Jahrhundert der bekannteste Hardanger-Fiddler, der zu Festen und Feiern die berühmten Hardanger-Tänze spielte. Das Myllarguten-Haus gegenüber dem Denkmal wird noch immer von der Familie Asgurdson bewohnt – mit ganz viel Glück treffen Sie den Ur-Ur-Enkel des Künstlers, wenn er auf einer uralten Fiedel den "Bordstabel" übt.

Helleristningar: Das sind Felszeichnungen, die man auf der Landzunge **Sporanes** im Totaksee gefunden hat. Fußstapfen und Tierdarstellungen, vor 2.500 Jahren in den Stein geritzt, sollen Wegweiser sein oder Jagdglück symbolisieren – die über die ganze Halbinsel verstreuten Gravuren sind schlecht ausgeschildert und schwierig zu finden.

Rjukan

Das 3 km lange Straßendorf im Tinndal sieht die Sonne nur kurz im Sommer – tief eingeschnitten zwischen 2.000 m hohen Gipfeln bleibt der Ort die meiste Zeit des Jahres im Schatten. Das gilt aber nur im meteorologischen Sinne, denn wirtschaftlich führt die Stadt seit fast hundert Jahren alles andere als ein Schattendasein.

1907 begann der Ingenieur und spätere Gründer des Norsk Hydro Konzerns, *Sam Eyde,* am mächtigen Wasserfall **Rjukanfossen** ein Kraftwerk zu bauen. 1911 war das "Vemorkwerk" – damals das größte Kraftwerk der Welt – fertig gestellt. Es folgten Kunstdüngerfabriken, elektrochemische Anlagen und ein noch heute aktiver Mineralwasserbetrieb, vor allem aber eine Fabrik zur Herstellung von "schwerem Wasser" (s. u. Kasten).

1907 lebten 50 Familien in der gesamten Gemeinde Tinn – ein Jahrzehnt später zählte der aufstrebende Ort Rjukan (sprich *Ruken*) allein bereits 10.000 Menschen und war so etwas wie der erste industrielle Komplex Norwegens. Heute ist er eine Art lebendiges Industriemuseum. Das größte Gebäude im Ort ist der Verwaltungsbau von Norsk Hydro, gefolgt vom Gewerkschaftshaus gegenüber, das kaum kleiner ist. Noch heute erkennbar die kleinen Holzhäuser an der Hauptstraße, in denen mehrere Arbeiterfamilien lebten, und die Steinhäuser am Hang für die Direktoren. Selbst **Krossobanen**, die erste Drahtseilbahn Nordeuropas, die 1928 eigens für die Bewohner Rjukans gebaut wurde, ist zur Freude der Touristen als Museumsbahn noch in Betrieb.

Kampf um das "schwere Wasser"

1933 wurde es in den USA entdeckt: Schweres Wasser unterscheidet sich in Aussehen, Geruch und Geschmack nicht von normalem Wasser, aber der Wasserstoffanteil ist fast doppelt so hoch. Diese in der Natur sehr seltene Erscheinung lässt sich durch mehrfache Elektrolyse künstlich herstellen; aus 1 l Wasser erhält man so 40 g schweres Wasser. Seine erstaunliche Wirkung: Es verzögert biologisch-chemische Abläufe, wirkt also als Bremsmittel, z. B. bei der Atomkernspaltung – eine Eigenschaft, der bei der Atombombenherstellung zunächst große Bedeutung zukam.

Gleich nach der Besatzung beuteten deutsche Forscher die Rjukan-Produktion aus; die Alliierten ihrerseits fürchteten einen Vorsprung der Nazis in der Atomwaffenforschung. Sechs Militäroperationen norwegischer Widerständler und britischer Agenten – Sabotageakte, Bombardements, letztlich die Sprengung der Tinnsee-Fähre – stoppten 1942/43 die Produktion schweren Wassers. Und machten Rjukan zum Schauplatz eines (mehrfach verfilmten) Weltkriegsdramas.

Information/Verbindungen/Adressen

• *Information* **Turistkontor**, ✆ 35091290, 📠 35081575, www.visitrjukan.com. Mo–Fr 9–15.30, Juni-August bis 19 Uhr und Sa/So 10–16 Uhr. In dem kleinen Büro am Marktplatz mit zwei freundlichen, kompetenten jungen Männern werden Wanderungen auf den Gausta und über den "Saboteurpfad" (s. u.) organisiert. Außerdem werden Angelkarten verkauft und Tickets für Konzerte und Ausstellungen vermittelt.

• *Busverbindungen* Neben der Buslinie nach Oslo (6 Std., via Notodden und Kongsberg, 8x täglich) und der nach Skien (2,5 Std., via Notodden, 2x täglich) verkehren noch Regionalbusse zum Tinnsee (5x täglich), nach Rauland und zum Møsvatn (4x täglich).

• *Adressen* **Post** und **Bank** in der Sam Eydesgata (Hauptstraße), **Lebensmittelgeschäft** und **Sportshop** sowie **Apotheke** im Geschäftszentrum (Sam Eydesgt) hinter der FINA-Tankstelle.

Übernachten/Camping

• *Übernachten* **Park Hotel Rjukan**, Sam Eydesgate 67, ✆ 35092188, 📠 35092189. Das moderne 39-Zimmer-Hotel im Zentrum gewinnt zwar keinen Preis für ausgefallene Baukunst, kann aber mit allen Leistungen der gehobenen Mittelklasse sowie Bar, Pub und Disko aufwarten. DZ 920 NOK, EZ 770 NOK (Sommerpreiseab 240 NOK im Vier-Bett-Zimmer).

Gaustablikk Høyfjellhotel, ✆ 35091422, 📠 35091975, www.gaustablikk.no . Auf 960 m Höhe liegt der mit 91 Zimmern mächtige, aber ansehnliche Hotelkomplex unvergleichlich schön: Der Kvitåsee direkt vor der Haustür, der Gausta im Blick, schöne Räume, eine Rezeption mit riesigem Kamin, dazu ein Schwimmbad – alles erste Klasse. Und das zu leidlichen Preisen: DZ 1.140 NOK, EZ 930 NOK (inkl. Frühstücksbüfett). Appartements (ab 750 NOK) und Hütten nahebei (ab 650 NOK) gibt es auch.

Rjukan: Die Stadt sieht die Sonne nur im Sommer

Hardangervidda Høfjellshotell, ✆ 35095600, 📠 35090190. Am Møsvatn (25 km westlich von Rjukan) abermals ein Klassehotel mit 90 eleganten Zimmern, das dem tadellosen Ruf norwegischer Berghotels alle Ehre macht: Modern und trotzdem schick, edel und dennoch zwanglos. Sauna und Schwimmbad sind selbstverständlich, Bootsverleih und Angelplätze die Zugabe, von der großartigen Lage ganz zu schweigen. DZ 1.250 NOK, EZ 1.050 NOK

Rjukan Fjellstue, ✆/📠 35095162. Auf 850 m Höhe und 11 km westlich vor Rjukan vermietet der urige Berggasthof 39 eben solche Zimmer und fünf hübsche Hütten zum selben Preis. DZ 800 NOK, EZ 550 NOK.

Rjukan Hytteby, ✆/📠 35090122. Zehn wahre Qualitätshütten, umgebaute einstige Arbeiterhäuschen am Ortsrand, für bis zu sechs Personen. 590–890 NOK.

Kvitåvatn Fjellstoge og Handverkstun, ✆/📠 35092040. Bescheidener und preiswerter die 25 Zimmer und fünf Hütten dieser Bergpension, die nur 150 m entfernt liegt. Wer es weniger mondän, vielmehr urgemütlich mag, ist hier richtig. DZ 500 NOK, EZ 350 NOK (Hütten entsprechend).

• *Camping* **Rjukan Hytter- og Caravanpark**, ✆ 35096353, 📠 35090122. Der reizvolle Drei-Sterne-Platz verfügt über 45 Stellplätze, Post, Telefon, gute sanitäre Anlagen, einen Spielplatz und 14 unterschiedlich große, gute Hütten. 450–800 NOK.

Sandviken Camping, ✆ 35098173, ℻ 35094105. Der Vier-Sterne-Platz am Tinnsee ist 29 km von Rjukan entfernt und bietet neben herrlicher Lage (Bade- und Angelmöglichkeit, Ruderbootverleih), sehr guten Sanitäranlagen und gutem Service (Supermarkt) auch 13 winterfeste Hütten mit Platz für sechs Personen zu 450–600 NOK.

Sehenswertes Rjukan und Umgebung

Industriarbeidermuseet Vemork: Gründe und Hintergründe der später häufig verfilmten Sabotageaktionen (der britische Dokumentarfilm "Wenn Hitler die Bombe gebaut hätte" wird auch gezeigt) gegen das Vemork-Kraftwerk und die Produktion schweren Wassers sind im sehenswerten Industriarbeidermuseet Vemork illustrativ und sehr informativ dargestellt. Zumal viel Interessantes über norwegische Arbeiterkultur, über die Energiegewinnung in Norwegen und über die Besatzung während des 2. Weltkriegs präsentiert wird. Außerdem gibt es in dem schon vom Gebäude her eindrucksvollen Museum eine kleine Kunstgalerie (2002 z. B. mit einer Ausstellung des weltberühmten Fotografen Sebastiao Salgado), ein nettes Café und einen Shop.

• *Öffnungszeiten* März/April Sa 10–16 Uhr; 1.5.–14.6. Mo–Fr 10–16 Uhr; 15.6.–14.8. Mo–Fr 10–18 Uhr; 15.8.–30.9. Mo–Fr 10–16, Sa/So 10–18 Uhr; 1.10.–31.10. Sa/So 11–16 Uhr; 1.11.–30.4. geschlossen. Eintritt 55 NOK, Kinder 30 NOK. Die Busanfahrt durch die Tinnschlucht kostet zusätzlich 30 NOK.

Krossobanen

Die 1928 fertig gestellte Drahtseilbahn (die erste ihrer Art in Skandinavien) war ein Geschenk von Norsk Hydro an die Einwohnern von Rjukan – alle sollten während des Winterhalbjahres hinauf ins Sonnenlicht gelangen. Nach 886 Höhenmetern hat man auch heute noch auf der Gipfelstation Gvepsborg eine famose Aussicht (bei miesem Wetter meist oberhalb der Wolken) über Stadt und Tal und darüber hinaus bis in die Hardangervidda. Mehr noch: Nach einer kleinen Stärkung im bescheidenen Aussichtsrestaurant (nur von Juni bis August geöffnet) lassen sich von hier aus große und kleinere Wanderungen unternehmen.

Abfahrtzeiten/Preise 15.6.–1.7. täglich 10–17 Uhr, 2.7.–2.8. 10–18 Uhr, 3.8.–10.9. 10–17 Uhr. Einzelfahrt 30 NOK, hin und zurück 55 NOK, Kinder 15/30 NOK.

Tinn Museum: Das kleine Freilichtmuseum an der Haupt- und Durchgangsstraße fällt trotz seiner 22 stilvoll restaurierten Telemark-Gebäude gegenüber anderen Freilichtmuseen etwas ab. Die Werkzeug-, Hausrat- und Trachtensammlungen sind nicht besser als in einem beliebigen Stadtmuseum. Allerdings ist die 2001 eröffnete Mittelalterschau mit einem kleinen Nutztierpark ein wahres Kindervergnügen.

Öffnungszeiten Juni–August, Di–So 11–18 Uhr. Eintritt 50 NOK, Kinder 25 NOK.

Tinn Kunsthandwerkcenter: Erst 1998 wurde im Ortszentrum die Ausstellung lokaler Kunsthandwerker eröffnet. Die ganzjährige Verkaufsschau kann mit besonders schöner Rosen- und Porzellanmalerei aufwarten. Und auch die Schnitzereien sind selbst für norwegisches Preisniveau erschwinglich.

Öffnungszeiten täglich 11–18 Uhr. Eintritt 25 NOK.

Rjukan Kirke: Das trutzige Natursteinkirchlein oberhalb der Durchgangsstraße ist erst 75 Jahre alt, hat aber dennoch eine dramatische Geschichte: Zwei Lawinenabgänge, 1927 und 1953, verschonten die Kirche nur knapp, 1965

Telemark Karte S. 205

aber brannte sie während der Dreharbeiten zum Hollywood-Film "Helden von Telemark" nebst aller Kulissen bis auf die Grundmauern ab. Das Ergebnis: Die Kirche, die Sie heute besuchen, ist gerade einmal 35 Jahre alt und darum naturgemäß nicht sonderlich anschauenswert.

Öffnungszeiten 20.6.–20.8. Mo–Fr 10–15 Uhr.

Saboteurpfad: Der Weg, den die von Lastenseglern abgesetzten Widerständler vom Fjell zum Vemork-Werk 1942 nahmen, um die Produktion schweren Wassers durch die deutschen Besatzer zu sabotieren, ist unter der Bezeichnung "Sabotørmarsjen" heute zum 10 km langen Wanderweg ausgebaut. Er startet beim Berggasthof Rjukan Fjellstue (s. "Übernachten") und ist gespickt mit Hinweisschildern zur Historie. Doch auch landschaftlich gibt Sabotørmarsjen einen schönen Halbtagesspaziergang ab.

Geführte Touren Juli/August Di/Do um 15 Uhr vierstündige Touren ab Vemork-Werk. 120 NOK, 60 NOK/Kinder.

Wandertour auf dem Lehrpfad "Naturivisti"

Die 6,5 km lange Tour ist nicht ohne: Ständig geht es auf und ab durch Moor und unzugängliches Gestrüpp. Wanderstiefel und Wasservorrat sind anzuraten, denn auf dem Weg kommen Sie immer ins Stolpern und Schwitzen.

Den Anstieg allerdings können Sie sich sparen: Krossobanen führt Sie hinauf zum Ausgangspunkt der Wanderung. Gleich rechts vom Vorplatz geht der mit einem roten "T" und später mit Kanthölzern in Bäumen markierte Weg ab. 1,5 km läuft man nun bergauf und bergab, durch Fichten-, Kiefer- und Birkenwald, über Bohlen durch vermoortes Gelände, an Geländern vorbei über steile Abhänge (mit immer weiten Aussichten ins Tinntal über Rjukan hinweg zum Gaustatoppen).

Die Informationstafeln längs des Weges sind dreisprachig, waren 1998 aber größtenteils zerstört, sodass die Wanderung mehr natur- als lehrreich blieb. Doch es ist nicht schwierig, mit wachen Augen vieles über die Entstehungsgeschichte des Landes, über seine Vermoorung und über seine Tiere, über seine Nutzung und seine Schädigung zu erfahren.

Der Rundweg führt nach einem letzten, steilen Anstieg zurück zur Gipfelstation der Krossobanen. Vom Parkplatz am Vorplatz knickt ein gemächlicher, gleichwohl gerölliger Weg ab, der im Winter als Rodelbahn genutzt wird. Nach 5 km und einem 45-minütigen Abstieg ist der Parkplatz an der Talstation der Drahtseilbahn erreicht – wer hier nicht seinen (Miet-) Wagen zur Heimfahrt geparkt hat, kann den stündlichen Bus nach Rjukan nehmen.

Skifahren am Gaustatoppen

Am Gaustatoppen gibt es 80 km markierte Loipen und drei mittelschwere Abfahrtpisten; außerdem zwei Lifte sowie Skiservice und -verleih im **Hotel Gaustablikk**. Pisten und Loipen liegen auf 600 m Höhe – ganz in der Nähe verschiedener Unterkünfte. Drei Pisten (mittelschwer) und fünf gespurte Loipen (anspruchsvoll) schaffen bis in den Mai hinein tief verschneite Skiatmosphäre weit unterhalb der Bergkuppe.

Blick nach Schweden: Wandern auf dem Gaustatoppen

Wandertour auf den Gaustatoppen

Von Telemarks höchstem Gipfel (1.883 m) kann man bei gutem Wetter bis nach Schweden und zur Südküste schauen. Dummerweise muss der Berg, der 12 km von Rjukan entfernt liegt, erst einmal erklommen werden. Oben wartet eine unzugängliche Radarstation und eine kleine Hütte mit einer Wirtin aus Texas! Ein lohnenswerter, aber keineswegs einsamer Weg: 15.000 Wanderer schaffen jährlich den Aufstieg.

Frühmorgens oder spätabends (wenn Sie in der Hütte übernachten wollen) sollten Sie sich an den Aufstieg machen. Denn nur bei tief stehender Sonne ergeben sich die grandiosen Aussichten im Süden zur Küste, im Osten zur den Wäldern Schwedens und im Norden über die Weiten der Hardangervidda.

Der zweistündige Anstieg über 700 Höhenmeter ist nicht sonderlich schwierig – Familien machen es in Badelatschen, und selbst (norwegische) Kleinkinder schaffen den 4 km langen Aufstieg ohne Murren. Nur ein wenig berggeübt und trittsicher sollten Sie für den gerölligen Weg sein (Wanderstiefel und womöglich Teleskopstangen für den bisweilen steilen Abstieg sind für uns Mitteleuropäer hilfreich).

Von Rjukan aus müssen Sie zunächst über die serpentinenreiche Gebirgsstraße zum Gaustatoppen fahren; am See **Heddersvann** stellen Sie das Auto auf einem riesigen, häufig von Ziegen bevölkerten Parkplatz links der Straße ab (Toiletten und einen Imbissstand gibt es auch). Der Wanderweg führt unverkennbar gegenüber den Berg hinauf.

Stetig bergauf steigt der baumlose, nicht zu verfehlende Pfad – Steine, Felsen, Geröll überall. Mit einigem Glück entdecken Sie Wellenlinien auf den Steinen aus jener Zeit, als das Schmelzwasser der Eiszeit hier ein riesiges Meer

Telemark Karte S. 205

formte. Wenn Sie mögen, können Sie auf der Gipfelhütte einen solchen Stein mit einem Stempel zur Erinnerung an die Wanderung versehen lassen. Und erinnernswert ist diese Wanderung mit immer neuen, überraschenden Aussichten an jeder Kehre: Bei guter Sicht können Sie etwa ein Sechstel des riesigen Landes überblicken!

Nach gut zwei Wanderstunden ist die **Gausta-Hütte** auf 1.883 m erreicht, die sich schon von weitem mit den Radarmasten der Militäranlage angekündigt hat. Teure Getränke, hausgemachte Gerichte und preiswerte Unterkünfte verkaufen Chris aus Texas und Henk aus Oslo, die im Auftrag des Norwegischen Wandervereins DNT diese 1893 eingeweihte Hütte im Sommer bewirtschaften. (Die Hütte, ✆ 35094150, ist vom 20.6.–30.8. ganztägig geöffnet und verfügt über neun Betten in zwei Räumen, die für 220 NOK pro Nacht vermietet werden; Reservierung vorab ratsam.)

Der Abstieg erfolgt auf dem Weg des Anstiegs, dem einzigen gangbaren Pfad (mehrere Kreuze und Gedenksteine zeugen von unvorsichtigen Wanderern, die den Weg verließen). Nach insgesamt vier Stunden (inklusive Rast) ist am Heddersvann der Ausgangspunkt der Wanderung wieder erreicht.

Notodden

Wer von Rauland oder Rjukan auf der RV 37 nach Süden ins Herzstück Telemarks abbiegt, trifft auf die gesichtslose Industriestadt Notodden und rauscht dennoch nicht vorbei. Denn 5 km vor den Stadttoren wartet eine der wichtigsten Sehenswürdigkeiten Norwegens, die Heddal-Stabkirche.

Notodden ist Keimzelle des heute noch zweitgrößten Konzerns Norwegens: Norsk Hydro baute 1907 hier die erste Salpeterfabrik, die mittlerweile zwar stillgelegt, aber als Museum im Süden der Stadt am **Heddalsvannet** noch zugänglich ist. Auch sonst bestimmen nur farblose Fabriken und Geschäftshäuser das Stadtbild, das höchstens am ersten August-Wochenende beim alljährlichen Blues-Festival ungewohnte Farbtupfer erhält.

Information/Verbindungen/Adressen

• *Information* Das **Turistkontor** befindet sich im Rathaus, ✆ 35015000. Ganzjährig Mo–Fr 8.30–15 Uhr.

• *Zugverbindungen* Der Fernzug Oslo–Kristiansand–Stavanger ist in Nordagutu (5 km südlich) 12x pro Tag zu erreichen (Zubringer ab Bahnhof).

• *Busverbindungen* Anders als der Zug halten die Überlandbusse im Zentrum am Markplatz: 8x passiert Rjukaneekspressen (Oslo–Rjukan) die Stadt, auch Haukelieskpressen (Oslo–Bergen, mit 38 Stopps in Telemark und an der Südküste) hält 4x täglich. Der Schnellbus nach Oslo (3 Std.) schließlich fährt 8x täglich.

• *Adressen* **Post**, **Banken**, **Apotheke**, **Restaurants** im Einkaufszentrum in der Storgata. **Kino** am Marktplatz (neben der Taxi- und Bushaltestelle) Riesige Supermärkte und Tankstellen am Ortsausgang längs der Europastraße.

Übernachten/Camping

• *Übernachten* **Norlandia Telemark Hotel** Torget 2, ✆ 35012088, 📠 35014060. Das etwas bessere Mittelklassehotel im Zentrum mit 75 feinen Zimmern befriedigt alle Ansprüche: Solarium, Sauna und gutes Restaurant nebst netter Bar. DZ 1.095 NOK, EZ 950 NOK.

Bolkesjø Hotel, Bolkesjø, ✆ 35018600, 📠 35018714, www.bolkesjo.no. Etwas sehr Luxuriöses hat sich da im Blefjell, dem Feriengebiet zwischen Numedal und Tindal (20 km nördlich von Notodden an der RV 37), etabliert: Es gibt alles, was der verwöhnte Gast

Heddal: Kathedrale unter den Stabkirchen

begehrt, und das vom Feinsten. Das gilt auch für die Preise: DZ 1.850 NOK, EZ 1.390 NOK.

Grand Hotel Bolkesjø, ✆ 35018640, ✆ 35018631, www.granbolkesjo.com. Derselbe Ort, dieselbe Anfahrt, dasselbe Angebot, derselbe Service, nur alles noch exquisiter und noch ein wenig teurer. DZ ab 1.950 NOK, EZ ab 1.450 NOK.

• Camping **Notodden Camping**, Strupa bro, ✆ 35013310. Direkt am Flughafen und in jeder Hinsicht billig. Die Anfahrt erfolgt über die Landepiste, die sanitären Anlagen wurden 1998 renoviert. Nicht renovierte Hütten gibt's ab 350 NOK.

Schiffsausflug/Wandern

• Schiffsausflug mit M/S Telemarken Wenige Schritte südlich des einstigen Salpeterwerks legt zwischen Juni und Anfang August der Oldtime-Steamer MS "Telemarken" täglich zu einer Tagestour nahe Ulefoss ab – erste Schnupperetappe auf dem Telemark-Kanal. Immerhin werden auf der zweistündigen Tour bereits zehn Schleusen passiert. Das Schiff fasst 140 Passagiere und verfügt über ein einfaches Restaurant und ein uriges Sonnendeck. Abfahrt täglich 9 Uhr (Ankunft in Akkerhaugen um 10.10 Uhr, in Ulefoss um 11 Uhr). Rückfahrt von Ulefoss um 16 Uhr, Ankunft in Notodden um 18.30 Uhr. Ticket nach Akkerhaugen 80 NOK, nach Ulefoss 110 NOK.

• Wandern Der Wanderverein Notodden hat rund um den Ort verschiedene Sommerwanderrouten angelegt, z. B. auf den **Lifjell** südöstlich von Notodden oder den **Blefjell** im Norden. Für die unanstrengenden Tagestouren hält das Turistkontor umfangreiches Kartenmaterial bereit.

Sehenswertes Notodden und Umgebung

Kanalgalerie: "Telemark fylkesgalleri" liegt am Kanal des Sagafossdammes (fünf Spazierminuten nördlich des Zentrums). Im Ausstellungszentrum der Provinz werden Konzerte und Werkschauen, Vorträge und Puppenspiele veranstaltet. Die wechselnden Aussstellungen sind in der Regel allerdings lästige Verkaufsausstellungen. Und ein schnuckeliges *kaféen* gibt es auch.

Öffnungszeiten 15.6.–15.8. Di–Fr 12–18 Uhr, Sa/So 12–16 Uhr.

Telemark Karte S. 205

Hydros Bedriftshistoriske Samling: Im alten Salpeterwerk des Norsk Hydro Konzerns am Heddalssee (südlich des Zentrums) ist ein kleines Industriemuseum entstanden, das die Geschichte der Salpeterverarbeitung, aber auch die der Arbeiter in Notodden erzählt. Witzig geradezu: Professor Birkelands "elektrische Kanone".

Öffnungszeiten 15.6.–15.8. täglich 12–18 Uhr. Eintritt 20 NOK, Kinder 10 NOK.

Heddal Stabkirche: Die größte, schönste, höchste und berühmteste Stabkirche Norwegens wirkt gegenüber anderen Stabkirchen wie eine Kathedrale – in fünf Absätzen schrauben sich die Schindeldächer 22 m hoch. Der dreischiffige Bau mit eher untypischer Apsis und Laubengang, zwischen 1147 und 1242 errichtet, wurde 1954 gänzlich restauriert, was den geschnitzten Portalen und den Rosenmalereien aus dem 17. Jh. nur gut getan hat. Und es sind genau diese Portale aus Ranken- und Tierornamentik sowie die Furcht einflößenden Menschenfratzen, die diese Stabkirche berühmt gemacht haben. Sehr kunstvoll auch das aus einer ehemaligen Kirchensäule geschnitzte Taufbecken und der Bischofsstuhl, in dessen Rückenlehne lustige Szenen der nordischen Mythologie verewigt sind.

Seit 1999 wird die Kirche erneut renoviert – wohl über das Jahr 2005 hinaus muss man mit Baugerüsten vorlieb nehmen. Die Architekten haben aber an fotografierfreudige Touristen gedacht, denn immer nur eine Kirchenseite ist eingerüstet, sodass die übrigen Ecken unbeschadet abgelichtet werden können.

Anfahrt/Öffnungszeiten 5 km westlich an der E 134. 15.5.–20.6. Mo–Sa 10–17 Uhr; 21.6.–20.8. 9–19 Uhr; 21.8.–15.9. Mo–Sa 10–17 Uhr; sonntags 13–17 Uhr. Eintritt 30 NOK, Kinder 20 NOK.

Heddal Bygdetun: Um den Ausflug richtig lohnend werden zu lassen, ist in den letzten Jahren gleich neben der Stabkirche ein Freilichtmuseum aufgebaut worden. Auf einem Hügel mit schöner Aussicht auf den kleinen Ort **Heddal** stehen ein Dutzend teils 300 Jahre alte Bauernhäuser, von denen vor allem der Hof *Rambergstugo* seiner farbenfrohen Rosenmalereien wegen sehenswert ist.

Öffnungszeiten 15.6.–15.8. täglich 11–17 Uhr. Eintritt 20 NOK.

Kongsberg

Alte Silberstadt, modernes Skizentrum und Norwegens Waffenschmiede ist der Ort, der trotz seiner 21.500 Einwohner beschaulich, fast langweilig blieb.

Das gilt zumindest für die Architektur: Außer wenigen Holzhäusern an der Hauptstraße, der Storgata, die von der Lågen-Brücke (über einem künstlichen Wasserfall) bis zum Bahnhof verläuft, hat das geschäftige Städtchen am Eingang zum Numedal keine städtebaulichen Höhepunkte zu bieten. Nichts verrät, dass Kongsberg während des Silberbooms im 19. Jh. mit 10.000 Einwohnern hinter Bergen zweitgrößte Stadt des Landes war (das letzte Bergwerk wurde 1957 geschlossen); nur ein Museum, die Kongensgrube vor der Stadt und verlassene Siedlungen in den Bergen (s. Wanderung) sind letzte Zeugen der reichen Geschichte.

Geblieben ist die staatliche Waffenfabrik Kongsberg, mit 2.000 Beschäftigten seit Jahrhunderten größter Arbeitgeber am Ort und wichtigster Rüstungsbetrieb des Landes; und auch die "Königliche Münze" hat, mit der traditionellen Nähe zu den Silbervorkommen, in Kongsberg ihren Sitz. Geblieben ist gleich-

Kongsberg: künstlicher Wasserfall im Lågen

falls der Ruf Kongsbergs als Zentrum des Skisprungs, wenn auch die Pisten (1,5 km vom Zentrum, fünf Abfahrten, vier Lifte, Skiverleih an der Talstation) attraktiver sind. Neu hinzugekommen aber ist seit 20 Jahren Kongsbergs Ruf als Ort des anspruchsvollsten Jazz-Festivals Skandinaviens; wenn Sie Anfang Juli in die Stadt kommen, sollten Sie sich die bunten Sessions und Meetings nicht entgehen lassen.

Information/Verbindungen/Adressen

• *Information* **Kongsberg Turistkontor**, Storgata 35, ✆ 32735000, ℻ 32735001, www.visitkongsberg.no. Mo–Fr 9–16 Uhr, Juli/August bis 18 Uhr sowie Sa/So von 9–14 Uhr.

• *Zugverbindungen* 12x täglich passiert der Hauptverkehrszug Oslo–Kristiansand–Stavanger den Bahnhof am Ende der Storgata (1 Std. bis Oslo, 2,5 Std. bis Kristiansand, 7 Std. bis Stavanger).

• *Busverbindungen* Sehr gute Busanbindung über drei großen Linien: Oslo–Rjukan und damit quer durch Telemark 8x pro Tag, Oslo–Bergen über die Hardangervidda 4x pro Tag sowie die Schnellroute Oslo–Notodden 8x pro Tag.

• *Adressen* **Post** (Numedalsveien 1), **Telefon** (Skolegt.), **Bank**, **Apotheke** und **Supermärkte** in der Storgata.

Übernachten/Camping/Essen & Trinken

• *Übernachten* **Kongsberg Vandrerhjem**, Vinjegate 1, ✆ 32732024, ℻ 32720534. Die neue Jugendherberge, ein geschmackvolles Haus mit roten Schindeln direkt am Lågen (an der E 134 nach Notodden und 1 km vom Bahnhof entfernt), vermietet 24 schmucke Zimmer (Du/WC) für überdurchschnittliche Preise (im Ortsvergleich aber dennoch preiswert). Bett 195 NOK, EZ 395 NOK, DZ 500–650 NOK.

Lampeland Kurs- og Turistsenter, ✆ 32762946, ℻ 32762503. Das moderne Tagungshotel in Lampeland (15 km nördlich von Kongsberg im Numedal) bietet 15 schmucke Zimmer (Du/WC,TV/Radio) zu Preisen, die die weitere Anfahrt mehr als wettmachen. DZ 950 NOK, EZ 650 NOK

Best Western Gyldenløve Hotell, Hermann Fossgate 1, ✆ 32865800, ℻ 32865801.

Telemark Karte S. 205

Ein jüngst rundum erneuertes Mittelklassehotel am Bahnhof mit 40 Zimmern (Du/WC, TV/Telefon). DZ 1.270 NOK, EZ 1.120 NOK

Quality Grand Hotel, Christian Augustgate 2, ✆ 32772800, 📠 32734129. Das Zentrum-Hotel bietet gute Zimmer, guten Service (gerade auch im guten Restaurant), Schwimmbad und Sauna sowie erstklassige Preise. DZ 1.350 NOK, EZ 1.150 NOK.

• *Camping* **Hokksund Camping**, ✆ 32754242, 📠 32700830. 24 km nördlich von Kongsberg (E 134) ein gut ausgestatteter Vier-Sterne-Platz für 250 Wohnwagen und 15 winterfeste Hütten, zumeist mit WC und TV (ab 400 NOK).

• *Essen & Trinken* **Christian IV**, das "Vertshus" neben dem Bergwerkmuseum lohnt vor allem im Sommer, wenn die große Terrasse genutzt werden kann. Sonst etwas plüschig mit allerdings preiswerten Tagesgerichten ab 110 NOK

Charley's Grillen, an der Lågen-Brücke mit großer Terrasse und schöner Aussicht. Preiswerte, nur kleine Gerichte.

Den Gamle Kongsberg Kro, in dem stilvollen Landhaus versteckt sich eine nicht ganz stilvolle Pizzeria. Im Sommer gibt's aber bisweilen Fischgerichte; vor allem die Forelle für weniger als 100 NOK ist köstlich.

Wintersport

Skisprung und Slalom, Telemark-Schwung und Monoski, Snowboard und Buckelpiste und schließlich noch eine Rodelbahn für die Kleinsten – das Wintersportangebot Kongsbergs lässt kaum Wünsche offen. Eine Seilbahn und vier Lifte (knapp 2 km vom Ortsrand entfernt) bringen Skifahrer ins Alpingebiet auf 1.600 m, wo vier Abfahrten (total 12 km) und Loipen von insgesamt 80 km Länge (teils unter Flutlicht) warten. Und es wartet oben **Skikroa**, ein großes Ausflugslokal zum Mittagessen oder Après-Ski. Tageskarte ca. 250 NOK, Leihgebühr für Skiausrüstung ab 650 NOK/Tag, Skischule ab 1.800 NOK für einen Drei-Tages-Kurs.

Sehenswertes in Kongsberg und Umgebung

Stadtkirche: Die Kirche ist aus drei Gründen sehenswert: Sie gilt als schönste Barockkirche Norwegens, zählt mit 3.000 Plätzen zu den größten Kirchen des Landes und wurde 1761 von dem deutschen Ingenieur *Franz Stuckenbrock* erbaut, der wie viele seiner Landleute aus dem Harz abgeworben worden war, um die Silberminen auszubeuten (einige Deutsche waren im 18. Jh. sogar Bürgermeister von Kongsberg).

Öffnungszeiten täglich 10–12 Uhr. Eintritt 20 NOK, Kinder 10 NOK.

Norsk Bergverkmuseum: In der Hyttegata nahe der Stadtbrücke und dem Wasserfall warten drei Museen unter einem Namen auf interessierte Besucher. Das **Nationale Bergwerkmuseum** zeigt Bergbautechniken, vornehmlich der nahen Silbergrube, und stellt Fundmaterial (Mineralien, Gold und Silber) aus. Das **Museum der Königlichen Münze** zeigt Münzen und Medaillen von 1628 bis heute. Die Münzenproduktion wird in allen Einzelheiten – vom Schmelzen über das Legieren bis zum Prägen – dokumentiert. Das **Skimuseum** passt auf den ersten Blick nicht so recht in dieses Museums-Ensemble: Aber Skispringen ist neben Silbergewinnung der zweite Stolz der Stadt – also erklären die norwegischen Olympiasieger *Birger Ruud*, ein gebürtiger Kongsberger, und *Petter Hugsted* die Entwicklung des Skispringens anhand unzähliger, auch skurriler Exponate.

Öffnungszeiten 15.5.–31.8. Mo–Fr 10–16 Uhr (Juli/August bis 18 Uhr und zusätzlich Sa/So 10–16 Uhr); 1.9.–30.9. Mo–Fr 12–16 Uhr; 1.10.–14.5. nur sonntags 12–16 Uhr. Eintritt 60 NOK, Kinder 30 NOK.

Lågdalmuseum: Das Provinzmuseum gehört mit 32 restaurierten Bauernhäusern (vor allem aus **Flesberg** im nahen Numedal, s. S. 236) zu den größeren Freilichtmuseen Norwegens. Herausragend ist sicher das einzige Optikmu-

Hoch in den Wäldern Telemarks: Silberstadt "Sachsen"

seum Skandinaviens auf dem Gelände, besonders beeindruckend scheint mir aber die stimmungsvoll nachgebaute Kongsberg-Stadtstraße aus dem 18. Jh. Und lohnend sicher auch ein Besuch im charmanten Glitre Kafé.

• Öffnungszeiten Das Museum im Tillischbakken 8 liegt wenige Schritte (zu Fuß 10 Min.) vom Zentrum entfernt). 15.5.–31.8. täglich 11–17 Uhr; im Juli mittwochs geschlossen, dafür ab 18 Uhr Volkstanzaufführungen und sonntags 11–19 Uhr. Eintritt 40 NOK, Kinder 20 NOK.

Sølvgruvene i Saggrenda: Die letzte von einstmals 60 Gruben wird in Saggrenda (7 km außerhalb von Kongsberg an der Europastraße nach Notodden) als museales Bergwerk fortgeführt. 2.300 m weit und 342 m tief rattert die Bergbahn unter Tage (laut und nur sechs Grad kalt: Pulli mitnehmen). Zu sehen gibt es auf der 75-minütigen Führung den ältesten Aufzug der Welt – immerhin wurde von 1623 bis 1957 in der Kongensgrube geschürft – und großväterliche Abbaumethoden (erst in den letzten 100 Jahren der 300-jährigen Geschichte des Silberbergbaus half Dynamit bei den Sprengungen).

Führungen 15.5.–31.8. täglich 11, 12.30 und 14 Uhr (Juli/August auch 15.30 Uhr). Eintritt 70 NOK, Kinder 30 NOK.

Wanderung zur verlassenen Silberstadt

Die Vier-Stunden-Wanderung ist kaum anstrengend und führt nicht nur an stillgelegten Minen vorbei, sondern eröffnet immerfort grandiose Ausblicke über Telemarks Wälder und Seen: ein Muss für Liebhaber norwegischer Natur.

Ausgangspunkt ist das Kongsberg Skisenter (an der Kirche ausgeschildert), wo man das Auto parken kann. Wir nehmen den steilen Weg nach Norden (markiert mit einem blauen "T") und lassen die Fahrstraße rechts liegen.

Telemark Karte S. 205

Nach nur 75 Minuten und 350 Höhenmetern ist "Haus Sachsen" erreicht, die verlassene Silberstadt, die im Sommer noch bewirtschaftet wird. Aber auch wenn alle Gebäude verschlossen sind, lohnt das Picknick am baumlosen Hang oder der Streifzug durch die verlassene Siedlung; der Mineneingang allerdings ist gesichert und nicht begehbar.

Weiter geht es zur "Knutehytta"" (Achtung: Zwei Wege sind hinter den "Sachsen"-Gebäuden ausgeschildert, wir nehmen den kürzeren über "Gyldenløve"). Nach gut einer Stunde ohne wesentliche Steigungen ist das Bergrestaurant erreicht. Der Rückweg von dort aus verläuft entweder über die Fahrstraße (wegen des regen Verkehrs nicht unproblematisch) oder über eine andere Route (Ausschilderung "Haus Sachsen") als auf dem Hinweg zurück zur Silberstadt. Von dort aus gibt es keine Alternative zum schon bekannten Aufstieg zum Skisenter.

Skien

Telemarks Hauptstadt liegt 60 km südlich von Kongsberg und ist mit 48.000 Einwohnern größte Stadt der Provinz. Berühmt ist Skien aber aus zwei anderen Gründen: Hier beginnt der Telemark-Kanal, und hier steht das Geburtshaus von Henrik Ibsen.

Norwegens größter Dichter wurde in Skien geboren und verbrachte die ersten 20 Lebensjahre unweit der Stadt: Venstøp, das schmucklose Sommerhaus der vormals wohlhabenden Familie, ist heute **Ibsen-Gedenkhaus**. Die verworren ausgeschilderte Anfahrt sollte niemanden vom lohnenden Besuch dieser Anlage abhalten.

Viel einfacher ist **Brekkeparken** zu finden: Der Park oberhalb des Torgets, des Marktplatzes im Zentrum, ist Heimstätte des Telemark-Provinzmuseums und zu großen Teilen dem berühmten Sohn der Stadt gewidmet. Überdies findet sich manch Hübsches (Porzellan aus der Porsgrunn-Manufaktur, Puppen) und viel Informatives (Stadtgeschichte, Bauernstuben mit Rosenmalerei) im **Fylkesmuseet**.

Information/Verbindungen/Adressen

- *Information* **Turist-Kontor**, Nedre Hjellgate 18 (bei der Einfahrt hinter der zweiten Brücke links), ✆ 35905520, 📠 35905530, www.grenland.no. Ganzjährig Mo–Fr 9–18 Uhr geöffnet, im Sommerhalbjahr auch Sa/So von 10–13 Uhr.
- *Flugverbindungen* Vom Airport **Geitertyggen** (zwischen Skien und Porsgrunn, 5 km von der City entfernt) starten täglich je zwei Maschinen nach Oslo, Bergen und Stavanger.
- *Zugverbindungen* Der Bahnhof (Rektor Orns Gate im Norden der Stadt) wird 8x täglich von Sørlandbanen angefahren; es werden also beide Richtungen Oslo (3,5 Std.) bzw. Kristiansand (3 Std.) bedient.
- *Busverbindungen* Vom Busbahnhof am Landmanstorvet im Zentrum fahren 4x tägliche Busse nach Oslo (5 Std.) und Kristiansand (4,5 Std.), nach Rjukan und Voss (3x) sowie nach Stavanger (7 Std.) und Bergen (2x, 10,5 Std.).
- *Adressen* Erste Adresse ist das Einkaufszentrum "Hercules" am Hjellevannet (vor den Brücken zur City). Da gibt's **Banken**, **Apotheke**, **Supermärkte**, **Sportgeschäfte** und einen **Narvesen-Kiosk**. Ansonsten: **Krankenhaus** (Ulefossvegen, gegenüber von "Hercules"), **Post**, **Busse**, **Tankstelle**, **Parkplatz** und **Taxis** am Landmanstorvet im Zentrum.

Skien: Hier beginnt der Kanal, hier starten die Oldtimer

VICTORIA
VICTORIA
VICTORIA

Übernachten/Camping

• *Übernachten* **Skien Fritidspark Vandrerhjem**, ☎ 35504870, 📠 35506240. Die ganzjährig geöffnete JuHe liegt im Fristidspark im Süden der Stadt (4 km vom Zentrum). Sportplatz, Turnhalle und Minigolf gleich vor der Tür. Ansonsten bietet das nüchtern-moderne Haus 25 Zimmer (Hochbetten, gemeinsame Sanitäranlagen). Bett 130 NOK, EZ 280 NOK, DZ 400 NOK.

Hotell Dag Bondeheim , Prinsessgaten 7, ☎ 35520030, 📠 35520031. Das biedere Missionshotel hat bessere Jahre gesehen. Saubere, hohe Zimmer mit separaten Betten nebst putzigen Nachtschränken, mit altertümlichen Möbeln, ohne Bad und sonstigen Komfort. Alles in nicht gerade ruhiger Umgebung. DZ 840 NOK, EZ 640 NOK.

Rainbow Hoyers Hotell, Kongensgate 6, ☎ 35905800, 📠 35905805, www.rainbow-hotels.no. Immerhin 60 Zimmer (Du/WC, Telefon/TV) und einige Suiten bietet der farbenfrohe, vor einigen Jahren renovierte Palast im Zentrum an. DZ 1.040 NOK, EZ 880 NOK, jeweils inkl. Frühstück

Comfort Hotel Bryggeparken, ☎ 35912100, 📠 35912105, www.choice.no. Das erst 2001 eröffnete Hotel am Kai bietet 104 schicke Zimmer über nebeneinander liegende Häuser verteilt (eines beherbergt die Restaurants). Die zivilen Preise des Klassehotels werden als Einführungspreise wohl nicht lange Bestand haben: DZ 1.080 NOK, EZ 880 NOK.

Nye Hotell Herkules, ☎ 35596311, 📠 35596588. Das neue, behagliche 20-Zimmer-Hotel (unweit des Freitzeitparks im Süden der Stadt) liegt in ruhiger, ländlicher Umgebung. DZ 890 NOK, EZ 720 NOK.

Rica Ibsen Hotel, Kongensgate 33, ☎ 35524990, 📠 35526186, Das moderne Konferenzhotel in Kastenbauweise ist (mit gutem Restaurant, Sauna, Schwimmbad) die teuere Alternative. DZ 1.250 NOK, EZ 1.050 NOK

• *Camping* **Skien Camping**, ☎ 35599551, 📠 35546240. Der kleine Platz im Freizeitpark und neben der Jugendherberge hat neben 120 Zelt- und 45 Wohnwagenstellplätzen auch 10 Vier-Sterne-Hütten ab 450 NOK im Angebot.

Schiffsausflüge

Von der Telemarksbrygga startet im Sommer täglich "M/S Erik", ein 100 Jahre altes einstiges Schleppschiff, zu Trips über den **Hjellevantnet** und durch den **Telemark-Kanal**. Das jährlich wechselnde Ausflugsprogramm umfasst Stundentörns wie Tagesausflüge, die dann mit einem Garnelenessen an Bord kombiniert werden. ☎ 35581910 oder im Turistkontor.

Vom selben Steg legen auch die Motorschiff-Oldtimer "Viktoria" und "Henrik Ibsen" zur Durchquerung des Telemark-Kanals ab. Buchung: **Telemarkreiser**, ☎ 35530300, 📠 35527007, destination.telemark@nano.no.

Sehenswertes

Brekkeparken: Schon der 1815 nach englischem Vorbild angelegte Park (fünf Fußminuten oberhalb des Zentrums) mit seinem Ententeich, einem Restaurant und den riesigen Rosen- und Tulpenbeeten ist eine Sehenswürdigkeit. Attraktion der Anlage aber ist **Fylkemuseet for Telemark og Grenland**, das älteste und größte Museum der Provinz. Um ein ehemaliges Gutshaus gruppieren sich mittelalterliche Bauernhäuser, eine Stadtapotheke aus dem vorvorigen Jahrhundert, ein ebenso altes Friseurgeschäft sowie ein Buchladen aus der Zeit um die Jahrhundertwende. Neben der ständigen Ibsen-Schau (nach umfassender Renovierung 2002 wieder eröffnet) gibt es Ausstellungen wie "1000 Jahre Skien" oder "Die Stadt und ihre Kinder", in der die Lebensbedingungen für Kinder innerhalb der letzten 80 Jahre beschrieben werden. Rundum ein schmucker Park und ein großartiges Museum.

Öffnungszeiten 15.5.–31.8. täglich 10–18 Uhr; der Park bleibt bis 20 Uhr geöffnet. Eintritt 60 NOK, Kinder 30 NOK.

Ibsens Venstøp: Am 20. März 1828 wurde *Henrik Ibsen* als Sohn einer reichen Kaufmannsfamilie in Skien geboren; 13 Jahre später zog die Familie in ihr

Landhaus in Venstøp, kurz bevor der Vater Bankrott ging. Aus dem Sommerhaus war eine ärmliche Bleibe geworden, in der der junge Dichter sieben weitere Jahre lebte (der schummrige Dachboden soll Ibsen zu seinem Drama "Die Wildente" inspiriert haben). Das Anwesen – Haupthaus, Stall, Scheune und Brauhaus – wurde zu einer liebevollen Gedenkstätte für Norwegens größten Dichter ausgebaut, mit Bocciabahn und Kaffeehaus, mit moderner Multimedia-Show und uralten Zeitungskritiken.

Anfahrt/Öffnungszeiten über die Malagata und Rektor Oerns Gata ab Bahnhof 5 km in nördliche Richtung, dann ausgeschildert. 15.5.–31.8. täglich 10–18 Uhr. Eintritt 30 NOK.

Lekeland: Der Vergnügungspark im Norden der Stadt (neben dem Messezentrum) zeigt Telemark in Miniatur: der Kanal und die Berge, Schleusen und Flüsse. Daneben ein Badesee mit Wasserrutschen und Ruderbooten, aber auch weite Parklandschaften. Das Areal ist 55.000 qm groß und eignet sich hervorragend zum Sonnen, Spazierengehen, Picknicken oder Grillen (um wenigstens beim Essen etwas sparsam zu sein, denn die Eintrittspreise sind happig).

Öffnungszeiten 30.5.–15.8. täglich 11–18 Uhr. Eintritt 105 NOK/Kinder, 80 NOK/Erwachsene (Kinder unter drei Jahren zahlen nichts).

Porsgrunn

Die Industriestadt mit einem Salpeterwerk und einer berühmten Porzellanmanufaktur ist mit den benachbarten Skien im Norden und Brevik im Süden zu einem 80.000-Einwohner-Ballungsraum zusammengewachsen. Lassen Sie sich nicht abschrecken, der Abstecher in die Drei-Insel-Stadt lohnt dennoch.

Der Eindruck einer für Südnorwegen ganz ungewohnten Siedlungsballung wird noch verstärkt durch Porsgrunns Nähe zur Südküste: Mit dem Sørland-Städtchen **Brevik**, das nur 18 km weiter südlich liegt, bildet Porsgrunn die Grenland-Gemeinde; eine Europastraße und die beiden Reichsstraßen 36 und 353 stoßen im Umkreis von nur 5 km aufeinander, was zu regelmäßigen Autostaus führt. Die Industriehäfen von Porsgrunn und Brevik sorgen zudem für Verkehr auch auf den Wasserstraßen: **Skiensela**, **Frierfjord**, **Porsgrunnselva** und **Eidangerfjord** lassen Grenland wie eine Deltalandschaft erscheinen.

Vor 300 Jahren waren es Werften und Sägebetriebe, im 19. Jh. die Metallindustrie und im 20. Jh. Kunstdüngerfabriken, die Porsgrunn zum reichen Industrieort machten. Aber landesweit, unter Kennern auch weltweit bekannt ist Porsgrunn für "Porsgrund", die Porzellanfabrik, die seit 1887 die Welt mit "weißen Gold" versorgt – kein Essservice, kein Waschbecken und keine Kloschüssel, die in Norwegen nicht diesen Namen trägt.

Information/Verbindungen/Adressen

- *Information* **Turistkontorene**, Storgata 168 (Einkaufsstraße), am Gästehafen, ✆ 35554327, 📠 35559568 www.grenland.no Mo–Fr 9–18 Uhr, im Sommer auch Sa/So 10–13 Uhr. Für Segler gibt es deshalb auch Toiletten, Duschen sowie Waschmaschine und Wäschetrockner.
- *Flugverbindungen* s. o. "Skien/Flugverbindungen".
- *Zugverbindungen* Vom Hauptbahnhof (Jernbanegate) fahren täglich 19 Züge nach Oslo (3 Std.) und acht nach Kristiansand (2,5 Std., mit zahlreichen Stopps an der Südküste).
- *Busverbindungen* Vom ZOB nördlich des Hauptbahnhofs verkehren acht Überlandbusse nach Oslo (3,5 Std.) bzw. Kristiansand (6 Std.) sowie mehrere Linien täglich

Telemark
Karte S. 205

nach Skien, Kongsberg und Rjukan (jeweils via Notodden).

• *Adressen* Im Einkaufszentrum "Down Town" in der Storgata gibt's alles: von Ansichtskarten, Nahrungsmitteln über Pillen bis zu Zeitungen und **Banken** (auch am Bahnhof). **Taxis** eher am ZOB, **Parken** überall in der Stadt kostenlos (!).

Übernachten/Camping/Essen & Trinken

• *Übernachten* **Sitel**, Buchungen über das Turistkontor. Porsgrunn, seit 10 Jahren Hochschulstadt, hat jede Menge Studentenwohnheime gebaut und vermietet deren Appartements im Sommer. Die schlichten, aber funktional eingerichteten Wohnungen werden für 350 NOK (1 Raum, zwei Betten) und 500 NOK (2 Räume, 4 Betten) vermietet.

Hotell VIC, Skolegate 1, ✆ 35555580, ✆ 35557212, www.vichotel.no. Das 70-Zimmer-Hotel (Du/WC, Telefon/TV) ist das einzige Hotel in der nüchternen Industriestadt. Solche Monopole kosten: DZ 1.350 NOK, EZ 1.050 NOK (Sommerpreise: 880 bzw. 550 NOK).

• *Camping* **Olavsberget Camping**, ✆ 35511205. In Eidanger und am gleichnamigen Fjord (auf halbem Weg zwischen Porsgrunn und Brevik) liegt der kleine Platz mit tollen Badegelegenheiten. Außerdem werden Zimmer (ab 350 NOK) im Hauptgebäude und geschmackvolle Hütten (ab 400 NOK) in ruhiger, reizvoller Umgebung vermietet.

• *Essen & Trinken* **Sjoloftet**, das größte Lokal in der Innenstadt bietet neben leidlich befriedigenden Fleisch- und Fischgerichten auch leckere Pizzen und Sandwiches an.

Osebro, zweimal in Porsgrunn. Entweder stilvoll speisen in der zur Galerie umfunktionierten Werft am Hafen unweit des Touristenbüros oder "Kaffee und Kuchen satt" im Café in der Storgata.

China Palace Restaurant, Hagmannsgt. 7. Nicht nur chinesische, auch norwegische Hausmannskost bietet der Chinese unweit der Porzellanfabrik.

Sehenswertes

Porzellanfabrik Porsgrund: Unter dem Markenzeichen "PP" wird "das weiße Gold aus Porsgrunn" in die ganze Welt exportiert. Der 1887 vom Deutschen *Carl Maria Bauer* aus Meißen aufgebaute Betrieb liegt auf der westlichen Flussseite neben der Stadtbrücke in einem stimmungsvollen Backsteingebäude. Die Ausstellungsräume vermitteln einen Eindruck von Design und Produktvielfalt – Geschirr neben Pokalen, Olympiaplaketten neben Vasen. Die Verkaufsausstellung bietet Ware zweiter Wahl zu günstigen Preisen.

Öffnungszeiten Der Besuch ist nur im Zusammenhang mit Führungen (deutschsprachige unter ✆ 35550040 anmelden) zugelassen. Mo–Fr um 10, 11 und 13 Uhr. Eintritt frei.

Bymuseum: Das Stadtmuseum (Storgt. 59) besteht aus vier alten, naturgetreu erhaltenen Anwesen: dem ältesten Pfarrhaus Telemarks, dem einstigen Zollhaus, Schiffer Lunds Haus und dem Matrosenhaus. Neben der fast schon unvermeidlichen Porzellansammlung gibt es Einrichtungsgegenstände aus zwei Jahrhunderten zu sehen.

Öffnungszeiten 15.6.–15.8. Mo–Fr 12–18 Uhr, Sa/So 12–16 Uhr. Eintritt 40 NOK, Kinder 20 NOK.

Schifffahrtsmuseum: Gegenüber vom Stadtmuseum sind neben Fotos und Gemälden aus der Segelschiffära auch Schiffsmodelle und Segelgerätschaften ausgestellt; Prunkstück des Museum ist die Rekonstruktion eines Reedereibüros aus der Zeit um die Jahrhundertwende.

Öffnungszeiten Mo–Fr 12–18 Uhr, Sa/So 12–16 Uhr. Eintritt 40 NOK, Kinder 20 NOK.

Telemark-Kanal

Der 105 km lange Kanal reicht von Skien nach Dalen. Richtig interessant aber wird der 1892 für den Holztransport an die Küste fertig gestellte Wasserweg erst in Ulefoss. Dort gibt's die erste von acht Schleusenanlagen.

Der Hub in der größten Schleuse mit fünf Kammern beim Wasserfall **Vrangfoss** ("der unwillige Wasserfall") dauert eine Stunde – kein Wunder, denn alle 18 Schleusenkammern werden immer noch per Hand geöffnet. Sowieso wird Nostalgie groß geschrieben im Telemark-Kanal, denn wirtschaftlich macht er keinen Sinn mehr – er ist nur noch für Touristen da. Die können ihn zwischen Mitte Juni und Mitte August im eigenen Boot befahren oder zwischen Mai und Mitte September mit drei Dampfern, von denen zwei fast so alt sind wie der Kanal selbst.

Per Schiff: Als Schiffsausflug empfehlenswert scheint eine Tour vom niedlichen Ulefoss durch das Nomedal und über die Vrangfoss-Schleuse nach Lunde. Eine eigene Buslinie, auf die Ankunftszeiten der Schiffe abgestellt, erleichtert die Rückfahrt (Preis für die Fahrt Ulefoss–Lunde 30 NOK). Drei Schiffe befahren den Kanal täglich in der Hauptsaison zwischen dem 15.6. und dem 15.8. (15.5.–14.6. und 16.8.–15.9. eingeschränkter Fahrplan): "M/S Viktoria" (gebaut 1882) und "M/S Henrik Ibsen" (seit 1907 in Betrieb) bestreiten den Linienverkehr von Skien nach Dalen, während "M/S Telemarken" nur in der Hauptsaison von Notodden nach Lunde schippert. Die durchschnittlich 200 Plätze auf den Schiffen sind Wochen im Voraus ausgebucht – rechtzeitige Reservierung ist also nötig.

Per Kanu: Paddeltrips auf dem Kanal gehören zum Feinsten, was Kanusportler in Norwegen erleben können: Zwar keine Raftingtour und kein Abenteuerurlaub, aber eine geruhsame Fahrt durch abwechslungsreiche Natur mit bewirtschafteten oder auch freien Zeltplätzen überall am Ufer. Und bedenken Sie: Der Kanal hat sein eigenes Tempo, nehmen Sie sich Zeit – für das Lokal am Ufer, für das stille Gleiten der entgegenkommenden Boote, für das Bad im klaren Wasser, das mittlerweile wieder so gesund ist, dass auch Fische es lieben. Schon der Strömung wegen ist es sinnvoll, in Dalen zu starten; bis nach Ulefoss sind es 81 km (bei einer Höhendifferenz von 72 m), die in fünf Tagen zu schaffen sind (auf dem Rückweg nehmen die Dampfer "Henrik Ibsen" oder "Viktoria" das Kanu huckepack; 170 NOK pro Trip und Fahrrad, Reservierung nicht vergessen). Alle Schleusen können umtragen werden; bei größeren Booten wird für die Durchfahrt (jede Schleuse ist von 7-15 Uhr mindestens geöffnet) eine Gebühr von 700 NOK für die Gesamtstrecke fällig.

• *Information* Telemarkkanalen, Fylkeshuset, 3709 Skien, ✆ 35581600.

Per Fahrrad: Mindestens von Skien bis Fjågesund ein genussvoller Trip auf gut ausgebauten, nicht zu steilen Straßen (Hin- oder Rückfahrt per Dampfer). Wie bei der Kanufahrt gilt auch hier: überall ein Quartier, ein Gasthof oder Supermarkt. Und lassen

Lunde: Schleuse im Handbetrieb

Telemark Karte S. 205

Sie sich auch beim Radfahren Zeit für das Rauschen des Wassers, für das Bad in Ihrer kleinen Lieblingsbucht, fahren Sie an den Schleusen nicht vorbei, ohne die Schiffsmanöver zu studieren: Telemarkkanalen kann ungeheuer beruhigend sein.
Ab Ulefoss folgen Sie bis Lunde der RV 36, überqueren bei Strengen den Wasserlauf und setzten bei Austenå mit der Fähre nach Fjågesund über. Zurück geht's per Schiff nach Skien oder über die RV 38 zur Südküste. Natürlich ist die Weiterfahrt bis nach Dalen zum Kanalende möglich; die Straßen aber werden hügeliger und stärker befahren, sodass dieses Teilstück gegenüber der vorgeschlagenen Route etwas weniger angenehm ist.

Fahrplan von M/S Viktoria und M/S Henrik Ibsen in der Hauptsaison

Ort	Abfahrt	Preis/Person	Ort	Abfahrt	Preis/Person
Skien	08.30		Dalen	08.00	
Løveid	09.00		Lårdal	08.30	
Ulefoss	11.00	100 NOK	Bandksli	08.40	
Eidsfoss	11.35		Kviteseid	10.20	95 NOK
Vrangfoss	12.25		Fjågesund	11.15	
Lunde	13.00	220 NOK	Hogga	12.45	
Kjeldal	13.45		Kjeldal	13.10	
Hogga	14.10		Lunde	13.25	170 NOK
Fjågesund	15.45		Vrangfoss	14.20	
Kviteseid	16.40	250 NOK	Eidsfoss	15.10	
Bandaksli	18.35		Ulefoss	15.40	290 NOK
Lårdal	18.45		Løveid	17.10	
Dalen	19.20	310 NOK	Skien	17.50	300 NOK

Fahrrad: 100 NOK, *Kanu:* 170 NOK; *Buchung*: Telemarkreiser, ✆ 3535900030,www.visittelemark.com .

Fahrplan von M/S Telemarken zwischen Anfang Juni und Anfang August

Ort	Abfahrt	Preis/Person	Ort	Abfahrt	Preis/Person
Akkerhaugen	10.00		Lunde	13.50	
Ulefoss	11.00	90 NOK	Vrangfoss	14.30	
Eidsfoss	11.45		Eidsfoss	15.30	
Vrangfoss	12.20		Ulefoss	15.50	210 NOK
Lunde	13.30	210 NOK	Akkerhaugen	17.00	

Buchung: Telemarsksbåtene, ✆ 35958211.

▸ **Ulefoss:** Hier beginnt der Telemark-Kanal erst richtig: Die erste nennenswerte Schleuse mit drei Kammern, für deren Passage die Schiffe 40 Min. brauchen, das erste verschiedener Kanalmuseen (**Kanalhuset** gleich neben der Schleuse lohnt schon der Geologieausstellung wegen einen Besuch.) Dazu der **Ulefoss Hovdegaard**, das wichtigste norwegische Bauwerk aus der Zeit Napoleons, das zum besuchenswerten Landmuseum ausgebaut wurde. Besonders anschauenswert ist die Kutschenausstellung. Ansonsten eignet sich Ulefoss in seiner ländlichen Beschaulichkeit als idealer und preiswerter Übernachtungsstandort.

• *Öffnungszeiten* **Hovdegaard**, Juni–August Mo–Fr 12–17 Uhr, Sa/So 12–16 Uhr. Eintritt 50 NOK, Kinder 25 NOK. **Kanalhuset**, 20.6.–10.8. Mo–Sa 10–17 Uhr, So 11–18 Uhr. Eintritt 40 NOK.

• *Übernachten* **Bratasberg Gjestgaard**, ✆ 35944139, 📠 35943807. Der 1,5 km vom Zentrum entfernt liegende Gasthof bietet außer ländlicher Küche neun DZ zu je 400 NOK.

Lille Ulefoss Gjestegaard, ✆ 35945002, 📠 35945202. Ein gemütlich-altbackenes Landhotel in beschaulicher Umgebung mit vorzüglicher Küche und familiärem Service. DZ 840 NOK, EZ 620 NOK mit Frühstück

▶ **Lunde**: Der dicht besiedelte Verkehrsknotenpunkt am Telemark-Kanal – hier überspannt die einzige Hochbrücke hübsch hässlich den Kanal – ist idealer Stopp für Rad- oder Bootswanderer: Hier kann man gut einkaufen und zwei Restaurants ("Lunde Slusekro" in der Nähe der Schleuse und "Asia" im Zentrum) warten auf Gäste.

Übernachten **Kanalhaus**, Tel 35948205. Das urige Haus der Familie Lunde in Lunde bietet Platz für sechs bis neun Personen und kostet 150 NOK/Pers. .

▶ **Flåbygd**: Das kleine Dorf an der Einfahrt zum Flåvatn, einem von vier Seen, die in das Kanalsystem integriert sind, mit seiner 700 Jahre alten Steinkirche ist eines der beliebtesten Fotomotive der Kanaltour. Das Farbenspiel der weißen Häuser vor den grün bewaldeten Hängen ist auch wirklich unvergleichlich.

▶ **Kviteseid**: Die Sehenswürdigkeit liegt außerhalb des Ortes am Kanalufer und an der Straße nach Fjågesund: Das Freilichtmuseum mit 12 alten Gebäuden gilt als ältestes Gebäude-Ensemble Telemarks; alle Höfe stammen aus der Kanalregion und wurden in dieses auch landschaftlich reizvolle Areal verpflanzt. Besonders sehenswert der große Hof *Fleksveitstoga* mit schönen Rosenmalereien, die Steinkirche aus dem 12. Jh. sowie eine Skulpturensammlung des örtlichen Künstlers *Gunnar Utsond*.

• *Öffnungszeiten Museum* 15.6.–15.8. täglich 10–15 Uhr. Eintritt 30 NOK, Kinder 15 NOK.

• *Übernachten* **Syftestad Camping**. ✆ 35053187. Der Zwei-Sterne-Platz direkt am Kanal ist einfach, aber ausreichend ausgestattet. Das gilt auch für die neun Hütten ab 300 NOK.

Vrådal

Nur 18 km abseits von Kviteseid und Telemark-Kanal liegt dieses Urlauberzentrum. Der 700-Einwohner-Ort hat sich zum Tummelplatz für Freizeitsportler jeder Art und jeden Alters gemausert.

Die Lage macht Vrådal zur Sehenswürdigkeit: Am Schnittpunkt von **Vrå-** und **Nissesee** schmiegt sich der Ort ins Tal, umgeben von zahlreichen Landzungen und Inselchen beider Seen. Tiefe Wälder, 1.200 m hohe Höhen und fruchtbare Äcker ringsum runden das Bild der idyllischen Landkommune ab. Man kann wandern und paddeln, angeln und schwimmen, reiten und drachenfliegen und sogar Ski fahren – ein Urlaub wie aus dem Bilderbuch. Das könnte sich allerdings bald ändern, wenn die Mammutbrücke über beide Seen fertig ist...

Information/Verbindungen/Adressen

• *Information* **Vrådal Tourist Information**, im Ortszentrum, unterhalb des Vrådalhotels, Tel 35056370, 📠 35056375. Ganzjährig Mo–Fr 9–16.30, Juni–August auch Sa/So 10–15 Uhr.

• *Busverbindungen* Lokalbusse verkehren 2x pro Tag nach Skien, 1x nach Arendal und 3x nach Treungen am Ende des Nissesees (Haltestelle an der Brunkeberg-Straße).

Telemark Karte S. 205

• *Fährverbindungen* "M/S Fråm" verkehrt von Vrådal nach Treungen am Ende des Nissesees. Das Museumsschiff fährt 2x die Woche, braucht 10 Std. und kostet 100 NOK pro Person. Für 80 NOK geht es einmal wöchentlich nach Vråliosen am Westende des Fråvatn (vom 1.5.–15.10.).

• *Adressen* **Post** und **Bank** im Zentrum; **Lebensmittel** und **Apotheke** unterhalb des Vrådalhotels.

Übernachten

Quality Straand Hotel og Konferenssenter, ✆ 35056100, 📠 35056350, www.quality-straandhotel.no. Um das älteste Telemark-Hotel mit schöner Aussicht auf den Nissesee ist eine "Übernachtungslandschaft" mit Freizeitangeboten und Hüttenpark entstanden, die den einstigen Charme der Anlage verdrängt hat. Nun gibt es 120 Zimmer und zwei Restaurants, Pool und Reitstall, Tanzbar, Solarium und "Sommarland", das Sportaktivitäten in Ort und Tal organisiert. DZ 1.300 NOK, EZ 995 NOK (Sommerpreise: 830 bzw. 625 NOK).

Vrådal Hotel og Hyttepark, ✆ 35056127, 📠 35056300. Der rote Drei-Etagen-Bau im Zentrum bietet neben 60 Zimmern auch 37 moderne Hütten an. Nicht schlechter, aber ruhiger und preiswerter als "Straand". DZ 960 NOK, EZ 465 NOK. Hütten 330 NOK/Tag, 1.975 NOK/Woche.

Vrådal Hyttegrend, ✆ 35056183, www.hyttegrend.no. Ein Dutzend neuer Hütten (mit TV und Sauna, vier Räume für bis zu acht Personen), 3 km vom Zentrum entfernt (Richtung _Drangedal) zwischen 2.200 und 4.900 NOK/Woche bzw. 450 und 750 NOK/Tag. Mit dem deutschsprachigen Besitzer lässt sich aber um den Preis handeln.

Nedre Strand Hyttutleige, ✆ 35056283. Am Wald und See geräumige Hütten mit Bad für 2.330–4.700 NOK/Woche (Angebot am Wochenende: 700 NOK).

Fiskebekk Hyttutleige, ✆ 35056111. In der Nähe des Skigebiets bietet das Unternehmen 22 Hütten mit Bad und aufregender Preisgestaltung an: Im Mai kostet eine Hütte 1.600 NOK, im Juni 2.800 NOK, im August 3.800 NOK pro Woche.

Sport

• *Angeln* Mindestens drei Personen müssen sich zusammentun, um in einem Fischteich an der Storstraum-Schleuse (nahe Skizentrum) auf Forelle und Saibling angeln zu können (Di–Fr 16–19 Uhr, Anmeldung und Angelkarten unter ✆ 35056111).

• *Drachenfliegen* Im Sommer wird der Lift den Drachenfliegern freigegeben. Rampe direkt neben der Liftstation (Information unter ✆ 35056133).

• *Golf* Seit Mitte 1995 freut sich die Gemeinde über einen kleinen Neun-Loch-Golfplatz (Green fee 100 NOK).

• *Klettern* Im Nissedal gibt es ausgewiesene Kletterparks, aber auch freie Routen. Information und Ausrüstungsverleih in der Touristen-Information.

• *Reitausflüge* Pferdeverleih (aber auch Kutschfahrten) im Sommer täglich um 10 und 15 Uhr im "Sommarland" (300–1.500 NOK).

• *Wassersport* Verleih von Kanus, Ruderbooten und Surfbrettern ebenfalls im "Sommarland" des Straand-Hotels.

• *Wintersport* Zwei Lifte (Skipass 180 NOK/Tag), eine Abfahrt über 2 km. 60 km präparierte Loipen um den **Storroan** (1.192 m). Verleih von Skiern und Ausrüstung an der Liftstation (ab 150 NOK pro Tag).

▸ **Nissedal**: Das waldreiche, einsame Tal zieht sich von Vrådal nach Süden über 46 km am **Nissesee** entlang, dem größten See in Telemark. Nur 1.500 Menschen leben in dem zerklüfteten Tal (auf den Gebirgsheiden verteilen sich 1.750 kleine Seen), die meisten im Hauptort **Treungen** am Südzipfel des Sees. Das Nissedal ist bekannt für seine Biber- und Elchbestände, für seine Felszeichnungen und Grabhügel, die zumeist am unzugänglichem Westufer des Sees zu finden sind, und für seine Badestellen: Lange Sandstrände und blank gescheuerte Felsenufer laden zum Baden und Angeln im klaren Seewasser ein. Das gesunde Wasser des Nissesees ist Telemarks Trinkwasserreservoir.

▸ **Drangedal**: Das Nachbartal zum Nissedal um den von 1.000 m hohen Hügeln eingerahmten **Tokesee** erreicht man bequem per Bahn (Sørlandsbanen durchquert die Gemeinde und hält im Ort Drangedal) oder über die Straßen RV 38 ab Vrådal bzw. eine kleine Gemeindestraße ab Lunde. Attraktion des Tales ist das Urlauberzentrum **Gautefall** zwischen Drange- und Nissedal: Ein stattliches Alpinzentrum auf 500 m Höhe mit sieben Abfahrten, fünf Schlepp- und einem Sessellift sowie 104 km gespurten Loipen und einem ebenso stattlichen Hotelkomplex:

• *Übernachten* **Gautefall**, ✆ 35999777, 📠 35999711. Das Zentrum firmiert unter "Hotell & Appartements" – bieder die 106 Zimmer und funktional die 30, bis zu 56 qm großen Wohnungen. Aber ansonsten ist vom Hallenschwimmbad bis zu Tennisplätzen alles das vorhanden, was den Sporturlaub nahe der Talstation lohnend macht. Und das zu erstaunlich niedrigen Preisen: DZ 920 NOK, EZ 720 NOK (Sommerpreise: 730 bzw. 435 NOK). Die Wohnungen zu 880 NOK muss man mindestens für drei Tage mieten.

Der Hauptort des Tales, der wie das Tal **Drangedal** heißt, liegt am Ende des oberen Tokesees. Außer dem Bahnhof und einer alten Eisenbahnbrücke *(Kjeåsbru)* hat der 1.500-Einwohner-Ort ein kleines Freilichtmuseum aus 18 bis zu 200 Jahre alten Bauernhäuser zu bieten, die wie zu einem Dorf zusammengestellt sind (geöffnet von 1.7.–15.8. Mi–So von 14–18 Uhr. Eintritt 30 NOK, Kinder 15 NOK).

Dalen

Die Endstation des Telemark-Kanals am Ende des Bandiksees gibt nicht viel her. Doch in der näheren Umgebung findet sich viel Anschauenswertes.

Der **Bandiksee** ist der letzte von vier Seen (zudem **Kviteseid-**, Flå- und **Nomevatnet**), die mittels Stichkanälen zum Telemark-Kanal-System wurden. Von Osten nach Westen zunehmend, sind die Seen immer tiefer ins Hügelland eingegraben; hinreißend die Höhen um das Dorf Dalen – die Serpentinenstraße am Ortsausgang mit ihrer 15-prozentigen Steigung fordert den Respekt eines jeden Autofahrers. Dem Touristen nutzt Dalen als Einkaufsstation, als Einstieg in die Kanaltour und als Nachtasyl.

• *Information* **Turistinformasjon**, Tel 35077065, 📠 35077341, www.tokkr.kommunr.no im Rathaus. Von Ende Mai bis Ende August werktags 9–17 Uhr.

• *Busverbindungen* 4x täglich nach Åmot, 2x nach Rjukan, 1x nach Ulefoss.

• *Adressen* **Bank** und **Supermärkte** in der Seestraße, **Post** und **Telefon** im Kommunalbau.

• *Übernachten* **Dalen Hotel**, ✆ 35077000, 📠 35077011, www.dalenhotel.no. 1894 und damit zwei Jahre nach Eröffnung des Telemark-Kanals wurde dieses Hotel im Gutsherrenstil eröffnet. Es ist eine Sehenswürdigkeit auch für die, die keine Gäste sind (s. u.). Das "romantische Hotel" mit neuem Restaurant im "Drachenstil" (den Stabkirchen nachempfunden) bietet 36 modern renovierte Zimmer (und zwei Suiten) mit ungewöhnlich günstiger Preisgestaltung. DZ 1050 NOK, EZ 775 NOK.

• *Camping* **Dalen Camping**, ✆ 35077587. Einfacher Wiesenplatz im Zentrum mit Kiosk. Die Hütten für fünf bis neun Personen kosten 300–450 NOK. Außerdem gibt's rund 150 Zelt- und 80 Wohnwagenstellplätze.

Lårdal Camping, ✆ 35076688. Der große, aber einfache Platz in Lårdal am Bandiksee (7 km östlich von Dalen, via RV 45) bietet auch acht kleine Hütten (350 NOK) an.

Telemark Karte S. 205

Eidsborg: eine Stabkirche voller Schindeln

Sehenswertes Dalen und Umgebung

Dalen Hotel: Dieses Hotel ist eine Sehenswürdigkeit: Eingebettet in einen weiten, schlichten Park, ist der mächtige Holzbau – innen und außen alles aus verziertem Holz – mondän und trotzdem einfach, geschmackvoll und keineswegs spleenig. Ohne Übertreibung: Weltweit findet dieses Hotel nicht seinesgleichen. Der Belle-Époque-Stil der gewaltigen Empfangshalle hat alle Neuerungen schadlos überstanden, der Speisesaal seinen Schick bei aller Betulichkeit bewahrt – man meint, die gekrönten Häupter, die hier mehr weilten als wohnten, um die Ecke kommen zu sehen. Und fühlt sich schlicht wohl, beim Kaffee am Kamin, beim Toast auf der Terrasse. Probieren Sie es einfach mal aus...

Lårdal Bygdemuseum: Gleich nebenan das kleine Freilichtmuseum mit 28 restaurierten Bauernhäusern. In der modernen Ausstellung viel Interessantes zur der für Telemark typischen Rosenmalerei sowie zur Arbeit im nahen Eidsborg-Steinbruch, dem ältesten in Norwegen, in dem von der Wikingerzeit bis zum 2. Weltkrieg besondere Schleifsteine gebrochen und verarbeitet wurden. Zudem gibt es ein kleines Café.

Öffnungszeiten Juni–September täglich 11–18 Uhr. Eintritt 50 NOK.

Eidsborg Stabkirche: Die kleine Kirche (6,50 x 5 m, später aber erweitert) liegt 7 km nördlich von Dalen (an der RV 45 in Richtung **Ofte**). Das Kirchlein wurde vermutlich Anfang des 13. Jh. gebaut und dem *hl. Nikolaus von Bari* geweiht, der auf einer Malerei an der linken Kirchenwand erkennbar ist. Außergewöhnlich sind die bis zum Boden gezogenen Schindeln sowie die Innenbemalung aus dem 17. Jh., die man nur durch Zufall bei der Renovierung 1929 entdeckte.

Öffnungszeiten Juni–September täglich 11–18 Uhr. Eintritt im Museumspreis inbegriffen.

Grimdalstunet: *Anne Grimdalen* (1899–1961) ist eine in Norwegen ungemein populäre Bildhauerin. Von ihr stammen u. a. die Dekorationen am Osloer Rathaus. Auf dem an sich schon sehenswerten Gutshof mit zehn mittelalterlichen Gebäuden (RV 45, 3 km südlich von Dalen) wurde sie geboren, und hier verbrachte sie auch ihre Kindheit. Viele ihrer Skulpturen (manche en miniature) sind in und neben ihrem Geburtshaus dekorativ ausgestellt.

Öffnungszeiten Juni–September täglich 10–17 Uhr. Eintritt 25 NOK, Kinder 10 NOK.

Åmdals Verk Gruben: Das Kupferbergwerk, 8 km südwärts auf der RV 38 gelegen, war von 1540 bis 1945 in Betrieb. Und seit 10 Jahren wird es als Museum mit drei Abteilungen betrieben: Ein Bergwerkpark, in dem man nach Mineralien suchen kann, zwei Grubengänge, durch die man 1.200 m weit in den Berg wandern kann, und das eigentliche Museum im ehemaligen Scheidehaus, in dem man Werkzeuge und Ausrüstungen, Fotos und Pläne bestaunen kann. Und dann eine Cafeteria, in der man die Eindrücke auf sich wirken lassen kann – aber Kaffee und Waffeln und kleine Gerichte gibt es auch.

Öffnungszeiten 1.6.–15.8. täglich 10–17 Uhr. Eintritt 50 NOK, Kinder 15 NOK.

Morgedal

Die Wiege des modernen Skisports liegt knapp 30 km nördlich von Dalen an der E 134. Morgedal ist ansonsten ein unscheinbarer Ort mit nur 400 Einwohnern, der allein seines Skimuseums wegen anschauenswert ist.

Hier wurde die Fersenbindung erfunden, die den ebenfalls hier entwickelten Telemarkschwung – neuerdings wieder in Mode – möglich machte, der seinerseits wiederum Voraussetzung für den "alpinen" Abfahrtslauf war. Zu danken ist das dem Webstuhlbauer *Sondre Norheim,* der 1860 das Bretterschieben leid war und endlich einmal flott bergab und Kurven fahren wollte. Sein Heimatdorf dankte ihm diese Erfindung nicht: 1884 wanderte Norheim in die USA aus und starb verarmt in North Dakota.

Morgedal konnte aus seiner reichen Skigeschichte (hier wurde das olympische Feuer für die Winterspiele 1952 in Oslo und 1994 in Lillehammer entzündet) nie Kapital schlagen – ein Schlepplift und wenige Loipen verleiten kaum zum Winterurlaub. Auch sommerliche Aktivitäten (Wandern und Angeln vor allem) nehmen sich bescheiden aus, obwohl das "Morgedal Turisthotell" sich mit Reitunterricht, Kanuverleih und Tennis auf der hoteleigenen Anlage alle Mühe gibt, dem Tourismus in Morgedal auf die Beine zu helfen.

Wirklich sehenswert ist allerdings das **Norsk Skieventyr**, das "Norwegische Ski-Abenteuer-Zentrum", das 1998 aus dem einst hausbackenen Museum hervorgegangen ist. Wegen seiner eigenwilligen Holzkonstruktion ist das weitläufige Erlebnismuseum schon von außen beeindruckend. Drinnen wird in Filmen und Ausstellungen die Entwicklung des modernen Skisports (und natürlich Norheims Erfindung aus allen Lebenslagen) überaus geschickt dargestellt: in Bildern und Exponaten, darunter einer alten Skiwerkstatt, vor allem aber mit einem 35-Minuten-Film, der alle Skifahrer von den Sitzen reißt. Einen kleinen Trainingsraum, eine kantinengleiche Cafeteria und einen gar nicht so teuren Shop gilt es auch noch (täglich 11–17 Uhr, Juni–Aug. 9–19 Uhr, Eintritt 55 NOK, Kinder 30 NOK).

Karte S. 205

Morgedal: Amundsens Polhütte im Skieventyr

• *Übernachten* **Morgedal Hotell**, ✆ 35054144, ✆ 35054288. Trotz verunglückter Architektur hat das 70-Zimmer-Hotel mit lauschigem Schwimmbad und edlem Speisesaal genügend Atmosphäre, um empfehlenswert zu sein. Das liegt zum einen an der Lage (vorne der kleine See mit dem Namen des Ortes, hinten der Berghang), zum anderen am außerordentlich reichen Freizeitangebot (s. o.). DZ 880 NOK, EZ 680 NOK

Brekke Gård, ✆ 35054139. Die preiswerte, aber auch urige Alternative: gleich neben dem Hotel dieser Bauernhof mit großem Garten und angenehmen Hütten. DZ 550 NOK, EZ 350 NOK (Hütten 400–550 NOK).

• *Camping* **Morgedal Camping**, ✆ 35054152. Der Zwei-Sterne-Platz auf einer großen Uferwiese ist nur von Mai bis September geöffnet und hat nicht viel zu bieten: 60 Zelt-, 20 Wohnwagenstellplätze, fünf Hütten (350 NOK) und jüngst renovierte Sanitäranlagen.

Seljord

Außer Supermärkten hat der farblose Ort nur wenig für Touristen übrig; deshalb wohl spukt ein "Loch-Ness-Ungeheuer" im Seljordsee rum. Der vermeintlichen Kollegin der schottischen Berühmtheit hat die Lokalpresse den Namen "Selma" verpasst.

Wenn Sie allerdings im Juli in Seljord vorbeikommen, sollten Sie sich die Seljordspiele nicht entgehen lassen: Volksmusik, -tänze und -theateraufführungen finden um einen riesigen Viehmarkt herum am Festplatz, dem *Dyrskuplassen,* statt. Ansonsten ist schlicht die Umgebung schön, besonders im Frühsommer, wenn die Schneebretter auf dem **Lifjell** noch in der frühen Sonne blitzen und sich die frisch ausgeschlagenen Birken im nun endlich eisfreien **Seljordsvatnet** farbenfroh spiegeln.

• *Information* **Turistkontoret**, im neuen Kunsthaus "Kunstlåven" an der Haupt- und Durchgangsstraße, ✆ 35065988, ✆ 35065999, www.seljordportalen.no. Von Mitte Juni bis Mitte August täglich 12–18 Uhr.

• *Busverbindungen* Haukeliekspressen von Oslo (3,5 Std.) nach Bergen (8 Std.) hält 2x täglich im Ort.

• *Adressen* Das "Tele-Senteret" mitten im Zentrum sorgt mit **Bank**, **Lebensmitteln**, **Sport- und Parfümerieartikeln** fürs leibliche Wohl. **Post** am Ortsausgang.

• *Übernachten* Nutheim Gjestgiveri, ✆ 35052143. Auf dem Pass von Flatdal (12 km nördlich von Seljord) bietet das Haus acht recht heimelige Zimmer an. DZ 650 NOK, EZ 550 NOK (mit Frühstück).

• *Camping* **Seljord Camping**, ✆ 35050471. Der Drei-Sterne-Platz zwischen See und RV 36 bietet erstklassige Sanitäranlagen, einen veralteten Spielplatz und gut ausgerüstete Hütten für bis zu sechs Personen (500 NOK).

Nes Camping, ✆ 35050153. Der ansprechende Zwei-Sterne-Platz bietet zwei Besonderheiten: eine Volkskunstausstellung und 16 zum Teil sehr edle Hütten ab 450 NOK.

Telnessanden Camping, ✆ 35052990, 📠 35052965. Am Westufer des Seljordssees (12 km vom Zentrum entfernt an der Gemeindestraße 156) strotzt der schöne Platz mit vier Sternen, einem 500 m langen Strand und wahrlich hervorragenden sanitären Anlagen. Leider nur zwei Hütten (ab 450 NOK).

Garvikstrondi Camping, ✆ 35052912, 📠 35052911. Auch am See, auch an der Gemeindestraße 156, aber 4 km dichter am Zentrum Seljords gelegen, bietet der nicht minder schöne Drei-Sterne-Platz zusätzlich Boots- und Wasserskiverleih. Sechs Hütten von einfach bis edel und von 400–600 NOK.

Sehenswertes

Kunstlåven: In einer originell renovierten Scheune an der Hauptstraße hat der Kunstverein von Seljord ein pfiffiges Ausstellungszentrum eröffnet und zeigt in wechselnden Ausstellungen moderne norwegische Kunst. Aber auch Lustiges und Absonderliches wird geboten – so darf eine Hommage an das Seeungeheuer "Selma" nicht fehlen. Da im Nebengebäude das Turistkontoret und ein gemütliches Café untergebracht sind, wird ein Besuch in Kunstlåven immer zu einer informativen, aber auch vergnüglichen Stippvisite.

Öffnungszeiten 15.6.–15.8. täglich 11–18 Uhr. Eintrittspreise je nach Ausstellung.

Seljord Kirke: Die Stadtkirche im Ortszentrum ist schon deshalb sehenswert, weil es sich um ein romanisches Steinkirchlein aus dem 11. Jh. handelt – und das ist schon rar in Norwegen. Der Entwurf zur ansonsten eher schlichten, von mächtigen Friedhofsbäumen umgebenen Kirche soll von König Olav dem Heiligen stammen.

Bø

Nur Verkehrsknotenpunkt zu sein reichte nicht. Deshalb sind seit 1997 in und um Bø etliche – vornehmlich künstliche – Attraktionen geschaffen worden.

Das schmucklose 1.800-Einwohner-Dorf liegt am Schnittpunkt der RV 359 und der RV 36 nördlich des Telemark-Kanals und damit genau im Mittelpunkt der Provinz Telemark. Wichtig für Touristen: Die bedeutenden Verkehrslinien (Bahn, Bus, Autobahnen) treffen sich hier. Für Norweger hat "Bø i Telemark" (es gibt acht Orte gleichen Namens im Land) eine ganz andere Bedeutung: Der Ort ist kulturelles Zentrum der Provinz; hier findet immer im August das Telemark-Festival mit Umzügen, Ausstellungen, Konzerten und Kursveranstaltungen statt, hier sind die wichtigsten Schulen der Provinz angesiedelt.

• *Information* **Turistkontor**, ✆ 35060200, 📠 35060201, www.boitelemark.no, . Auf dem Platz Skoghaugen an der Hauptstraße. Juni–August Mo–Fr 9–16.30 Uhr, Sa 9–14 Uhr (im Juli Mo–Fr 9-21, Sa 9–16, So 12–16 Uhr).

• *Busverbindungen* 3x täglich passiert der Fernbus Oslo–Bergen den Ort: 2,5 Std. nach Oslo und 8,5 Std. nach Bergen.

• *Zugverbindungen* Bø liegt präzise im Mittelpunkt der Bahnstrecke Oslo–Stavanger;

Telemark Karte S. 205

der Zug hält 6x in beiden Richtungen (2 Std. 10 Min. nach Oslo, 6. Std. nach Stavanger).

• *Adressen* **Supermärkte** und **Apotheke** am Ende der Hauptstraße, **Taxis** vor dem Bahnhof, **Post** in der Bahnhofstraße.

• *Übernachten* **Bø Hotell**, ✆ 35950111, 📠 35950707, www.bohotell.no. Eine architektonische Meisterleistung ist der 90-Zimmer-Flachbau nicht, aber er bietet First-Class-Service zu günstigen Preisen. DZ 1.025 NOK, EZ 925 NOK.

Quality Lifjell Hotell, ✆/📠 35953300, www.lifjellhotel.no. Am Hang zwischen Bäumen gelegen, mit grandioser Aussicht über Tal und Ebene ausgestattet, zaubert das 15 km vom Zentrum entfernt gelegene 80-Zimmer-Hotel den Luxus in die Einöde: Restaurant, Schwimmbad, Tennisplatz, Shuttle für die 6 km zum Skizentrum. DZ 1.220 NOK, EZ 860 NOK.

Lifjell Feriesenter, ✆ 35953455, 📠 35953490. Der Hüttenpark bietet 52 Hütten im Skigebiet an: für sechs Personen auf 68 qm, für vier Personen auf 49 qm. 650 NOK bzw. 880 NOK.

Lifjellstugo, ✆ 35953380, 📠 35953367. Die mit 55 Betten recht große Berghütte bietet Norwegenurlaub pur: einsam (am Ende der Stichstraße), einfach und doch erlesen im Geschmack, was nicht nur das Essen meint. HP im EZ 480 NOK, HP im DZ 850 NOK.

• *Camping* **Bø Camping**, ✆ 35952012, 📠 3595346. 5 km vom Zentrum entfernt (an der RV 36) liegt dieser in jeder Hinsicht empfehlenswerte Vier-Sterne-Platz mit jedem erdenklichen Service und überdies 280 Zelt-, 170 Wohnwagenstellplätzen und elf Hütten, die Palais aus Holz sind (550–950 NOK).

• *Skifahren auf dem Lifjell* Noch haben die jahrelangen Bemühungen, die Lifjell-Hochebene zu einem anerkannten Wintersportgebiet auszubauen, nicht recht gefruchtet: 30 km präparierte Loipen und drei Schlepplifte für drei Abfahrten mit insgesamt 3,5 km Länge sind keine Ski-Welt. Aber Rodel- und Bobbahnen sollen neuerdings helfen, die Skiverrückten aus dem nur 150 km entfernten Oslo anzulocken.

Sehenswertes

Bø Bygdemuseum: Das Freilichtmuseum besteht aus zwei gleichermaßen sehenswerten Anlagen, die allerdings 20 km voneinander entfernt liegen. Der Hof in **Østerli** aus dem 19. Jh. stellt Geräte und Möbel dieser Zeit aus, der 100 Jahre alte, in jeder Hinsicht putzige Laden "Bø Landhandel" in **Oterholt** (an der Straße nach Lifjell) ist zu einem Museum mit noch aktiver Bäckerei, Speicher und Büro geworden.

Öffnungszeiten von Mitte Juni bis Mitte August jeweils täglich von 12–18 Uhr. Eintritt 40 NOK.

Telemark Sommarland: Der Freizeitpark in einem dichten Waldgebiet 15 Fußminuten vom Zentrum hat sich zum Touristenmagneten in Telemark gemausert. Neben einer fulminanten Wasserlandschaft mit Surfwelle und Riesenrutsche gibt's ein Westerndorf und eine Alm zu bestaunen, werden Reitturniere und Angelwettbewerbe organisiert. Und Bistros laden natürlich auch ein.

Öffnungszeiten von Anfang Juni bis Mitte August täglich von 10–20 Uhr. Eintritt 180 NOK, Kinder bis 13 J. 150 NOK.

Telemarkhallen: Neben dem Vergnügungspark sind die zentralen Messehallen Telemarks aus dem Boden gestampft worden. Allerdings werden häufiger Musicals, Zirkusveranstaltungen und Fußballspiele zu meist irrsinnig hohen Eintrittspreise aufgeführt als Messen gezeigt.

Jahrhundertealter Reichtum: stattliche Höfe am Ufer des Lågen

Numedal

Die schlechte Verkehrslage verhinderte bislang, dass das bilderbuchschöne Tal zwischen Kongsberg und Geilo zum Touristentreff wurde. Ein Grund mehr, das Tal satter Almen, stattlicher Höfe und stolzer Stabkirchen zu besuchen.

Enge Schluchten und tosende Fluten wechseln mit ruhigen Nebentälern und stillen Seen, auf denen sich herrlich baden und paddeln lässt – das 162 km lange Tal des **Lågen** ist landschaftlich reizvoller als das benachbarte Hallingdal. Aber auch Kunstkundige kommen auf ihre Kosten: Von einst 12 Stabkirchen sind immerhin noch drei an ihrem Standort geblieben und nicht in irgendein Freilichtmuseum abtransportiert worden.

Die durchgehend sechs Meter breite Reichsstraße 40 am Ostufer des Lågen ist mit Ausnahme eines kleinen Privatflughafens am Nordausgang des Tales die einzige Verkehrsanbindung. Auf dem Weg nach Geilo (s. S 198) muss sie mehrmals hohe Bergrücken überwinden. Das westliche Flussufer steigt bis auf 1.000 m an, während sich am Ostufer weite Waldgebiete mit nur wenigen Nebentälern erstrecken. Vor allem im noch breiten Südteil des Tales finden sich gut erhaltene, dunkelrot gestrichene Gutshöfe, die von einigem Reichtum zeugen: Schon vor 200 Jahren versorgten ihre Besitzer die Gruben und Hüttenwerke im nahen Kongsberg mit Holz und Holzkohle aus den hiesigen Wäldern.

Numedal Karte S. 237

▸ **Flesberg**: 31 km hinter Kongsberg findet sich die erste Stabkirche, die zwar 1735 zur Kreuzkirche umgebaut wurde, aber noch typische Züge (Einmaststil) trägt. Dennoch gilt sie Kennern als die unbedeutendste der Numedal-Kirchen; tatsächlich wirkt sie wie vier ineinander verschachtelte Holzhäuser und ist für Laien schwerlich als Kirche identifizierbar.

Der 5 km nördlich von Flesberg gelegene **Dåsethof** ist Heimat der Bauernhäuser des Kongsberger Lågdalmuseums (s. S. 218) – gerade noch 11 der ehemals 23 Bauten blieben hier erhalten. Das kostenlose Anschauen lohnt dennoch.

• *Camping* **Neset Skystasjon**, kurz vor Flesberg. Gut aufgerüsteter Campingplatz mit acht schlichten, für eine Übernachtung aber ausreichenden Hütten (ab 350 NOK).

Holman Camping, zwischen Rolllag und Veggli, ✆ 32746902. Einfacher Platz mit wenigen Hütten (300 NOK) in reizvoller Landschaft. Gutes Angelrevier.

Stabkirchen

Die Drachenboote standen Modell: Wie die Schiffe werden auch die Stabkirchen der Wikinger von mindestens einem Mast *(stav)* überragt, der mit Stützhölzern und Rahmen, Knaggen und Zargen mit den Eckpfeilern verbunden ist. Dazwischen sind Planken als Seitenwände eingehakt. Diese Pagoden aus Holz finden sich nur in Norwegen; 25 von einst 1.000 Kirchen haben die Christianisierung bis auf den heutigen Tag architektonisch heil überstanden. Denn die Wikingerkirchen sind heidnische Kultstätten (Drachenköpfe und Geisterfratzen zeugen vom vorchristlichen Ursprung) und wurden von den christlichen Herren abgelehnt. Doch die neuen Steinkirchen mit Turm und Glockengeläut wurden wiederum von den Nordleuten nicht angenommen. Also renovierte man im 17. Jh. die Stabkirchen: Fenster und Gestühl wurden eingebaut, Wände mit Malereien und Schnitzereien verziert, Seitenschiffe angefügt, die Dachschindeln geteert. Seitdem werden in Stabkirchen christliche Gottesdienste abgehalten, doch die architektonische Kunst der Wikinger blieb trotzdem erhalten.

▸ **Stearnes/Rollag**: Wer in Stearnes auf die östliche Landstraße rechts abbiegt, trifft auf zahlreiche Gehöfte aus dem 17. Jh. mit sonnengebleichten Fensterläden und grasbewachsenen Dächern. Und er findet die **Stabkirche von Rollag**, in der während einer Restaurierung in den 30er Jahren die Ornamente besonders gut herausgearbeitet wurden. Der arg verwitterte Bau mit unüblich großen Fenstern sieht fast wie ein großes Wohnhaus aus, drinnen aber weisen Kanzel und Wanddekor aus dem 17. Jh. den Bau als Gotteshaus aus. Die Kirche, die erstmals 1425 erwähnt wurde, stammt wohl aus den frühen Mittelalter.

▸ **Veggli**: Auffallend das Sägewerk und auf der Ostseite das Kraftwerk Mystufoss (auf den dazu gehörenden **Kjerredamm** trifft man 4 km später). Vergessene Bedeutung erlangte Veggli als Endpunkt des *talgvegen,* über den Hardanger-Bauern einst den zur Beleuchtung in Kongsberger Bergwerken nötigen Talg heranschafften; heute ein markierter Fünf-Tage-Wanderweg zur Hardangervidda.

Camping **Mogen Camping**, ✆ 32746255. Zwei-Sterne-Waldplatz ohne Hütten, mit Telefon und Cafeteria. Die Sanitäranlagen zählen nicht zu den besten.

▸ **Nore**: Vorbei an Norwegens womöglich ältesten bewohnten Häusern bei Kravik gelangt man zur **Stabkirche von Nore** (über die Brücke zum Westufer). Besonders hübsch das Portal und die Rosenmalerei an Decke und Wänden. Das hoch aufgeschossene Kirchlein lässt gut die für das Numedal charakteristische

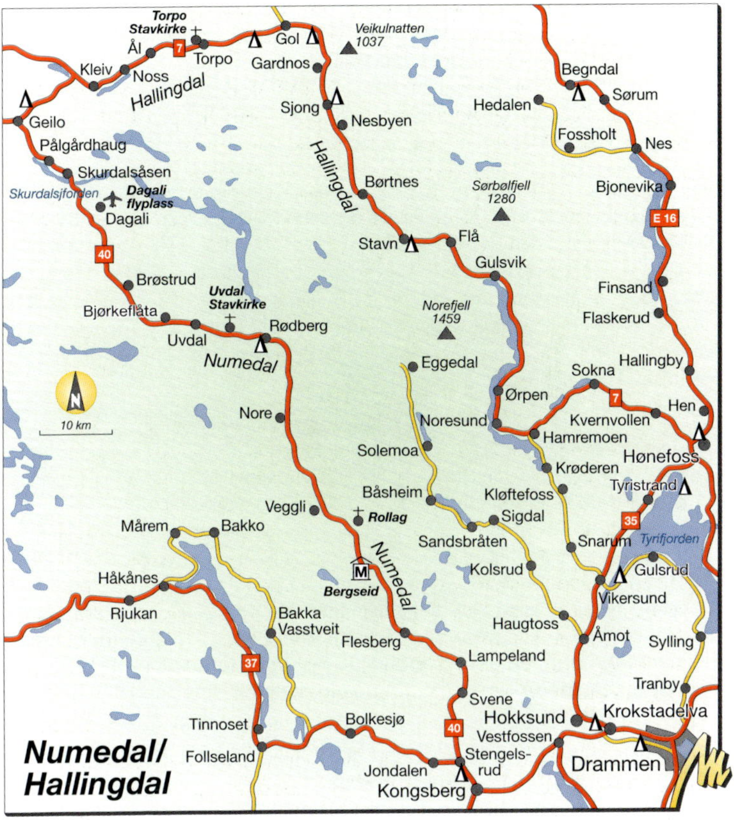

Einmastbauweise erkennen. Es wurde im späten 12. Jh. als Kreuzkirche erbaut, im 17. und 18. Jh. jedoch umgebaut und teilweise erweitert.

Öffnungszeiten 15.6.–31.8. täglich von 9–20 Uhr. Eintritt 25 NOK.

▸ **Rødberg/Uvdal**: Noch eindrucksvoller – kurz hinter Rødberg, dem mit 600 Einwohnern größten Ort im Tal – die **Stabkirche Uvdal** inmitten eines Museumsdorfes (3 km vor dem gleichnamigen Ort). Hoch am Hang das Kirchlein aus dem 12. Jh. mit einem klobigen Natursteinfundament, nicht nur wegen der Lage die wohl schönste Stabkirche des Tales. Der Umbau zur Kreuzkirche, 1720 begonnen und nie richtig abgeschlossen, hat ein zumindest geschmacklich abgestimmtes Stildurcheinander geschaffen: Die Portale, die Halbmasken über dem Chorbogen und die Schnitzereien der Westgalerie stammen aus dem Mittelalter, die Renaissance-Dekorationen wurden im 17. und die Rokoko-Ornamente im 18. Jh. angefügt.

• Öffnungszeiten Kirche Juni–September täglich 10–19 Uhr. Eintritt 30 NOK, Kinder 15 NOK.

• Information Die Touristen-Information für das ganze Tal finden Sie direkt an der

Numedal Karte S. 237

Durchgangsstraße in **Uvdal**, ✆ 34741390, ℻ 34741391.

• *Übernachten* **Uvdal Vandrerhjem**, ✆/℻ 32743020. Die kleine, heimelige JuHe ist das einzige Vandrerhjem im Tal. Und auch nur von 1.6.-1.9. geöffnet. Aber sie ist die preiswerteste JuHe im ganzen Land. Bett 95 NOK, EZ 170 NOK, DZ 390 NOK.

• *Camping* **Camping Uvdal**, ✆/℻ 32743108. Der nur von 20.6.–20.8. geöffnete Platz vermietet auch 15 winterfeste Hütten von 270–420 NOK.

Rølsland Hyttutleie og Camping, ✆ 32743057. Zwei-Sterne-Platz an der Straße mit sechs etwas besseren Hütten (ab 450 NOK).

▸ **Dagali**: Über die mit 1.100 m ü. d. M. höchste Stelle der Strecke bei **Vasstullan** geht es nach Dagali mit einem putzig-kleinen Flughafen (privater Airport, der nicht von Linienflügen bedient wird), vor allem aber mit guten Angel- und Kanurevieren am und im Lågen sowie im **Pålsbufjord** im Osten und im **Osensjøen** im Westen (Angelkarten im Dagali Hotel). Dagali versucht zudem, mit einem neuen Skisenter und zwei Liften ausgabefreudige Wintersportler zu ködern; bislang mit wenig Erfolg, denn Skifahrer fahren 25 km weiter nach **Geilo** am Ausgang des Numedals (s. S. 199).

• *Übernachten* **Dagali Hotel**, ✆ 32083700, ℻ 32093810. 40 Zimmer (Du/ WC, TV/ Telefon), wahrlich nicht schlecht bei dem Preis: DZ 880 NOK, EZ 630 NOK (im Mai und im 4. Quartal des Jahres geschlossen).

• *Camping* **Hallandtunet Caravan og Camping**, ✆ 32093700. 150 m vom Dagali Hotel entfernt (Camper können den Hotelservice nutzen) bietet der schöne Drei-Sterne-Platz alles – nur keine Hütten.

Hallingdal

Das mächtige Tal, einst Siedlungsinsel inmitten unwirtlicher Waldregionen, und immer schon kürzester Verbindungsstrang zwischen Oslo und Bergen, litt zwei Jahrhunderte unter Landflucht. Erst die Eisenbahn brachte vor 100 Jahren wieder Menschen in das abgeschlossene Tal – die Touristen kamen.

Heutzutage wird der Touristenstrom zum Problem: 50.000 Fremde bevölkern alljährlich über Ostern das liebliche Tal – doppelt so viele, wie das Hallingdal Einwohnern hat. Wer aber im Sommer per Bahn oder Auto durchs Tal fährt, kann die touristische Infrastruktur nutzen, ohne vom Urlaubermeer überspült zu werden. Der Nord-Süd-Graben zwischen **Hønefoss** und der Hardangervidda beginnt am **Krøderensee**, streift das Wintersportzentrum **Gol**, macht dort einen unvermuteten Schwenk nach Westen und endet erst im **Finsedal** auf der Hardangervidda.

Erschlossen wurde das schwer zugängliche Hallingdal erst zu Beginn des vorigen Jahrhunderts mit der Eröffnung der Bergensban, deren Gleise größtenteils parallel zur Europastraße 7 oder am anderen Ufer des **Hallingdalselva** verlaufen. Und die Eisenbahn brachte schon vor 80 Jahren die ersten Urlauber in das Tal – und die machten aus **Gol** und **Geilo** populäre Wintersportorte und den oberen Teil des Tales zum Wandergebiet. Via Hønefoss und vorbei an **Hamaremoen**, wo man nach einer Wende in das südliche **Krøderen** nicht nur den Bahnhof unter Denkmalschutz bewundern, sondern jeden Sommersonntag 26 km mit einer Museumsbahn noch weiter südlich nach **Vikersund** fahren kann (s. S. 89), passiert die Straße **Noresund** und steuert auf den größten Talort zu:

Traurige Läden: im Hallingdal Folkemuseum

Nesbyen

Die Touristeninformation im 2.200-Einwohner-Städtchen wirbt damit, dass hier 1970 Norwegens Hitzerekord mit 37,6° C gemessen wurde. Sonst hat das große Dorf auch nichts, mit dem es werben kann.

Denn die eigentliche Sehenswürdigkeit des Ortes sieht man nicht: Das 4 km nördlich von Nesbyen gelegene Kraftwerk Nes ist im Berg versteckt und wird gespeist mit Wasser aus **Ål** (s. u.), das durch den größten Tunnel der Welt (31,2 km lang) herangeführt wird. Mit drei weiteren Kraftwerken in **Hemsil**, **Hol** und **Uste** hat das Nes-Kraftwerk dem Hallingdal den Beinamen "kraftdal Nr. 1" eingetragen.

Erwähnenswert ist noch das **Hallingdal Folkemuseum**. Interessant an diesem Freilichtmuseum direkt an der Sprungschanze ist neben dem *Staveloftet*, einem Vorratshaus aus dem Jahr 1340, vor allem die Rosenmalerei in fast allen der 25 aufbereiteten Bauernhäusern. Rosenmalerei im Hallingdal gehört zu den eindrucksvollsten Beispielen norwegischer Bauernkunst. Wandermaler verzierten (nach Erfindung des Kamins, vorher waren die Räume eher Räucherhöhlen) im 18. Jh. Zimmer und Küchen mit farbenfrohen Ornamenten; Rosen übrigens kommen dabei selten vor – das Dialektwort "ros" steht für "Muster" (15.6.–15.8. 10–17 Uhr, 16.8.–31.8. 11-15 Uhr, sonst nur So 11–15 Uhr, über Weihnachten/Neujahr geschlossen; Eintritt 50 NOK, Kinder 10 NOK).

Information/Verbindungen/Adressen

• *Information* **Hallingdal Infosenter**, ✆ 32070170, 📠 35070210. Juni-August Mo-Fr 9-16 Uhr. Im Büro am Nordende der Durchgangsstraße kann man neben dem gewohnten Angebot auch Fahrräder, Kanus und Angelrouten mieten sowie Angelscheine kaufen.

• *Busverbindungen* 4x täglich von Oslo durch das Hallingdal nach Gol. Von dort aus weiter zur Hardangervidda, nach Geilo und schließlich Bergen (6,5 Std.).

• *Zugverbindungen* Die Bergensban, die das Tal häufig störend durchfährt, hält 5x täglich in Nesbyen: 2,5 Std. nach Oslo, 4 Std. nach Bergen (über Gol, Finse und Voss).

• *Adressen* Post, Bank, Apotheke, Arzt, Polizei, SB-Märkte und Telegrafenamt an der Hauptstraße.

Übernachten/Camping

• *Übernachten* **Nesbyen Vandrerhjem**, ✆ 32071397, 📠 32070111. Der Sutøya Feriepark, in dem die JuHe (geöffnet 1.5.–1.10.) liegt, ist eine verwirrende Anlage: Außer dem Wanderheim gibt es einen Campingplatz mit zum Teil luxuriösen Hütten (450–650 NOK), einen Kro und eben auch 60 JuHe-Betten. Bett 90–105 NOK, EZ 275–350 NOK, DZ 550 NOK (Frühstück 55 NOK).

Thoen Hotel, ✆/📠 32071119. Das Restaurant kann sich sehen lassen und die 25 Zimmer auch; außerdem Hütten, ein Solarium und Fahrradverleih. Alles für 630 NOK (EZ) und 880 NOK (DZ) mit Frühstück (Preisnachlass am Wochenende).

Euro Svenkerud Hotell, ✆ 32071260, 📠 32070014. Das große Haus in Bahnhofsnähe hat ein Drei-Sterne-Angebot und Zwei-Sterne-Preise. DZ 780 NOK, EZ 490 NOK (mit Frühstück).

Nesbyen Rica Partner Hotell, ✆ 32071530, 📠 32071085. Das mit 60 Zimmern größte Haus am Platz bietet den besten Service, das leckerste Essen und die teuersten Preise. DZ 1.150 NOK, EZ 925 NOK.

Sole Hotel, ✆ 32149188, 📠 32149525. Das auf dem Norefjell nahe Norsund gelegene Klasse-Hotel bietet neben vielen Sportmöglichkeiten (Pool, Angelkarten, Radverleih) die ganze Palette guter Serviceleistungen: Bar, Restaurant, HP, Disko, AV-Einrichtungen. DZ 1.200 NOK, EZ 950 NOK.

• *Camping* **Qvisten Fritidssenter**, ✆ 32071700. Hinter dem anspruchsvollen

Namen verbirgt sich ein recht bescheidener Zwei-Sterne-Campingplatz in Nesbyen ohne Hütten und mit nur 16 Stellplätzen für Wohnwagen.

Sjong Campingsenter, ✆ 32078185. Aufwendiger dieser Drei-Sterne-Platz, der 3 km von Nesbyen entfernt liegt: Post und Telefon Cafeteria und SB-Markt und 15 Hütten von 350–620 NOK.

Gol

Das Straßendorf mit 3 km Länge und 1.800 Einwohnern ist Handelszentrum im Hallingdal. Vor allem aber eines der wichtigsten Wintersportzentren.

Zwei Skisenter (Höhenlage 250–650 m), sieben Lifte (Tagespass 220 NOK), eine Skischule (Drei-Tage-Kurs ab 500 NOK), Skiverleih (200 NOK Tagesmiete), 200 präparierte Loipenkilometer, vornehmlich auf dem nahen **Golsfjellet**. Und jede Menge weiterer Aktivitäten: Eisarena, Rundflüge (700 NOK), Reiten, "Tropical Bad" (s. Pers Hotel), Tennis, Squash und Angeln – die einst einzige Sehenswürdigkeit, die schöne Stabkirche von Gol, wurde schon vor Menschengedenken in das Osloer Norsk Folkemuseum verpflanzt.

Im Sommer hat das Dorf nur als Verkehrsknotenpunkt einige Bedeutung: Die Europastraße 7 führt weiter nach Geilo, die RV 51 biegt nach Osten und **Valdres** ab, nach Norden geht es über die RV 52 ins **Hemsedal**.

Information/Verbindungen/Adressen

- *Information* **Turistkontor**, Sentrumvegen (Hauptstraße), Tel32029700, ✆ 32029701, www.golinfo.no. Mo–Fr 9–16, Sa bis 13 Uhr. Neben aktuellen Informationen gibt's hier Tickets und Angelkarten.
- *Busverbindungen* 3x täglich nach Oslo (4 Std.) und Førde (Sognefjord), 2x pro Tag nach Otta (via Valdres), 6x ins Hemsedal, 4x nach Nesbyen.
- *Zugverbindungen* 5x täglich (10.38 bis 2.30 Uhr nachts) nach Bergen (4 Std.) via Hardangervidda, 5x nach Oslo (3,5 Std.) via Nesbyen und Drammen (11.15 bis 3.39 Uhr nachts).
- *Adressen* **Banken** und **Busterminal** in der Hauptstraße, **Telefon** rechts vom Sentrumsvegen, **Post**, **Apotheke**, **Ärzte** und **SB-Märkte** im Ladenzentrum "Hallinksenteret" in der Straße Furuvegen.

Übernachten/Camping

- *Übernachten* **Solstad Hotell og Motel**, ✆ 32029720, ✆ 32029750, www.solstadhotell.no. Das Holzhaushotel liegt zwar an der Hauptstraße, aber die 25 Motelzimmer sind im hinteren, ruhigeren Trakt. DZ 800 NOK, EZ 650 NOK (mit Frühstück).

Halligen Høyfjellshotell, ✆ 32073905, ✆ 32073840. Preiswerte Zimmer und Wohnungen bietet das Hotel bei dennoch gutem Service. Zimmer wie Appartement als EZ 675 NOK, als DZ 990 NOK (im Sommer 50 NOK billiger).

Oset Høyfjellshotell, ✆ 32073920, ✆ 32073853. Deutlich über 100 piekfeine Zimmer bietet das Gebirgshotel mit tollem Service zu akzeptablen Preisen. DZ 850–1.800 NOK, EZ 575–775 NOK

Pers Hotel, ✆ 32075400, ✆ 32075715. Full Service sowie nahezu alle Sportmöglichkeiten wie Squash, "Tropical Bad" – das darf schon etwas mehr kosten: DZ 1.400 NOK, EZ 800 NOK.

Storefjell Høyfjellshotell A/S, ✆ 32073800, ✆ 32073965. Das 80-Zimmer-Hotel mit Appartements liegt auf dem Golsfjellet, einer Ebene, die 10 km von Gol entfernt ist. Kein Wunder, dass Sport (Ski, Reiten, Fitnessraum, Sauna und Pool, Radverleih) groß geschrieben wird in dem empfehlenswerten Hotel. DZ 1.940 NOK, EZ 1.320 NOK, nur mit Vollpension.

Åsgardane Appartement, ✆ 32074635. Wohnungen und Hütten für 400–650 NOK.

Torvstua Appartements, ✆ 32075195, ✆ 32073985. Preiswerte Zimmer mit Küche, trotzdem ist auch noch ein Lokal im Haus. DZ 800 NOK, EZ 575 NOK.

- *Camping* **Personbråten**, ✆ 32075970. Der kleine Zwei-Sterne-Platz an der E 7 knapp außerhalb Gols hat gerade Platz für 35 Zelte und wenige Wohnwagen.

Hallingdal Karte S. 237

Brekko Camping, ✆ 32073333. Noch etwas weiter außerhalb, aber immerhin mit acht einfachen Hütten ab 400 NOK.

Gol Campingsenter/App., ✆ 32074144, ℻ 32075396. In jeder Hinsicht riesig ist der Vier-Sterne-Platz in Richtung Valdres: 370 Zelt- und 370 Wohnwagenstellplätze, 38 Hütten zwischen 400 und 800 NOK und auch sonst jeglicher Service.

Hammerstad Camping, ✆ 32073958. Auch an der RV 51 gelegen, gibt sich der Drei-Sterne-Platz bescheidener, aber immer noch toll. Das gilt auch für die 10 Hütten ab 400 NOK.

Fossheim Hytte og Camping, ✆ 32029580. Das sagt alles: Der Vier-Sterne-Platz an der E 7 in Richtung Torpo wurde 1993 zu "Europas Camping des Jahres" gewählt. Diesem Standard entsprechen auch die 17 großen Hütten (500–900 NOK).

Sport und Freizeit

Mit fast unzähligen Angeboten für Aktivitäten versucht die Hotellerie, ihre im Winter überfüllten Gästezimmer auch im Sommer auszulasten (zum Wintersport s. o.).

- *Angeln* vornehmlich Forellen und Lachs im Hallingdalselv oder in Bergseen auf dem Golsfjellet. Erlaubnisscheine gibt es im Turistkontor ab 25 NOK.
- *Radfahren* Fahrradverleih in Sportshops des Sentrumsvegen (Hauptstraße).
- *Reiten* Das Gol Campingsenter und das Storefjell Hotel vermieten Reitpferde, organisieren aber auch Ausflüge.
- *Rundflüge* vom Privatflughafen auf dem Golsfjellet aus über die Hardangervidda. Preis ab 700 NOK (Tickets im Turistkontor).
- *Tennis/Squash* Tennis auf einem öffentlichen Platz im Zentrum, Squash im Pers Hotel.

Sehenswertes in der Umgebung von Gol

Stabkirche Torpo: Das Kirchlein im 12 km westlich von Gol gelegenen Torpo steht seit 100 Jahren nicht mehr allein, denn neben der gedrungenen Stabkirche aus der zweiten Hälfte des 12. Jh. ist eine auch nicht hässliche weiße Holzkirche gebaut worden. Die Stabkirche des Ortes, ältestes Gebäude im Hallingdal, wurde der hl. Margareta geweiht; die mittelalterlichen Dekorationen am geschnitzten Portal und an der Decke stellen dann auch Legenden aus dem Leben der Heiligen dar.

Öffnungszeiten Juni–September täglich von 9.30–17.30. Eintritt 30 NOK, Kinder 15 NOK.

Kulturhaus von Ål: Die einst sehenswert-hübsche Stabkirche des Dorfes ist zu großen Teilen zerstört, Reste finden sich nur noch im Historischen Museum in Oslo. Aber der Halt lohnt dennoch, denn im Kulturhaus gibt es eine Ausstellung von Werken des schwäbischen Künstlers *Rolf Nesch*, der bis zu seinem Tod 1975 auf einem Hof in der Nähe lebte.

Putzige Streben: Rosenpracht in Gol

RAADHUSGAT

Kleiner Sprachführer

In Norwegen werden mindestens vier Sprachen gesprochen: außer *bokmål* und *nynorsk* (vgl. "Sprache", S. 116) auch Samisch und vornehmlich in Finnmark auch Finnisch. Aber auch ohne diese Unterscheidung wimmelt es in der norwegischen Schriftsprache von für unsereins ganz ungewöhnlichen Zeichen: "Ø" zum Beispiel, das wie ein hartes "Ö" (in "Øl" = Bier beispielsweise) ausgesprochen wird, oder "Å", das wie unser offenes "O" (in "Ort" beispielsweise) gesprochen wird und in Eigennamen noch als "AA" auftaucht. Überhaupt wird manches Wort höchst variabel geschrieben – in Schweden gedruckte Karten etwa verwenden "ö" und "ä" statt "ø" und "å".

Dennoch müssen Sie für diesen Urlaub nicht Norwegisch lernen; fast alle Norweger sprechen Englisch, viele auch ein charmantes Deutsch. Sie werden beim Einkauf im Supermarkt ebenso wenig Probleme haben wie beim Mieten einer Hütte oder eines Autos. Doch für Hinweisschilder längs der Straße oder auch bei Speisekarten ist ein Mini-Wortschatz hilfreich – und wenn Sie dann auch noch ein paar Sätze radebrechen, werden Ihre hilfreichen norwegischen Gesprächspartner hell entzückt sein...

Elementares

Sprechen Sie Deutsch?	**snakker du tysk?**
... Englisch?	**engelsk?**
... Französisch?	**fransk?**
Ich komme aus...	**jeg kommer fra...**
... Deutschland	**...tyksland**
... der Schweiz	**...sveits**
... Österreich	**...østerike**

Grüße

Guten Morgen	god morgen
Guten Tag	god dag
Guten Abend	god aften
Hallo	hei
Gute Reise	god tur
Auf Wiedersehen	på gjensyn
Tschüs	farvel, adjø

Small Talk

Wie geht es Ihnen?	hvordan går det til?
Danke, gut	bra, takk
Wie heißen Sie?	hva heter du?
Ich heiße...	mitt navn er...
Ich verstehe nicht	jeg forstår ikke
Wie alt bist Du?	hvor gammel er du?
Ich gehe zur Schule	jeg går på skolen

Ich studiere	jeg studerer
Was sind Sie von Beruf?	hvilket yrke har De?
Ich bin Angestellter	jeg er ansatte
... Hausfrau	..... husmor
... Lehrer	.... laerer
Wiederholen Sie bitte	vaer så snill å gjenta
Das gefällt mir	det liker jeg
In Ordnung/okay	i orden

Minimalwortschatz

ja	ja
nein	nei
bitte (sehr)	vaer så (god)
danke	takk
Vielen Dank	mange takk
Verzeihung	unnskyld
groß/klein	stor/liten
gut/schlecht	god/dårlig
viel/wenig	mye/lite
alt/neu	gammel/ny
oben/unten	oppe/nede
heute/gestern	i dag/i går
ich	jeg
du	du
Sie	de
ich möchte ...	jeg vil ...
verboten	forbudt
geschlossen	stengt
geöffnet	åpen
Herr	herre
Frau	fru
Mädchen	pike
Junge	gutt
Jugend	ungdom
Kind	barn
Erwachsener	vokse

Fragen und Antworten

Ist das die Straße nach ...?	er dette veien til...?
Ist es noch weit bis ...?	er det langt til...?
Wo befindet sich...?	hvor er...?
Wie spät ist es?	hva er klokka?
Wann ist...geöffnet?	når er...åpen?
Was kostet das?	hva koster det?
Wie heißt ...?	hva heter ...?
Wo gibt es ...?	hvor finnes det ...?
Wo kann ich ... mieten?	hvor kan jeg leie ...?
Nehmen Sie mich mit bis ...?	kan de kjøre meg til ...?
Lassen Sie mich aussteigen	sett meg av, takk
Ich will (kann) nicht	jeg vil (kan) ikke
Es ist sehr schön hier	det er veldig pent her
Wir machen hier Urlaub	vi er her på ferie
Ich fahre weiter nach...	jeg reiser videre til ...

Orientierung

nach links/rechts	til venstre/ høyre
geradeaus	rett fram
hier	her
dort	der
Adresse	adresse
Stadtplan	bykart
Stadtrundfahrt	byrundtur
Hafen	havn
Flughafen	flyplass, lufthavn
Bahnhof	stasjon
Busbahnhof	busstasjon
Haltestelle	stoppested

Zeit

vormittags	om formiddagen
mittags	midt på dagen
nachmittags	om ettermiddagen
abends	om kvelden
heute Abend	i kveld
heute	i dag
morgen	i morgen
Tag	dag
Nacht (nachts)	natt (om natten)
Stunde (stündlich)	time (hver time)
Woche	uke
Monat	måned
Jahr	år

Wochentage

Montag	mandag
Dienstag	tirsdag
Mittwoch	onsdag
Donnerstag	torsdag
Freitag	fredag
Samstag	lørdag
Sonntag	søndag

Feiertage

Nationalfeiertag (17.5.)	nasjonaldag
Neujahr	nyttar
Ostern	påske
Pfingsten	pinse
Weihnachten	jul

Jahreszeiten

Frühling	vår
Sommer	sommer
Herbst	høst
Winter	vinter

Unterwegs

Bus	buss
Zug	tog
Eisenbahn	jernbane
Bahnsteig	perrong
Schiff	båt
Anlegeplatz	skipsekspedisjon
Fähre	ferge, ferry
Flugzeug	fly

Abfahrt	avgang
Abflug	flyavgang
Ankunft	ankomst
einfache Fahrt	enveisbillet
Rückfahrkarte	returbillet
Platzkarte	plassbestilling
Liegewagen	vogn med liggeseter
Schlafwagen	sovevogn
Reisebüro	reisebyrå
Information	informasjon
Bauernhof	gårdtun
Dorfmuseum	bygdemuseet
Umleitung	omkjøring
Baustelle	veiarbeidsområde
Maut	bompenger
Schranke	bom
Sportpark	idrettsparken
Anlage	anlegg
Denkmal	minnestein
Parkplatz	parkeringplass
Schießstand	skytebane
Sackgasse	blindvei
Einnbahnstraße	enveiskjøring
Kreuzung	krysset

Auto/Zweirad

Wo ist die nächste Tankstelle?	**hvor er nermeste bensinstasjon ?**
Wo ist die nächste Werkstatt?	**hvor ernermeste bilverksted?**
Ich habe eine Panne	**jeg har et teknisk uhell**

30 Liter Benzin bitte	gi meg trevde liter bensin, takk
bleifrei	blyfri
gebührenpflichtiger Parkplatz	avgiftsparkering
abschleppen	ta på slepp
Achse	aksel
Anlasser	selvstarter
Auspuff(rohr)	eksos(rør)
Batterie	batteri
Bremse	bremsene
Dichtung	pakning
Ersatzteil	reservedel
Fahrrad	sykkel
Getriebe	drev
Keilriemen	kilerem
Kolben	stempel
Kühler	kjøler
Motorrad	motorsykkel
Rad	hjul
Reifen	dekk
Scheinwerfer	lyskaster
Stoßdämpfer	støtdemper
Vergaser	forgasser
Zündkerze	tennplugg
Zündung	tenning

Bank/Post/Telefon

Wo ist das nächste Postamt?	**hvor er naemeste postkontor?**
Wie viel bekomme ich für...?	**hvor mye får jeg for...**
Ich möchte Euro in Kronen umwechseln	**jeg vil gjerne veksle Euro i norske kroner**

Wechselkurs	kursen
Geldschein	seddel
Münze	mynt
Ich suche einen Briefkasten	jeg ser etter en postkasse
Was kostet diese Karte?	hva koster dette kortet?
Bitte eine Briefmarke für ...	Kan jeg få et frimerke til ...
Postlagernde Sendung	Poste restante
Ansichtskarte	prospektkort
Wo ist die nächste Telefonzelle?	hvor er naermeste telefonkiosk?
Kann man nach ... durchwählen?	kan man ringe fjernvalg til?
Vorwahlnummer	retningsnummeret
Ferngespräch	samtale
Telefonbuch	telefonkatalog
besetzt	opptatt
falsch verbunden	det må vaere feil

Übernachten

Übernachtung	overnatting
Einzelzimmer/ Doppelzimmer	enkeltrom/ dobbeltrom
mit Toilette	med toalett
mit Bad/Dusche	med bad/dusj
mit Seeblick	med sjøen
für eine Nacht	for en natt
Haben Sie etwas frei?	har De noe ledig?
Kann ich das Zimmer ansehen?	kan jeg få se rom?
Das nehme ich	jeg tar det
Wie viel kostet...	hvor mye koster...
Können wir hier zelten?	kan vi slå opp telt her?

Hütten zu mieten ("frei")	ledige hytter
Wie viel kostet eine Übernachtung in der Hütte?	hvor mye koster der å overnatte i hytte?
Wie hoch ist die Gebühr für den Wohnwagen?	hvor mye koster det for en camping-vogn?
Gibt es Stromanschluss?	er det strømtilkobling?
Kann man das Wasser trinken?	kan dette vannet drikkes?
Abfall	avfall
Gaskocher	gassapparat
Rucksack	ryggsekk
Schlafsack	sovepose
Duschmünze	polett
Vorbestellung	forhåndbestilling

Im Restaurant

Ist dieser Tisch frei?	**er dette bordet ledig?**
Ich möchte...	**jeg vil gjerne ha...**
Ich möchte zahlen	**jeg vil gjerne betale**

Speisekarte	spisekartet
Menü	menyen
vegetarische Kost	vegetarkost
Diätkost	diettkost
Kinderteller	barnetallerken
Vorspeise	forret
Nachtisch	dessert
Bringen Sie uns bitte...	kan vi få
... eine Tasse (Glas)	en kopp (et glass)
Tagesgericht	dagens rett
Brot	brød
Aufschnitt	pålegg
Frühstücksbüfett	frokostbord
Käse	ost
Wurst/Würstchen	pølse/ pølser
Kuchen	kake
Milch	melk
Wasser (warm/kalt)	vann (varmt/kald)
Salat	salat
grüner Salat	grønn salat
gemischter Salat	blandet salat
Essig und Öl	eddik og olje
Fischsalat	fiskesalat
Heringssalat	sildesalat
Geflügelsalat	kyllingssalat
Fischsuppe	fiskesuppe
Fleischbrühe	kjøttsuppe
Krebssuppe	krepsesuppe
Gemüse	grønnsaker
Salzkartoffeln	kokte poteter
Gurke	agurk
Bohnen	bønner
Erbsen	erter
Pilze	sopp
Kohl	kål

Fischklößchen	fiskeboller
Barsch	abbor
Forelle (Seeforelle)	ørret (sjøørret)
Hecht	gjedde
Heilbutt	hellefisk
Lachs (gebeizter Lachs, Seelachs)	laks (gravlaks, sei)
Dorsch	torsk
Kabeljau	skei
gelaugter Stockfisch	lutefisk
Rentierbraten	dyrestek
Elch	elg
Elchsteak mit Preiselbeeren	elgstek med tyttebaer
Huhn	høne
Lamm	lamme
Rumpsteak	lårstek
Grütze aus saurem Rahm	rømmegrøt
Wein (rot, weiß)	vin (rød, hvit)
Bier	øl
Fruchtsaft	fruktsaft
Orangensaft	appelsinsaft
Apfelsaft	eplesaft
Eis	is
Schlagsahne	fløtekrem
Lokal für Familienfeiern	selpskapsel-restaurant

Einkaufen

Wie viel kostet das?	**hvor mye koster det?**
Haben Sie ...?	**har de .. ?**
Geschäft	**forretning**
Supermarkt	**supermarked**
Laden	**buttik**
Kaufhaus	**varehus**

Geben Sie mir bitte ...	vaer så snill å gi meg ...
... eine Dose	en boks
... 100 Gramm	en hekto
... ein Pfund	en halv kilo
... ein Stück	et stykke
... eine Tüte	en pose
Selbstbedienung	selvbetjening
Bäckerei	bakeri
Buchhandlung	bokhandel
Drogerie	fargehandel
Juwelier	gullsmed
Kunsthandwerk	brukskunst
Lebensmittel	dagligvarer
Metzgerei	slakter
Schlussverkauf	utsalg
Sonderangebot	tilbud
Butter	smør
Ei	egg
Buttermilch	kultur melk
Erdbeere	jordbaer
Moltebeere	multer
Blaubeere	blåbaer
Birne	paere

Apfel	eple	*Seife*	såpe
Marmelade	syltetøy	*Shampoo*	sjampo
Klopapier	toalettpapir	*Sonnencreme*	solkrem
Kondom	preservativer	*Streichhölzer*	fyrstikker
Mückenschutzmittel	insektmiddel	*Tampons*	tampomger
Pfeffer	pepper	*Zahnbürste*	tannbørste
"Pille"	p-piller	*Zeitschrift*	tidsskrift
Salz	salt	*Zeitung*	avis

Hilfe und Krankheit

Wo ist eine Apotheke?	**hvor er det et apotek?**
... ein Krankenhaus?	**... sykehus?**
Geben Sie mir etwas gegen ...	**kunne De gi meg noe for ...**
Ich bin im ... Monat schwanger	**jeg er gravid i ... måned**

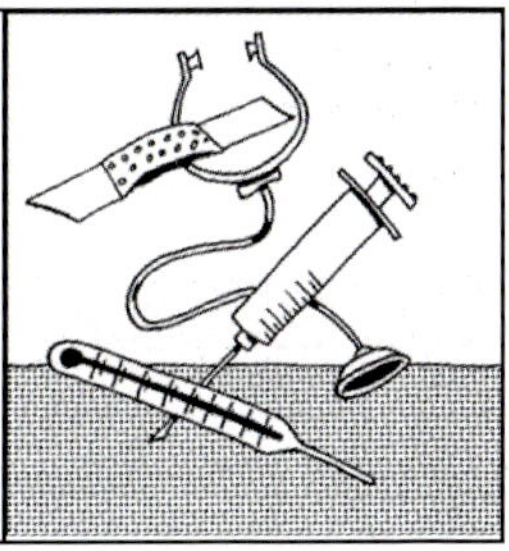

Kopfschmerzen	hodepine	*Ausschlag*	utslett
Durchfall	diaré	*Fieber*	feber
Halsschmerzen	halsmerter	*Insektenstich*	insektstikk
Magenschmerzen	magesmerter	*Verstopfung*	forstoppeise
Zahnschmerzen	tannverk	*Salbe*	salve
Abszess	byll	*Tablette*	tablett
Allergie	allergi	*Ich bin Diabetiker*	jeg er diabetiker

Geographie

Berg	fjell	*See*	vatn, sjø
Spitze, Gipfel	tind	*Talmulde*	botn
Wasserfall	foss	*Tal*	dal
Bach	bekk	*Stadt*	by
Fluss	elv	*Dorf*	bygd
Bucht	vik	*Alm*	seter

Zahlen

0	null
1	en
2	to
3	tre
4	fire
5	fem
6	seks
7	sju (syv)
8	åtte
9	ni
10	ti
11	elleve
12	tolv
13	tretten
14	fjorten
15	femten
16	seksten
17	sytten
18	åtten
19	nitten
20	tjue (tyve)
30	tretti (tredve)
40	førti
50	femti
60	seksti
70	sytti
80	åtti
90	nitti
100	hundre
200	to hundre
1.000	tusen
2.000	to tusen
1.	første
2.	andre
3.	tredje
4.	fjerde
5.	femte
6.	sjette
7.	sjuende
8.	åttende
9.	niende
10.	tiende

Sach- und Personenregister

A

Alkohol 29
Amundsen, Roald 74
Angeln 35
Anreise 12
Apotheken 41
Archer, Colin 74, 107
Ärzte 41

B

Baden 42
Bahnfahren 21
Bahnsonderangebote 22
Banken 42
Benzinpreise 20
Bergbau 150
Bergwandern 35
Bildhauerei 32
Brundtland, Gro Harlem 40
Busfahren 23

C-E

Camping 24
Collett, Camilla 31
Dahl, Johan 32
Diplomatische Vertretungen 43
Drogen 43
Einkaufen 43
Erikson, Leif 38
Essen und Trinken 27

F

Fallschirmspringen 35
Fauna 44
Feiertage 45
Ferienhäuser/hytter 25
Fernsehen 54
Feste/Festivals 45
Fjorde 46
Flora 46
Flug (innerhalb Südnorwegens) 22
Folklore 47
Frauen 48
Freiluftmuseen 48
Friedensnobelpreis 70

G

Garbarek, Jan 33
Gasflaschen 21
Gasthöfe 26
Geld 42
Geldwechsel 43
Geologie 49
Geschichte 38
Golf 36
Grieg, Edvard 33

H-J

Hamsun, Knut 31, 116
Harald Schönhaar 38
Heyerdahl, Thor 74, 107
Hotelrestaurants 27
Hotels 26
Hundeschlittenfahren 36
Hütten-Wohnungs-Tausch 26
Hytter 49
Ibsen, Henrik 30, 118
Jagen 36
Jedermannsrecht 49
Jugendherbergen/Wanderheime 24

K

Kanufahren 36
Karten 50
Kielland, Alexander 31
Kinder 50
Kleidung 50
Klima 51
Kro 27
Kunst 30

L-N

Lachs 28
Lie, Jonas 31
Linie-Aquavit 91
Literatur 30
Malerei 32
Maut 19
Mietwagen 20
Mückenschutz 52
Munch, Edvard 32, 97
Musik 33
Nansen, Fridtjof 74
Notruf 55

O/P

Öffnungszeiten 52
Orientierungssport 36
Pannenhilfe 20
Paragleiten 35
Parken 20
Pensionen 26
Post 52
Privatunterkünfte 26

R

Radfahren 20
Rauchen 52
Reiseliteratur 52
Reisepapiere 13
Reiten 36
Rundfunk 54

S

Schifffahrten 23
Segelfliegen 35
Segeln 36
Ski laufen 37
Sommerzeit 54
Souvenirs 54
Sport 35
Sprachenstreit 54
Stabkirchen 236
Surfen 37
Sverdrup, Otto 74

T-U

Tauchen 37
Taxi 21
Telefonieren 55
Tidemand, Adolph 32
Tourismus 55
Touristeninformation 49
Trolle 56
Übernachten 24
Umwelt 56
Undset, Sigrid 31
Unterwegs in Südnorwegen 18

V-Z

Vigeland, Gustav 32, 75
Vogelfluglinie 14
Wanderhütten 26
Wergeland, Henrik 30
Wisting, Oscar 107
Wirtschaft 33
Wohnwagen 21
Zeitungen 57
Zollbestimmungen 13

Geographisches Register

A

Akerselva, Fluss 59
Akershus, Verwaltungsbezirk 87
Åkrasanden 187
Åkrehamn 186
Ål 242
Åndernam 156
Årdal 178
Arendal 113
Åsgårdstrand 97
Asmaløy, Insel 83
Avaldsnes 188

B

Birknes 120
Bjørnson, Bjørnsterne 30
Bø 189, 233
Borge 83
Borre 99
Borrevatnet, See 96
Brevik 108
Bygland 133
Byglandsfjord 132
Bykle 135

D

Dagali 238
Dalen 229
Drammen 90
Drangedal 229
Drangedal, Tal 229
Drøbak 86

E

Egersund 146
Eidangerfjord 223
Eidsborg 230
Eigerøy, Insel 146
Evje-Hornnes 130

F

Feda 152
Fevik 116
Finnøy, Insel 170
Finse 197
Fisterfjord 176
Fjotland 149
Flåbygd 227
Flekkefjord 144
Flesberg 235
Folarskardnut, Berg 203
Folarskard-Pass 202
Forsand 171
Fredrikstad 80
Frierfjord 223

G

Gaustatoppen, Berg 213
Geilo 199
Glomma, Fluss 80
Gol 241
Grimstad 116
Grunnane-Naturschutzgebiet 92

H

Halden 85
Hallingdal 238
Hallingskarvet, Berg 193
Hallingskarvet, Berg 202
Hankø, Insel 83
Hansbunut, Berg 198
Haraldshaugen, Nationaldenkmal 192
Hardangerjøkulen, Berg 193
Hardangervidda 193
Hårteigen 193
Hartevatn, Fluss 136
Haugesund 190
Haukeligrend 195
Haukeliseter 196
Heddal 216
Heddersvann, See 213
Hidra, Insel 145
Hjelmeland 176
Hol 202
Holmenkollen 77
Holsfjord 202
Hønefoss 88
Horten 95
Hovden 136
Hunnedalen, Tal 156
Hurum, Halbinsel 90
Hustvei 183

J

Jelsa, Halbinsel 181
Jøkleelvi, Berg 199
Jomfruland, Insel 110
Justøy, Insel 119

K

Karmøy, Insel 184
Kirkøy, Insel 83
Knaben 150
Kolbeinsvik 180
Kongsberg 216
Kopervik 188
Krågeland 149
Kragerø 108, 109
Kristiansand 121
Krobuhalsen, Berg 199
Krøderen 89
Kvaevemoen 156
Kvinesdal 148
Kviteseid 227
Kvitsøy, Insel 170

L

Langesund 108
Larvik 104
Liknes 149
Lillesand 118
Lindesnes 143
Lista, Halbinsel 143
Listafjorden 144
Lovravatnet, See 179
Lunde 227
Lysebotn 172
Lysefjord 171
Lysefjordveien 158

M

Mandal 139
Mandalselv, Fluss 140
Merdø, Insel 115
Modum 89
Morgedal 231
Moss 85
Mosterøy, Insel 170

N

Nakkerud 89
Nesbyen 240
Nissedal, Tal 228
Nissevatn, See 227
Nomeland 153
Nore 236
Notodden 214
Numedal 235

O/P

Oanes 171
Oggevatn, Insel 119
Ose 133
Oslo 58
Oslofjord 79
Otra, Fluss 122
Porsgrunn 223
Preikestolen 172

R

Rauland 205
Refsvatnet, See 174
Rennesøy, Insel 170
Risør 111
Rjukan 209
Rødberg 237
Røldal, Tal 197
Rollag 236
Ryfylke 176
Ryfylke-Inseln 170
Rygnestad 134
Rysstad 133

S

Sand 178
Sandefjord 102
Sandnes 170
Sarpsborg 83
Sauda 181
Saudasjøen 183
Seljord 232
Setesdal 129
Sinnes 155
Sirdal 153
Sirdalsvatnet, See 155
Skien 220
Skiftenes 116
Skudeneshavn 184
Sola 170
Sonnenküste 139
Spärøy, Insel 83
Stavanger 159
Stearnes 236
Stolsfjorden 144
Südküste 94
Suldal, Tal 180
Suldalslågen, Fluss 179
Suleskar 156
Sulskard 153
Svelvik, Halbinsel 92

T

Telemark 204
Telemark-Kanal 225
Tønsberg 99
Tonstad 154
Torpo 242
Tromøy, Insel 115
Tvedestrand 113
Tveiten 134
Tysdalvatnet, See 176
Tysefjord 179

U

Ula 104
Ulefoss 226
Ustaoset 202
Ustetind, Berg 202
Ustevatn, See 202
Uvdal 237

V

Valle 134
Vedavågen 188
Veggli 236
Vestørøy, Insel 83
Vikersund 89
Visnes 190
Vrådal 227

Was haben Sie entdeckt?

Haben Sie eine besonders schöne Unterkunft auf Ihrer Reise durch Südnorwegen gefunden, einen aufregenden Wanderweg durch die unverfälschte Natur oder ein Lokal mit landestypischen Spezialitäten?

Wenn Sie Tipps und Informationen, aber auch Kritikpunkte haben, lassen Sie es uns wissen. Schreiben Sie an:

Hans-Peter Koch
Stichwort "Südnorwegen"
Michael Müller Verlag
Gerberei 19
91054 Erlangen
E-mail: hpkoch@michael-mueller-verlag.de

Verlagsprogramm

Unsere Reisehandbücher im Überblick

Deutschland
- Allgäu
- Altmühltal
- Berlin & Umgebung
- Bodensee
- Franken
- Fränkische Schweiz
- Mainfranken
- *MM-City* Berlin
- Nürnberg, Fürth, Erlangen
- Oberbayerische Seen
- Ostseeküste – Holsteinische Schweiz
- Schwäbische Alb

Niederlande
- *MM-City* Amsterdam
- Niederlande
- Nordholland – Küste, Ijsselmeer, Amsterdam

Nord(west)europa
- England
- Südengland
- *MM-City* London
- Schottland
- Irland
- Island
- Norwegen
- Südnorwegen
- Südschweden

Osteuropa
- Baltische Länder
- Polen
- *MM-City* Prag
- Westböhmen & Bäderdreieck
- Ungarn

Balkan
- Mittel- und Süddalmatien
- Kroatische Inseln & Küste
- Nordkroatien – Kvarner Bucht
- Slowenien & Istrien

Griechenland
- Amorgos & Kleine Ostkykladen
- Athen & Attika
- Chalkidiki
- Griechenland
- Griechische Inseln
- Karpathos
- Korfu & Ionische Inseln
- Kos
- Kreta
- Kreta – der Osten
- Kreta – der Westen
- Kreta Infokarte
- Kykladen
- Lesbos
- Naxos
- Nord- u. Mittelgriechenland
- Paros/Antiparos
- Peloponnes
- Rhodos
- Samos
- Samos, Chios, Lesbos, Ikaria
- Santorini
- Skiathos, Skopelos, Alonnisos, Skyros – Nördl. Sporaden
- Thassos, Samothraki
- Zakynthos

Türkei
- *MM-City* Istanbul
- Türkei – Mittelmeerküste
- Türkei – Südküste
- Türkei – Westküste
- Türkische Riviera – Kappadokien

Frankreich
- Bretagne
- Côte d'Azur
- Elsass
- Haute-Provence
- Korsika
- Languedoc-Roussillon
- *MM-City* Paris
- Provence & Côte d'Azur
- Provence Infokarte
- Südfrankreich
- Südwestfrankreich

Italien
- Apulien
- Chianti – Florenz, Siena
- Dolomiten – Südtirol Ost
- Elba
- Gardasee
- Golf von Neapel
- Italien
- Italienische Riviera & Cinque Terre
- Kalabrien & Basilikata
- Liparische Inseln
- Marken
- Oberitalien
- Oberitalienische Seen
- *MM-City* Rom
- Rom/Latium
- Sardinien
- Sizilien
- Südtoscana
- Toscana
- Toscana Infokarte
- Umbrien
- *MM-City* Venedig
- Venetien & Friaul

Nordafrika u. Vorderer Orient
- Sinai & Rotes Meer
- Tunesien

Spanien
- Andalusien
- Costa Brava
- Costa de la Luz
- Ibiza
- Katalonien
- Madrid & Umgebung
- Mallorca
- Mallorca Infokarte
- Nordspanien
- Spanien

Kanarische Inseln
- Gomera
- Gran Canaria
- *MM-Touring* Gran Canaria
- Lanzarote
- La Palma
- *MM-Touring* La Palma
- Teneriffa
- *MM-Touring* Teneriffa

Portugal
- Algarve
- Azoren
- Madeira
- *MM-City* Lissabon
- Lissabon & Umgebung
- Portugal

Lateinamerika
- Dominikanische Republik
- Ecuador

Österreich
- *MM-City* Wien

Schweiz
- Tessin

Malta
- Malta, Gozo, Comino

Zypern
- Zypern

Aktuelle Informationen zu allen Reiseführern finden Sie im Internet unter www.michael-mueller-verlag.de

Gerne schicken wir Ihnen auch das aktuelle Verlagsprogramm zu.

Michael Müller Verlag GmbH, Gerberei 19, 91054 Erlangen, Tel. 0 91 31 / 81 28 08-0; Fax 0 91 31 / 20 75 41; E-Mail: mmv@michael-mueller-verlag.de